LES
ASSEMBLÉES ÉLECTORALES

DANS

LE DÉPARTEMENT DE LA MEURTHE

LE DISTRICT, LES CANTONS

ET LA VILLE DE NANCY

PROCÈS-VERBAUX ORIGINAUX

PUBLIÉS PAR

Christian PFISTER

Avec la liste de tous les fonctionnaires de Nancy
de 1789 à 1800

NANCY

AU SIÈGE DE LA

SOCIÉTÉ D'ARCHÉOLOGIE LORRAINE

Palais Ducal

PARIS

LIBRAIRIE

BERGER-LEVRAULT

Rue des Beaux-Arts, 5-7

1912

RECUEIL DE DOCUMENTS

SUR

L'HISTOIRE DE LORRAINE

PUBLICATION DE LA SOCIÉTÉ D'ARCHÉOLOGIE LORRAINE
ET DU MUSÉE HISTORIQUE LORRAIN

300 exemplaires dont 25 sur papier de Hollande numérotés
à la presse de 1 à 25.

LES
ASSEMBLÉES ÉLECTORALES

DANS

LE DÉPARTEMENT DE LA MEURTHE

LE DISTRICT, LES CANTONS

ET LA VILLE DE NANCY

———

PROCÈS-VERBAUX ORIGINAUX

PUBLIÉS PAR

Christian PFISTER

———

Avec la liste de tous les fonctionnaires de Nancy
de 1789 à 1800

————◆✕◆————

NANCY	PARIS
AU SIÈGE DE LA	LIBRAIRIE
SOCIÉTÉ D'ARCHÉOLOGIE LORRAINE	BERGER-LEVRAULT
Palais Ducal	Rue des Beaux-Arts, 5-7

1912

INTRODUCTION

I

Il peut paraître paradoxal de soutenir que l'histoire de Nancy sous la Révolution est bien plus ignorée du public que l'histoire de cette ville sous l'ancien régime, aux dix-septième et dix-huitième siècles, voire même pendant le moyen age : c'est pourtant une vérité indéniable. Les livres d'histoire locale publiés sur cette période sont en très petit nombre et, pour la plupart, fort insignifiants. Il n'est possible de citer que quelques brochures, de mérite très inégal, sur l'affaire du 31 août 1790, et quelques études écrites jadis par des étudiants de la Faculté des lettres pour le diplôme d'études supérieures d'histoire sur le mouvement religieux de 1789 au Concordat (1), sur les sociétés populaires (2), sur l'aventure de Marat-Mauger (3) ; et encore de ces études il n'a paru que des morceaux détachés ou de courtes analyses. Les documents même sur cette période sont restés inédits et n'ont jamais été dépouillés. M. E. Roussel a sans doute publié un inventaire analytique des divers registres des administrations municipales du 24 juillet 1789 au 22 brumaire an VIII (13 no-

---

(1) G. FLOQUET, *Le mouvement religieux à Nancy sous la Révolution* (1789-1802), dans les *Annales de l'Est*, t. XIV (1900), pp. 265-287 ; *Le culte de la raison et de l'être suprême et les fêtes civiques à Nancy pendant la Révolution*, ibid., pp. 531-596.

(2) A. MANSUY, *Les Sociétés populaires à Nancy pendant la Révolution* (1er décembre 1789-18 pluviôse an IV). *Ibid.*, t. XIII (1899), pp. 432-448.

(3) Georges JARDIN, *Philippe-Auguste Mauger, commissaire du Conseil exécutif provisoire dans le département de la Meurthe* (9 août 1793-29 brumaire an II) ; *La Journée du 17 août 1793 à Nancy. Ibid.*, t. XIII (1899), pp. 265-289. Cf. *Ibid.*, pp. 166-167. M. Henry POULET se consacre depuis quelques années à l'étude de l'histoire de la Lorraine sous la Révolution. Il nous a donné une très bonne étude sur *L'administration centrale du département de la Meurthe* (cf. *infra*, p. 42, n. 5); une autre sur *Le sans-culotte Philip, président de la société populaire de Nancy*, dans les *Annales de l'Est et du Nord*, t. II (1906), pp. 268, 321 et 501.

vembre 1799); mais, outre qu'il est bien difficile de se retrouver
dans ce répertoire faute de table, personne ne paraît encore avoir
lu, la plume à la main, les registres de l'administration du département de la Meurthe de 1790 à 1799 ou ceux du district de
Nancy de 1790 à 1795; les nombreuses liasses de nos archives
départementales ou municipales n'ont pas encore été explorées
non plus que celles des archives nationales où dorment les rapports envoyés par les autorités locales au gouvernement central.
L'érudit qui veut tenter d'écrire l'histoire de Nancy pendant
cette période si courte de dix années, mais remplie par de tels
événements, a devant lui une tâche longue et lourde.

Son premier soin devait être, ce nous a semblé, de dresser une
liste complète des personnages qui ont exercé quelque autorité
dans Nancy en cette période. Or, ces personnages tiraient presque tous, de 1789 à 1793 et de la fin de 1795 à 1799, leurs pouvoirs de l'élection. Les citoyens ont nommé, dans ces intervalles,
non seulement les députés chargés de les représenter dans les
corps législatifs, à la Haute Cour ou au tribunal de Cassation,
mais encore les administrateurs départementaux et municipaux,
les juges des tribunaux, les juges de paix et leurs assesseurs;
ils ont choisi en plus, de 1791 à 1793, les administrateurs des
districts et même, en 1791 et 1792, les curés et l'évêque. Pour
posséder la liste dont nous parlons, il était par suite nécessaire
de dépouiller les procès-verbaux des assemblées électorales.
Nous avons fait ce dépouillement; bien plus, nous avons copié
ces procès-verbaux et, pour divers motifs que nous expliquerons
au cours de cette introduction, nous nous sommes décidé à les
publier.

Nous avons retrouvé, soit en original, soit en copie, la plupart des procès-verbaux. Nous ne les reproduisons pas absolument *in extenso;* nous avons parfois, surtout pour les assemblées
primaires, abrégé la rédaction, supprimé des phrases tradition-
nelles comme : *La séance est ouverte; lecture du procès-verbal
de la dernière séance est donnée;* mais nous croyons n'avoir
aissé de côté rien d'essentiel; nous avons eu soin de reproduire
toutes les expressions caractéristiques et nous avons conservé au

document toute sa saveur. D'autre part, nous avons de loin en loin, de la façon la plus discrète, ajouté quelques renseignements à l'original : nous avons indiqué parfois les prénoms des élus, le nombre des votants, le chiffre des voix obtenues, d'après les journaux, les annuaires, ou les calculs faits d'après les registres de pointage qui sont arrivés jusqu'à nous.

Qu'il soit bien entendu qu'on ne trouve point dans notre volume le compte rendu de toutes les élections qui ont eu lieu dans le département de la Meurthe. Nous donnons le compte rendu de toutes les assemblées départementales (1), qui ont fait les élections concernant le département en sa totalité. Mais, pour les assemblées de district de 1790 à 1793, nous ne nous occupons que du district de Nancy : nous avons parcouru les procès-verbaux d'élections des assemblées des huit autres districts, Lunéville, Blâmont, Sarrebourg, Dieuze, Vic (Château-Salins), Pont-à-Mousson, Toul, Vézelise ; mais nous nous sommes borné à donner, de façon sommaire, les noms des directeurs et celui des juges des tribunaux de ce district. Pour les assemblées cantonales, nous n'avons de même considéré que les cantons de Nancy. Les huit sections de Nancy élisaient deux à deux un juge de paix et quatre ou six assesseurs ; nous avons relevé ces élections avec soin ; mais ici nous sommes incomplet, puisque nous n'avons pas retrouvé certains procès-verbaux. Dix-sept communes rurales formaient le canton de Nancy *extra muros* ; nous ne les avons point négligées. Nous avons reproduit, toutes les fois que nous les avons retrouvés, les procès-verbaux de leurs assemblées qui nommaient les électeurs ou le juge de paix et ses 68 assesseurs (4 par commune); même nous avons essayé d'expliquer ce qu'était, sous le régime de l'an III, la municipalité cantonale. Qu'on nous pardonne d'avoir dit, autant que possible, quels furent, chaque année, l'agent et son adjoint à Laxou ou

---

(1) Dans la langue technique de l'époque, le terme d'assemblées électorales est réservé aux assemblées secondaires, soit de district, soit de département ; les autres assemblées, celles qui nomment les électeurs, s'appellent assemblées primaires. Mais nous nous sommes cru autorisé dans notre titre à donner à ce terme : assemblées électorales, un sens plus étendu, les assemblées où se font les élections, au premier ou au second degré.

Saint-Max, etc. Enfin une bonne partie de ce volume — qui est une préparation à notre tome IV de l'*Histoire de Nancy* — s'occupe des élections des diverses municipalités de Nancy. Un récent livre a donné la suite des maires et des présidents de l'administration municipale de Nancy de 1789 à nos jours (1); on trouvera ici la liste de tous les citoyens qui, de 1789 à 1799, ont été les conseillers de la ville.

Pendant la Terreur et la période qui l'a suivie, de juillet 1793 à septembre 1795, les élections ont été suspendues. Les représentants de la Convention en mission dans le département de la Meurthe destituaient les autorités que le peuple avait nommées, les « épuraient », pour employer le terme consacré, et, après avoir consulté la société populaire, le comité de surveillance ou la foule des citoyens réunis en tumulte au théâtre de Nancy, en nommaient d'autres selon leur caprice. Nous avons donné la liste de toutes ces modifications pour le département de la Meurthe et le tribunal criminel (nous avons même dit comment le représentant Faure a voulu créer pour le département un tribunal révolutionnaire et de quels personnages il l'a composé), pour le district de Nancy et le tribunal de ce district, pour les juges de paix des cantons de Nancy, pour le corps municipal et le conseil général de la commune de Nancy, si bien que, dans notre volume, on a les noms de tous ceux qui ont été fonctionnaires à Nancy, soit qu'ils aient tiré leur pouvoir de l'élection, soit qu'ils aient été nommés par les représentants du peuple (2). Notre table est la liste de ces personnages par ordre alphabétique ; elle est un répertoire complet de toutes les autorités de Nancy sous la Révolution. Comme souvent, à la suite de nouvelles élections, les personnages changeaient de rôle, étaient tantôt administrateurs, tantôt juges, passaient de la municipalité au district ou au département ou réciproquement.

---

(1) Paul DESIS, *Les Municipalités de Nancy* (1790-1910). Nancy, A. Crépin-Leblond, 1910, 198 pages in-8.

(2) Nous avons dû porter notre attention sur l'orthographe des noms propres d'hommes. Dans les documents, elle varie à l'infini. Nous avons, autant que possible, recherché des signatures de tous ces personnages et nous avons écrit le nom comme ils l'écrivaient eux-mêmes ; mais, même dans les signatures autographes, on trouve parfois des variantes.

nous indiquons ces modifications, si bien que notre nomenclature, pour quiconque veut se donner la peine de saisir nos abréviations un peu nombreuses, est comme un *curriculum vitæ* en abrégé, pendant dix années, de près de 1 500 personnages ayant habité Nancy.

II

Mais peut-être, de ce sec volume de documents, est-il possible de tirer mieux qu'une liste de députés, d'administrateurs, de conseillers municipaux ou de fonctionnaires. Nos procès-verbaux nous renseignent sur l'esprit du département de la Meurthe pendant la Révolution. Ils montrent les sentiments de la population lorraine pendant ce bouleversement et cette crise. N'est-il pas remarquable que ces populations qui en 1789 ne sont françaises que depuis 1766, 23 ans à peine, ou depuis 1737, 52 ans, si l'on veut considérer le règne de Stanislas Leszczynski comme une préface de la domination française, ne songent plus jamais à leur ancien prince? Les derniers pensionnés de l'Empereur, souverain de l'Autriche, viennent à peine de mourir; en cherchant bien, on en trouverait encore quelques-uns; les princes qui règnent à Vienne sont Joseph II, Léopold II, François II, les deux fils et le petit-fils du duc de Lorraine François, qui a quitté en 1737 les bords de la Meurthe pour ceux du Danube, en passant par les rives de l'Arno; et personne à Nancy ne les veut connaître. Il n'y a point dans la Lorraine de parti étranger à la France. Marie-Antoinette, fille du duc de Lorraine François, est *l'Autrichienne*, et les Autrichiens sont l'ennemi en 1792. Nul Lorrain ne souhaite leur victoire. Et le pays ne songe pas davantage à se détacher de la France pour recouvrer son ancienne autonomie. La fusion avec la France est complète, entière. Si, à un certain moment, le département cherche à organiser une « coalition » contre la Convention tyrannique, elle ne cherchera pas à ressusciter la Lorraine qui n'existe plus, elle s'alliera au Haut et au Bas-Rhin aussi bien qu'aux Vosges. Nulle trace de séparatisme. L'idée qu'on puisse ne pas être Français n'existe pas ; l'histoire d'hier est ignorée. Il n'y a même plus, depuis 1793, d'Académie pour la rappeler et pour faire une sorte d'opposition archaïque et littéraire, toute de surface et sans conséquence.

Le département de la Meurthe et la ville de Nancy partagent les sentiments de la France et n'ont point d'autres sentiments. Ils fournissent aux armées de la République des chefs et des soldats ; les volontaires partent en masse vers la frontière menacée. L'assemblée électorale qui s'est réunie à Lunéville, le 2 septembre 1792, pour nommer les députés à la Convention, apprend avec angoisse que Verdun s'est rendue, et les électeurs, en jurant de maintenir la liberté et l'égalité jusqu'à la mort, peuvent donner à leur serment un sens spécial. L'assemblée de Blâmont, du 11 novembre 1792, s'associe avec allégresse aux premières fêtes qui célèbrent les triomphes de la République, et ses opérations sont interrompues un instant par la grande nouvelle de la victoire de Jemmapes, qui y excite des transports d'enthousiasme.

Le patriotisme des Lorrains est un patriotisme français. Mais quelle place prennent-ils dans la mêlée des partis ? Car c'est se déclarer Français que de suivre avec passion la politique de la France et de s'attacher à l'un ou l'autre des groupes qui veulent, par des moyens différents, assurer le salut et la grandeur de la patrie commune. On se représente trop souvent le Lorrain très froid, très ami de l'ordre, n'accueillant qu'avec une très grande prudence les idées nouvelles qui risquent de troubler sa quiétude. On prétend que la Lorraine, que la ville de Nancy en particulier, est un foyer de réaction et un refuge d'aristocrates : on a tort. Les Lorrains sont divisés, comme les autres citoyens français, sur la politique du jour. Mais la plupart d'entre eux applaudissent à la Révolution naissante, demandent l'abolition de tous les privilèges, la chute de la féodalité ; ils s'indignent, en juin 1791, de la fuite de Louis XVI qui veut chercher un refuge au dehors ; ils applaudissent aux journées du 10 Août, et, dans l'assemblée de Lunéville du 2 septembre, les électeurs veulent briser, dans un moment de colère, les derniers vestiges de la féodalité qui ornent encore, malgré la loi, les murs de l'église Saint-Jacques ; il faut toute l'autorité du président

Lalande, pour que ces armoiries, « trophées insultants », soient
enlevées régulièrement, par les soins de la municipalité. A partir
du 10 août, la royauté n'a plus d'adeptes parmi les Lorrains,
sauf parmi les habitants du canton de Dieulouard ; et les électeurs
votent avec empressement une adresse à la Convention, demandant
à jamais l'abolition de la tyrannie en France. De 1789 à 1793, la
masse des Lorrains est emportée par le mouvement général. Mais,
jusque dans leur enthousiasme, ils savent garder la mesure. Ils
envoient à la Convention des députés sincèrement patriotes, tous
décidés à faire leurs efforts pour le triomphe des idées antimo-
narchiques ; ils écartent les députés de la Législative qui se sont
rattachés aux Feuillants. On voit bientôt ceux qu'ils ont choisis
se partager en deux groupes. Il y a, d'une part, les trois régicides :
René Mallarmé, Levasseur et Bonneval ; mais ce sont trois anciens
législateurs, qui, dans l'année 1791-1792, ont été mêlés aux
troubles de Paris, sur lesquels l'esprit de Paris a soufflé ; les
cinq autres se déclarent tous contre la mort du roi ; Salle et Mollevaut se rangent parmi les Girondins et le premier paie de sa vie
son dévouement à sa cause. L'évêque Lalande, Pierre Michel et
Zangiacomi sont des modérés prêchant toujours la conciliation.
Les cinq qui n'ont pas été gâtés par Paris représentent vraiment
l'esprit du département. Puis, quand la France se divise contre
elle-même, quand règne le régime de la Terreur, quand cessent
les élections et que toutes les autorités sont nommées par les
représentants du peuple en mission, il est à remarquer que toujours on trouve des hommes pour occuper les places où il y a
des services à rendre et du danger à courir. Exception faite de
quelques énergumènes venus du dehors, on ne sait d'où, comme
l'acteur Glasson-Brisse ou Philip, ces hommes cherchent simplement à être utiles, à assurer la rentrée des impôts et la subsistance des armées ; sous un régime avancé, ce sont des modérés
qui veulent faire leur devoir et qui sauvent bien de leurs compatriotes des rigueurs du tribunal révolutionnaire. Avec le nouvel
ordre de choses inauguré par la Constitution de l'an III, les modérés triomphent au grand jour ; les électeurs repoussent les
conventionnels terroristes ou régicides ; ni René Mallarmé, ni

Levasseur, ni Bonneval ne peuvent se faire élire parmi les deux
tiers des conventionnels dont la réélection était imposée. Lalande
même, qui avait abjuré sa prêtrise de façon un peu scandaleuse.
est repoussé par eux. Ils ne choisissent que les trois modérés qui
survivent, Zangiacomi, Mollevaut et Michel, et comme nouveaux
députés, députés du « nouveau tiers », ils nomment des fonctionnaires probes, d'esprit très pondéré, Claude Mallarmé, Ambroise Regnier. Ils les désignent parce qu'ils sont ennemis des
terroristes, parce qu'ils ne veulent pas de l' « anarchie », mais
aussi parce qu'ils les croient très sincères républicains : ils ne
pouvaient prévoir les défaillances futures, ni la légion d'honneur,
ni les titres de baron et de comte! Et le même esprit explique les
élections de l'an V, où Boulay de la Meurthe est vainqueur, avec
l'avocat Jacqueminot, l'un passant pour patriote et l'autre pour
très pâle — ce qui faisait la moyenne des opinions courantes
dans le département ; — celles de l'an VI où, avec Collombel,
ancien suppléant à la Convention, mais d'opinions plutôt avan-
cées, sortent de l'urne Mourer. l'ancien procureur syndic du
département, accusé de coalition en 1793, et toujours Étienne
Mollevaut ; enfin celles de l'an VII où sont réélus Regnier et
Claude Mallarmé. Les cinq administrateurs départementaux. les
sept administrateurs municipaux de Nancy, nommés par les
assemblées secondaires ou primaires, sont de nuance pareille à
celle des députés ; et le Directoire exécutif doit les destituer en
masse, le 2 brumaire an VI (23 octobre 1797). Les assemblées
électorales nous renseignent ainsi sur l'esprit du département et
permettent de tâter le pouls à l'opinion publique.

III

Mais nos documents nous renseignent surtout, comme il est
naturel, sur la pratique même du droit de suffrage pendant la
Révolution, et nous devons présenter à ce propos quelques
réflexions générales (1).

_____

(1) Nous n'insistons pas ici sur les deux degrés d'élections pour les députés

Aujourd'hui, nous devons voter de temps en temps; mais, en somme, l'exercice de ce droit ne nous dérange pas beaucoup. Nous entrons dans la salle électorale, remettons notre bulletin, d'ordinaire imprimé, à un bureau qui s'est constitué, et, aussitôt ce bulletin tombé dans l'urne, nous nous retirons, satisfaits du devoir accompli. Il n'en allait pas de même sous la Révolution. On ne votait qu'en assemblée. Le titre de notre volume est : *Les assemblées électorales*. Au jour fixé, les citoyens qui avaient droit de suffrage se réunissaient et l'on constituait un bureau provisoire, formé d'un président, qui était le doyen d'âge, de trois scrutateurs qui étaient d'ordinaire les trois plus âgés après le président et d'un secrétaire qui était désigné par le président provisoire ou qui, plus tard, était le plus jeune membre de l'assemblée. Cela fait, on nommait le bureau définitif : un président, trois scrutateurs et un secrétaire; on nommait successivement, le président, les scrutateurs et le secrétaire. Au début, pour chaque vote, il pouvait y avoir trois tours de scrutin; aux deux premiers tours, on exigeait la majorité absolue; si elle n'était pas réunie, on se contentait, au troisième tour, de la majorité relative et, en cas d'égalité de voix, le plus ancien l'emportait (1). Ces scrutins préliminaires faisaient souvent perdre deux ou trois jours. On essaya de remédier à ce mal et de gagner du temps. On décida qu'un seul tour de scrutin suffirait pour chaque nomination, que l'élection aurait lieu au premier tour de scrutin à la majorité relative. On alla encore plus loin : on arrêta qu'en un seul tour de scrutin le bureau entier serait nommé; celui qui avait le plus de voix était président, celui qui venait ensuite, secrétaire, les trois suivants, scrutateurs; puis les trois ou cinq autres, scruta-

---

et les administrateurs départementaux, pas plus que sur le suffrage censitaire de la Constitution de 1789-1791 et de la Constitution de l'an III, et sur le suffrage universel d'août 1792, encore appliqué aux élections (7-8 septembre 1795) des électeurs qui devaient choisir les premiers membres du Corps législatif. Les historiens généraux, comme M. Aulard, ont montré toute l'importance de ces questions, et l'on trouvera les renseignements essentiels dans l'introduction que nous mettons en tête des procès verbaux des diverses assemblées.

(1) Pour les élections individuelles, ne pouvaient entrer en concurrence, au troisième tour, que les deux citoyens qui avaient réuni le plus de voix au second; on arrivait de la sorte à une majorité absolue.

teurs ou membres du bureau suppléants (1). Puis on revint en
arrière, au système de l'élection séparée. Les arrêtés pris à ce
sujet sont nombreux et contradictoires, si bien que les citoyens
ne savaient plus à quoi s'en tenir. Dans les huit sections de Nancy,
dix si l'on tient compte du canton rural, aux assemblées primaires, réunies le même jour, on a suivi des procédés différents (2).

Le bureau une fois formé, passera-t-on au choix des élus?
Pas immédiatement. Selon la théorie qui régnait au dix-huitième
siècle, la souveraineté résidait dans le peuple, et où le peuple
pourrait-il faire entendre sa volonté sinon dans ses « comices » ?
Une assemblée électorale se transformait, si elle le voulait, en
assemblée délibérante et il s'y engageait des discussions politiques. Quelquefois elle était invitée par la loi même à le faire.
Les citoyens réunis à Nancy, le 26 août 1792, devaient revêtir les
électeurs qu'ils nommaient d'une confiance illimitée ; et ces électeurs devaient « léguer » cette confiance illimitée aux représentants qu'ils choisiraient pour la Convention. Ils étaient ainsi
invités à discuter sur l'étendue du pouvoir de leurs représentants, et l'assemblée du canton de Dieulouard fit, à ces pouvoirs,
de formelles réserves : les pouvoirs seraient illimités, « pourvu
que la Constitution fût conservée », c'est-à-dire pourvu qu'il res-
tât à la tête de l'État un roi. Les assemblées primaires furent
réunies à Nancy le 20 fructidor an III (6 septembre 1795), pour
voter sur l'acceptation de la nouvelle Constitution, et sur le
décret du 5 fructidor relatif aux moyens de terminer la Révolution, ce décret qui obligeait à prendre les deux tiers des députés du
Corps législatif parmi les anciens conventionnels. Elles approuvèrent la Constitution et firent d'expresses réserves sur le décret ;

---

(1) D'après la loi du 12 août 1792, « attendu la nécessité d'accélérer les élections », on votait en bloc pour le président, le secrétaire et les scrutateurs ; mais
on spécifiait la fonction de chacun. Ce mode fut employé aux assemblées primaires des 26 et 27 août 1792, à l'assemblée secondaire du 2 septembre ; le système que nous décrivons dans le texte est celui prescrit par le décret du 25
fructidor an III, suivi par l'assemblée électorale du 20-27 vendémiaire an IV,
l'assemblée primaire du 10-17 brumaire an IV et les assemblées de l'an V. En
l'an VI et en l'an VII on revint aux anciens errements.

(2) Voir page 312, note.

puis, immédiatement, elles nommèrent les électeurs qui devaient choisir les députés du Corps législatif à partager entre le Conseil des Cinq-Cents et celui des Anciens. Dans ces deux cas, en vertu de la loi même, elles avaient exercé des attributions politiques. Souvent, de leur propre mouvement, elles empiétaient sur ce terrain. Elles discutaient sur le *maximum*, le prix du pain ou de la viande ; elles nommaient des citoyens pour inspecter les boulangers ou les bouchers. Parfois les « sections » se réunissaient sans qu'il y eût élection, pour adresser des pétitions à la municipalité, au district, au département ; elles intervenaient dans les affaires publiques de leur propre mouvement. Les mécontents s'adressaient à elles pour faire échec aux pouvoirs établis. Elles ont ainsi exercé un pouvoir occulte considérable ; ce sont elles qui ont obligé la municipalité de Nancy à préparer la fédération des gardes nationales sur la butte Sainte-Geneviève, en avril 1790, et ce fut l'un des préludes de la lamentable affaire de Nancy du 31 août.

La Constitution de l'an III tenta de réduire les assemblées à n'être que des assemblées électorales ; elle leur interdit de s'occuper de politique. Le décret du 5 vendémiaire an IV porta que les présidents ou secrétaires qui permettraient aux assemblées primaires ou secondaires de s'occuper d'actes étrangers aux élections en seraient responsables ; et bientôt l'on imposa aux présidents de jurer qu'ils ne mettraient aux voix aucune proposition pareille, aux secrétaires qu'ils ne la consigneraient point dans leurs procès-verbaux. Mais l'assemblée conserva le pouvoir de délibérer sur tout ce qui concernait les élections mêmes ; elle accueillait au vote les citoyens qui, par erreur, n'avaient pas été inscrits sur les listes, leur reconnaissant la voix active ou même la voix passive, c'est-à-dire l'éligibilité ; elle écartait, au contraire, ceux qui ne remplissaient pas les conditions nécessaires, notamment, en vertu des lois du 1er fructidor an III et du 7 ventôse an V (18 août 1795 et 25 février 1797), ceux qui avaient été portés sur la liste des émigrés, ou, à partir de la loi du 9 frimaire an VI (29 novembre 1797), les ex-nobles. Souvent de perfides dénonciations étaient faites dans les comices, et voilà pourquoi beaucoup de citoyens qui redoutaient quelque vengeance évitaient de s'y rendre.

L'assemblée est ainsi constituée ; nous supposons qu'elle en a terminé avec ces questions préliminaires. Il s'agit maintenant de choisir les élus. Or, il est admis que nul ne doit faire acte de candidature. Les citoyens arrivent dans la salle désignée pour les élections sans que, la plupart du temps, l'on se soit entendu sur un nom. Ils causent entre eux, se décident par petits groupes à voter pour tel ou tel; ils se font de mutuelles concessions; la brigue et la cabale ont beau jeu. Dans les assemblées secondaires, le mal n'est pas encore très grand. Les électeurs sont, en général, instruits et ils savent à peu près ce qu'ils veulent; l'entente est plus facile; mais dans les assemblées primaires, quel désarroi ! Lorsqu'il s'agit de nommer le maire de Nancy, par exemple, les citoyens actifs qui votent dans huit sections différentes ne peuvent se concerter; les suffrages se portent sur des centaines de noms, et le dépouillement du scrutin demande un temps très long ; il est rare qu'on ne soit pas obligé de recourir à trois tours. Sous le régime de l'an III, on essaya d'obvier à ce mal. Le décret du 25 fructidor an III obligea les citoyens qui le désiraient à se faire inscrire comme candidats ou à faire inscrire leurs amis. Étaient-ils candidats à l'une des fonctions à laquelle pourvoyait l'assemblée primaire, ils s'inscrivaient à l'administration municipale au mois de nivôse; leurs noms étaient publiés les cinq premiers jours de pluviôse, et l'on pouvait discuter sur leurs mérites avant l'assemblée qui se tenait le 1er germinal. Étaient-ils candidats à une fonction à laquelle nommait l'assemblée secondaire, ils s'inscrivaient à la même administration qui communiquait leurs noms à l'administration départementale; celle-ci les faisait afficher du 20 au 25 pluviôse, et les électeurs pouvaient être amplement renseignés sur leur qualité et leurs talents, lorsqu'ils se réunissaient au 20 germinal. Précaution en partie inutile, puisque aussi bien des suffrages pouvaient être donnés à des citoyens non inscrits sur ces listes; précaution aussi dangereuse, puisque des ambitieux seuls osaient se mettre en avant; quelques-uns,

à la recherche d'une position sociale, se portaient pour toutes les
places disponibles; on pouvait sans doute inscrire ses amis, mais
chacun sait qu'un ami ne se dérange que lorsqu'il y est poussé.
En l'an VI, on en revint au mode de procéder indiqué par la
loi du 22 décembre 1789-janvier 1790. Les candidatures posées
d'avance étaient interdites et les inconvénients que nous avons
signalés se reproduisirent.

Comme il n'y avait pas de candidats, il n'y avait pas de profession de foi. On ne lisait point sur les murs, en temps d'élections, de vagues promesses, des injures à l'adresse de concurrents, des phrases ronflantes et vides : c'était autant de gagné pour
le public et l'élu n'était point gêné dans la suite par d'imprudentes
déclarations. Mais cette absence d'engagements présentait aussi
des inconvénients. Sans doute, on connaissait, en général, les
opinions de ceux pour qui l'on votait, on les avait vus à l'œuvre
dans les assemblées municipales, de districts ou de départements.
Mais on pouvait parfaitement ignorer ce que serait leur conduite dans telle ou telle circonstance à prévoir. Il en résulta que
les députés nommés par les mêmes électeurs, à peu près par le
même nombre de voix, se rangèrent dans des partis différents.
Les électeurs à la Législative qui devaient nommer huit députés
donnèrent un représentant à huit districts du département et ils
choisirent le premier suppléant dans le neuvième et dernier district : ce fut là leur grande préoccupation. Ceux qui choisirent
les conventionnels ne suivirent pas absolument la même idée;
pourtant ils donnèrent la première place à Salle, de Vézelise, le
district qui n'était point représenté à la Législative, et ils nommèrent ensuite, comme second député, René-Auguste Mallarmé,
comme troisième, Levasseur. Quel contraste entre ces hommes
désignés par les mêmes électeurs! (Sur 512 votants, le premier
eut 410 voix, le second 352, le troisième 259, en trois scrutins
individuels; ce sont donc, en grande partie, les mêmes qui ont
voté pour les uns et les autres; 157 électeurs sont forcément
communs à Salle et à Mallarmé.) Salle est le Girondin qui a
écrit la tragédie de Charlotte Corday et dont la tête est tombée
sur l'échafaud à Bordeaux le 19 juin 1794; Mallarmé est le

représentant qui envoya au tribunal révolutionnaire les Vierges de Verdun, les officiers municipaux de Metz et au nom de qui est attaché à Verdun le sinistre épisode de Delayant. Comment aussi les mêmes électeurs de l'an V ont-ils pu envoyer aux Cinq-Cents Jacqueminot et Boulay? Sans doute les deux hommes se rapprochèrent dans une égale complicité et applaudirent au 18 brumaire; mais, au moment de leur élection, le 23 germinal an V, Jacqueminot était un « clichyen », c'est-à-dire un royaliste, Boulay un « patriote », c'est-à-dire un révolutionnaire; tout au plus pouvaient-ils se rencontrer avec la phrase qui a tant servi : ni anarchie ni réaction! L'absence de programme net explique la bizarrerie de l'élection, par les mêmes individus, de personnages si différents.

Les élus ne font pas de profession de foi; même, si l'on fait abstraction des élections de l'an IV et de l'an V, les actes de candidature étaient interdits. Aussi les citoyens qui avaient droit de vote n'apportaient-ils pas du dehors un bulletin imprimé ou tout préparé. Au début, tout « billet », comme l'on disait, devait être écrit dans l'assemblée même, sur le bureau, sous les yeux des membres de ce bureau (il nous faut bien employer le même mot, en deux sens légèrement différents, mais dérivés l'un de l'autre); ceux qui savaient écrire l'écrivaient eux-mêmes; ceux qui ne savaient pas écrire le faisaient écrire par l'un des trois scrutateurs auxquels on faisait jurer le secret (1). La Constitution de l'an III prévoyait bien qu'un jour on n'inscrirait plus sur le registre civique les jeunes gens qui ne sauraient lire ni écrire, ni exercer une profession mécanique; mais elle renvoyait l'application de cet article à l'an XII, et, à cette date (1804-1805), les élections étaient suspendues, sauf pour les juges de paix, et Napoléon Ier était le maître de la France.

Les citoyens qui avaient le droit de vote ne pouvaient pas se présenter au bureau quand ils voulaient. Ils étaient appelés à

---

(1) Cette règle fut adoucie par l'instruction du 5 ventôse an V, chap. II, § 6, art. 6: « Aucun citoyen ne peut être contraint à écrire ou à faire écrire son billet sur le bureau; mais ceux qui ne savent pas écrire peuvent, s'ils le veulent, requérir à cet effet le ministère des scrutateurs. »

tour de rôle, à leur rang d'inscription (1). Ils devaient, par suite, assister à l'assemblée, en suivre les opérations, pour exercer leur droit. Sans doute, lorsqu'un premier appel avait été fait, on faisait un réappel et les citoyens retardataires étaient alors autorisés à voter. Pour les assemblées primaires, on sonnait les cloches, on envoyait le tambour de ville faire un roulement et une proclamation dans les carrefours, pour annoncer que le réappel allait commencer dans l'assemblée de telle section. On prévenait, par les mêmes moyens, les citoyens que, le premier scrutin n'ayant donné aucun résultat, on allait procéder à un second, ou, après un deuxième inutile, à un troisième. Les citoyens de 1790 devaient sans cesse avoir l'oreille aux aguets, s'ils voulaient remplir avec fidélité leurs devoirs.

De ces citoyens appelés à voter, on exige un serment personnel, soit au moment où l'assemblée se constitue, soit au moment où il dépose son bulletin dans l'urne, soit à l'un et à l'autre, car les serments vont se multiplier. Sous le régime de la Constitution royaliste de 1789-1791, il jure, après le président et le secrétaire, « de maintenir de tout son pouvoir la constitution du royaume, d'être fidèle à la nation, au Roi et à la loi, de choisir, en son âme et conscience, les plus dignes de la confiance publique et de remplir avec zèle et courage les fonctions civiles et politiques qui lui seraient confiées ». Quand le Roi est prisonnier, le 10 août 1792, quand l'on parle de supprimer la royauté elle-même en France, les citoyens prêtent, au début de l'assemblée ou bien au moment du vote — la pratique a varié — « de maintenir la liberté et l'égalité, ou de mourir en les défendant ». Lors de l'application de la Constitution de l'an III, les serments se multiplient et l'on a pu écrire un livre tout entier sur le serment lors de la Révolution (2). Au début, l'on se borne à écrire sur une pancarte, en caractères très visibles, près du vase du scrutin. l'article 376 de la Constitution : « Les citoyens se rappelleront

---

(1) Même instruction du 5 ventôse an V, chap. II, § 6, art. 3 : « Nul ne dépose son billet qu'à son tour et lorsqu'il est appelé. »

(2) J. MEILLOC, *Les serments pendant la Révolution*, Paris, Lecoffre, 1904. Le livre, d'ailleurs, est incomplet et traite exclusivement des serments imposés aux prêtres.

sans cesse que c'est de la sagesse des choix dans les assemblées primaires et électorales que dépendent principalement la durée, la conservation et la prospérité de la République. » D'après la loi du 30 ventôse an V (20 mars 1797), chaque membre des assemblées électorales doit prêter, au début de l'assemblée, le serment suivant : « Je promets attachement et fidélité à la République et à la Constitution de l'an III. Je m'engage à les défendre de tout mon pouvoir contre les attaques de la royauté et de l'anarchie. » Aux élections de l'an VI, la formule est modifiée. Dans les assemblées primaires et secondaires, chaque votant prête le serment « de haine à la royauté et à l'anarchie, de fidélité à la République et à la Constitution de l'an III », en vertu de l'article 11 de la loi du 9 fructidor an V ; dans les assemblées primaires, ce serment se prête, suivant les instructions du 18 ventôse an VI, avant l'élection des trois scrutateurs définitifs ; dans l'assemblée secondaire, suivant la loi du 6 germinal an VI, après la constitution du bureau définitif, avant que cette assemblée se sépare en sections pour le choix des membres du Corps législatif. Enfin la loi du 12 thermidor an VII (30 juillet 1798) voulait imposer aux citoyens réunis dans les assemblées électorales une nouvelle formule : « Je jure fidélité à la République et à la Constitution de l'an III. Je jure de m'opposer de tout mon pouvoir au rétablissement de la royauté en France et à celui de toute espèce de tyrannie. » Ces serments écartaient des assemblées d'élection quelques-uns des citoyens à la conscience scrupuleuse, et certainement constituaient une atteinte à la liberté du vote ; mais d'autres, moins soucieux de la parole jurée, les prêtaient, les considérant comme une pure formalité et nommaient quand même comme députés des royalistes déguisés, tel Jacqueminot. En tout cas, ce serment était, lors de la tenue des assemblées, une complication de plus ; sans doute, chaque citoyen disait seulement, après la lecture de la formule : « Je le jure. » Mais à cause du serment, le citoyen ne votait qu'à l'appel de son nom et l'on ne pouvait simplifier les opérations des assemblées.

Le serment est prêté, et l'électeur dépose son bulletin dans le « vase ». Les votes sont forcément très longs. On vote souvent par scrutin individuel. Dans les assemblées primaires, sont nommés, par ce mode de scrutin, le maire, le procureur syndic et le substitut de la commune; dans les assemblées secondaires, les députés. Pour la Législative et la Convention où huit députés sont attribués au département de la Meurthe, chacun est nommé par un scrutin séparé, et, comme en l'absence de majorité le troisième tour seul décide, il aurait pu y avoir vingt-quatre tours de scrutin; en fait, il y eut, pour la Législative, quinze tours, pour la Convention seize (1). Lors de l'application de la Constitution de l'an III, on décida de hâter les opérations électorales. En vendémiaire an IV, les deux tiers des députés pris dans la Convention et leurs suppléants étaient choisis au scrutin de liste. On n'élut au scrutin individuel que les membres du nouveau tiers, et encore, aux élections de l'an V, on eut recours, pour la réélection partielle, au scrutin de liste. Les autres élections avaient lieu, en général, au scrutin de liste. Et même, au début, pour les fonctions moins importantes, on employa, afin de hâter les opérations électorales, le scrutin de liste double. Le votant écrivait sur son bulletin deux fois plus de noms qu'il y avait de places à conférer; on dépouillait tous ces noms et l'on avait ainsi deux fois plus de chances d'atteindre la majorité absolue. Les assemblées primaires nommèrent, par ce moyen, en février-mars 1790, les officiers du corps municipal et les notables (2), en mai 1790, les électeurs; mais la loi du 28-29 mai 1791 abolit cette manière de voter. Elle porta (titre II, art. 4) : « Les électeurs seront choisis au srutin de liste simple, et en trois tours si cela est nécessaire, car il n'y aura plus de scrutin de liste double en aucun cas. » Ce mode d'élection disparut dès lors. Pour hâter les opérations électorales, la loi du 25 fructidor an III (11 septembre 1795) indiqua un autre moyen qui ne fut appliqué que par les

---

(1) En mai-juin 1790, pour l'élection de l'administration départementale, on attribue à chacun des 9 districts 3 administrateurs, au total 27, et 9 à l'ensemble du département. On vote successivement pour chaque district, puis pour le département. Il aurait pu y avoir 30 tours de scrutin, en fait il y en eut 17. Pour les membres à prendre dans la généralité du département, on procéda par scrutin de liste double.

(2) Les officiers municipaux étaient nommés à la majorité absolue; les notables à la majorité relative dès le premier tour.

assemblées primaires et secondaires de l'an V. Les députés ou
fonctionnaires à élire doivent être choisis au scrutin de liste ; si,
au premier tour, un nombre suffisant de candidats n'est pas
élu, on forme avec les candidats qui ont obtenu le plus de
voix au premier tour, une liste décuple du nombre de fonctionnaires qu'il reste à élire ; on doit choisir les élus, au second
tour, sur cette liste décuple. Mais chaque votant dépose, au
second tour, un bulletin dans deux urnes : un bulletin de nomination et un bulletin de réduction. Sur le premier, il inscrit
autant de noms que de fonctionnaires à élire ; sur le second, un
nombre de noms variable, mais inférieur à la moitié du nombre
décuple. On dépouille d'abord les billets de réduction ; les candidats inscrits sur les billets par la majorité des votants sont exclus
de toute manière ; sont élus ceux qui ont obtenu la majorité
relative des billets de nomination, hormis les exclus par le premier scrutin. Oh ! ce vase de réduction ! A-t-il été assez plai-
santé ! Toutes les haines se coalisaient pour y déposer des bulletins, et l'on écartait ainsi des fonctions des candidats actifs,
distingués. Ces épithètes ne peuvent sans doute s'appliquer
qu'avec réserves à Victor Mourer qui fut exclu, en l'an V, dans le
scrutin qui envoya Boulay aux Cinq-Cents ; Mourer avait surtout
beaucoup d'ennemis. On reconnut bien vite que cette manière
de procéder, au lieu de simplifier, compliquait, et avec les élections de l'an VI, on en revint tout simplement au mode de 1790
et 1791.

La durée des assemblées d'élections s'allongeait à cause de ces
formalités si compliquées, et aussi à cause du grand nombre des
élections à faire. Sous le régime de la Constitution de 1789-1791,
les assemblées primaires nomment, à Nancy, le maire, le procureur syndic, son substitut, 14 officiers municipaux, 30 notables, 4 juges de paix, 24 assesseurs, et le canton rural de Nancy
nomme un juge de paix et 68 assesseurs ; les dix sections de la
ville et du canton rural désignent en plus 40 électeurs. L'assemblée du district choisit les curés dans toutes les communes où
la cure est vacante par décès, démission, refus de l'ancien titulaire de prêter le serment constitutionnel, le procureur syndic du

district, les 12 membres de l'administration du district (4 pour le Directoire), les 5 juges du tribunal du district et leurs 4 suppléants, et, en 1792, le greffier de ce tribunal, le commissaire national, les 5 juges du tribunal de commerce et leurs 4 suppléants, le greffier de ce tribunal, les 6 membres du bureau de paix et de conciliation, 2 directeurs et 1 contrôleur à la poste aux lettres. L'assemblée du département nomme l'évêque, le procureur général syndic, 36 administrateurs du département (dont 8 directeurs), le président, l'accusateur public et le greffier au tribunal criminel, sans compter les députés, 1 membre du tribunal de cassation et son suppléant, 2 hauts-jurés. Quelle complication et que d'élus! La Constitution de l'an III, frappée de tous ces inconvénients, simplifia les rouages. Elle supprima entièrement le district ; le département ne devait avoir à sa tête que 5 administrateurs, renouvelables par cinquième tous les ans, comme le Directoire exécutif lui-même ; la ville de Nancy serait gouvernée par 7 administrateurs seulement, renouvelables à peu près par moitié chaque année (d'abord 4, puis 3). Le bureau de conciliation disparut ; l'État, depuis la loi de séparation du 3 ventôse an III, n'avait plus à s'occuper de l'évêque ni des curés. Restaient à nommer les juges de paix et leurs assesseurs, le président, l'accusateur public et le greffier du tribunal criminel, les 20 juges du tribunal civil du département avec leurs 5 suppléants, puis le président de l'administration municipale du canton *extra muros*. Mais bientôt les assemblées électorales se récusèrent elles-mêmes par lassitude. Le Directoire exécutif prit l'habitude de nommer des juges « intermédiaires », entre deux assemblées électorales ; et les assemblées cessèrent de les confirmer. « L'assemblée de l'an VI passa à l'ordre du jour sur la question de savoir si elle nommerait des juges du tribunal civil » et l'assemblée de l'an VII ne voulut pas davantage s'occuper des juges. Les électeurs abdiquèrent entre les mains de l'exécutif.

La Constitution de l'an III avait simplifié les rouages administratifs et diminué le chiffre des personnes à élire. Surtout elle réduisit à deux par an le nombre des assemblées d'élection et fixa un nombre de jours maximum pour leur durée. En vérité,

les votants étaient trop souvent et trop longtemps dérangés sous
le régime de la Constitution de 1789-1791. Pour former la première municipalité de Nancy, on vota du 18 février au 23 mars,
au total 34 jours (et je sais bien que certaines journées furent
prises par le dépouillement du scrutin; mais les citoyens actifs
restaient sans cesse sur le qui-vive); on vota 5 jours pour nommer les électeurs, du 10 au 14 mai 1790; le premier renouvellement de la municipalité ne prit que 15 jours, du 14 au 28 novembre 1790; pour nommer les juges de paix et leurs assesseurs,
on vota du 16 au 18 janvier 1791, total, 3 jours; nouvelles élections pour le maire, le procureur syndic et le substitut de la
commune, du 3 au 9 avril 1791, 7 jours; nomination d'électeurs,
du 19 au 20 juin 1791, 2 jours; nouvelle élection municipale du
13 au 23 novembre 1791, 11 jours. Au total en deux années, les
citoyens actifs ont voté 77 jours et l'on arriverait pour 1792 à un
chiffre en proportion aussi fort. Les électeurs désignés par ces
citoyens actifs et qui ont déjà fait partie des assemblées primaires votent aux assemblées secondaires de district, 3 jours
(11-13 juin 1790) pour les administrateurs du district; 2 jours
(1-2 octobre 1791), pour les juges du tribunal de district; 3 jours
(24-26 juillet 1791) pour des curés; 1 jour (9 septembre) pour le
renouvellement de l'administration du district, total 9 jours.
Les mêmes votent aux assemblées secondaires du département,
17 jours (26 mai-10 juin 1791) pour l'administration du département; 5 jours (13-17 mars 1791) pour l'évêque, le juge et le
suppléant à la Cour de cassation; 5 autres jours (8-12 mai 1791)
pour la seconde élection de l'évêque et les membres du tribunal
criminel; 10 jours (29 août-7 septembre 1791) pour les députés
à la Législative, les hauts jurés et le renouvellement partiel de
l'administration, total 37 jours (1). Les électeurs ont donc voté
en deux années, $77 + 9 + 37 = 123$ jours, quatre mois consé-
cutifs, si on mettait les jours bout à bout. On s'explique toutes

----

(1) Les électeurs ont été sans doute renouvelés les 19-20 juin 1791; mais les
mêmes que précédemment pouvaient être désignés. La Constitution de l'an III
seule défendit aux assemblées primaires de nommer les mêmes électeurs deux
années de suite; on ne pouvait être réélu qu'à un intervalle de deux années.

les réclamations contre la longueur des opérations électorales ; les électeurs sont véritablement excédés ; ils se réunissent souvent à 6 heures du matin et votent jusqu'avant dans la nuit ; ils veulent se déclarer en permanence, et rien n'est fini ; et encore perdent-ils souvent leur temps à recevoir les volontaires, les officiers, les autorités constituées ; à assister à des cérémonies patriotiques ; dans l'assemblée électorale qui choisit les députés à la Convention, l'évêque Lalande, président, célèbre un baptême ! Puis il n'y a aucune garantie que les citoyens ne seront pas convoqués à l'improviste. Il suffit que quelques assesseurs donnent leur démission, subitement, pour un caprice, et voilà les assemblées primaires de deux sections de Nancy obligées de se réunir.

Ici encore la Constitution de l'an III chercha à remédier au mal. Quand elle put entièrement être appliquée, dans les années V, VI et VII, il n'y eut plus que deux assemblées électorales par an, une assemblée primaire et une assemblée secondaire. Les assemblées primaires se réunissaient de plein droit chaque année, le 1er germinal (21 mars), procédaient à la nomination des électeurs, à celle des administrateurs municipaux à renouveler, et, s'il y avait lieu, à l'élection du juge de paix et des assesseurs, à celle (pour les 9e et 10e sections) du président de l'administration municipale du canton *extra muros*. L'assemblée électorale du département se réunit le 20 germinal (9 avril) et elle doit avoir terminé ses opérations en dix jours ; elle nomme les membres du Corps législatif qui doivent être renouvelés, un haut juré, les administrateurs du département à renouveler, les membres du tribunal criminel ; nous avons vu comment l'assemblée de la Meurthe renonça à nommer les juges civils, et pendant cette période, le département n'avait aucun juge à fournir au tribunal de cassation. Et ainsi il semblait qu'on eût remédié à l'inconvénient signalé plus haut, la perte formidable de temps pour les votes !

Mais on n'arriva point à éviter un véritable mal dont on s'est plaint dès le début de la Révolution. Ce mal, c'est l'absentéisme, et il ne fit que croître chaque année. Les citoyens qu'on convoquait trop souvent ne se dérangeaient plus. Puis, assister aux assemblées électorales présentait souvent pour eux de véritables

dangers. En 1790, on demande aux citoyens actifs un extrait de
leur déclaration pour la contribution patriotique, et gare à ceux
qui ont offert à l'État une part trop mesquine de leur revenu !
Gare à ceux qui ne sont pas inscrits sur les registres de la garde
citoyenne ! Plus tard, quand ils veulent voter, on les déclare parents ou alliés d'émigrés ou nobles, et ils sont exposés à toutes
sortes de vexations. D'autres redoutent de prêter les serments.
Aussi, sous le régime des deux constitutions, les abstentions sont
nombreuses, et il semble qu'elles le sont toujours davantage. A
la première élection d'un maire de Nancy (celle de Custine d'Auflance, 22 février 1790), il y a 2.235 votants ; à la seconde (celle
de Mollevaut, 16 novembre 1790), 967 ; à la troisième (celle de
Thiériet, 6 avril 1791), 755 ; à la quatrième (renouvellement du
4 novembre 1791, réélection de Thiériet), 642 ; à la cinquième
(élection de Duquesnoy, 15 février 1792), 644 (1) ; et ces chiffres
sont bien caractéristiques. Nous donnons aussi un tableau des
citoyens actifs des huit sections de Nancy avec le chiffre le plus
élevé des votants aux divers scrutins pour l'élection des électeurs d'abord en mai 1790, puis en juin 1791 ; nous mettons en
parallèle le chiffre des votants pour la nomination des électeurs
en août 1792 ; mais il ne faut pas oublier qu'à ce moment, l'âge
électoral avait été abaissé de vingt-cinq à vingt et un ans et que
tout Français pouvait voter sans condition de cens : les élections
eurent lieu sans distinction de citoyens actifs et passifs, au suffrage universel ; nous n'avons pas trouvé le chiffre de citoyens

	CITOYENS actifs	NOMBRE DES VOTANTS		
		mai 1790	juin 1791	août 1792
1re section	407	84	136	184
2e —	327	124	104	132
3e —	512	142	» (2)	206
4e —	428	188	»	143
5e —	484	128	»	183
6e —	226	56	59	159
7e —	294	63	59	140
8e —	355	59	83	116

(1) Nous n'avons pas de chiffre pour la dernière élection du maire élu au
suffrage direct, celle de Lallemand, en décembre 1792.
(2) Les procès-verbaux ne donnent aucun chiffre.

ayant à cette date droit de vote (1), mais on a l'impression que
le chiffre des votants reste faible.

Votera-t-on davantage, lorsque la Constitution de l'an III entre
en plein exercice et qu'il n'y aura plus qu'une assemblée primaire chaque année au 1ᵉʳ germinal? Sans doute, le régime
censitaire a été rétabli, mais le cens est très bas. Peuvent voter
tous les citoyens qui paient une contribution directe quelconque,
foncière ou personnelle. Le tableau suivant (2), emprunté à
nos procès-verbaux, prouve qu'en l'an V et en l'an VI le chiffre
des votants est dérisoire. — Et qu'on n'oublie pas que nous avons
relevé le tour de scrutin où il y a eu le plus de votants. En
l'an V, pour la 1ʳᵉ section, il y a eu 122 votants pour la nomination
des électeurs; pour la nomination de deux assesseurs, ce chiffre
tombe à 64, au deuxième tour de scrutin à 36; puis, pour le
choix des administrateurs municipaux, on compte 88, 68 et
58 votants! — Les chiffres se relèvent légèrement en l'an VI; il
semble qu'après le coup d'État du 18 fructidor et les violentes
controverses qui suivirent, il y eut comme un réveil de la vie
politique; mais aux élections de l'an VII, le chiffre tombe très

	ÉLECTIONS		
	an V	an VI	an VII
1ʳᵉ section	122 (248)(3)	178 (228)	61 (333)
2ᵉ —	290 (482)	329 (485)	115 (629)
3ᵉ —	57 (288)	122 (268)	51 (282)
4ᵉ —	119 (224)	141 (232)	63 (233)
5ᵉ —	111 (317)	176 (315)	75 (365)
6ᵉ —	157 (303)	139 (269)	82 (260)
7ᵉ —	179 (248)	180 (252)	87 (411)
8ᵉ —	86 (381)	168 (414)	54 (450)

(1) Comme il fallait procéder avec rapidité aux élections, on n'eut pas le
temps d'établir une liste des votants; on admit aux votes ceux qui se présentèrent et étaient connus de leurs compatriotes pour habiter la section.

(2) Il faut bien observer que les sections ont été remaniées et ne répondent
plus du tout à ce qu'elles étaient de 1789 à 1792. Nos deux tableaux ne doivent
en conséquence pas être comparés.

(3) Le chiffre entre parenthèses indique le nombre de citoyens inscrits pour
voter sur l'état général imprimé dressé chaque année par la municipalité; mais
beaucoup de citoyens non inscrits pouvaient se présenter aux assemblées et voter,
après avoir justifié de leur droit. Et l'on comptait, en réalité, 900 ou 850 citoyens
ayant droit de vote dans chaque section.

bas, plus bas qu'il ne fut jamais. Pourtant c'est l'époque où se conclut la seconde coalition ; la guerre vient d'être déclarée à l'Autriche le 12 mars 1799 et le public reste indifférent ! On attendait un libérateur pour rétablir l'ordre. La nation était mûre pour le 18 brumaire dont elle sera la complice.

Et cette lassitude se remarque dans les plus petits villages. Combien éloquent ce procès-verbal d'assemblée communale de Saint-Max au 13 germinal an V où il s'agit de nommer un adjoint : « L'agent national attend près de deux heures sans qu'aucun habitant se présente pour voter. »

Dans les assemblées secondaires, les électeurs étaient en général présents ; ils avaient été choisis dans les assemblées primaires, parce qu'ils s'intéressaient aux choses de la politique ; ceux qui venaient de loin touchaient une indemnité qu'ils ont d'ailleurs, au début, réclamée avec une certaine insistance. Il faut observer, pour comprendre les chiffres de nos procès-verbaux, que sous le régime de 1789-1791, on nommait un électeur par 100 citoyens actifs, jusqu'à concurrence de 150 — il y avait en tout pour le département 534 électeurs (1) ; — qu'au contraire, sous le régime de la Constitution de l'an III, il n'y avait qu'un électeur par 200 citoyens ayant le droit de vote, jusqu'à concurrence de 300. L'âge légal pour voter dans les assemblées primaires ayant été abaissé à vingt et un ans et le cens exigé étant réduit au minimum, il y eut en tout pour le département environ 340 électeurs (2).

Voilà quelques réflexions que suggère la lecture de nos procès-verbaux ; on peut encore en tirer beaucoup d'autres et nous avons précisément publié ces documents parce qu'ils éclairent l'histoire de la Révolution dans le département de la Meurthe et peut-être l'histoire de la Révolution en général. Sauf erreur de notre part, c'est la seconde publication de ce genre qui est faite

---

(1) Les électeurs des cantons de Nancy sont au nombre de 40.

(2) Les électeurs du canton de Nancy sont au nombre de 38 : 32 pour le canton interne (ville) où l'on estimait que le nombre des citoyens ayant droit de vote était de 7.100 ; 6 pour le canton rural ou le nombre de ses citoyens était estimé à 1.298.

en France. Si l'on a publié quantité de cahiers de doléances aux
États généraux, si des comités de Paris et des comités locaux
tirent des archives les « documents économiques » de la Révolution, l'histoire politique, du moins l'histoire politique locale,
— on a donné d'admirables travaux d'histoire générale sur cette
période, — est davantage négligée. Le premier volume sur les
assemblées électorales est celui qui a été publié à Niort, en 1868,
par le baron d'Eschasseriaux : *Assemblées électorales dans la
Charente-Inférieure;* le nôtre est le second. Nous l'avons rédigé
et nous écrivons ces lignes sans avoir pu nous procurer le premier
travail, et nous ignorons en quoi les deux œuvres se ressemblent,
en quoi elles diffèrent. Nous sommes convaincu que nous aurions
beaucoup gagné à connaître l'œuvre de notre devancier; mais
au moins nous pouvons revendiquer l'entière responsabilité du
plan suivi et des observations présentées.

La Ville de Nancy a mis à notre disposition, pour l'impression
du volume, une somme de 1.500 francs, et nous lui exprimons
notre gratitude. La Société d'archéologie lorraine a bien voulu
accueillir ce volume dans son *Recueil de documents sur l'histoire
de Lorraine,* dont il formera le tome XIX. A elle aussi nous
disons un cordial merci : ce n'est sans doute pas le dernier service que nous lui demanderons.

Nancy, 31 octobre 1911.

Chr. PFISTER.

P.-S. — A notre rentrée à Paris, nous avons pu consulter
enfin à la Bibliothèque nationale (Lk⁴, 1110) le livre de M. Eschasseriaux (Niort, L. Clouzot, 1888, 347 pages grand in-4°).
M. Eschasseriaux ne s'occupe que des huit assemblées secondaires qui se sont tenues dans le département de la Charente-
Inférieure, du 12 juin 1790 au 20 germinal an VII; il laisse aux
mots : *assemblées électorales,* leur sens technique. Pour les trois
premières assemblées, il ne donne qu'une analyse succincte des
procès-verbaux qui ont été publiés aussitôt après leur tenue; il
publie *in extenso* les procès-verbaux des cinq autres, qui étaient

demeurés manuscrits. Il termine par des notes biographiques sur les députés élus par la Charente-Inférieure de 1791 à 1799. Nous aussi, nous avons eu la même pensée, et le travail que nous donnons dans les *Mémoires de la Société d'archéologie lorraine* de 1911, sous le titre : *Les députés de la Meurthe sous la Révolution*, peut être considéré comme un appendice à la présente publication.

LES
ASSEMBLÉES ÉLECTORALES

DANS LE

DÉPARTEMENT DE LA MEURTHE

LE DISTRICT, LES CANTONS ET LA VILLE DE NANCY

I

ASSEMBLÉES POUR L'ÉLECTION
DES REPRÉSENTANTS DE LA COMMUNE DE NANCY

(27-30 septembre 1789)

Au moment où éclata la Révolution, Nancy avait à sa tête un Hôtel-de-Ville, composé d'un maire royal, de six échevins, d'un échevin trésorier-receveur, d'un procureur royal, d'un secrétaire-greffier, d'un caissier et d'un huissier-audiencier, qui avaient acheté leurs charges et percevaient un traitement fixe. En 1789, le maire royal était Charles-François de Manesy, qui était en exercice depuis 1783 ; les échevins, conseillers du Roi, Claude-Louis Puiseur, doyen, Louis-Dominique Jorant, Jean-Baptiste Gilles, Jean-Jacques Beaulieu, Joseph-Grégoire Luxer, Stanislas-Jean-Népomucène Brévillier. Le titulaire de la charge de trésorier était Benoît Taunier ; mais les fonctions étaient remplies par un adjoint qui avait la survivance, Philippe-Adrian Mique. Le procureur du Roi était Pantaléon-Antoine Varinot, le secrétaire-greffier Mansuy Michel, avocat au Parlement, le caissier Dominique-Laurent Badel, l'huissier-audiencier Amé-Nicolas Christophe (1). L'Hôtel-de-Ville n'avait plus, depuis 1771, à s'occuper de la police dont était chargé un corps spécial ; à côté de la Municipalité, on distinguait la Police, qui comprenait un lieutenant-général, un procureur, un secré-taire-greffier. Le lieutenant général était Christophe-Antoine Urion et déjà Nicolas-Denis Christophe avait acquis la survivance de sa charge ; Joseph Henry était procureur du Roi, maître Lambert, secrétaire (2).

---

(1) Il y avait en outre sept sergents de ville qu'il ne faut pas confondre avec les sergents de police.

(2) L'huissier-audiencier était commun à l'Hôtel-de-ville et à la police. Cf. *Almanach de Lorraine et Barrois*, année 1789, p. 106.

La police comprenait encore six commissaires, l'un pour la Ville-Vieille, trois pour la Ville-Neuve, un cinquième pour le faubourg Saint-Pierre, un sixième pour le faubourg des Trois-Maisons, et douze sergents de police.

Ces deux corps dont les membres étaient en partie étrangers à la ville de Nancy n'avaient aucune autorité et furent incapables de rétablir l'ordre. Aussi, le 24 juillet 1789, lorsqu'on apprit dans notre ville la nouvelle de la prise de la Bastille, les « Communes », c'est-à-dire des membres du Tiers, se réunirent dans la grande salle de l'hôtel de ville. Des membres de la noblesse et du clergé se joignirent à eux, et cette assemblée décida de nommer un Comité permanent, chargé de réprimer les désordres, de gouverner la ville, de prendre en mains la direction des affaires que ne gérait plus la municipalité impuissante. Il fut décidé que ce comité se composerait de 10 députés du clergé, 10 députés de la noblesse, des électeurs des communes, c'est-à-dire des 24 commissaires que le Tiers avait choisis, le 11 mars, pour élire dans l'assemblée du bailliage les députés aux États généraux ; et on se décida à joindre à eux 10 membres des corporations d'arts et métiers. Les membres du clergé furent le P. Zens, tiercelin ; l'abbé de Dombasle, chanoine de la Primatiale ; l'abbé Anthoine, *idem* ; Dieudonné, principal du collège ; Guilbert, curé de Saint-Sébastien ; Parisot, curé de Saint-Èvre ; l'abbé Jacquemin, professeur de théologie ; dom Courvoisier, procureur des Bénédictins ; l'abbé Charlot, marguillier de Saint-Sébastien ; l'abbé Lallemand, prébendé de la Primatiale (1). Les dix nobles ont été le comte de Vidampierre, maréchal de camp et des armées du Roi, qui fut le 24 juillet nommé président ; Renault d'Ubexi, conseiller au Parlement ; le comte de La Valette ; Duparge, maître des comptes ; de Hurdt, *idem* ; de Fisson du Montet, président au Parlement ; de Moulon, maître des comptes ; d'Hame, *idem* ; de Charvet de Blénod, premier avocat général au Parlement ; Thierriet, substitut du procureur général. Les 24 électeurs étaient Jacquemin, Michelant, Lacretelle, avocats ; Urion, lieutenant général de police ; Plassiart, conseiller du bailliage ; Henry le jeune, avocat ; Poirot, architecte ; Mandel, maître en pharmacie ; Parisot, négociant ; Lallemand, docteur en médecine ; Messein, procureur au Parlement ; Marin, négociant ; Laffitte, docteur en médecine ; Conteaux, rentier ; Gœury l'aîné, Mollevaut, avocats ; Brevillier, conseiller à l'Hôtel-de-Ville ; Durand, procureur du Roi en la maîtrise ; Jacqueminot, avocat ; Albert, aubergiste ; Closse, marchand ; Villiez, procureur du roi de la Monnaie ; Eslin, notaire ; Poupillier, négociant ; Jorant, conseiller de l'Hôtel-de-Ville (2). Les représentants

(1) Ces noms se trouvent au bas du *Procès-verbal du comité permanent composé des trois ordres réunis à l'hôtel de ville de Nancy du 24 juillet 1789*, 5 pages in-4°.

(2) Il y a en réalité au bas du procès-verbal cité 25 noms. 22 de ces noms — les 22 premiers — sont les mêmes que ceux qui se trouvent au bas de la *Copie de l'adresse à l'Assemblée nationale présentée par les communes de la ville de Nancy. Nancy le 18 juillet 1789* avec cette désignation : les électeurs et représentants des communes de Nancy : deux des noms de l'adresse manquent au bas du procès-verbal : Malglaive et Perré. Ces souscripteurs étaient bien les électeurs de la ville de Nancy nommés le 11 mars (Cf. *L'élection aux États généraux et le Cahier de la ville de Nancy*, pp 37-38) ; deux des électeurs, Mulnier et Krantz, figurent sur notre liste comme représentants des corporations. Les noms de Regnier et de Prugnon, élus députés, ont été naturellement enlevés, et on trouve en plus les cinq noms de Lacretelle, Closse, Albert, Urion et Gœury l'aîne.

des corporations furent Soyer, coutelier; Krantz, plombier; Mainbournel, cordonnier; Tisserand, *idem*; Mulnier, orfèvre; Fischer, boutonnier; Charel, tailleur; Blaise, tailleur de corps; Leseure, imprimeur; Leseure-Gervois, libraire.

Ce Comité fonctionna au mois d'août et de septembre; il rendit de grands services, organisa la garde citoyenne, améliora la police, maintint un peu d'ordre. Mais il présenta aussi de graves défauts : il était composé d'un trop grand nombre de personnes; beaucoup de membres s'abstinrent de venir aux séances, et la charge ne tomba que sur quelques-uns, les plus zélés; puis ce Comité était révolutionnaire; il n'avait pas reçu de pouvoirs en règle d'aucune assemblée, d'aucune autorité constituées. La seule autorité légale à Nancy était la municipalité avec laquelle le Comité s'entendit mal. Aussi proposa-t-on, dès le début de septembre, d'établir une nouvelle assemblée des représentants à qui le peuple donnerait ses pouvoirs par l'élection; on admettait que l'autorité absolue résidait en ce peuple et qu'il pouvait déléguer des pouvoirs fixés ou illimités à une assemblée nommée par lui. L'initiative de convoquer les électeurs de Nancy fut prise par les officiers municipaux. On leur demandait d'assurer la subsistance de la ville; la Chambre des vacations du Parlement les sommait, le 12 septembre, de faire, de concert avec l'intendant, toutes les démarches nécessaires et suffisantes, « à l'effet d'opérer sans délai l'approvisionnement actuel, successif et continu, tant des marchés que des boulangers de Nancy »; les officiers se plaignaient de ne pouvoir remplir cette tâche, puisqu'ils ne trouvaient point dans le Comité le concours nécessaire. C'est alors qu'ils songèrent à convoquer les communes, déférant aux vœux de quelques concitoyens, « à l'effet d'établir avec les officiers municipaux un Conseil qui pourrait prendre connaissance et décider de tous les objets de l'administration et concourir, par un accord précieux, au bien et à l'avancement communs ». Ils annoncèrent cette intention par leur délibération du 14 septembre, et prirent un arrêté en conséquence le 16. Ils décidèrent que les élections se feraient dans la même forme, d'après laquelle il avait été envoyé des députés à Paris pour les États généraux : on maintenait par suite la division par ordres; puis, pour l'élection du Tiers, chaque corporation de métiers ou d'artisans, chaque corps constitué, les rentiers, désigneraient un certain nombre de membres. Cet arrêté provoqua naturellement une vive rumeur. Le Comité des trois ordres fut surpris, se décida pourtant — d'assez mauvaise grâce — à être supprimé. Il se plaignit seulement du mode de convocation des assemblées électorales, entraîna dans sa résistance la garde citoyenne et provoqua une réunion pour le 18 septembre. Le maire royal décida de céder; il se rendit lui-même à la réunion du Comité le 18 et déclara que l'intention des officiers municipaux était de se conformer au mode de convocation que le Comité jugerait le plus convenable. Le Comité repoussa la nomination par les corporations, attendu qu'il y aurait une grande disproportion entre le nombre des électeurs de chaque représentant; il se déclara pour la convocation par district. Les officiers municipaux prirent, le 24 septembre, un arrêté en conséquence.

La Chambre de Ville invite tous citoyens des trois ordres, portés aux rôles de l'aumône publique et des sou - des paroisses, et les chefs des maisons religieuses à s'assembler par district aux jours et heures indiqués par le tableau ci-après pour élire dans chacun le nombre des élus ou représentants qui y est fixé, auxquels élus ou représentants chaque district voudra bien donner tous pouvoirs, pour concourir avec les officiers municipaux à l'administration des intérêts communs, et particulièrement aviser aux moyens d'assurer la subsistance dans la ville par des approvisionnements ou autrement, même à faire et consentir tous emprunts qui seraient jugés nécessaires, et les autoriser à prendre généralement toutes les voies les plus propres et les plus justes pour le bien de la cité, sa sûreté et sa tranquillité.

NOMS des districts	NOMBRE des districts	NOMBRE des élus	JOURS des élections	LIEUX où l'on doit s'assembler	INDICATION des numéros qui formeront chaque district
Notre-Dame. . .	1	4	Mardi 29, 9 h.	église paroissiale	. . . . . .
Saint-Evre . . .	1	5	Lundi 28, 9 h.	église paroissiale	. . . . . .
Saint-Sébastien .	1	4	28, 9 h.	église des Tiercelins	nº 1 jusqu'à 188
— .	2	4	29, 9 h.	église Saint-Sébastien	nº 189 jusqu'à 549
— .	3	4	30, 9 h.	Idem.	nº 550 jusqu'au dernier
Saint-Roch . . .	1	5	28, 9 h.	à Saint-Roch	nº 1 jusqu'à 299
— . . .	2	5	29, 9 h.	Idem.	nº 300 jusqu'au dernier
Saint-Nicolas . .	1	4	29, 8 h.	à la paroisse Saint-Nicolas	nº 1 jusqu'à 195
— . .	2	4	30, 8 h.	Idem.	nº 195 jusqu'au dernier
Saint-Pierre. . .	1	3	Dimanche 27, 10 h.	à l'église Saint-Pierre	nº 1 jusqu'à 304
— . . .	2	2	29, 9 h.	Idem.	nº 305 jusqu'au dernier
Saint-Fiacre. . .	1	4	27, 10 h.	à l'église Saint-Fiacre	. . . . . .

NOTA. — Les habitants dont les maisons, par de nouvelles bâtisses ou autres causes, sont sans numéro, se rendront avec ou à la suite de celles des maisons dont elles doivent faire nombre.

A chaque assemblée de district, il se trouvera un officier municipal jusqu'au moment où il y aura un président élu.

Fait et arrêté en la chambre du Conseil de ville à Nancy, le 24 septembre 1789.

Par la Chambre, MICHEL.

Les élections eurent lieu comme il avait été fixé par la Chambre de ville, et chacun des douze districts fit imprimer son procès-verbal d'élection ; nous avons réussi à les retrouver tous (1) et nous les résumons ici. Pour la première fois il y eut à Nancy des élections auxquelles tous les citoyens inscrits au rôle de l'aumône publique et sous des paroisses prirent part. On n'a pas fixé le taux de l'impôt. Les électeurs étaient appelés, non en vertu d'une loi, mais en vertu d'un arrêté de la Chambre de ville. Les conditions d'âge ne sont pas indiquées ; mais on

(1) En partie dans un volume de la collection Noël qui a été acquis par la Bibl. de la ville ; il se trouve catalogué à cause de certaines pièces écrites, parmi les manuscrits nº 852 (382) : en partie dans le Recueil nº 2 de la Révolution française au Musée lorrain ; beaucoup de plaquettes de ce recueil appartenaient à Guilbert, curé de Saint-Sébastien, et portent des notes de sa main.

peut supposer qu'il fallait être âgé de 25 ans, comme il en avait été pour l'élection aux États généraux. Les électeurs ne recevaient pas de carte électorale individuelle ; ils devaient se rendre à l'assemblée électorale, en vertu de l'invitation collective du 24 septembre, et chacun votait quand il était appelé par le sergent ou commissaire de police, selon la place qu'il occupait au rôle de l'aumône. L'assemblée électorale avait pouvoir délibératif ; elle réglait son ordre du jour, prenait diverses mesures, fixait les pouvoirs qu'elle voulait donner à ses représentants. Elle se réunit une, deux ou trois fois selon son bon plaisir. On en jugera pas le détail des procès-verbaux.

DISTRICT DE LA PAROISSE NOTRE-DAME

Le 29 septembre 1789, à 9 heures du matin, les paroissiens de la paroisse Notre-Dame, assemblés en leur église paroissiale, après avoir attendu jusqu'à 10 heures, pour remplir les vues indiquées par l'arrêté de MM. les officiers municipaux, en date du 24, le *Veni Creator Spiritus* ayant été entonné par M. Renauldin, curé de la paroisse ; M. Beaulieu, officier municipal a exposé les motifs de la convocation. A l'instant, l'assemblée a choisi pour président M. Christophe Renauldin, prêtre de l'Oratoire, docteur en théologie et curé de la paroisse, lequel a reçu avec reconnaissance ce nouveau témoignage de la confiance de ses paroissiens. M. Beaulieu a voulu se retirer, mais les paroissiens le prient de rester jusqu'à la fin de la séance. On nomme secrétaire par acclamation St.-Alexis Le Bon, greffier-commis au Parlement et caporal de la garde citoyenne. On nomme scrutateurs également par acclamation M. le comte de Malartic, adjoint à la lieutenance de Nancy, et Georges-Antoine Marquet, prêtre, licencié ès lois et bibliothécaire du Roi. On procède par appel nominal au dénombrement des votants, qui est de 106 ; après avoir eu le temps de délibérer sur le choix des représentants, ils apportent leurs billets. Sont élus :

Le chevalier DE LA MICHODIÈRE, chevalier de Saint-Louis, ancien capitaine au régiment du Roi, au haut de la rue Saint-Pierre, 85, 89 voix ;
L'abbé LIÉGEY, prêtre habitué de la paroisse, 75 voix ;
RIOT, rentier, rue du Haut-Bourgeois, 153, 72 voix.

Pour le quatrième poste, Raybois et Robert, maître chamoiseur, ont tous deux 30 voix ; mais Robert déclare que ses occupations ne lui permettent pas d'accepter et prie qu'on fasse passer ses voix sur Raybois. Celui-ci de son côté déclare qu'étant officier de la garde citoyenne, il croit ne pas pouvoir remplir les fonctions de sa commission ; mais l'assemblée nomme à l'unanimité comme quatrième élu :

> RAYBOIS, maître patissier traiteur et lieutenant de la garde citoyenne (1), rue du Four-Sacré.

Sont nommés ensuite suppléants : Jean-Pierre de Reste, capitaine attaché au corps des dragons, chevalier de Saint-Louis ; l'abbé Marquet ; Robert, maître chamoiseur ; Coliny, avocat au Parlement et capitaine de la garde citoyenne.

(Procès-verbal imprimé. A Nancy, chez H. Hæner, 4 pages in-8°.)

DISTRICT DE LA PAROISSE SAINT-ÉVRE

Le 28 septembre 1789, sur les 9 heures du matin, le district de Saint-Évre s'est assemblé en l'église paroissiale, conformément à l'arrêté des officiers de l'Hôtel-de-Ville du 24. M. Beaulieu, en qualité de commissaire délégué par le corps municipal, a exposé les motifs de la convocation; après quoi, il a voulu se retirer ; mais sur l'invitation qui lui a été faite de rester, il y a consenti.

L'assemblée a choisi unanimement pour président M. Parisot, curé de la paroisse. Puis elle a invité M. le président conjointement avec M. Beaulieu à recevoir et faire inscrire les noms des cinq personnes que chaque électeur de cette paroisse leur présenterait pour remplir les places de représentants. On a procédé à la vérification des noms inscrits. Sont élus :

> NICOLAS, professeur de chimie, sur la place de Grève, 93 voix ;
>
> L'abbé JACQUEMIN, professeur en théologie, rue des Comptes, Vieille-Ville, 423, 86 voix ;
>
> Abram DE VAXONCOURT, père, sur la Carrière, 14, 53 voix ;
>
> THERRIN, avocat au Parlement, rue des Comptes. Vieille-Ville, 130. 51 voix ;
>
> LUXER, conseiller honoraire au bailliage, rue de la Source, 334, 40 voix.

---

(1) On trouve une liste des membres de l'assemblée dans l'*Almanach de Lorraine et Barrois*, année 1790, p. 38. Cette liste diffère souvent de celle des procès-verbaux. C'est qu'un certain nombre d'élus n'acceptèrent pas leur poste ou furent évincés pour une raison ou une autre. Ils furent remplacés par leur suppléant. C'est ainsi que l'abbé Liégey ne siégea pas et fut suppléé par l'abbé Marquet, rue Saint-Pierre, n° 202.

S'il était nécessaire de doubler le nombre des représentants, l'assemblée a délibéré de donner pour adjoints à ces cinq élus : Parisot, Guillemin fils, Voignier, fabricien, le comte de Vidampierre et Nicolas, notaire.

L'assemblée a suspendu de statuer sur les pouvoirs jusqu'à ce que les autres districts aient fait leurs élections ; alors les élus pourront s'entendre entre eux et former un projet uniforme de pouvoirs que les représentants soumettront à l'examen d'une nouvelle assemblée.

(*Procès-verbal imprimé. A Nancy, chez H. Hæner, 3 pages in-8°*) (1).

PAROISSE SAINT-ROCH

1er DISTRICT

Le 28 septembre 1789, à 9 heures du matin, les habitants du premier district de la paroisse Saint-Roch se sont assemblés librement en leur église paroissiale, d'après une invitation des officiers municipaux du 24 de ce mois, imprimée, affichée et publiée au prône, et après avoir été avertis encore au son de la caisse.

M. Puiseur, l'un des officiers municipaux, a exposé les motifs et l'objet de leur convocation ; il invite l'assemblée à choisir un président, un secrétaire et deux scrutateurs. L'assemblée a nommé par acclamation MM. Vautrin, trésorier de l'Empereur, et Fabert, négociant, comme scrutateurs, et invité M. Courtois, procureur ès compagnies souveraines, de faire les fonctions de secrétaire. On a arrêté que le président serait nommé par la voie du scrutin et M. Aubert est désigné à la pluralité.

L'assemblée procède à l'élection de ses cinq députés. Sont nommés :

AUBERT. marchand de fer, rue des Dominicains, 222 ;

---

(1) Ce procès-verbal est accompagné d'une lettre de Nicolas, l'un des élus, capitaine de la troisième compagnie de la Ville-Vieille (pages 4-7) ; il exprime le souhait, bien que plusieurs districts aient adopté une marche différente, que les élus se réunissent pour travailler en commun à la rédaction des pouvoirs ; et il veut que, dans ces pouvoirs, on n'oublie pas ceux qui tendront à remédier aux abus introduits dans les moulins ; il faut les réparer et les entretenir, supprimer la banalité, le droit de deux francs par résal qui sert aux dépenses pour les lanternes de la ville, que le droit de mouture soit constant, au lieu d'être au 24me du prix du résal, ce qui enrichit les meuniers en cas de disette.

FABERT le jeune, négociant(1);

CRAMPEL, marchand de modes, rue des Dominicains, 176;

LABAUTE l'aîné, horloger, place royale, 217;

WILLEMET, doyen des apothicaires, rue des Dominicains, 171.

L'assemblée leur défend de faire entre eux aucune réduction et remet au lendemain à 9 heures pour discuter leurs pouvoirs; on se réunira en une salle des Dominicains, attendu que le second district de Saint-Roch doit se réunir à la même heure dans l'église paroissiale.

Le 29, à 9 heures, l'assemblée se forme au couvent des Dominicains. Elle décide : 1° que les députés des districts nommeront un président, prêteront serment entre ses mains, et le président en leurs mains, de bien remplir leurs charges; qu'ils choisiront parmi eux les secrétaires en chef; qu'ils formeront un corps sous le titre de *Comité municipal*; 2° qu'ils s'occuperont le plus promptement possible de la subsistance des villes et faubourgs de Nancy; 3° qu'ils prendront connaissance de tous les réglements relatifs à la police, pour le maintien du bon ordre et de la tranquillité publique; 4° qu'il prendront également connaissance de la régie et administration des dépenses et revenus communs de la cité, des domaines de la ville, fonds et établissements publics, hôpitaux, logements des gens de guerre, la répartition sur les contribuables (les vingtièmes néanmoins exceptés); 5° qu'ils rendront publics, par l'impression et l'affiche, les comptes annuels des administrateurs des biens et revenus communs, et de quatre mois en quatre mois, à leur district, des opérations qu'ils auront faites alors pour le bien général ou celui particulier; 6° que tous les ans on renouvellera les députés, avec faculté de les réélire; la première assemblée électorale aura lieu le dimanche qui suivra la Saint-Martin 1790, à 4 heures de relevée, en l'église Saint-Roch; 7° si ces présents pouvoirs n'étaient pas conformes à ceux de la majorité des autres districts, les députés en aviseront leur district; 8° les représentants de la commune députeront plusieurs d'entre eux au Comité permanent actuel, pour lui faire des remerciements au nom de la commune; 9° un garde citoyen ne pourra être à la fois membre du Comité municipal et garde

---

(1) Fabert fut remplacé par Mathieu de Moulon, maître des comptes, rue des Michottes, 340.

citoyen en activité ; le commandant de la garde citoyenne aura
toutefois entrée au Comité municipal, avec voix consultative.

(*Procès-verbal imprimé. A Nancy, chez H. Hæner, 7 pages in-8°.*)

2ᵉ DISTRICT

Le 29 septembre 1789, 9 heures du matin, partie des citoyens
des trois ordres portés aux rôles de l'aumône publique, et les chefs
des maisons religieuses librement assemblés à leur paroisse,
d'après l'arrêté de MM. les officiers du 24, M. Puiseur, doyen
des officiers municipaux, a exposé l'objet de l'assemblée. On
décide de faire un scrutin pour l'élection du président. M. Berment, doyen des notaires, a été prié de faire les fonctions de
secrétaire ; MM. Mengin, ancien architecte, et Blaise, docteur
médecin, ont été nommés, par acclamation, scrutateurs. Pour la
présidence, le choix de l'assemblée se réunit sur le R. P. Bazile
de Sainte-Madelaine, prieur des Carmes.

M. Puiseur s'étant retiré, M. le président a témoigné beaucoup
de sensibilité à l'honneur qu'on venait de lui faire. Il fait
l'éloge de l'arrêté des officiers municipaux ; il dit qu'il faut délibérer sur le pouvoir des députés avant l'élection. Il a observé
que l'objet essentiel de l'assemblée se réduisait à deux points :
1° procurer l'ordre, la tranquillité et la sûreté publiques ;
2° pourvoir à la subsistance de la cité. La discussion des autres
objets paraît prématurée. Le Conseil de ville ne sera d'ailleurs
que momentané, puisque l'assemblée nationale travaille à l'organisation des nouvelles municipalités.

Le président s'étant assis, l'assemblée, en adhérant à ses
observations, a approuvé la division de Nancy en 12 districts
et s'est constituée sous le titre de second district de Saint-
Roch. Il a arrêté que ses représentants seraient choisis par voie
de scrutin et qu'il était nécessaire de réunir 20 suffrages pour
être élu.

Chacun a remis sur une table placée dans le sanctuaire son
billet clos ; ces billets ont été mis dans un panier, puis ouverts.
Ont été élus :

Claude François BLAISE, médecin, rue de l'Esplanade, 314,
    75 voix ;
Hubert OUDINOT, ancien juge consul, 66 voix ;

Joseph Mengin, ancien architecte, près de la porte Saint-Stanislas, 384, 64 voix ;

Jacques Morizot père, aubergiste, vis-à-vis les halles, 411, 62 voix ;

Dominique Laflize, docteur en médecine, maître en chirurgie, rue des Carmes, 435, 22 voix.

Il a été arrêté que le lendemain, à 3 heures de relevée, l'assemblée du district serait répétée dans l'église des Carmes pour nommer des suppléants aux cinq élus. En conséquence, le second district de Saint-Roch donne pouvoir, tant aux élus qu'aux suppléants qui seront nommés, de former avec les représentants des autres districts, un Conseil de ville, chargé d'aviser aux moyens d'assurer les subsistances, de consentir tout impôt qui sera nécessaire, de veiller à la sûreté et à la tranquillité. Les députés pourront faire sommer les propriétaires à déclarer la quantité de leurs grains ; cette mesure sera un acte de patriotisme : *Salus populi*. La garde citoyenne doit dépendre du Conseil de ville et son chef n'aura au Conseil que voix consultative. Tous les élus seront membres du même conseil. Le règlement fait par le Parlement à l'encontre des boulangers sera considéré comme non avenu, sauf à y pourvoir autrement : on rendra publiques les recettes et dépenses annuelles de la municipalité ; les pouvoirs de l'assemblée n'excéderont pas le terme d'une année.

Le 30 septembre, à 3 heures de relevée, dans l'église des Carmes, le président annonce que M. Oudinot ne peut déférer à son élection à cause de son grand âge ; il est convenu que celui qui aura le plus de voix dans le nouveau scrutin sera élu député et que les cinq suivants seront suppléants. Est élu :

M. de Barbarin, lieutenant-colonel d'infanterie, chevalier de Saint-Louis, près de la porte Saint-Stanislas, 381.

Sont nommés suppléants : MM. Deschiens, marchand de planches ; l'abbé Raybois, avocat clerc ; Bruant, ancien chirurgien-major ; le R. P. Bazile de Sainte-Madelaine, prieur des Carmes. Pour le cinquième poste, Houard, assesseur en la maréchaussée, et l'abbé Laurent, vicaire de Saint-Roch, ont le même nombre de voix. On recommence le scrutin et la pluralité a touché M. le vicaire de Saint-Roch.

(*Procès-verbal imprimé. A Nancy, chez H. Hæner, 8 pages in-8°.*)

PAROISSE SAINT-SÉBASTIEN

1ᵉʳ DISTRICT

Le 29 septembre 1789, à 9 heures du matin, les habitants du premier district de la paroisse Saint-Sébastien s'étant rassemblés librement dans l'église des Tiercelins de cette ville, M Jorant, l'un des officiers municipaux, a fait connaître les motifs et l'objet de la convocation. L'assemblée s'est donné pour président, par la voie du scrutin, M. Pierre-Joseph André, avocat au Parlement ; elle a choisi par la même voie comme secrétaire M. Jean-Pierre Demange, avocat en Parlement et procureur au bailliage.

L'assemblée décide que les membres du comité actuel seront éligibles, quoique non présents à l'assemblée. Elle arrête de nommer quatre suppléants. On procède à l'élection des quatre représentants. Sont élus :

> L'abbé Anthoine, grand-chantre de la Cathédrale-Primatiale, hôtel du grand-chantre, rue des Chanoines, 38 ;
>
> De Villers, ancien commissaire de la marine, rue des Jardins, près les Tiercelins, 15 ;
>
> Ayet, négociant, l'un des juges consuls, rue du Pont-Mouja, 188 ;
>
> Poirson, marchand-tanneur, rue du Pont-Mouja, 187.

A 3 heures de relevée, l'assemblée a désigné comme suppléants MM. André, avocat au Parlement ; le P. Zens, religieux tiercelin ; Gabriel, l'un des juges consuls ; l'abbé de Marcol, chanoine de la Cathédrale.

L'assemblée décide que les fonctions de membre du Comité et de garde citoyen ne seront pas compatibles, que seulement le commandant de la garde nationale pourra être admis dans le nouveau Comité avec voix consultative. Comme on allait s'occuper des pouvoirs à donner aux représentants du district, le président a proposé d'en confier la rédaction préparatoire aux députés et suppléants. La proposition est adoptée et l'assemblée renvoyée au lendemain.

Le 30 septembre, à 3 heures de relevée, l'assemblée donne pouvoirs aux députés : 1° de pourvoir à la subsistance de la ville et d'ouvrir pour cet objet tous les emprunts qu'ils jugeront convenables ; 2° de prendre connaissance des biens et des revenus de la ville, de prendre en conséquence toutes délibérations et d'y appeler les officiers municipaux actuels à titre purement consultatif, sans que les députés puissent s'immiscer dans la juridiction accordée par le prince relativement aux octrois ; 3° de concourir au maintien de la police de la ville ; 4° de former la répartition des charges ; 5° de prendre connaissance des différentes fondations, maisons de charité, hôpitaux, greniers d'abondance ; 6° de faire imprimer le dernier compte de la ville. Les présents pouvoirs ne dureront qu'une année ; défense aux députés de se soumettre, pour l'exécution et l'autorisation des décisions du Comité, à aucune juridiction étrangère. Le district envoie une délégation au Comité actuel et à celui des subsistances, pour leur exprimer la reconnaissance de l'assemblée. Les habitants arrêtent que leur district prendra le titre de premier district de la paroisse Saint-Sébastien et qu'il restera formé sous la même présidence et avec le même secrétaire, pour se réunir chaque fois que le Comité le croira nécessaire. Le district exprime ses remerciements à M. André, son président.

(*Procès-verbal imprimé. A Nancy, chez H. Hæner, 7 pages in-8°.*)

2° DISTRICT

Le 29 septembre, 9 heures du matin, les citoyens habitant le deuxième district de la paroisse Saint-Sébastien, s'étant assemblés en l'église paroissiale, M. Luxer, officier municipal, a exposé les motifs de la convocation. L'assemblée a estimé qu'elle devait commencer par se donner un président ; il a été unanimement arrêté que M. Guilbert, curé de la paroisse, serait invité de venir en remplir les fonctions ; en conséquence une députation lui a été envoyée à cet effet. M. Guilbert en arrivant a remercié ; mais il a fait observer qu'il ne pouvait accepter cet honneur, attendu qu'il n'était pas membre de ce district ; puis la nomination à la présidence devait, selon lui, être faite par la voie du scrutin. L'assemblée a estimé qu'elle pouvait choisir son président comme elle l'entendait et a déclaré de nouveau Guilbert élu. M. Luxer s'étant retiré, l'assemblée nomme par la voie du scrutin M. Grandjean de Bouzanville secrétaire, puis MM. Chevalier et Contal, scrutateurs.

L'après-midi, à 3 heures, l'assemblée déclare qu'elle reconnaît la forme de convocation par district comme la plus juste et

comme celle qui dérive le mieux des vrais principes, attendu
que par cette forme, chaque citoyen est appelé individuellement
à donner son suffrage et influe directement aux élections; elle
approuve la division par district et déclare se constituer sous le
nom de second district de Saint-Sébastien, sauf aux représentants
à examiner si la répartition des membres à choisir par district
est en proportion du nombre respectif des citoyens qui ont le
droit d'élire.

Elle déclare ensuite que, dans la constitution d'une municipalité, il fallait, comme dans la constitution du royaume même,
distinguer le pouvoir législatif du pouvoir exécutif; que la commune devrait constituer les lois intérieures et nommer les officiers civils, chargés de les exécuter, et les officiers militaires,
chargés de leur défense; mais, dans l'état actuel des choses où
il subsiste encore des officiers royaux, chargés de certaines
fonctions municipales et d'autres chargés de la police, l'assemblée croit devoir borner, quant à présent, les fonctions de ses
représentants à l'exercice du seul pouvoir législatif et laisser
l'exercice des ordonnances aux officiers municipaux. Elle enjoint
au surplus à ses représentants : 1° d'assurer sans délai la subsistance de la ville, même en faisant un emprunt; 2° d'aviser aux
moyens d'établir des greniers d'abondance; 3° d'examiner les
recettes et les dépenses de la ville; 4° de rendre publics par la
voie de l'impression les comptes qu'ils se feront présenter par
les officiers municipaux. Les représentants pourront faire tels
réglements intérieurs qu'ils voudront, même dresser un plan de
municipalité qui sera ensuite soumis aux districts. Ces pouvoirs
cesseront avec les décrets de l'Assemblée nationale concernant
les municipalités; en tout cas, ils ne dépasseront pas une année.

On élit ensuite les quatre représentants au scrutin. Sont
nommés :

L'abbé GUILBERT, curé de Saint-Sébastien, rue de la Com-
munauté, 562 ;
MANDEL, maître en pharmacie et gradué en médecine, rue
Saint-Dizier, 309 ;
MOLLEVAUT, avocat (1) ;

---

(1) Mollevaut ne tarda pas à être remplacé par le premier suppléant, Chevalier,
avocat au Parlement, rue des Quatre-Églises, 41c.

GRANDJEAN DE BOUZANVILLE, avocat au Parlement, près de la paroisse Saint-Sébastien, 514.

Chevalier, Aubertin, Morin l'aîné et Charlot, prêtre, qui ont ensuite obtenu le plus de voix, sont nommés suppléants.

(*Procès-verbal imprimé. A Nancy, chez H. Hæner, 7 pages in-8°.*)

3ᵉ DISTRICT

Le 30 septembre 1789, les citoyens du district ci-dessus, étant assemblés en leur église paroissiale, en présence de M. Jorant, officier municipal, ont proclamé pour président M. Guilbert, leur curé, et l'ont fait inviter par plusieurs d'entre eux à venir à l'assemblée, à laquelle ils étaient prévenus qu'il ne pourrait se trouver, parce qu'il avait été délibéré au Comité permanent, dont il est membre, que tous ceux qui le composent, resteraient réunis pendant la durée des assemblées des districts, pour continuer de veiller à la sûreté et à la tranquillité publiques. M. le curé, flatté comme il devait l'être, est cependant venu témoigner à l'assemblée sa vraie et sensible reconnaissance ; il demande qu'on procède par la voie du scrutin ; il lui a été répondu qu'on l'avait proclamé d'une voix unanime et il se décide à accepter.

M. Jorant retiré, on procède par un unique scrutin à l'élection du secrétaire et de deux scrutateurs. L'appel est fait par le commissaire du quartier, en suivant le rôle des citoyens et, après avoir donné défaut contre les non-comparants, la pluralité des suffrages s'est trouvée réunie en faveur du sieur Dubois, négociant, pour secrétaire ; du comte de Lanoue, chevalier de Saint-Louis, et Petitjean, huissier, pour scrutateurs.

A 3 heures, le président a donné lecture d'une lettre de Dubois, s'excusant de ne pouvoir accepter les fonctions de secrétaire ; l'assemblée a prié Lacretelle, un des prêtres de la communauté, qui avait obtenu le plus de suffrages après Dubois, de remplir cette place. L'assemblée décide que pour la nomination des représentants, on procéderait par un seul scrutin : les quatre membres qui auraient le plus de voix seraient les élus, les quatre qui viendraient ensuite seraient les suppléants. L'assemblée se constitue en troisième district de Saint-Sébastien, sauf à examiner si la division des districts est en proportion exacte avec la population. Elle accorde aux représentants tous les pouvoirs qui appartiennent essentiellement à la municipalité et à la police de la ville. Les représentants ne doivent point s'unir à la municipalité et à la police. Ils devront assurer la subsistance de la ville même par un emprunt, veiller à la tranquillité publique, surveiller la police, auditionner les comptes de la ville. Les pouvoirs dureront jusqu'à la formation des nouvelles municipalités. Puis on nomme les représentants. Sont élus :

THIÉBAUT, négociant, rue Saint-Charles ;
PALLIÈRE, rentier ;
LECLERC, bourgeois ;
Le comte DE LANOUE (1).

Laffite, médecin, Eslin, notaire, Desrivages fils, négociant, Rollin, avocat, sont désignés comme suppléants.

(*Procès-verbal imprimé. A Nancy, chez H. Hæner, 7 pages in-8°.*)

PAROISSE SAINT-NICOLAS

1er DISTRICT

Le 29 septembre 1789, à 9 heures du matin, les citoyens des trois ordres du premier district de cette paroisse se sont assemblés librement en leur église paroissiale, d'après l'arrêté de MM. les officiers municipaux. M. Gilles, l'un de ces officiers, a exposé les motifs de la convocation. Il a invité les citoyens à nommer un président. M. Masson, chanoine régulier, procureur du collège, a été élu par acclamation et ensuite par voie de scrutin, puis M. Gilles s'est retiré. On a choisi pour scrutateurs MM. Fallois, Guiot, Dommary. M. le président a fait faire par le sergent l'appel des citoyens des trois ordres portés aux rôle de l'aumône publique et des sous de paroisse ; les présents ont donné défaut contre les absents, ont approuvé la division de la cité en douze districts, se sont constitués sous le titre de premier district de la paroisse Saint-Nicolas et ont décidé qu'ils pourraient élire les absents comme les présents. M. Guiot est choisi comme secrétaire. On a procédé par voie du scrutin à l'élection des quatre députés. Sont élus :

JOLLAIN DE LA TOUR (2), 62 voix ;

---

(1) Les trois derniers ne tardèrent pas à être remplacés par les suppléants : Rollin, rue Saint-Jean, 583 ; Eslin, derrière la paroisse Saint-Sébastien, 588 ; Desrivages fils, place du Marché.

(2) Jollain de la Tour donna sa démission et ne fut pas remplacé, ce semble.

J. S. Boutfroy, entrepreneur, faubourg Saint-Nicolas, 81,
57 voix ;

Le Gault, marchand de vin, rue de Grève, 187, 5o voix ;

Masson, chanoine régulier au collège, 47 voix (1).

On nomme ensuite comme suppléants Raucourt, Miroulle,
Bœuf et Fallois.

Le district a déclaré l'état de garde citoyen incompatible avec
celui de membre du conseil ; si l'un des élus préférait son état
de garde citoyen à celui de député, il serait remplacé par le
premier suppléant. Le district a donné à ses représentants plein
pouvoir concernant l'administration des revenus communs de
la cité, le maintien et l'exécution des lois de police, les mesures
qu'ils jugeront convenables pour l'approvisionnement, la sûreté
et la tranquillité de la ville, leur enjoint de venir rendre compte
de l'exercice de leurs pouvoirs, toutes et quantes fois ils en seront
requis, par devant leurs commettants convoqués par le président.

(*Procès-verbal imprimé. A Nancy, chez H. Hæner, 3 pages in-8°.*)

2e DISTRICT

Le 3o septembre 1789, 8 heures du matin (2), d'après l'arrêté de
MM. les officiers du 24 de ce mois, des affiches et publications
au prône faites le dimanche 27, les habitants du deuxième district
de Saint-Nicolas s'étant assemblés dans leur paroisse, M. Gilles,
officier municipal, a prévenu les assistants des motifs de l'assemblée et les a invités à choisir un d'entre eux pour la présider.
On a procédé au scrutin ; M. Gilles, assisté de MM. André et
Tournay scrutateurs, a recueilli les voix. La majorité s'est réunie
pour M. Schouller, professeur en la Faculté de droit en l'Université de Nancy. Le commissaire s'étant retiré, le président a
proposé de nommer deux nouveaux scrutateurs et un secrétaire ;
MM. Poincaré et Gœury ont été nommés scrutateurs ; M. Tournay
secrétaire.

Avant de passer au scrutin, M. le président a observé à l'assemblée, que le nouveau comité devait mériter la confiance des

---

(1) Sur son exemplaire du procès-verbal, Guilbert a écrit : « On m'a assuré
que le sieur Masson avait été de porte en porte chez les votants pour obtenir
des voix : je doutais de ce fait ; mais quand j'ai connu l'homme et sa nullité
absolue, je n'ai pas pu n'y pas croire. » Guilbert ne pardonnait pas à Masson
d'avoir été jureur.

(2) Le procès-verbal porte 29 septembre ; mais c'est une faute d'impression.

citoyens, et maintenir parmi eux l'union et la concorde ; que, pour remplir ces deux objets, il fallait mettre dans le choix des députés la plus grande sagesse et la plus mûre délibération. Il faut des gens à la fois d'une probité reconnue et d'une probité éclairée : les députés doivent être choisis dans les différentes classes de citoyens ; quoiqu'on ne reconnaisse plus de distinction d'ordre, affecter d'en exclure certaine classe, c'est préparer un germe de discorde. Comme le choix des députés tombera vraisemblablement sur quelques-uns de MM. de la garde citoyenne, il faut décider au préalable si les deux fonctions sont compatibles ou non. — L'assemblée consultée se décide pour l'incompatibilité.

Le sergent a fait ensuite l'appel de tous les habitants du district, suivant le rôle des impositions. L'on a donné défaut contre les absents, et les présents ont procédé au scrutin. Sont élus :

Le comte de CUSTINE D'AUFLANCE, près la porte de Saint-Nicolas, 287, 36 voix ;

ANDRÉ fils, avocat au Parlement, contrôleur des Domaines, rue des Quatre-Églises, 310, 27 voix ;

L'abbé DIXOT, vicaire de la paroisse, au presbytère, rue Saint-Dizier, 245, 25 voix ;

HENRY le jeune, avocat au Parlement, rue Saint-Dizier, 206, 21 voix.

On procède à un nouveau scrutin pour le choix de quatre suppléants. Sont élus : Gœury (18 voix), mais il opte la qualité de lieutenant de la garde citoyenne ; Philbert, procureur au Parlement (15 voix), a également opté de rester dans la garde ; Schouller, Plassiart et Garnier ont chacun 14 voix ; Schouller, président, s'étant retiré, les votants décident que Schouller sera premier suppléant, Plassiart second (1), Garnier troisième.

MM. Viriot, notaire, Dugraveau, Rolin et Jeandel qui avaient ensuite le plus de voix, optent les fonctions de gardes citoyens, en sorte que M. Lacretelle, avocat (8 voix), est nommé quatrième suppléant.

L'assemblée se réunit de nouveau à 2 heures de relevée pour régler les pouvoirs des nouveaux députés. Il a été décidé : 1° que les députés du district se réuniront aux officiers muni-

_____

(1) En note : M. Plassiart qui avait déjà fait proposer des moyens d'excuse légitime vient de les réitérer et de prier M. le président de vouloir bien le tirer de la liste des suppléants.

cipaux et de police pour concourir ensemble à assurer la tranquillité publique ; 2° qu'ils ne négligeront aucun moyen de pourvo' à la subsistance de la ville, en établissant des greniers d'abondance ; ils pourront même autoriser les officiers municipaux à faire les emprunts nécessaires à cet effet ; 3° si les officiers municipaux ou de police ne voulaient pas se réunir au comité des représentants, le Comité pourrait nommer un certain nombre de ses membres pour remplir leurs fonctions ; 4° les députés sont autorisés à auditionner les comptes de la ville, en retrancher les dépenses abusives, améliorer la recette ; 5° les pouvoirs dureront . . . ce que l'assemblée nationale aura formé et décrété un . . . .au plan de municipalité ; en tout cas, ces pouvoirs finiront après l'année révolue ; 6° en cas de désaccord, les députés de ce district seront tenus de se concerter avec ceux des autres et de s'en rapporter à ce qui aura été décidé à la pluralité.

Les nouveaux députés sont chargés de la part du district de témoigner à l'ancien Comité, sa reconnaissance et sa sensibilité.

(*Procès-verbal imprimé. A Nancy, chez H. Hœner, 8 pages in-8°.*)

PAROISSE SAINT-PIERRE

1er DISTRICT

Les habitants du premier district appelé de la paroisse Saint-Pierre s'étant assemblés en leur église paroissiale, le dimanche 27 septembre 1789, M. Brévillier, officier municipal, les a invités à nommer librement l'un d'eux pour présider l'assemblée, ce qui a été fait à l'instant, le choix étant tombé sur M. le comte de la Valette, domicilié en sa maison du faubourg Saint-Pierre, 196 *bis*. Le sieur Brévillier s'étant retiré, on a choisi comme scrutateurs MM. Mathieu, Briolet et Marchand. M. Mathelin, commissaire de la paroisse, a fait l'appel des citoyens sur le rôle des impositions ; on a donné défaut contre les absents. Les présents ont été tous au scrutin. Ont été élus :

Le comte de LA VALETTE(1), 70 voix ;

_____

(1) Le comte de La Valette dut quitter l'assemblée des représentants comme commandant de la garde nationale ; il fut remplacé par Martin, rentier, au faubourg Saint-Pierre.

BLAISE, cultivateur au canton de Nabécor, 127, 67 voix ;
ARNOULD, curé honoraire et ancien de la paroisse, 28 voix.

Les habitants observent que, de cette élection librement faite,
l'on ne pourra ni pour le présent ni pour l'avenir, induire une
distinction d'ordre.

Le 28 septembre, à 1 heure de relevée, l'assemblée s'est réunie
à la paroisse pour arrêter les pouvoirs de ses députés. Il les
invite à s'occuper de la subsistance de la ville, les officiers
municipaux devant se réunir au nouveau conseil. Le lieutenant
général de police suivra l'exemple de la municipalité. Le lieutenant de police, sa juridiction soumise au Conseil général de
la Commune, sera autorisé par lui à agir et juger sans appel.
On recommande aux élus de Saint-Pierre les réformes économiques, en diminuant les charges qui pèsent sur la classe la
plus indigente. Les élus verront les comptes de la ville, s'assu-
reront de la manutention des deniers, rétabliront les greniers
d'abondance. Pour les élus il n'y aura pas de réduction. Le Conseil sera présidé par un président élu à terme soit de quinze
jours, soit d'un mois ; pour son élection on ne suivra aucune des
formes adoptées par les assemblées où les ordres sont distincts.
Aucun membre de la garde nationale ne peut être exclu du
conseil. Si le commandant n'était élu par aucun district, il aurait
toujours entrée et voix consultative dans le conseil. Les députés
agiront aux cas non prévus selon leur sagesse ; mais ils rendront
compte devant le district au terme de leur mandat, qui sera
expiré au moment de la nouvelle loi sur les municipalités et en
tout cas au bout d'une année (1).

(*Procès-verbal imprimé, sans nom d'imprimeur, 7 pages in-8°.*)

2ᵉ DISTRICT

Les habitants du second district de la paroisse de Saint-Pierre
s'étant assemblés en leur maison paroissiale, le mardi 29 septembre 1789, M. Brévillier, officier municipal, les a invités à
nommer librement l'un d'eux pour présider l'assemblée ; ce qui
a été fait à l'instant, le choix étant tombé sur M. Joseph Jacquemin, l'un des entrepreneurs des pavés de Nancy, domicilié en

---

(1) Guibert a écrit au bas de son exemplaire de ce procès-verbal : « Le comte
de la Valette, rédacteur de ses pouvoirs, continue de se mettre à découvert et
invite la cité à se défier de lui, plus cependant de sa tête que de son cœur. »

sa maison du faubourg Saint-Pierre, n° 343. Le sieur Brévillier s'étant retiré, on a choisi comme scrutateurs MM. Jean-François Thomas, dit Montplaisir, et François Biqueron. M. Mathelin, commissaire de la paroisse, a fait l'appel des citoyens sur le rôle des impositions; on a donné défaut contre les absents. Les présents ont été tous au scrutin. Sont élus :

LEJEUNE, fabricant, aux Grands-Moulins, 28 voix;

DESTRIGNÉVILLE, menuisier, faubourg Saint-Pierre, 340, 17 voix.

(La fin du procès-verbal, analogue à celui du premier district.)

Le 30 septembre, à 1 heure de relevée, l'assemblée du district s'est réunie à la paroisse et a chargé ses députés, dans la position critique des choses, dans l'instant le plus cruel que la cité ait jamais essuyé (car on a vu le grain beaucoup plus cher, mais jamais si rare), de s'occuper d'abord de l'approvisionnement de la cité, de chercher à rappeler l'abondance dans son sein. L'autorité donnée aux représentants serait aussi forte que la nécessité de se procurer des grains l'exigerait; les représentants s'opposeront aux désordres qui enfantent l'insubordination, les révoltes et la misère; ils se feront rendre compte de tous les établissements, donations ou fondations destinés au soulagement des pauvres, à la subsistance des citoyens, enfin à tout ce qui est relatif au bien général au particulier. Ils prendront connaissance des recettes et dépenses de la ville, les rendront publiques par la voie de l'impression. Il n'y aura aucune réduction parmi les députés. Ils empêcheront l'exportation des grains, chercheront à découvrir les accapareurs; ils engageront le Conseil de ville à faire une ordonnance qui défend de faire plus d'une espèce de pain.

(*Procès-verbal imprimé. A Nancy, chez H. Hæner, 8 pages in-8°.*)

DISTRICT
DE LA PAROISSE SAINT-VINCENT-SAINT-FIACRE

Le 27 septembre 1789, à 10 heures du matin, les habitants de la paroisse Saint-Vincent-Saint-Fiacre se sont réunis librement en leur église paroissiale d'après l'arrêté des officiers municipaux, en date du 24. M. Luxer, l'un des officiers municipaux, a exposé les motifs de la convocation et l'objet de l'assemblée. L'assemblée a choisi pour président M. Gabriel Mollevaut, prêtre, docteur en théologie, examinateur synodal, promoteur général du diocèse, lequel (M. Luxer s'étant retiré) a dit qu'il était sensible au témoignage de confiance que ses paroissiens venaient de lui donner, mais qu'il ne pouvait point être nommé leur représentant, parce qu'il se devait tout entier aux soins de sa paroisse ; puis il doit remplir une mission toute pacifique, alors que le tribunal, dont les élus par la commune allaient devenir membres, serait nécessité peut-être, pour la tranquillité générale, de donner des ordres rigoureux, de prononcer des amendes, d'infliger des peines. L'assemblée a été pénétrée de ces vérités.

Elle a choisi par acclamation pour secrétaire, M. Henry, greffier-commis au Parlement. Elle a approuvé la division de la cité en douze districts et s'est constituée sous le nom de district Saint-Vincent-Saint-Fiacre.

Le district a arrêté que ses représentants seraient choisis par la voie du scrutin ; qu'il serait nécessaire de réunir au moins 50 suffrages pour être élu ; et que si cette condition n'était pas remplie après le premier tour de scrutin, on nommerait les six qui auraient le plus grand nombre de suffrages, que l'assemblée choisirait entre eux seuls et que l'élection aurait lieu à la majorité des suffrages. Il a été de plus arrêté que de ces quatre représentants, deux seraient pris dans le quartier des Trois-Maisons, un dans le quartier de Boudonville et un dans le quartier du faubourg Stanislas.

Après quoi, on a procédé aux élections. Sont élus pour le quartier de Trois-Maisons :

> Barthélemy CHAILLON, ancien directeur d'usine, bas de la porte Notre-Dame, 12, 85 voix ;
> François BOUR, jardinier aux Trois-Maisons, 305, 65 voix ;

Pour Boudonville :
> Nicolas-François LACOUR (1), 53 voix ;

Pour le faubourg Stanislas :
> Jean-François PETIT, ancien greffier de la maîtrise, bas de la porte Stanislas, 366, 74 voix.

L'élection finie, le district remercie les officiers municipaux. Il définit la tâche du nouveau corps, dont le devoir essentiel sera

---

(1) Lacour sera remplacé par Thiéry, jardinier, aux Trois-Maisons.

d'assurer la subsistance de la ville. Il lui reconnaît une autorité puissante et coactive, « du moins aussi coactive et aussi puissante que l'exige la nécessité d'avoir du pain ». Cette autorité s'étendra par suite à la recette et aux dépenses de la ville, au maintien d'une police exacte ; elle s'opposera aux désordres ; elle prendra connaissance de l'administration de tous les établissements consacrés au soulagement et à la subsistance des citoyens. Le fondement de cette autorité est la loi naturelle, les devoirs de la société, l'arrêt du Parlement du 12, la délibération du corps municipal du 14 et ses arrêtés des 15 et 24 de ce mois. Pouvoirs en conséquence sont donnés aux quatre élus. Le district déclare : 1° qu'il ne reconnaît aucune incompatibilité entre l'état de garde citoyen et celui de membre du conseil de ville, que la garde citoyenne doit dépendre du conseil de ville ; 2° qu'il n'y aura point de réduction entre les députés ; 3° que les députés de tous les districts réunis, après s'être nommé un président, prêteront serment entre ses mains, et le président entre les leurs, de remplir leurs charges avec honneur et probité ; 4° qu'ils rendront publiques les recettes et dépenses annuelles et ordinaires de la municipalité ; 5° qu'ils rendront une ordonnance défendant de faire plus d'une espèce de pain ; 6° que leurs pouvoirs n'excéderont pas le terme d'une année et même expireront à l'instant qu'une municipalité nouvelle, créée par un décret de l'Assemblée nationale, sanctionné par le Roi, entrera en fonctions ; 7° le District promet de se soumettre en tout à ce Conseil de ville.

(*Procès-verbal imprimé. A Nancy, chez H. Hæner, 8 pages in-8°.*)

II

ASSEMBLÉES PRIMAIRES POUR L'ÉLECTION DE LA PREMIÈRE MUNICIPALITÉ

(18 février-23 mars 1790)

L'assemblée des représentants de la commune entra en fonctions le 3 octobre 1789 : la séance fut ouverte par le maire royal, à la tête de sa compagnie ; il prononça un discours « dans lequel fut reconnu l'amour constant de son auteur pour le bien public ». Mais immédiatement l'assemblée décida de siéger en dehors des officiers municipaux et de former un corps tout à fait indépendant. Cette assemblée ne devait pas avoir une bien longue durée; en effet, moins de trois mois après, l'Assemblée nationale votait la nouvelle loi sur les municipalités, et la plupart des districts de Nancy avaient limité les pouvoirs de l'assemblée des représentants au moment où serait promulguée cette loi. L'assemblée des représentants procéda aux élections et tint sa dernière séance le 26 mars 1790.

Le décret sur l'organisation des municipalités fut voté par l'Assemblée nationale le 14 décembre 1789 et, peu de jours après, des lettres patentes de Louis XVI le transformèrent en loi. Toutes les anciennes municipalités locales devaient être supprimées, de nouvelles municipalités identiques formées dans toute la France. La loi fixait la plupart des qualités que devaient réunir les électeurs et les éligibles; les autorités locales ne pouvaient décider à ce sujet que sur des questions secondaires non prévues par la loi.

Tous les membres des nouvelles municipalités devaient tenir leur pouvoir de l'élection. Étaient appelés à les élire les citoyens actifs, c'est-à-dire ceux qui étaient domiciliés dans la ville depuis un an, qui étaient âgés de vingt-cinq ans et payaient une imposition égale à la valeur locale de trois journées de travail (1). Ils se réunissent, dit la loi, en autant d'assemblées que la ville compte de fois 4.000 habitants ou fraction de 4.000; la population de Nancy étant d'environ 30.000 habitants, il devait y avoir huit sections de vote. La loi stipulait en termes exprès que les assemblées électorales ne pouvaient se former par métiers ou corporations, mais bien par quartiers ou arrondissements. Dans ces quartiers figureraient tous les citoyens sans distinction de profession ou d'ordre. Toute assemblée nomme, continue la loi, son président et son secrétaire; ce premier scrutin est dépouillé par les trois plus anciens d'âge présents. Puis, après ces formalités, elle élit trois scrutateurs chargés de recevoir les « billets », de les dépouiller et de proclamer le résultat. Chaque section adresse son recensement particulier à l'hôtel de ville, où sont faits les totaux et où est proclamé le résultat définitif; car les élus ne sont pas, comme pour l'assemblée précédente, les élus des quartiers, mais de l'ensemble de la population de la ville. Pour être élu au premier tour, il faut réunir la moitié des suffrages exprimés plus un; la liste sera complétée, s'il est nécessaire, par un second tour, à la rigueur par un troisième; mais, au troisième tour de scrutin, il suffira d'obtenir la pluralité des suffrages (2).

La ville de Nancy élit : 1º un corps municipal de quatorze citoyens (3), chiffre assigné aux villes ayant de 25.000 à 50.000 habitants; 2º un maire, chef de la municipalité. Le maire est choisi directement par les citoyens actifs; pour être élu, il doit réunir la majorité des suffrages; au troisième tour ne peuvent entrer en concurrence que les deux citoyens ayant obtenu le plus grand nombre de suffrages au second tour; en cas d'égalité de voix, le plus âgé est proclamé; 3º un procureur de la commune et un substitut, élus comme le maire; 4º un conseil

(1) Cette définition du citoyen actif ne fut donnée que plus tard, par la loi organisant les assemblées départementales. Cf. plus loin, p. 25, l'arrêté de l'assemblée des représentants.

(2) Pour être éligible, il fallait payer un impôt équivalent à la valeur locale de cent journées de travail.

(3) En réalité 15 avec le maire.

de trente notables, chiffre double de celui des membres du corps municipal ; ces trente notables formeront, avec les quinze officiers municipaux, le conseil général de la commune. Le conseil nommera un secrétaire général et un trésorier de la ville. Officiers municipaux et notables sont élus pour deux ans et renouvelés par moitié chaque année ; exceptionnellement la moitié de ceux qui ont été élus tout d'abord ne conservera son pouvoir qu'une année. Le maire reste en exercice deux années et peut être renouvelé pour deux autres années. Il en est de même du procureur et de son substitut ; pourtant à la suite de la première élection, le substitut ne restera en fonctions qu'une année, de manière à ce que chaque année alternativement il y ait une élection de substitut ou de procureur. Les renouvellements annuels auront lieu dans tout le royaume le premier dimanche après la Saint-Martin (11 novembre) (1).

Le corps municipal a deux espèces de fonctions : les unes propres à la cité (régir les biens et revenus communaux, diriger les travaux publics, administrer les établissements de la commune, maintenir l'ordre) ; les autres propres à l'administration générale de l'État (répartir les contributions directes entre les citoyens de la commune, les percevoir (2), inspecter les travaux de réparation des églises, presbytères, surveiller les établissements publics destinés à l'intérêt général). Pour l'exercice de ces fonctions, il a le droit de requérir la garde citoyenne et les autres forces publiques. Le corps municipal convoquera les citoyens notables toutes les fois qu'il voudra aliéner ou acquérir un immeuble, imposer les habitants pour une dépense locale, faire un emprunt, intenter un procès et toutes les fois qu'il le jugera nécessaire.

Cette loi dont nous venons de donner les dispositions essentielles fut enregistrée à la chambre des vacations du Parlement de Nancy le 2 janvier 1790. L'Assemblée nationale avait hâte qu'elle fût exécutée ; et, le 6 janvier 1790, Louis XVI ordonna la convocation des assemblées chargées d'élire les nouvelles municipalités. Les lettres patentes furent enregistrées à la chambre des vacations le 16 janvier. Mais qui était chargé de la convocation des huit assemblées électorales? Était-ce l'assemblée des représentants de la commune, ou bien les officiers municipaux? Ou encore les deux corps qui, en général, ne s'entendaient guère, devaient-ils agir de concert? Aucun d'entre eux n'osa prendre l'initiative. Finalement, les représentants décidèrent, les 21 et 22 janvier, d'ajourner la convocation, en attendant des instructions de l'Assemblée nationale. Pourtant ils promirent de procéder immédiatement à une division de la ville en huit sections. Ils se demandèrent aussi si les réguliers pouvaient être considérés comme citoyens actifs et prendre part aux élections municipales. En cas d'affirmative, fallait-il seulement convoquer les chefs des maisons religieuses ou bien avec eux des moines en proportion des impôts payés par chaque communauté? Mais s'ils soulevèrent cette question, ce fut aussi pour en référer à l'Assemblée nationale. Celle-ci, accablée de besogne, ne se pressait pas de répondre. Les députés du bailliage de Nancy, Prugnon et Regnier,

_____

(1) Si les places de maire, de procureur ou de substitut venaient à vaquer au cours de l'année, il était nécessaire de procéder à de nouvelles élections. Si une place de membre du conseil municipal devenait vacante, le premier notable — celui qui avait obtenu le plus de voix — la devait remplir. Les notables défaillants n'étaient remplacés qu'au moment de l'élection annuelle.

(2) A noter que pour les impôts directs il n'y avait pas encore d'administration spéciale.

écrivirent que le Comité de la constitution ne pouvait promettre de réponse avant un mois ; ils engagèrent les représentants de la commune à imiter l'exemple donné par d'autres villes et à procéder aux élections de concert avec les anciens officiers municipaux. Cette proposition finit par être adoptée le 29 janvier à une grande majorité, et il fut décidé que les officiers municipaux seraient appelés comme adjoints à la commune pour travailler de concert aux opérations préliminaires. Les officiers municipaux annoncèrent le 30 janvier leur adhésion au principe ; mais ils ne voulaient prendre de décision définitive en l'absence du maire royal, M. de Manesy.

Le 1er février, M. de Manesy, de retour à Nancy, se présenta de lui-même à l'assemblée des représentants de la commune en compagnie de M. Luxer, échevin (1). La question de la date des élections fut discutée et l'on ne tarda pas à tomber d'accord sur la nécessité de la reculer. C'était une opération difficile que de diviser la ville en huit sections, de dresser la liste exacte des éligibles et des électeurs. Quelques jours au moins étaient nécessaires pour ces opérations préliminaires. Puis le carnaval était proche, et l'époque des mascarades paraissait peu propice aux élections. On décida d'avertir le public par la voie de l'affiche des vrais motifs de l'ajournement. L'assemblée se borna à régler quelques questions préliminaires. Elle arrêta que, jusqu'à ce que le Comité de la constitution se fût prononcé, on donnerait le droit d'élection à un député de chaque maison religieuse, mais que ce député ne pourrait être éligible (2). La discussion qui fut soulevée à ce propos fut longue et orageuse. Quelques orateurs se déclarèrent contre les religieux, qui étaient de véritables mineurs, dont la liberté était enchaînée par les vœux, qui étaient comme morts au monde ; d'autres firent observer que les religieux prenaient part à toutes les charges de la ville, même au logement des gens de guerre, qu'ils avaient des biens nombreux, que des membres de diverses congrégations siégeaient à l'Assemblée nationale, etc. La résolution qui fut adoptée était comme une conciliation entre les deux opinions extrêmes. Les représentants de la commune fixèrent ensuite le taux de la journée de travail, et, pour qu'un grand nombre d'électeurs pût prendre part au scrutin, on le détermina très bas, à quinze sous. Et là-dessus, ils approuvèrent l'affiche, rédigée par MM. de Moulon et Chevalier. Le texte manque d'élégance ; mais, comme il fait très bien connaître la situation de Nancy au début de 1790, nous le publions in extenso :

« La commune, partageant le désir que les citoyens ont de voir établir les nouvelles municipalités, s'empresse de prévenir la cité des motifs qui ont retardé jusqu'à présent cette importante opération. Pour y parvenir, il convenait de procéder à cette élection d'une manière légale ; et les représentants de la commune, librement élus par la cité, quoique intimement persuadés de la régularité de leurs pouvoirs à cet

(1) Le corps municipal s'était réuni ce jour-là et dressa ce procès-verbal qu'on trouve à la fin de ses registres : « Les officiers municipaux, délibérant sur l'exécution de la lettre à eux adressée par MM. les représentants de la commune pour procéder à la convocation des citoyens pour la formation des nouvelles municipalités, ont nommé M. le maire royal et M. Luxer commissaires pour porter à l'assemblée de mes dits sieurs les représentants de la commune le vœu que les officiers municipaux ont de concourir avec eux de tous leurs efforts et leur zèle pour accélérer cette opération et travailler de concert avec eux. »

(2) Lors de l'élection de l'assemblée des représentants, on avait appelé comme électeur le chef de chaque maison religieuse.

effet, ont cependant considéré que les expressions du décret de l'Assemblée qui conservait les anciens officiers municipaux dans l'exercice
de leurs fonctions (1), pouvaient faire croire que la convocation leur
était réservée. La commune, après avoir entendu ces officiers, leur doit
la justice de publier qu'ils s'en sont rapportés aux représentants de la
cité, pour juger si l'on préviendrait la décision de l'Assemblée nationale
à laquelle on a présenté conjointement l'objet sur lequel elle avait à
prononcer. Pour manifester qu'il n'y avait de leur part aucunes préten-
tions particulières, ils viennent encore de l'exprimer plus positivement,
en offrant à la commune leurs soins pour accélérer les nouvelles élections.

« Mais le travail préparatoire pour relever l'état de la population de
cette ville, former le tableau indispensable des diverses contributions,
déterminer quels sont les citoyens qui doivent être électeurs ou éligibles, la division des cantons et l'instruction préalable qu'il convient de
donner au public pour l'intelligence des nouvelles lois, exigeait un
temps qui seul a fait différer jusqu'ici leur publication. Ce travail étant
au moment d'être terminé, le public est averti que dans très peu de
jours le résultat en sera publié et affiché; et la commune voulant faire
concourir les citoyens qui ont des droits à des élections aussi essentielles à la tranquillité et au bonheur de la cité, la prévient qu'elle a
fixé la journée de travail à 15 sols, cours de France, qu'il faudra par
conséquent payer 45 sous d'imposition quelconque pour être électeur
et 7 livres 10 sous pour être éligible, le tout au cours du royaume.

« L'intention de la commune est de manifester par cet avis les principes invariables où elle sera toujours de maintenir dans cette ville la
liberté, l'égalité et la justice, selon le vœu de tous les honnêtes
citoyens. »

En même temps les représentants nommèrent un comité, chargé de
toutes les opérations préliminaires au sujet des élections municipales.
Il fut composé de douze membres : MM. Grandjean, Rollin, de Moulon, Malglaive, Chaillon, Blaise cultivateur (2), Luxer, Chevalier,
Labaute, l'abbé Jacquemin, Poirson et André.

Le comité ainsi désigné eut à examiner une série de questions qu'il
soumit deux jours plus tard, le 3 février, à l'assemblée des représentants de la commune. Faut-il s'en tenir strictement aux rôles d'imposition? Faut-il rayer de la liste des électeurs ou des éligibles les
citoyens qui ne paieraient que 44 sols d'impôt au lieu de 45, que
7 livres 9 sous au lieu de 7 livres 10 sous? Réponse : il faut s'en
tenir strictement aux rôles. Des associés paient chacun individuellement une somme insuffisante pour être éligibles; mais l'un d'entre eux
ne peut-il pas avoir cette qualité? Réponse négative, puisque personne
ne peut être représentant d'un autre. Le comité refuse la qualité d'éligible aux contrôleurs des actes, parce qu'ils sont chargés de la percep-
tion d'une imposition indirecte, aux employés des fermes et de la régie,
pour la même raison; il admet pourtant que les receveurs des do-

---

(1) L'article 1ᵉʳ du décret du 14 décembre 1789 portait : « Les municipalités
actuellement subsistantes en chaque ville, bourg, paroisse ou communauté sous
le nom d'Hôtel-de-Ville, Mairies, Échevinats, Consulats... sont supprimées et
abolies : et cependant les officiers municipaux actuellement en exercice, continueront leurs fonctions jusqu'à ce qu'ils aient été remplacés. »

(2) Blaise cultivateur est toujours désigné par sa fonction pour le distinguer
de Blaise médecin.

maines et les receveurs des finances (1) soient éligibles, parce que les recettes levées par eux ne sont pas le produit d'une imposition. Il écarte entièrement les juifs et comme éligibles et comme électeurs, et ceci nous prouve que, malgré tous les efforts de Berr Isaac-Berr, le sentiment public demeurait hostile aux Israélites. Le comité aurait voulu que les miliciens fussent privés du droit de vote ; mais l'assemblée des représentants décida qu'ils pourraient être électeurs, s'ils remplissaient les conditions nécessaires, sans toutefois être éligibles. La même décision fut prise pour les membres de l'état-major de la place et de la maréchaussée. Les faillis insolvables furent rayés de la liste des électeurs et des éligibles.

Le jour suivant, les commissaires procédèrent à la division du territoire en huit cantons et les représentants approuvèrent leur travail dans la séance du 5 février. Ils firent aussi imprimer la liste des électeurs et des éligibles (2). Le 6 février (3), les représentants de la commune constituèrent un nouveau comité pour recevoir les plaintes au sujet des listes électorales. Ce comité fut composé de MM. Beaulieu, Therrin, Luxer le jeune, Rollin, Luxer aîné, du Moulin, Malglaive, André et l'abbé Guilbert. Puis ils arrêtèrent la proclamation qui devait être adressée aux habitants de la ville pour les élections :

« L'assemblée, ayant recueilli tous les renseignements qui lui étaient nécessaires pour la formation de la Municipalité, a arrêté ce qui suit :

« ARTICLE PREMIER. — Par le dénombrement qui vient d'être fait, la population de la ville et des faubourgs de Nancy, étant portée à 29.168 âmes (4), il sera formé, en exécution du décret de l'Assemblée nationale, huit quartiers ou arrondissemens composés chacun de 3.600 âmes

« ART. II. — Le premier quartier comprendra la paroisse Saint-Fiacre depuis le n° 1er jusqu'au n° 327 et la paroisse Notre-Dame depuis le n° 59 jusqu'au n° 358 et dernier, ce qui forme une population de 3.749 âmes. Son assemblée se tiendra au réfectoire des RR. PP. Cordeliers.

« Le second comprendra la partie de la paroisse Notre-Dame depuis le n° 1er jusqu'au n° 59 et la paroisse Saint-Èvre en entier, ce qui forme une population de 3.717 âmes. Son assemblée se tiendra à la salle des Cerfs, au Gouvernement.

« Le troisième sera formé d'une partie de la paroisse Saint-Roch depuis le n° 204 jusqu'au n° 578 et dernier, et de celle de Saint-Fiacre extérieure aux portes Saint-Stanislas et Saint-Jean depuis le n° 328 jusqu'au n° 449 et dernier, formant une population de 3.686 âmes. Son assemblée se tiendra au Collège de médecine, Place royale.

« Le quatrième sera formé d'une partie de la paroisse Saint-Roch

---

(1) Il s'agit des finances payées par ceux qui ont acheté une charge.

(2) *Liste des citoyens actifs de la ville de Nancy qui sont éligibles et électeurs*, 40 pages in-4°. A Nancy, chez H. Hæner.

(3) Dans la même séance on donna lecture d'une lettre des représentants à l'Assemblée nationale, Prugnon et Regnier, informant que l'Assemblée venait de décider que les élections municipales se feraient conjointement par la municipalité et la commune.

(4) Guilbert écrit sur son exemplaire : « Il y a une erreur grave dans ce calcul ; nous avons à Nancy, sans les troupes, passé 32.000. » Il faut d'ailleurs observer que, si l'on additionne les chiffres donnés dans le règlement pour chacune des huit sections, on arrive au total de 29.509 âmes, et non de 29.168.

depuis le n° 1er jusqu'au n° 203 et d'une partie de celle de Saint-Sébastien depuis le n° 1er jusqu'au n° 206, ce qui donne une population de 3.696 âmes. Son assemblée se tiendra à l'hôtel de ville.

« Le cinquième sera formé de la partie de la paroisse Saint-Sébastien depuis le n° 207 jusqu'au n° 584, ce qui donne une population de 3.627 âmes. Son assemblée se tiendra à l'Université.

« Le sixième sera formé d'une partie de la paroisse Saint-Sébastien depuis le n° 585 jusqu'au n° 796 et dernier, et d'une partie de la paroisse Saint-Nicolas depuis le n° 355 jusqu'au n° 482 et dernier, ce qui donne une population de 3.634 âmes. Son assemblée se tiendra à la salle du chapitre des Bénédictins.

« Le septième sera formé d'une partie de la paroisse Saint-Nicolas depuis le n° 1er jusqu'au n° 354, ce qui donne une population de 3.754 âmes. Son assemblée se tiendra dans une salle du Collège.

« Le huitième sera formé de la totalité de la paroisse de Saint-Pierre, qui donne une population de 3.646 âmes. Son assemblée se tiendra dans une salle des Missions royales.

« ART. III. — Conformément à l'art. IX du décret qui veut que les assemblées se tiennent au même instant, celles des huit cantons ci-dessus désignés s'ouvriront toutes le jeudi 18 du courant, à 8 heures précises du matin; elles seront annoncées au son d'une cloche de chaque paroisse depuis 7 heures 3/4 jusqu'à 8 heures.

« ART. IV. — Afin que les assemblées ne soient composées que des citoyens qui ont le droit d'y assister, nul n'y sera reçu s'il n'est porteur de son billet de convocation (1).

« ART. V. — Les billets de convocation, signés du président et secrétaire de la commune, indiqueront la paroisse où l'on réside, le numéro de la maison qu'on occupe, le quartier auquel on appartient et le lieu de l'assemblée où l'on devra se réunir; ils seront remis à chaque citoyen actif d'ici à jeudi prochain 11 février.

« ART. VI. — Les citoyens actifs qui n'auraient pas reçu de billets de convocation pourront venir en réclamation de leurs droits d'ici au dimanche 14 de ce mois par-devant le comité que l'assemblée a formé pour les entendre, et, d'après l'examen de leurs titres, ils seront compris, s'il y a lieu, dans un supplément de liste.

« ART. VII. — L'assemblée, persévérant dans la fixation qu'elle a faite du prix de la journée à 15 sous de France, déclare que, conformément à l'instruction de l'Assemblée nationale, il faut payer 45 sous d'imposition directe pour être simplement électeur et 7 livres 10 sous pour être éligible; mais elle regarde comme imposition directe (2) les

---

(1) L'assemblée des représentants s'était chargée de faire dresser ces premières « cartes d'électeur ».

(2) Les habitants de Nancy ne payaient pas de subvention — c'est le nom de la taille en Lorraine; — mais sur eux pesaient une série d'impôts spéciaux : les vingtièmes et les décimes sur le revenu, le centième denier payé par ceux qui avaient acquis une charge et ne touchaient pas de traitement, un impôt sur les commerçants et les industriels, l'impôt des ponts et chaussées, qui, ailleurs, s'ajoutait à la subvention, les sous des paroisses pour l'entretien des églises, les aumônes publiques — chacun était taxé selon sa fortune. Ce dernier impôt était levé par un bureau spécial qui se composait en 1790 de l'évêque président, M. de Cœurderoy, premier président du Parlement (pour la paroisse Notre-Dame), de Riocour, premier président à la Chambre des Comptes (partie de Saint-Roch), Mahuet de Lupcourt, grand-doyen (partie de Saint-Nicolas),

vingtièmes, décimes, centième denier, industrie, ponts et chaussées, sous de paroisse et aumônes publiques.

« Art. VIII. — L'assemblée croit devoir rappeler ici les autres conditions nécessaires, aux termes de l'instruction donnée par l'Assemblée nationale, pour être électeur et éligible ; déclarant que, par les billets de convocation qu'elle fera délivrer et par l'énonciation dans la liste, elle ne prétend point donner droit à ceux qui ne réuniraient pas ces conditions, savoir : 1° d'être Français ou devenu Français ; 2° d'être majeur de 25 ans ; 3° d'être domicilié dans le lieu au moins depuis un an ; 4° de payer une contribution directe de la valeur locale de trois journées de travail ; 5° de n'être pas dans l'état de domesticité, c'est-à-dire serviteur à gages.

« Les décrets excluent aussi les banqueroutiers, les faillis et les débiteurs insolvables ; ils excluent encore les enfants qui ont reçu et qui retiennent une portion des biens de leur père mort insolvable, sans avoir payé la part de ses dettes qu'un enfant aurait été tenu de payer, s'il se fût rendu héritier de son père ; on accepte les enfants mariés qui ont reçu des dots avant la faillite ou l'insolvabilité de leur père notoirement connue.

« Art. IX. — Le commune se propose de rendre publics les éclaircissements nécessaires pour accélérer et rendre uniformes les opérations à faire dans les assemblées d'arrondissement. »

Cette proclamation fut aussitôt imprimée et distribuée (1). Le 8 février, les représentants décidèrent qu'ils resteraient réunis depuis l'ouverture de l'assemblée des cantons jusqu'à leur clôture. Sans doute ils ne pourront faire usage de leur voix active, c'est-à-dire qu'ils ne pourront voter ; mais ils seront tout prêts à rendre service à leurs concitoyens, à trancher les questions litigieuses ; puis ils auraient l'air, en allant dans les sections, de solliciter les voix de leurs concitoyens pour la nouvelle municipalité. Huit d'entre eux iraient seuls ouvrir chacune des huit assemblées et se retireraient au moment des votes. L'assemblée, ayant appris que des faillis étaient portés sur les listes électorales, chargea MM. Ayet et Desrivages de compulser ces listes et de rayer les indignes. Les jours suivants, les représentants eurent encore à trancher diverses questions à propos des élections. Ils décidèrent, le 9 février, que Maréville ne pouvait avoir une municipalité indépendante et que l'établissement, se trouvant sur territoire appartenant à Nancy, ne pouvait dépendre de la municipalité de Laxou ; ils écartèrent la réclamation du sieur Thibault, associé du sieur Maubon, puisqu'il n'était pas inscrit nominalement sur le rôle de l'industrie. Le 13 février, ils reçurent avec reconnaissance l'offre des curés qui annoncèrent la célébration d'une messe du Saint-Esprit, pour le 18, jour des assemblées électorales. Le 15, ils nommèrent les commissaires chargés

---

Doré de Crépy, président au Parlement (partie de Saint-Sébastien), Thomassin, conseiller à la Chambre des Comptes (Saint-Evre), de la Michodière (partie de Saint-Roch), de Bressey, écolâtre (partie de Saint-Sébastien), Plassiart, conseiller au bailliage (partie de Saint-Nicolas), et de Manesy, maire royal (faubourgs).

(1) *Règlement de l'assemblée des représentants de la commune de Nancy, à eux joints les officiers municipaux de la même ville, pour la municipalité, conformément aux décrets de l'Assemblée nationale, sanctionnés par le Roi,* 6 p. in-4°. A Nancy, chez H. Hæner. Le document imprimé porte cette date : Fait et arrêté à l'assemblée des représentants de la commune, à eux joints les officiers municipaux, ce jourd'hui 6 février 1790.

de faire l'ouverture des diverses assemblées électorales; ce furent pour les huit quartiers MM. Marquet, Nicolas, de Moulon, l'abbé Anthoine, l'abbé Guilbert, Eslin, André et Blaise cultivateur. Le dimanche 16, ils décidèrent que l'abbé de Saint-Léopold, possédant son abbaye en commende, ne devait pas être considéré comme religieux, et qu'il pouvait par suite jouir de la voix active et de la voix passive. Le 17 février, ils repoussèrent la demande de Poupillier qui demandait à être éligible : un fermier des octrois ne devait avoir que la voix active. Ils ajournèrent des réclamations du même genre, présentées par Duquesnoy et Henry, ce dernier professeur de droit à l'Université; Henry demandait la qualité d'éligible en tant que professeur, quoiqu'il ne fût domicilié dans la ville que depuis le mois d'octobre. Revenant sur une décision antérieure, ils inclinèrent à reconnaître au sieur Thibault voix active et passive à condition qu'il présenterait son traité de société avec Maubon. Finalement, ils donnèrent de longs éclaircissements sur la manière dont devaient être tenues les huit assemblées de section (1). Nous indiquons ici l'essentiel.

Le député choisi par la commune et la municipalité ouvrira la séance; il veillera à ce que personne n'y pénètre sans billet de convocation ou en armes; il invitera les trois plus anciens d'âge à remplir les fonctions de scrutateurs pour l'élection du président de l'assemblée; il présidera lui-même à cette élection, en faisant l'appel des électeurs et des éligibles; les présents remettront leur billet à l'appel de leur nom; si des citoyens se présentent après cet appel, ils seront encore admis à voter, à condition que le scrutin n'ait pas été déclaré clos. Le président élu, toute la police de l'assemblée lui appartient; il fait élire le secrétaire; puis il prête le serment : « Je jure de maintenir de tout mon pouvoir la constitution du royaume, d'être fidèle à la nation, à la loi et au Roi, de choisir en mon âme et conscience les plus dignes de la confiance publique et de remplir avec zèle et courage les fonctions civiles et politiques qui pourront m'être confiées. » Il prononce la formule et les citoyens actifs appelés l'un après l'autre, répondent en levant la main : je le jure (2). Ceux qui arriveraient un peu plus tard devraient s'associer au serment. On élit ensuite les trois scrutateurs, et le bureau de la réunion est déclaré constitué.

Cela fait, on doit procéder à l'élection de la municipalité. Il est bien entendu que les membres de la municipalité seront pris à volonté dans tous les quartiers de la ville ou des faubourgs. On commencera par l'élection du maire qui se fera par un scrutin individuel. Chaque électeur votera à l'appel de son nom sur un bulletin qu'il écrira lui-même; s'il ne sait pas écrire, les scrutateurs écriront le nom qui leur sera indiqué, en jurant de garder le secret. Après le vote, le scrutin sera dépouillé, et un commissaire désigné par l'assemblée portera le résultat à l'hôtel de ville où se fera le recensement général des huit sections par les soins de la commune et des officiers municipaux. Si un second ou un troisième tour de scrutin est nécessaire, on convoquera une ou deux assemblées nouvelles des huit sections. Après l'élection du maire, il sera procédé de la même façon : celle du procureur syndic, puis à

---

(1) Ces éclaircissements ont été imprimés. *Éclaircissemens donnés par les Représentans de la Commune, à ceux qui seront Officiers municipaux, sur les opérations à faire par les Assemblées de quartier pour l'élection de la Municipalité*, 14 pages in-8°. A Nancy, chez C.-J. Lamort.

(2) Lettres patentes du 3 février 1790. Duvergier, t. I, p. 114.

celle de son substitut. On élira ensuite quatorze officiers municipaux qui, avec le maire, constitueront le corps municipal; l'élection doit se faire par scrutin de liste double. Les votants inscriront sur un même billet les noms de 28 citoyens. Les billets qui renfermeront un plus ou moins grand nombre de noms seront déclarés nuls. Pour être élu au premier tour de scrutin, il faut avoir la majorité absolue des suffrages donnés dans tous les arrondissements. Si le premier tour ne donne pas 14 élus, on procédera à un second tour pour compléter la liste des officiers municipaux; on passera à un troisième tour s'il était nécessaire; mais la majorité relative des voix suffira en ce cas; à nombre égal de voix, le plus ancien d'âge sera préféré. Enfin, par un scrutin de liste simple, on élira les notables qui seront nommés à la pluralité relative; un seul tour de scrutin sera par suite nécessaire. Les opérations closes, les assemblées de section seront dissoutes. De chaque élection de section ou de chaque dépouillement central il devrait être dressé procès-verbal. Nous avons conservé, en tout ou en partie, les procès-verbaux des huit sections; nous en tirons les renseignements suivants (1).

Les assemblées électorales se réunirent le jeudi 18 février au matin(2); mais il éclata un incident dans la sixième section. Quand la séance eut été ouverte à 10 heures du matin, avec un peu de retard, par le commissaire député par la commune, M. Eslin, il lui fut rapporté par un grand nombre de citoyens « que les sieurs Maubon, négociant, Thibault, son associé, et le nommé Thibault fils, cordier, leur arrachaient les billets qu'ils avaient faits, les déchiraient et leur en rendaient d'autres où le sieur Thibault était nommé président et les sieurs Maubon et Pallière scrutateurs ». Le fait fut reconnu exact, et l'assemblée « décida que ces trois particuliers seraient exclus de la présente réunion comme indignes d'y figurer avec des citoyens honnêtes, et de fait incapables d'être électeurs et éligibles, et que les autres districts ou arrondissements seraient à l'instant instruits de tous ces faits pour qu'ils aient à se garer de pareille cabale ». La commune avertie approuva la conduite de M. Eslin et décida que le procès-verbal sera adressé aux sept autres quartiers avec invitation d'en délibérer. La plupart des sections prononcèrent l'exclusion des inculpés de toute assemblée électorale, les privant de la voix active et

---

(1) Les procès-verbaux de ces élections occupent trois cartons des A. M. K. 1. A eux seuls ils formeraient un volume. Il ne saurait être question de les publier : nous les avons lus avec soin et nous en tirons l'essentiel.

(2) Pendant tout le début de février, on discuta dans le public quels choix il fallait faire. Il n'y eut aucune liste de dressée : mais des brochures parurent, recommandant de voter pour telle ou telle catégorie de citoyens. Voir la brochure suivante : *Avis important sur l'élection prochaine des officiers municipaux* par J. Masson, avocat au Parlement, 23 pages in-8°, de l'imprimerie de la veuve Bachot. L'auteur — qui sera élu notable — demande que les électeurs se défient des nobles, des ecclésiastiques, même de la plupart des avocats. « On n'a pas encore oublié ceux qui dans les assemblées de l'hiver dernier voulaient dominer nos opinions comme ils dominent le barreau, cherchaient à étouffer toutes les voies (*sic*), à enlever tous les honneurs et toutes les fonctions. » Il ne faut pas non plus élire des membres de l'ancienne municipalité : ceux-ci doivent rendre leurs comptes devant la municipalité librement élue. Il faut avant tout choisir des gens de courage et de talent. La brochure anonyme, *Adresse aux électeurs des nouveaux officiers municipaux*, 12 pages in-8°, chez H. Hæner, est une réponse à la diatribe de Masson. Il ne faut exclure aucune personne ni noble ni ecclésiastique.

passive(1). Un autre incident se produisit à la huitième section. Un grand nombre de voix s'était porté pour la mairie sur le nom de M. de la Valette; mais les autres sections firent observer que l'ancien commandant de la garde nationale n'était ni électeur ni éligible, puisqu'il avait fixé son domicile dans sa maison de Monsaucourt, sur le territoire de Vandœuvre; les électeurs du huitième arrondissement ne s'obstinèrent pas et décidèrent de recommencer le premier tour de scrutin. Ces incidents(2) et les opérations préliminaires du scrutin retardèrent l'élection du maire, qui n'eut lieu dans les diverses sections que le 19 et le 20 février. Nous indiquons pour chaque section les noms des présidents, secrétaires et scrutateurs choisis :

1re *Section.* Président, Mollevaut, curé des Trois-Maisons. Secrétaire, Coliny, avocat. Scrutateurs, Colin, peintre; Henry, greffier; François Vulmont, jardinier.

2e *Section.* Président, Parisot, curé de Saint-Èvre. Secrétaire, Nicolas, notaire. Scrutateurs, Geny, maitre bonnetier; Voinier, ancien pâtissier; Payonne, marchand confiseur.

3e *Section.* (Le dossier est incomplet). Président, de Moulon. Secrétaire, Mathieu fils.

4e *Section.* Président, Anthoine, grand chantre de la Cathédrale. Secrétaire, Michel, greffier de l'Hôtel-de-Ville. Scrutateurs, Petitjean, ancien négociant; de Metz, avocat; Charpentier, négociant.

5e *Section.* (Dossier incomplet). Secrétaire, Mollevaut.

6e *Section.* Président, M. Schouller, professeur à la Faculté de droit. Secrétaire, Saladin, avocat au Parlement. Scrutateurs, Gauvain, secrétaire de l'Université; Rolin, avocat et substitut aux requètes du palais; Mariotte, marchand boucher.

7e *Section.* Président, M. le comte de Custine d'Auflance; le comte déclare qu'il ne peut accepter à cause de son grand âge et de ses infirmités; on lui adjoint comme vice-président, M. Plassiart. Secrétaire, M. André jeune. Scrutateurs, MM. Regnault, Jacqueminot et Messein.

8e *Section.* Président, M. Blaise, cultivateur. Comme celui-ci, à cause

_____

(1) Ainsi la 3me section, 18 février; la 4me section, 18 février (5 heures du soir); la 7me section, 19 février. — La 1re section refusa de délibérer sur ce cas; la seconde décida qu'il fallait renvoyer l'affaire devant les juges. Maubon se défendit dans un *Mémoire adressé aux différentes sections de l'assemblée générale des citoyens actifs de Nancy.* 7 pages in-4°. Il vante sa générosité : « Par mon industrie je procure du travail à plus de cinq cents pères de famille répandus dans cette ville et dans le reste de la province. J'ai fait construire en septembre dernier un bâtiment considérable pour servir d'atelier de charité; les malheureux qui s'y présentent sont reçus avec bonté; le nombre s'en accroît tous les jours. Je puis dire même que dans ces temps de trouble j'ai su, par ma prudence et par mes bienfaits, contenir une foule d'ouvriers qui auraient pu se répandre et augmenter par leur licence les inquiétudes publiques. » Il rejette la faute de ce qui est arrivé sur son associé Thibault, esprit brouillon, deux fois chassé de l'assemblée des représentants. Ces explications firent impression. Le 1er mars, sur une intervention du marquis de Bassompierre, la 6me section adoucit son arrêt; elle déclara qu'elle n'avait entendu prononcer qu'un simple jugement de police, sans qu'on puisse rien en induire contre l'honneur et la réputation des inculpés. »

(2) Quelques sections délibérèrent sur des cas particuliers. La première déclara que M. Renaudin était éligible, quoique sa pension, pour laquelle il payait 25 livres de contribution, pùt être diminuée dans la suite.

de sa santé, ne peut assister à toutes les séances, on lui adjoint M. Lejeune. Secrétaire, de Celers. Scrutateurs non indiqués.

Les sections ne votèrent point en même temps : on connaissait le résultat pour quelques-unes d'entre elles, alors que le scrutin n'était pas encore ouvert chez les autres. On fit faire le recensement général dont nous publions le procès-verbal.

Recensement général pour l'élection du maire

Le 20 février 1790, à 8 heures du soir, l'assemblée des représentants de la commune, à eux joints les officiers municipaux, s'étant réunie dans la salle ordinaire de ses séances, pour recevoir le recensement du premier scrutin de chaque quartier, relatif à l'élection du maire, elle a procédé à ce dépouillement en présence des commissaires de chaque section : MM. Lavocat, Marizien fils, Villiez, le président de Collenel, Mallarmé, Dubois, Lacretelle et Jacquemin. Le président a invité les représentants de la commune de nommer huit commissaires pris entre eux et de huit districts différents. Sont désignés Chaillon, Therrin, Aubert, Poirson, Malglaive, Eslin, l'abbé Dinot et Lejeune. Le nombre des votants était de 2.092, la majorité absolue de 1.047 ; aucun citoyen n'ayant obtenu ce nombre, il a été jugé nécessaire de procéder à un nouveau scrutin (1).

Le 21 février 1790, à 5 heures de relevée, le recensement du deuxième tour de scrutin a lieu par les mêmes commissaires et d'après les mêmes formalités. Il y a 2.235 votants, majorité absolue 1.118 voix. Aucun citoyen n'a obtenu ce nombre ; mais comme MM. Custine d'Auflance (941) et Poirson (833) réunissaient le plus de suffrages, l'assemblée décida, qu'au terme de la loi, il fallait procéder à un troisième tour de scrutin dans lequel le choix ne pourrait plus se faire qu'entre ces deux citoyens (2).

Le 22 février, à 2 heures de relevée, les mêmes commissaires

---

(1) Comme aucune candidature n'était posée, les suffrages s'étaient portés sur 144 noms. Beaucoup n'eurent qu'une ou deux voix : quelques voix avaient été données à des citoyens non éligibles et furent considérées comme perdues. Voici les noms de ceux qui obtinrent le plus de suffrages :
De Custine d'Auflance, 593 voix. — De Manesy, maire royal, 396. — Poirson, tanneur, 363. — D'Hoffelize, maréchal de camp, 157. — Petitjean, juge-consul, 47. — Commandant d'Hannonville, 29. — Jacquemin père, 29. — Cœurderoi, 24. — De Jobart, 24. — De Collenel, 21. — Cardon de Vidampierre, 20.

(2) Les voix étaient moins éparpillées qu'au premier tour. Avaient obtenu ensuite : de Manesy, maire royal, 295 voix ; le comte d'Hoffelize, 42.

procèdent au recensement du troisième tour de scrutin. Il y a 2.235 votants ; est élu :

Le comte de CUSTINE D'AUFLANCE, 1.273 voix.

Il est proclamé élu (1).

Recensement général pour l'élection du procureur de la commune

Le 23 février 1790, à 3 heures de relevée, l'assemblée des représentants de la commune, à eux joints les officiers munici-paux, s'est réunie pour recevoir le recensement du premier scru-tin de chaque quartier, relatif à l'élection du procureur de la commune. Les commissaires des sections et de l'assemblée des représentants sont les mêmes que pour l'élection du maire. Le nombre des votants est de 1.955, majorité absolue 978. Attendu qu'aucun citoyen n'a obtenu ce nombre, il a été jugé nécessaire de procéder à un second tour (2).

Le 24 février, à 11ʰ 45 du matin, a lieu le recensement du second tour. Il y a 1.911 votants, majorité absolue, 956 voix. Est élu :

MOUROT, ancien lieutenant particulier, 1.640 (3) ;

Recensement général pour l'élection du substitut

Le 24 février, à 7 heures du soir, a lieu le recensement du premier scrutin de chaque quartier, relatif à l'élection du subs-titut du procureur de la commune. Le nombre des votants est

---

(1) Poirson avait obtenu 958 voix. Les scrutins furent assez divers selon les sections :

	CUSTINE	POIRSON
1ʳᵉ section	63	265
2ᵉ —	156	100
3ᵉ —	290	92
4ᵉ —	236	110
5ᵉ —	292	75
6ᵉ —	66	64
7ᵉ —	124	71
8ᵉ —	40	181

(2) Ici encore les voix furent très éparpillées. Pourtant Mourot obtint 922 voix ; vinrent ensuite Mollevaut, avocat, 432 ; Henry, bâtonnier, 127 ; Poirson, tanneur, 83 ; Jacquemin, ancien bâtonnier, 20.

(3) Mollevaut obtint 197 voix ; les autres suffrages se perdirent sur divers noms.

de 1.774, majorité absolue, 888. Attendu qu'aucun citoyen n'a obtenu ce nombre, il a été jugé nécessaire de procéder à un second tour (1).

Le 25 février à 11ʰ 30 du matin, a lieu avec les mêmes formalités le recensement du second tour. Il y a 1.757 votants, majorité absolue, 879 voix. Est élu :

ROLLIN, substitut des enquêtes du palais, 952 voix (2) ;

Recensement général pour l'élection des officiers municipaux

Le 3 mars, à 3 heures de relevée, l'assemblée des représentants de la commune, à eux joints les officiers municipaux, s'étant réunie dans la salle ordinaire de ses séances pour recevoir le recensement du premier scrutin de chaque quartier, relatif à l'élection des officiers municipaux, le dépouillement a eu lieu en présence des huit commissaires. Il y a eu 2.038 votants, majorité absolue, 1.020 voix. Est élu :

POIRSON, tanneur, 1.249 voix (3).

Le 11 mars, eut lieu le recensement du second tour (4). Le nombre des votants est de, 1.378, majorité 690. Sont élus :

Nicolas-Remy AUBERT, marchand de fer, 790 voix ;
Nicolas AYET, négociant, 762.
Claude MALGLAIVE, procureur au Parlement, 692.

---

(1) A ce scrutin obtinrent Rollin, 325 voix ; Mollevaut, 243 ; Mallarmé, substitut, 214 ; André-Thomassin, 185 ; Saladin, avocat, 121 ; Regneault, avocat, 75 ; Henry le jeune, bâtonnier, 56 ; Therrin, 38, etc.

(2) Obtinrent ensuite André-Thomassin, 191 ; Mollevaut, 179 ; Mallarmé, 117 ; Saladin, 69 ; Regneault, lieutenant, 59.

(3) Les électeurs avaient commencé le 25 février ; mais le dépouillement avait été très long. Plus de 700 personnes eurent des voix et le recensement général forme un très gros cahier.

(4) Pendant ce second tour des troubles éclatèrent à Nancy. Le prix du pain venait d'augmenter, et certains individus se transportèrent dans les rues de la Hache, des Artisans, Paille-Maille, dans le faubourg Saint-Pierre, pour soulever le peuple en montrant des farines qu'ils disaient empoisonnées ; des menaces furent prononcées contre les représentants de la commune, si bien que la quatrième section, réunie pour le vote, déclara les prendre sous sa sauvegarde et sa protection spéciale ; les autres sections adhérèrent à cet acte. Après avoir reçu ces délibérations, l'assemblée des représentants décida, le 10 mars, de remercier les sections et d'inviter le procureur du Roi au bailliage d'informer contre les perturbateurs, comme contre les auteurs, fauteurs et complices de propos séditieux et de pamphlets anonymes. Elle fit d'itératives défenses aux imprimeurs d'imprimer aucun écrit qui ne fût signé d'un auteur connu. L'arrêt fut publié et imprimé, 6 pag., in-4, chez H. Haener.

Le 17 mars, à 3 heures de relevée, eut lieu le recensement général du troisième tour. Ont obtenu la pluralité relative :

Georges-François PETITJEAN, ancien juge consul, 938 voix.

Barthélemy CHAILLON, rentier, 860 ;

Charles-Antoine SALADIN, avocat, 816 ;

Nicolas-François BLAISE, cultivateur à Nabécor, 800 ;

Nicolas-Joseph BELLOT, négociant, 790 ;

Nicolas-François LUXER, conseiller honoraire du bailliage, 773 ;

Charles ESLIN, notaire, 722 ;

Léopold FABERT le jeune, marchand de fer, 667 ;

Claude-Louis DU HOUX DE DOMBASLE, chanoine de la Primatiale, 653 ;

Jean ROLLIN l'aîné, avocat au Parlement, 649 ;

Recensement général des notables

Le 23 mars à 7 heures du matin, le recensement général des notables a eu lieu. Ceux des citoyens qui ont eu la pluralité relative dans ce scrutin sont :

Étienne MOLLEVAUT, avocat, 597 voix ;

François MANDEL, apothicaire, 509 ;

Claude-François RAYBOIS, pâtissier, 495 ;

Nicolas PARISOT, curé de Saint-Èvre, 481 ;

Thomas DES BOURBES, officier, à Sainte-Marie, 464 ;

Pierre-Joseph ANDRÉ-THOMASSIN, avocat, 460 ;

Jean-Baptiste-Nicolas BIGELOT, notaire, 458 ;

Pierre-François NICOLAS, chimiste, 453 ;

Louis DEMANGEOT l'aîné, commissionnaire, 425 ;

Antoine-Mathieu DE MOULON, conseiller à la Chambre des comptes, 405 ;

Nicolas LEJEUNE, friseur, 404 ;

Nicolas MARIN l'aîné, négociant, 384 ;

Charles-François-Hubert CARDON DE VIDAMPIERRE, maréchal des camps, 370 ;

COLLIN, capitaine, 360 ;

Jacques LABAUTE, l'aîné, horloger, 345 ;

Jean-André MASSON, avocat, 343 ;

Nicolas-Henry MICHELANT père, avocat, 338 ;

Jean-Baptiste-Charles DE COLLENEL, président au Parlement, 335 ;

Pierre GABRIEL, marchand, 328 ;

Claude-Nicolas LELONG, dit DESRIVAGES père, négociant, 327 ;

COLINY le jeune, 324 ;

Jean-Baptiste REGNEAULT, avocat, 324 ;

L'abbé François-Pascal-Marc ANTHOINE, grand-chantre, 324 ;

Joseph-Arnould HENRY le jeune, bâtonnier, 322 ;

Nicolas-François OUDIN, pâtissier, 302 ;

Hyacinthe DE JOBART, major, 300 ;

Jean-Pierre GŒURY l'aîné, avocat, 300 ;

Jean-François-Charles GRANDJEAN DE BOUZANVILLE, avocat. 298 ;

Nicolas RAGOT, notaire, 293 ;

Jean-François JACQUEMIN, ancien bâtonnier, 292 (1).

(Procès-verbaux originaux et copies collationnées par de Nozan, A. M. K. 1.)

Les opérations électorales furent déclarées closes le 23 mars (2) ; elles avaient duré plus d'un mois, du 18 février au 23 mars, et bientôt quelques-uns de ces citoyens allaient être appelés à élire les membres du directoire départemental, ceux du directoire du district, les juges et les membres des tribunaux, l'évêque et les curés. Les électeurs devaient consacrer une grande partie du temps à voter, et l'État les dérangeait trop souvent : d'où bientôt de vives récriminations.

L'assemblée des représentants fit connaître la liste des notables dans chaque section, et les assemblées de quartier furent déclarées dissoutes. La commune décida aussi de « proclamer » la nouvelle municipalité le dimanche 23 mars, et elle fit afficher le programme suivant :

« L'Assemblée des représentants de la commune, à elle joints MM. les officiers municipaux actuels, après s'être concertée avec ceux nouvellement élus pour le cérémonial à suivre lors de l'installation du nouveau corps municipal et désirant qu'elle se fasse d'une manière digne des représentants de cette commune, a arrêté ce qui suit :

« Cette cérémonie se fera dimanche 28 du courant à 3 h. 1/2 de relevée.

_____

(1) On trouvera la liste des officiers municipaux et des notables (moins Collin et Coliny), sur une grande feuille imprimée grand in-folio.

(2) Les élections donnèrent lieu à une série de réclamations. M. Martin, l'un des représentants de la commune, réclama 158 voix données au faubourg Saint-Pierre à M. Martin, rentier. Comme il y avait à Nancy plusieurs rentiers de ce nom, ces voix ne pouvaient lui être attribuées : ainsi en décida, dans sa séance du 25 mars, l'assemblée des représentants de la commune. M. Destrigneville, menuisier, représentant de la commune, réclama de même les voix données à M. Destrigneville, menuisier ; mais comme il y avait deux menuisiers Destrigneville, l'assemblée décida qu'elle ne pourrait attribuer ces voix au représentant de la commune.

« Elle sera annoncée par le son de toutes les cloches de la ville et des faubourgs la veille à 6 heures du matin et à midi ; ce signal sera répété à trois heures, moment où la cérémonie commencera. Dans l'intervalle, les citoyens actifs qui voudront assister à la prestation du serment de la municipalité, seront avertis par le signal ordinaire de l'ouverture des assemblées, c'est-à-dire par la cloche de chaque paroisse et le son de la caisse.

« L'assemblée des représentants, à elle joints les officiers municipaux actuels et ceux nouvellement élus ainsi que MM. les notables, se réunira à l'hôtel de ville ; mais, attendu le défaut de local convenable, ils en sortiront à l'heure ci-dessus indiquée pour se rendre à l'église cathédrale.

« Leur marche se fera de cette manière :

« L'assemblée des représentants, à elle joints MM. les officiers municipaux actuels, marchera sur une ligne, ceux nouvellement élus sur une autre ; les premiers prendront la droite en allant et la gauche en revenant.

« Ils marcheront entre une double haie de la garde nationale et seront au surplus escortés des archers et sergents de ville et de police. Cette marche, ainsi que celle qui se fera lors du retour, sera marquée par la sonnerie de toutes les cloches de la cathédrale.

« Arrivés à cette église, ils y seront reçus par deux chanoines qui présenteront en même temps chacun le goupillon au chef de chaque assemblée.

« Ils se placeront dans le sanctuaire (1) les uns à droite, les autres à gauche, de manière qu'il n'y ait aucun intervalle entre le peuple et eux, la vraie place des représentants du peuple, surtout d'un peuple libre, étant d'être immédiatement à sa tête.

« Les citoyens actifs étant réunis à la cathédrale d'après l'avis qui leur en sera donné, M. le secrétaire, s'avançant vers eux jusqu'à la porte du sanctuaire, fera la proclamation de M. le maire, de MM. les nouveaux officiers municipaux et notables ; après quoi, le président de l'assemblée des représentants fera pour la prestation du serment l'appel nominal de M. le maire et de chacun de MM. les officiers municipaux ainsi que de M. le procureur de la commune et de son substitut, lesquels s'avanceront successivement jusqu'à la porte du sanctuaire et jureront individuellement de maintenir de tout leur pouvoir la constitution du royaume, d'être fidèles à la nation, à la loi et au Roi et de bien remplir leurs fonctions (2).

« Après le serment prêté, chacun reprendra sa place et les deux compagnies assisteront à un *Te Deum* que MM. du Chapitre seront invités à faire chanter.

« Cette cérémonie pieuse étant terminée, elles retourneront à l'hôtel

(1) Il faut ici entendre le chœur.
(2) Dans cette proclamation, rédigée le 25 mars, il n'est pas question du serment des notables : mais, en sa séance du 26, l'assemblée des représentants décide que les notables prêteront serment comme les officiers municipaux. Elle émet aussi par 33 voix contre 4 l'avis qu'il y a incompatibilité entre les fonctions de garde citoyen et de notable ; les notables qui se trouvent dans cette situation sont priés d'opter. MM. Regneault, le chevalier de Jobart, le chevalier des Bourbes, Demangeot, Masson et Mollevaut optent pour les fonctions de notable. « Toute l'assemblée leur marque sa satisfaction. » MM. Collin et Coliny, capitaines de la garde citoyenne, déclarent ne pas vouloir faire leur option et il est décidé qu'ils ne seront pas proclamés notables.

de ville et l'assemblée des représentants ainsi que MM. les anciens officiers municipaux installeront le nouveau corps municipal qui ensuite pour première fonction descendra sur la place pour y recevoir de la garde citoyenne le serment voulu par les décrets de l'Assemblée nationale. »

Quelques changements furent apportés à ce programme; le serment des officiers et des notables fut prêté sur la Place royale et ce n'est qu'après cette cérémonie que le cortège se rendit à la cathédrale (1).

Dès le lundi 29 mars, le Conseil général de la commune tint sa première séance, à 8 heures 1/2. Il se rendit une seconde fois en corps à la cathédrale où l'un des officiers municipaux, l'abbé de Dombasle, célébra la messe (2); puis aussitôt il commença ses délibérations. De graves affaires l'attendaient : il fallait pourvoir aux subsistances de la cité, maintenir l'ordre — précisément au moment de son installation, le bois de Brichambeau venait d'être dévasté; — il fallait surtout faire

---

(1) Nous n'avons pas de procès-verbal de la cérémonie. A la fin du premier registre municipal on lit : « Séance du dimanche 28 mars 1790 », mais le procès-verbal n'est pas transcrit. Le deuxième registre s'ouvre avec la séance du lundi 29 mars 1790. Nous trouvons seulement dans les *Affiches des Évêchés et Lorraine*, 1790, p. 101 (1er avril 1790) : « Dimanche dernier, MM. les officiers municipaux de Nancy et MM. les notables ont été installés. Ils ont prêté serment sur la Place royale, en présence d'une foule innombrable de spectateurs. La garde citoyenne était sous les armes; ensuite ils ont assisté au *Te Deum* chanté à la cathédrale. Cette cérémonie avait été annoncée la veille et le jour au son de toutes les cloches de la ville. » Après la prestation du serment, M. Villiez, au nom de la troisième section, adressa un discours aux nouveaux officiers municipaux; nous en détachons les passages suivants : « Vous venez de prêter l'auguste serment que demandait de vous la loi. Un peuple nombreux l'a reçu avec transport; c'est le premier hommage de la confiance et du respect que méritent et que doivent attendre des hommes vertueux, que les suffrages libres de leurs concitoyens ont rendu les dépositaires et les défenseurs de leurs plus chers intérêts... Si les circonstances dans lesquelles vous arrivez aux importantes fonctions qui vous sont confiées, vous donnaient quelques inquiétudes, songez, Messieurs, au caractère du peuple que vous allez gouverner; voyez sa conduite dans ces derniers temps : le vit-on jamais, dans les plus grands excès qu'on pourrait lui reprocher, donner le spectacle effrayant dont tant d'autres villes ont été le théâtre ? Il est bon, ce peuple, rempli d'humanité; il souffre, mais c'est avec patience, c'est avec courage; déjà il entrevoit la fin de ses malheurs; il est juste, il est éclairé, il sent bien que cette liberté sainte qui vient de lui être rendue, est bien différente de la licence qui fut quelquefois son erreur : j'aime à lui rendre cet hommage devant nous, Messieurs, qui devenez en ce jour des pères tendres pour lui, dans ce jour qu'on peut appeler avec tant de raison le jour de la fête du peuple. » *Discours prononcé par M. Villiez, citoyen de Nancy, au nom de la troisième section, à MM. les officiers municipaux, le jour de leur installation et après qu'ils ont eu prêté serment, le 28 mars 1790, imprimé par ordre des citoyens de cette section*, 3 p., in-8, à Nancy, chez H. Hæner. Cf. *Affiches des Évêchés et Lorraine*, 1790, p. 109. Le bailliage royal se réunit le 29 mars, et, rappelant les glorieux souvenirs de 1788, l'acte de soumission qu'il avait envoyé à l'Assemblée nationale, arrêta de féliciter la nouvelle municipalité et de lui présenter un vœu de fraternité entre les deux corps. « (1771 est la date où l'organisation municipale fut modifiée). Cette fraternité a régné avec les magistrats formant le Conseil de la Ville de Nancy depuis 1658 jusqu'en 1771, temps auquel un nouvel ordre de choses s'est établi. » Le lieutenant général Mengin déposa le 30 mars ce vœu sur le bureau de la municipalité. *Délibération des officiers du bailliage royal et siège présidial de Nancy*, 3 pages, in-8º.

(2) Une fête eut aussi lieu à la Poissonnerie. Cf. *Impromptu sur la fête de la Poissonnerie chanté par les dames Poissonnières de la ville de Nancy le*

régner la discipline dans la garde nationale et dans l'armée ; sous cette municipalité éclata cette triste rébellion qui est connue dans l'histoire sous le nom d'affaire de Nancy (31 août 1790).

Il importe d'observer que les assemblées des huit sections ne se réunirent pas seulement pour faire des élections : elles se prétendaient constituées en tout temps ; des citoyens pouvaient par des pétitions demander aux officiers municipaux de réunir les sections, et celles-ci délibéraient sur les affaires du moment ; ce sont elles qui, en avril 1790, obligèrent le corps municipal à autoriser la coalition et le pacte fédératif entre toutes les gardes nationales de la Meurthe et des départements voisins, et cette fête qui eut lieu sur la montagne Sainte-Geneviève, devait avoir de graves suites ; l'affaire de Nancy en est sortie. Il ne faut pas oublier ce rôle politique des assemblées de section.

III

ASSEMBLÉES PRIMAIRES

Nomination des électeurs

(10-14 mai 1790)

Le 22 décembre 1789, l'Assemblée nationale décrétait qu'il serait fait une nouvelle division de la France en *départements*, que ces départements seraient au nombre de 75 à 85. Le 26 février 1790, l'Assemblée précisait et indiquait que la Lorraine, les Trois-Évêchés et le Barrois formeraient ensemble quatre départements, effaçant ainsi toute distinction entre les deux anciens gouvernements dont les limites étaient si enchevêtrées, et elle donna à ces quatre départements le nom qu'ils ont conservé, *Meurthe, Meuse, Moselle* et *Vosges*.

Le département devait être divisé en districts dont le nombre ne devait pas dépasser le chiffre de 9 ni être inférieur à 3. Dans le département de la Meurthe il devait y avoir 9 districts : Nancy, Lunéville, Blâmont, Sarrebourg, Dieuze, Vic, Pont-à-Mousson, Toul et Vézelise. On indiquait que la désignation de Vic comme chef-lieu de district

---

1er *avril 1790*. On y célèbre Bassompierre, commandant de la garde nationale, les officiers municipaux, le nouveau maire :

> Le maire que nous avons aujourd'hui
> Du peuple est le plus ferme appui ;
> Il lui fera voir en tout temps,
> Par sa complaisance,
> Son intelligence,
> Il lui fera voir en tout temps
> Qu'il est l'ami des bonnes gens.
> Ah ! quel plaisir, etc.

n'était que provisoire. Chaque district devait de son côté être partagé en cantons. Les districts de Nancy, Lunéville, Dieuze, Vic, Pont-à-Mousson, Toul et Vézelise comprenaient chacun 9 cantons; ceux de Sarrebourg et de Blàmont, 6.

Au chef-lieu de chaque département était établie une assemblée administrative supérieure, avec le titre d'administration du département. Dans la Meurthe, au moins provisoirement, l'assemblée devait siéger alternativement à Nancy et à Lunéville. Au chef-lieu de chaque district, devait être établie une assemblée inférieure, sous le titre d'administration de district. Les membres de ces deux administrations n'étaient pas nommés par l'État: ils étaient choisis par les citoyens eux-mêmes. La centralisation avait été excessive sous l'ancien régime; on allait par réaction dépouiller la royauté, c'est-à-dire l'État, de tout moyen de contrôle sur les administrateurs de la France, ceux qui devaient faire pénétrer sa volonté dans la nation. Puis sous l'ancien régime, un seul individu cumulait tous les pouvoirs; par réaction, on confia l'administration non à un individu, mais à un corps, à un collège.

L'administration du département devait se composer de 36 membres, celle du district de 12. Les membres de l'administration du département devaient être pris parmi les citoyens éligibles de tous les districts, de manière pourtant qu'il y eut toujours dans cette administration deux électeurs au moins par district. Il y eut incompatibilité entre les fonctions d'administrateur de district, de département, d'officier municipal, de receveur d'impôts indirects. Ces administrateurs étaient choisis par une élection à deux degrés. Les assemblées primaires, composées des citoyens actifs — et nous connaissons déjà la définition de ce mot — nommaient des *électeurs*, à raison d'un électeur par 100 citoyens actifs, présents ou non à l'assemblée de vote (1); pour être *électeur*, il fallait payer une contribution d'une valeur locale de 10 journées de travail. Les *électeurs* désignés par toutes les assemblées primaires du département se réunissent ensuite dans une ville du département, pour élire les 36 membres de l'administration départementale au scrutin de liste double: les électeurs désignés par toutes les assemblées primaires du district — ils se confondent avec les précédents — se réunissent au chef-lieu du district pour nommer de la même manière les 12 membres de l'assemblée du district. Pour être éligible à ces deux administrations, il suffit, comme pour être électeur, d'être citoyen actif et de payer une contribution égale à la valeur de dix journées de travail. Chaque administration, soit de département, soit de district, doit être renouvelée par moitié tous les deux ans, la première fois au sort après les deux premières années d'exercice et ensuite à tour d'ancienneté. En principe, les administrateurs devaient rester en fonctions quatre ans. En chaque département, il devait y avoir un procureur général syndic, en chaque district un procureur syndic; ils sont nommés au scrutin individuel par les mêmes électeurs pour quatre ans; ils sont rééligibles une fois, puis ne pourront être réélus qu'après un intervalle de quatre années. Les administrations, soit de département, soit de district, doivent nommer à la pluralité leur président et leur secrétaire.

L'administration du département devait se partager en deux sections: le Conseil du département et le Directoire du département. Le conseil était surtout une assemblée de contrôle; il ordonnait les travaux, les

_____

(1) On ne nomma qu'un électeur jusqu'à concurrence de 150 citoyens actifs, deux depuis 150 jusqu'à 250, et ainsi de suite.

dépenses générales; il ne devait rester réuni que six semaines la première fois, puis un mois en plus. Le conseil devait élire, au début de sa première session, huit de ses membres pour former le directoire; ce directoire sera renouvelé tous les deux ans par moitié. Le président du département aura droit de présider les séances du directoire; mais le directoire pourra se choisir un vice-président. Le directoire gère les affaires du département; il était au conseil ce que la commission intermédiaire était à l'assemblée provinciale. Le conseil de district choisira quatre de ses membres pour former son directoire, ce conseil ne devant siéger que quinze jours par an.

Le 7 mars 1790, Louis XVI donna commission à l'abbé de Dombasle, chanoine de la Primatiale, à Louis Gouvion, de Toul, commandant de la garde nationale de cette ville, et au docteur Nicolas Jadelot, professeur à l'Université de Nancy « de prendre sans délai toutes les mesures et de faire toutes les dispositions nécessaires pour la formation et l'établissement du département de la Meurthe et des districts qui en dépendent, de faire convoquer les assemblées pour les élections ». A eux de trancher toutes les difficultés qui pourraient s'élever. Le 17 mars, les trois commissaires se réunirent à Nancy, établirent comme leur greffier le sieur Breton, secrétaire provincial, et entrèrent aussitôt en fonctions. Les commissaires se heurtèrent à quelques difficultés : la municipalité de Vézelise, par exemple, refusa de reconnaître leurs pouvoirs et il fallut en référer à la Constituante ; quelques villages ne voulaient pas faire partie de la Meurthe et préféraient se rattacher à des départements voisins, Beuvezin (1) aux Vosges, Lahayville (2) à la Meuse. Les commissaires invitèrent les communautés à dresser la liste de leurs citoyens actifs (3) et purent difficilement secouer leur apathie. Les élections avaient lieu par canton; une assemblée primaire devait se tenir au chef-lieu du canton pour ce chef-lieu, une autre dans un bourg du canton pour les communautés rurales; il fallait désigner les lieux de réunion de ces secondes assemblées et chaque bourg quelque peu important prétendait être préféré.

Enfin, le 1er mai 1790, les commissaires avaient à peu près terminé leur travail; et ils rédigèrent une *Instruction et ordonnance pour la formation et l'établissement des assemblées administratives du département de la Meurthe et des districts qui en dépendent* (4). Ils invitaient les assemblées primaires à élire de bons électeurs et ils convoquèrent pour le 10 mai les citoyens actifs des villes de Nancy, Lunéville, Toul et Pont-à-Mousson et pour le 14 ceux des autres villes et communautés. Les cantons les plus populeux, au lieu de deux assemblées devaient en avoir trois, ainsi Pont-à-Mousson, Baccarat, Toul; ou quatre, ainsi Lunéville. Nancy devait avoir 9 assemblées, 8 pour la ville, et on décida de maintenir le sectionnement qui avait servi à l'élection de la municipalité, 1 pour la campagne dont les citoyens actifs furent convoqués à Malzéville (5).

---

(1) Aujourd'hui canton de Colombey (Meurthe-et-Moselle).

(2) Aujourd'hui canton de Saint-Mihiel (Meuse).

(3) Cette liste avait été dressée par la ville de Nancy pour les élections municipales.

(4) 12 pages in-4° à Nancy, chez Hæner.

(5) Voir l'étude de M. HENRY POULET, *L'administration centrale du département de la Meurthe de l'établissement des départements à la création des préfectures* (1790-1800) dans la *Revue de la Révolution*, t. LI (1906), p. 130.

Dans la séance du 6 octobre 1789, l'Assemblée nationale avait, après un discours éloquent de Mirabeau, fait un décret obligeant chaque citoyen dont le revenu était supérieur à 400 livres à faire déclaration de ce revenu devant la municipalité et à en abandonner à l'état pour une fois le quart. Les déclarations se firent attendre et, le 27 mars 1790, l'Assemblée nationale rendit la déclaration obligatoire, et, en cas d'abstention, le contribuable devait être taxé d'office par les officiers municipaux. Le même décret, approuvé par le Roi le 1er avril, portait : « Tout citoyen actif sujet à la contribution patriotique, parce qu'il posséderait plus de 400 livres de revenu, sera tenu, s'il assiste aux assemblées primaires, de représenter, avec l'extrait de ses cotes d'imposition, tant réelles que personnelles, dans les lieux où il a son domicile ou ses propriétés territoriales, l'extrait de sa déclaration pour sa contribution patriotique; et ces pièces seront, avant les élections, lues à haute voix dans les assemblées primaires. Les municipalités enverront à l'assemblée primaire le tableau des déclarations pour la contribution patriotique. Ce tableau contiendra les noms de ceux qui les auront faites et les dates auxquelles elles auront été reçues. Il sera imprimé et affiché, pendant trois années consécutives, dans la salle où les assemblées primaires tiendront leurs séances. » La municipalité de Nancy, dans un *Avis aux citoyens actifs*, arrêté le 5 mai et placardé le 6, rappela ces dispositions et fit savoir que les citoyens pourraient retirer des extraits de leur déclaration au bureau de l'hôtel de ville de 9 heures à midi et de 3 heures à 6 heures. Cet avis fut mal compris. Beaucoup de personnes se figurèrent qu'on n'admettrait dans les assemblées de section que ceux qui payaient la contribution patriotique. Aussi, le 7 mai, on rappela dans des *Observations sur l'avis aux citoyens actifs* que « l'obligation d'apporter aux assemblées l'extrait de sa déclaration pour la contribution patriotique ne concerne que ceux qui ont plus de 400 livres de rente; les autres citoyens actifs n'étant point dans le cas de cette déclaration, vu la médiocrité de leur fortune, n'ont besoin que de l'extrait de leur cote d'imposition ou du billet d'entrée qu'ils ont reçu lors de la formation de la municipalité (1), pour prouver qu'ils sont électeurs ou éligibles, et l'on sait que, pour être électeur, il faut être imposé sur les rôles à 45 sous de France au moins, et pour être électeur éligible, à 7 livres 10 sous, même cours(2). » Pourtant beaucoup de citoyens actifs conservèrent des doutes, et il éclata, à ce propos, dans certaines sections des incidents dont on trouve trace dans les procès-verbaux.

----

(1) Voir plus haut; on ne distribua pas, pour ces élections du 10 mai, de nouvelles « cartes électorales ».

(2) On consultera sur cette question l'excellent travail de André Boidin, *La Contribution patriotique. Son établissement. Son organisation. Son fonctionnement dans la province de Lorraine et Barrois, puis dans le département de la Meurthe*. Nancy, Berger-Levrault et Cie, 1910. Voir surtout pp. 146 et suiv. La note trouvée au dos de l'*Avis aux citoyens actifs* et publiée par M. Boidin est de Guilbert. Il s'agit de la 5e section où sur 484 inscrits on ne fut jamais plus de 128 votants. Beaucoup de personnes ne vinrent pas aux sections, même si elles avaient fait déclaration, parce qu'on pouvait trouver cette déclaration trop modique.

1re Section (407 citoyens actifs, 4 électeurs)

Le 10 mai 1790, les citoyens actifs de la première section de Nancy se réunissent et se forment en assemblée primaire dans l'une des salles des RR. PP. Cordeliers, d'après la convocation par affiche faite par MM. les commissaires du Roi relativement à leur commission datée de Paris le 7 mars 1790, pour la formation et l'établissement des assemblées administratives de la Meurthe et des districts qui en dépendent.

L'assemblée étant suffisamment nombreuse, M. François Mandel, des Trois-Maisons, a pris séance comme président : Martin, distillateur, Villacer, rentier, et Riot, rentier, sont scrutateurs. On procède par la voie du scrutin simple à la nomination du président définitif. Sur 74 votants, Coliny, avocat, est élu par 56 voix au second tour. Pour l'élection du secrétaire, ni le premier ni le second tour ne donnent aucun résultat : la pluralité relative est en faveur de Lacour, rentier à Boudonville, et Lebel, officier priseur.

L'après-midi, Lacour est élu par 47 voix sur 77 votants (1). Président et secrétaire prêtent en présence de l'assemblée le serment voulu (2) et l'assemblée le prête individuellement entre les mains du président. Sont nommés scrutateurs, sur 83 votants, Lebel, officier priseur (70 voix), Colin, capitaine (66) et François Bourg (22) (3).

Le 11 mai, à 8 heures du matin, les citoyens actifs de la première section s'étant assemblés de nouveau, M. Coliny, président, donne une instruction préliminaire sur la nomination des électeurs par scrutin de liste double. Toutes les listes ont été écrites sur le bureau en présence ou par les scrutateurs ci-dessus nommés. Il y a eu 84 votants ; ont été élus au premier tour de scrutin :

Coliny le jeune, avocat, 64 voix.
Colin, capitaine, 63.

(1) Loi du 22 décembre : « Chaque assemblée primaire, aussitôt qu'elle sera formée, élira son président et son secrétaire au scrutin individuel et à la pluralité absolue des voix ; jusque-là, le doyen d'âge tiendra la séance : les trois plus anciens d'âge après le président recueilleront et dépouilleront le scrutin en présence de l'assemblée. »

(2) La formule est celle que nous avons indiquée plus haut, p. 30.

(3) « Il sera procédé ensuite, en un seul scrutin de liste simple, à la nomination de trois scrutateurs qui recevront et dépouilleront les scrutins subséquents : celui-ci sera encore recueilli et dépouillé par les trois plus anciens d'âge. »

Mollevaut, avocat, 54.

Lacour, rentier, à Boudonville, 49 (1).

2ᵉ Section (327 citoyens actifs, 3 électeurs)

Le 10 mai 1790, les citoyens actifs du second district se sont rassemblés en la salle des Cerfs. M. J. Masson, doyen d'âge, préside, assisté de M. N. Voignier. MM. Humbert, Barrois et Saultri sont désignés comme scrutateurs provisoires, M. Therrin comme secrétaire. On passe à l'élection du président définitif; au second tour, M. de Charvet est nommé par 41 voix sur 63 votants. Pendant qu'on procède à l'élection du secrétaire, se présente une députation du 7ᵉ district, pour annoncer que, vu le petit nombre des citoyens actifs de ce district qui s'était rendu au lieu de l'assemblée, ceux qui avaient été présents avaient estimé que l'avis de MM. les officiers municipaux qui semblait exclure du droit de voter ceux des citoyens qui ne pourraient produire une déclaration de contribution patriotique, avait éloigné les membres de ce district : qu'en conséquence ils devaient remettre à tenir l'assemblée que MM. les officiers municipaux eussent, par un nouvel avis, rectifié l'erreur à laquelle ils avaient donné lieu ; mais le 2ᵉ district décide de continuer les opérations et élit au 2ᵉ tour de scrutin comme secrétaire, M. de Maud'huy par 49 voix sur 67 votants.

L'après-midi, l'assemblée discute la question de savoir si chaque citoyen possédant un revenu de plus de 400 livres doit présenter l'attestation de la municipalité, comme il a fait sa déclaration patriotique de payer aux termes indiqués le quart net de son revenu. L'assemblée, consultée par appel nominal, se prononce par 35 voix contre 12, pour l'affirmative ; en conséquence on suspend la séance et on déclare qu'on exigerait dès le lendemain cette attestation.

Le 11 mai, à 3 heures, le président fait part à l'assemblée d'une lettre qu'il a reçue de M. de Vigneron fils, grand maître

---

(1) La liste des électeurs nommés en mai 1790 dans la Meurthe a été imprimée plus tard : *Tableau de Messieurs les électeurs du département de la Meurthe, rassemblés à Nancy, le 13 mars 1791, pour les élections de l'évêque du département et d'un membre de la Cour de cassation. S. l.*, 1791, avec pagination spéciale pour chaque district. Il y a eu en tout 537 électeurs nommés, district de Nancy 91, Blàmont 42, Château-Salins 62, Dieuze 44, Lunéville 76, Pont-à-Mousson 60, Sarrebourg 47, Toul 62, Vézelise 50 : une liste manuscrite des électeurs se trouve **A D.**, L. 201. Probablement une autre liste avait été imprimée dès la fin de 1790. Cf. *infra*, p. 55.

des eaux et forêts au département des Vosges; il a atteint l'âge
de 25 ans et demande à être admis comme citoyen actif. L'assemblée accueille par acclamation ce citoyen qu'elle estime et
qui à l'intérêt qu'il inspire réunit celui bien précieux d'un père
aussi respectable par son âge que par ses vertus. On donne lecture d'une lettre de M. Gouvion, l'un des commissaires du Roi,
qui, obligé de s'absenter, prie l'assemblée de s'adresser à M. Jadelot, s'il se présente une difficulté. Une série de citoyens présentent l'attestation de la municipalité sur leur déclaration.
L'assemblée a vu avec intérêt le patriotisme de ces Messieurs, a
applaudi à leur dévouement et rendu au caractère lorrain l'hommage qui lui est dû. On passe à l'élection des scrutateurs. Sont
élus sur 87 votants Vaquier, boucher (42 voix), Geny, bonnetier
(29), et Payonne (25); mais, sur le refus du dernier, on désigne
comme 3ᵉ scrutateur M. Barrois (25 voix).

Trois députations des sections séantes aux Cordeliers, aux
Bénédictins et au faubourg Saint-Pierre viennent annoncer que
leurs élections sont terminées.

Le 12 mai, à 8 heures du matin, plusieurs membres absents
à la séance d'hier présentent l'attestation de leur déclaration
patriotique. Cette publicité n'a fait que confirmer la section
dans le ressentiment qu'elle avait manifesté sur le patriotisme
des citoyens, vertu caractéristique des Lorrains. Le scrutin pour
la nomination des électeurs est ouvert. On reçoit une députation
de la sixième section annonçant que ses opérations sont terminées.

L'après-midi, le district séant à l'Université et la cinquième
section font annoncer le résultat de leur scrutin. On continue le
scrutin pour la nomination des électeurs. Sur 124 votants sont
élus :

> M. DE CHARVET, avocat général, 87 voix ;
> VACQUIER, boucher, 64.

Le 13 mai, à 8 heures du matin, M. le président, après avoir
remercié l'assemblée, ouvre le second tour de scrutin pour la
nomination du troisième électeur. M. Masson, menuisier, a
observé à l'assemblée que lors des dernières séances tenues en
suite d'autorisation de la municipalité et sur la demande de 150
citoyens actifs, il avait été dressé procès-verbal de différentes
pétitions, que ce procès-verbal avait été envoyé à la municipa-

lité avec demande expresse de statuer sur chacune des motions ;
or la municipalité n'avait fait aucune réponse. Il demande de lui
envoyer une députation pour savoir ce que ces pétitions sont
devenues. Adopté. Mais la députation ne trouve à la municipalité qu'un seul officier : il est décidé qu'on examinera la
question à la séance de l'après-midi.

A 3 heures, on dépouille le scrutin pour la nomination du
troisième électeur. Est élu sur 132 votants :

M. DE MAUD'HUY, 89 voix.

M. de Maud'huy remercie (1). L'assemblée décide que les procès-verbaux demeureront entre les mains du président et que
copies collationnées par le secrétaire seront déposées où de
droit.

3e Section (512 citoyens actifs, 5 électeurs)

Le 10 mai, à 9 heures, en la salle du collège royal de médecine, l'assemblée primaire troisième du canton de Nancy, convoquée en vertu de l'ordonnance de MM. les commissaires, a
nommé président provisoire Joseph Antoine, marchand tapis-
sier ; celui-ci a ouvert le paquet de MM. les commissaires du
Roi. Sont désignés comme scrutateurs d'âge, Bastien, tailleur,
Souvet et Olry de Lisle ; est nommé secrétaire provisoire Bigelot. On procède à l'appel nominal pour la nomination du président définitif. Le président annonce qu'à chaque appel la personne déclarera si elle est sujette ou non à la contribution
patriotique, et, si elle y est sujette, qu'elle exhibera l'extrait de
sa contribution. On reçoit une députation de l'assemblée séante
au collège faisant savoir qu'elle ne peut passer outre aux élections ; car elle s'est trouvée trop peu nombreuse. On continue
pourtant le scrutin qui est dépouillé à midi. Personne ne réunit
la majorité. L'assemblée s'ajourne au lendemain et députe vers
la municipalité Labaute l'aîné et Blaise, médecin, pour appuyer
la pétition de l'assemblée du collège et concerter les moyens
efficaces d'inviter tous les citoyens actifs de se trouver aux
assemblées.

Le 11 mai, à 8 heures du matin, MM. Labaute et Blaise ont
rendu compte de leur députation et ont fait part à l'assemblée

---

(1) Il n'est plus question de la députation envoyée à la municipalité.

que la municipalité avait fait placarder une nouvelle affiche conforme aux intentions des assemblées.

Le scrutin pour l'élection du président est clos à 10ʰ 15. Une députation de l'assemblée séante au séminaire fait savoir qu'elle a terminé ses opérations. M. de Moulon est proclamé président par 55 voix sur 108 votants. Il remercie. On procède à l'élection du secrétaire; et il a été ordonné aux deux tambours d'aller pendant ce scrutin, rappeler les citoyens actifs de cette assemblée. A 11ʰ 30. le scrutin est fermé : sur 71 votants, M. Bigelot est élu par 42 voix.

A 3 heures, les citoyens sont rappelés au son de la caisse. Le président et le secrétaire prêtent, en présence de l'assemblée, le serment de maintenir la constitution du royaume, d'être fidèles à la nation, à la loi et au Roi, de choisir en leur âme et conscience ceux qu'ils croient les plus dignes de la confiance publique et de remplir avec zèle et courage les fonctions civiles et politiques qui leur sont confiées. Les membres de l'assemblée font individuellement le même serment entre les mains du président. Une députation de la première section annonce que ses opérations sont terminées. Députation analogue de la sixième section. La septième section annonce l'élection de M. Plassiart. Le scrutin pour les scrutateurs est fermé à 4ʰ 30. Sont élus : Olry de Lisle (57 voix); Villiez, procureur (52); Blaise, médecin (37).

Le 12 mai, le président remercie le bureau provisoire et il est procédé par liste double à la nomination de cinq électeurs. Une députation de la septième section annonce que ses opérations sont terminées. Le président annonce que M. Le Brun, avocat, doit être placé dans la liste des éligibles et l'assemblée ratifie : une députation ira faire part de ce jugement aux assemblées encore en exercice. Le scrutin fermé à 11 heures est dépouillé l'après-midi. Sont élus sur 142 votants :

OLRY DE LISLE (1), 101 voix;

VILLIEZ, procureur du Roi au ci-devant siège de la Monnaie, 94;

BIGELOT, notaire, notable, 85;

DE MOULON, conseiller en la Chambre des Comptes, 73;

BLAISE, médecin, 72.

---

(1) Sur l'imprimé : administrateur du directoire du district.

Il est député vers les autres assemblées encore en activité pour leur faire part de cette décision. M. le président demande qu'on remette la séance demain à 10 heures, afin que l'assemblée étant plus nombreuse, ses collègues et lui puissent lui témoigner leur respectueux dévouement, la vive reconnaissance dont ils sont pénétrés et les sentiments où ils sont de faire tous leurs efforts pour répondre à la confiance dont ils ont été honorés. Adopté.

Le 13 mai, le président adresse ses vifs remerciements. L'original des procès-verbaux doit demeurer entre les mains du président, et une copie être remise à la municipalité.

4ᵉ Section (428 citoyens actifs, 4 électeurs)

Le 10 mai, à 9 heures, les citoyens se réunissent en une salle de l'hôtel de ville. Jolly est président d'âge ; Martz, Vivier et Daubigny, scrutateurs : Perré est choisi comme secrétaire. On procède à l'élection du président définitif qui ne donne aucun résultat (73 votants).

A 2ʰ 30, second tour de scrutin qui, de même, ne donne aucun résultat. Le troisième tour a lieu entre Cognel l'aîné et Guillaume, professeur. Le premier est élu par 57 voix sur 97 votants. M. Martz, l'un des scrutateurs se trouvant indisposé, est remplacé par M. Gérardin, plus ancien d'âge.

Le 11 mai, on procède à l'élection du secrétaire. Sur 58 votants, Masson, avocat, est élu par 34 voix. Président, secrétaire et tous les citoyens actifs présents, prêtent le serment exigé. Sont élus scrutateurs, Gérardin (33 voix) ; Henry (23) et Demange, procureur (23).

A 3 heures, les scrutateurs prêtent serment. La huitième section fait savoir qu'elle a terminé ses opérations, la première et la sixième section de même, la quatrième qu'elle a élu M. Plassiart. On procède à l'élection de quatre électeurs. Les citoyens absents jusqu'alors prêtent le serment ; ils lisent l'extrait des déclarations à la contribution patriotique. Le scrutin fermé est recensé à haute voix.

Le 12 mai, à 9 heures, le recensement continue. Quelques petites difficultés se présentent qui sont levées par l'assemblée (noms sans qualificatif : les voix sont déclarées perdues ; bulletins ayant deux fois le même nom : ils sont comptés pour 7 voix au lieu de 8, etc.).

L'après-midi le recensement continue. La cinquième section fait connaître le nom de ses élus. De même la troisième. Le scrutin dépouillé ne donne aucun résultat. Il est procédé à un deuxième tour.

Le lendemain 13 mai, à 9 heures, il est procédé au dépouillement du scrutin, auquel ont pris part 188 votants : le dépouillement continue l'après-midi ; mais à cause de certaines différences, il faut recommencer (1). La deuxième section annonce le résultat de ses opérations.

Le 14 mai, le résultat du scrutin est annoncé. Sont élus :

GÉRARDIN, ancien officier de la réformation (2), 101 voix ;
COGNEL fils aîné, homme de loi, 97 ;

On passe au troisième tour et l'on admet à voter M. D. Morin, quoiqu'il eût quitté la section depuis un mois ; mais il n'était encore inscrit dans aucune autre. L'assemblée décide que, pendant le dépouillement, il sera interdit à tout membre de l'assemblée de faire aucune mention, pour ne pas troubler l'opération des scrutateurs. Il y a 134 votants. Le recensement est continué l'après-midi. Sont élus :

DE JOBART, chevalier de Saint-Louis, major dans la garde nationale, officier municipal, 98 voix ;
DEMANGE, procureur au bailliage, 93 ;

Ce dernier est élu au bénéfice de l'âge, Henry, avocat et officier de la garde, ayant obtenu le même nombre de voix.

5e SECTION (484 citoyens actifs, 5 électeurs)

Le 10 mai, les citoyens de la cinquième assemblée primaire se réunissent en la grande salle de l'Université à trois heures après-midi. Sont nommés président provisoire François Lacroix, greffier au Parlement ; secrétaire, Noël, greffier en chef du bailliage ; scrutateurs, Urion, lieutenant général de police, François et Fontaine. Guilbert, chanoine de la cathédrale, docteur en théologie, ayant réuni au troisième scrutin la pluralité absolue des voix, est proclamé président. Il remercie l'assemblée et l'on pro-

---

(1) Un certain nombre de citoyens se plaignirent de ce que les scrutateurs corrigeaient leur dépouillement pour se rendre concordants, et sans vérification des bulletins.

(2) Sur l'imprimé : administrateur du district.

cède à l'élection du secrétaire. Noël est élu au premier tour; il remercie. Président et secrétaire prêtent en présence de l'assemblée le serment exigé et les membres de l'assemblée présents le prêtent entre les mains du président. La séance est levée à 7 heures.

Le 11 mai, sont élus scrutateurs, Genaudet, avocat, Mallarmé, substitut, et Grandjean de Bouzanville. M. de la Neuveville, conseiller, Urion, lieutenant-général de police, Chevalier, avocat, qui ont ensuite obtenu le plus de voix, sont nommés scrutateurs adjoints. La huitième section annonce qu'elle a terminé ses opérations. L'après-midi, on procède à l'élection des cinq électeurs par scrutin de liste double. La première section annonce le résultat de ses opérations; la septième fait part de l'élection de Plassiart. Le scrutin est déclaré fermé; aucun candidat ne réunit la majorité.

Le 12 mai, il est procédé au second tour de scrutin. La septième section annonce l'achèvement de ses opérations. Le scrutin recensé accuse 121 votants. Sont nommés :

> CHEVALIER, avocat général, 73 voix (1);
> GRANDJEAN DE BOUZANVILLE, 71 (2);
> MALLARMÉ, substitut, 70 (3).

Une députation est chargée d'annoncer ce résultat aux autres sections.

A 3ʰ 30, il est procédé au troisième tour de scrutin. La troisième section annonce le résultat de ses opérations. Le nombre des votants étant de 128, sont élus :

> L'abbé CHARLES, prieur de Froville, 65 voix ;
> GUILBERT, chanoine de la cathédrale, 63.

Le président gardera le registre de ses délibérations et copie en sera envoyée à la municipalité (4).

---

(1) Sur l'imprimé : administrateur du directoire du district.

(2) Sur l'imprimé : administrateur du directoire du département.

(3) *Idem :* procureur-syndic du district.

(4) Le procès-verbal original resté entre les mains de Guilbert se trouve dans un recueil de Noël, actuellement à la Bibl. de la ville, Ms. n° 852 (382), f° 180. Guilbert, sur son exemplaire de l'*Instruction et ordonnance* des commissaires du Roi, a écrit : « Ces assemblées ont eu lieu au jour indiqué ; les premières ont été peu nombreuses. Dans la section dont je suis, la première a été remise à l'après-midi, n'y ayant pas vingt personnes, et à la 2ᵉ j'ai été fait président à la pluralité de 22 voix. Les gens en place, la noblesse, le clergé et le haut tiers n'ont pas voulu réfléchir sur les conséquences des élections à faire. Je n'y comprends rien. Qu'est-il arrivé ? qu'à Nancy le choix des électeurs a été généralement

6ᵉ Section (226 citoyens actifs, 2 électeurs)

Le 10 mai, à 8 heures, les citoyens de cette section se sont assemblés en la salle du chapitre des R. P. Bénédictins. Nonobstant que, par les ordres du président de l'assemblée, les citoyens actifs de la section eussent été avertis au son de la caisse et à différentes reprises de s'y trouver, et quoique l'on eût attendu très longtemps, l'assemblée n'a été composée que de 56 votants (1). Les scrutateurs ont fait le dépouillement des listes, d'où il résulte qu'ont été élus :

SCHOULLER, professeur en droit, 43 voix ;
GAUVAIN, avocat et secrétaire de droit, 34.

On décide de faire une nouvelle convocation de l'assemblée, pour proclamer les électeurs.

A 3 heures de relevée, cette proclamation a lieu.

7ᵉ Section (294 citoyens actifs, 3 électeurs)

Le 10 mai, les citoyens actifs de la septième section se réunissent en une des salles du collège. Le bureau d'âge est formé de M. de La Borde, avocat, président : Fallois, Legros et Lacretelle, scrutateurs. André, contrôleur des domaines, remplit les fonctions de secrétaire. On procède à la lecture des extraits des cotes et déclarations pour la contribution patriotique de tous les citoyens présents ; d'après cette lecture, ils sont admis à voter pour l'élection du président. Sur 52 votants, M. Plassiart, conseiller au bailliage, est élu par 29 voix. M. André est de même nommé secrétaire par 28 voix. Président et secrétaire prêtent le serment. Puis chaque citoyen présent prête individuellement le même serment, et sont nommés scrutateurs MM. Demangeot, Gœury et Rorcourt. La séance est levée à 5 heures.

Le 17 mai, on passe à l'élection des trois électeurs au scrutin

---

pitoyable et que nous avons eu la douleur de voir choisir des gens diffamés et dangereux.... Voilà les suites fâcheuses de la division de la cité en aristocrates et démocrates. Les seuls amis de la paix veulent le bien de bonne foi. Fasse le Ciel qu'ils puissent prévaloir ou nous nous entr'égorgerons ! Généralement MM. les commissaires du Roi ont déplu par leur partialité aristocratique ou démocratique. »

(1) Le procès-verbal ne donne aucun détail sur la formation du bureau. Les souscriptions du procès-verbal nous apprennent que le président était Schouller, le secrétaire Gauvain, les scrutateurs Dubois, Thomas et Thiébaut.

de liste double. Il y a **63** votants : mais aucun citoyen ne réunit la majorité. L'après-midi on passe à un second tour de scrutin. Sur 60 votants, est élu :

M. PLASSIART, conseiller au bailliage, 34 voix (1).

Le 12 mai au matin, il est procédé à un troisième tour. Sont élus sur 57 votants :

DEMANGEOT, banquier, notable, 29 voix ;
HENRY le jeune, 25 (2).

Ce dernier est élu au bénéfice de l'âge contre Rorcourt, qui a aussi obtenu 25 voix.

8e SECTION (355 citoyens actifs, 4 électeurs)

Le 10 mai, les citoyens actifs de la huitième section se sont assemblés dans une des salles du séminaire, lieu ordinaire de leurs séances. Le sieur Toupeau, plus ancien d'âge, a tenu la séance ; M. Calet a fait les fonctions de secrétaire ; Viriot père, Lejeune et Laurent celles de scrutateurs. Sur 52 votants, Blaise, cultivateur et officier municipal, est élu président par 47 voix. Deux tours pour l'élection du secrétaire ne donnent aucun résultat. Le troisième tour a lieu entre Jacquemin et des Bourbes ; le premier est élu à la majorité. Président et secrétaire prêtent le serment, Sont nommés scrutateurs à la pluralité relative Destrignéville, des Bourbes et Viriot père.

L'après-midi, il est procédé à l'élection de quatre électeurs par liste double. Sur 59 votants sont nommés :

BLAISE, cultivateur et officier municipal, 49 voix ;
DES BOURBES, chevalier de Saint-Louis et notable (3), 49 ;
DESTRIGNÉVILLE, menuisier et commissaire de police de la paroisse Saint-Pierre (4), 39 ;
JACQUEMIN, paveur, 32.

(Procès-verbaux des huit sections. A. D., L. 199. La plupart sont des expéditions délivrées par le secrétaire, les originaux étant restés entre les mains du président.)

---

(1) Sur l'imprimé : administrateur du département, juge du tribunal du district.
(2) Sur l'imprimé : ci-devant bâtonnier des avocats au Parlement, administrateur du directoire du département.
(3) Sur l'imprimé : officier municipal.
(4) Destrignéville ne figure plus sur la liste imprimée.

9ᵉ Section

Nous n'avons pas retrouvé les procès-verbaux de cette neuvième section ; nous savons seulement qu'elle comprenait les citoyens actifs de Dommartemont au nombre de 18, Essey (111), Heillecourt (42), Houdemont (31), Jarville (61), Laxou (130), Malzéville (174), Maxéville (59), Pixerécourt (10), Saint-Max (27), Tomblaine (72), Vandœuvre (100), Villers (43), au total 878 ; que l'assemblée se tint à Malzéville, et qu'elle élut les neuf électeurs suivants :

Sigisbert Perrin, boulanger à Essey ;

Claude Mistox, maire à Malzéville ;

Claude Durival, maire d'Heillecourt, député à la commission intermédiaire (1) ;

Pierre Collot, laboureur à Essey ;

Jeandel, officier municipal à Tomblaine (2) ;

Jean-Charles Georges, officier municipal à Malzéville ;

Le président de Fisson du Montet, syndic provincial de Lorraine et Barrois (3) ;

Joseph Drox, greffier de Tomblaine ;

Bidot. officier municipal à Malzéville.

IV

ASSEMBLÉE ÉLECTORALE DU DÉPARTEMENT

Élection des administrateurs du département

(26 mai-10 juin 1790)

Le 26 mai 1790, à 8 heures du matin, à l'hôtel de ville de Nancy, les électeurs des neuf districts de la Meurthe se sont assemblés pour procéder à l'élection des membres qui doivent

---

(1) Sur l'imprimé : président de l'administration du district.

(2) *Idem :* administrateur du district.

(3) *Idem :* président du ci-devant Parlement, vice-président du directoire du département.

composer la municipalité du département. On a installé le président d'âge, François Papillier, maire de Belleville et inspecteur des poudres et salpêtres, qui a choisi pour scrutateurs Hubert Thiébaux, propriétaire de la terre de Moulon (1), Charlot, de Custines, avocat, et M. de Saintignon, général de l'ordre des chanoines réguliers résidant à Domèvre ; ceux-ci font choix comme secrétaire de Nicolas Chalabre, maître en chirurgie, officier municipal de Blénod. On a procédé à l'appel nominal des électeurs jusqu'au 6e district. Cette liste est donnée à Hæner, imprimeur, qui doit en fournir au plus tôt des exemplaires.

A 3 heures, on continue l'appel nominal des électeurs. Le président ordonne que le district de Blâmont soit placé, dans l'imprimé, suivant l'ordre qu'il tient par le décret de formation du département.

Le 27 mai, à 7 heures du matin, la séance est reprise dans l'église dés Jacobins (2) de Nancy et en l'absence des scrutateurs de la veille, l'assemblée nomme Jean-Étienne Brinel, maire de Magnières ; Nicolas Adrian, ancien maître de poste à Bénaménil et Jean-Joseph Lambert de Bouvron, chevalier de Saint-Louis, résidant à Rosières-aux-Salines. Elle désigne Joseph Riquet, rentier à Metting (3), pour expliquer ce qui se passe aux électeurs qui usent de la langue allemande. On procède à l'élection du président par scrutin simple. Chaque électeur, appelé par ordre à haute voix, écrit son billet au bureau et l'un des scrutateurs le place dans l'urne ; à la fin de la séance, les billets sont comptés et l'urne est cachetée. L'après-midi, la séance est reprise et le scrutin est dépouillé. Personne ne reçoit la pluralité absolue. On passe à un second tour. L'urne est portée à l'hôtel de ville.

Le 28 mai, l'urne cachetée est rapportée à l'église des Jacobins. Il y a 497 votants. Est élu, par 303 suffrages, Henry le jeune. bâtonnier de l'ordre des avocats. On passe à l'élection du secrétaire. Sur 493 votants est élu, par 478 voix, M. Lelorrain, avocat, procureur de la commune de Pont-à-Mousson. Le président et le secrétaire ont accepté ces fonctions et prêté en présence de l'assemblée le serment de maintenir la constitution du royaume de tout leur pouvoir, d'être fidèles à la nation, à la loi et au Roi. de choisir en leur âme et conscience les plus

_____

(1) Commune de Vandières, canton de Pont-à-Mousson.
(2) Ou église des Dominicains, dans la rue de ce nom.
(3) Au canton de Phalsbourg.

dignes de la confiance publique et de remplir avec zèle et courage les fonctions civiles et politiques qui leur seront confiées. Le président reçoit par appel nominal le serment de tous les membres présents.

Dans la séance de l'après-midi, le président reçoit le serment des électeurs absents le matin; 9 électeurs seulement manquent encore, la plupart malades. On procède à l'élection des scrutateurs. Il y a 519 votants.

Le 29 mai au matin, le scrutin est dépouillé. Sont élus : François-Philippe de Foissac, officier du génie, électeur de Phalsbourg (374 voix); Claude-François Pagnot, maire de Vézelise (244), et Nicolas Husson de Prailly, commandant de la garde nationale de Toul (172). Les scrutateurs prêtent entre les mains du président le serment de bien remplir leurs fonctions et de garder le secret. On propose d'élire comme scrutateurs adjoints ceux qui ont ensuite obtenu le plus de suffrages, Petitjean, receveur des finances à Toul (57 voix); de Chateaufort, électeur de Lunéville (56), et Betting, notaire à Fénétrange (49). Ils prêtent, eux aussi, le serment des scrutateurs. Le président annonce que le décret de l'Assemblée nationale, relatif à l'élection des membres du département, prescrit qu'il en soit élu au moins deux de chaque district; plusieurs membres demandent que, pour aller plus vite, il en fût élu trois : ce qui est adopté; cela ferait 27 membres, après lesquels on en élirait 9 sur l'ensemble du département. Un des membres propose qu'il soit fait une adresse de remerciements à l'Assemblée nationale et d'adhésion à ses décrets, ainsi qu'une adresse au Roi (1). Accepté à l'unanimité; pour la rédaction, chaque district choisira un commissaire. La rédaction sera soumise à l'assemblée.

L'après-midi, plusieurs membres proposent qu'il soit procédé d'abord à l'élection du procureur syndic. On vote par assis et par levé et la proposition est adoptée à la très grande pluralité. On passe au vote, après que le président a reçu le serment des membres qui n'étaient pas présents aux séances précédentes. Il y a 507 votants.

Le dimanche 30 mai, après que la messe eut été célébrée dans l'église des Dominicains, on procède au dépouillement du scrutin qui ne donne aucun résultat. Le président annonce qu'on pas-

---

(1) Les mots : ainsi qu'une adresse au Roi, ont été ajoutés en marge.

sera à un second tour, et il fait de nouveau battre la caisse pour en faire faire publiquement l'annonce aux électeurs qui ne se sont pas encore rendus à l'assemblée. Sur 472 votants est élu :

François LELORRAIN, avocat, procureur de la commune de Pont-à-Mousson, 268 voix.

A 2 heures, on procède à l'élection des trois membres qui doivent être choisis dans chaque district. Il est décidé qu'on suivra l'ordre de la désignation des districts dans la liste imprimée qui a été distribuée aux électeurs, sans que cela tire à conséquence pour l'avenir. (Cet ordre est Nancy, Lunéville, Vézelise, Toul, Pont-à-Mousson, Vic, Dieuze, Sarrebourg et Blâmont.) On déterminera plus tard l'ordre où seront inscrits les neuf districts dans la composition du département. Le scrutin est ouvert pour les trois membres du district de Nancy. L'urne est déposée cachetée à l'hôtel de ville.

Le lendemain, 31 mai, on commence le dépouillement qui est continué dans la séance de l'après-midi. Le scrutin ne donne aucun résultat. Les commissaires nommés pour la rédaction de l'adresse à l'Assemblée nationale et de l'adresse au Roi (Mollevaut pour le district de Nancy ; Mengin pour Lunéville ; Mallarmé, conseiller au bailliage pour Vézelise ; Olry, avocat du Roi, pour Toul ; Mallarmé, assesseur au bailliage, pour Pont-à-Mousson ; l'abbé Picquart pour Vic ; Vaultrin, procureur au bailliage, pour Dieuze ; Henriet, avocat, pour Sarrebourg ; l'abbé de Saintignon pour Blâmont) donnent lecture de leur travail. Les deux adresses sont universellement applaudies comme exprimant parfaitement les sentiments d'adhésion des électeurs du département de la Meurthe à tous les décrets de l'Assemblée nationale, ainsi que ceux de leur respect et de leur amour pour un monarque restaurateur des droits et de la liberté de son peuple. On décide que les adresses seront imprimées et qu'un exemplaire en sera remis à chaque électeur, un autre aux municipalités du département et à tous les curés et vicaires pour en donner lecture au prône de leurs paroisses.

ADRESSE A L'ASSEMBLÉE NATIONALE

(M. MOLLEVAUT, rédacteur)

Messieurs, une adhésion parfaite à vos décrets, à tous sans exception ni réserve ; l'inaltérable résolution de sacrifier à leur maintien nos fortunes et nos vies, ce sont les sentiments de l'assemblée électorale du département de la Meurthe ; le premier instant de sa formation les a vu éclater avec transport.

Nos pensées et nos affections se sont d'abord toutes portées vers vous, législateurs illustres : vous qui, d'une main repoussant avec courage les efforts réunis contre notre bonheur, avez posé de l'autre avec sagesse la base immuable de la Constitution, source féconde de tant de vérités tutélaires, la ruine de tant d'abus, d'illusions et d'erreurs.

Nous avons vu renaître enfin la grandeur de l'homme, la dignité du citoyen, l'âme du Français.

La liberté, Messieurs, ce bien suprême, la liberté de nos personnes et de nos biens, l'égalité, la juste et précieuse égalité que votre héroïsme nous a reconquises, tiennent à la nature, à nos âmes, à tout notre être.

Le département de la Meurthe, que disons-nous ? Messieurs, la France entière périrait plutôt que de se dessaisir désormais de ces droits imprescriptibles. Nous sommes prêts à les défendre avec autant d'intrépidité que vous en avez mise à les recréer ; et ceux qui oseront y attenter ou arrêter, par quelque voie que ce soit, l'exécution de vos décrets, nous les dévouons à l'opprobre mérité par les traîtres à la patrie.

Nous ne redoutons pas ces tentatives criminelles ; il est peu de jours qui n'éclairent des unions fraternelles entre des milliers de citoyens pour le soutien de nos lois, ouvrage du patriotisme éclairé par le génie.

Messieurs, que les départements s'unissent de même par des liens formés sous les auspices et en présence de l'auguste Assemblée nationale et d'un roi patriote, si digne de nos respects et de notre amour ; c'est un vœu bien cher à nos cœurs.

Daignez, Messieurs, en agréer l'offrande et celle de notre adhésion entière, absolue, et aux décrets dont la France recueille déjà les fruits heureux et à tous ceux que nous promet votre constance infatigable à cimenter l'édifice de la félicité publique et à vous immoler au salut de la patrie.

ADRESSE AU ROI

(M. Mascas, de Lunéville, rédacteur)

Sire, le sceptre des rois de France, dans les mains des ministres, était un fardeau pour les peuples ; il est devenu leur amour dans les mains du roi des Français. Votre Majesté nous montre le prince le plus justement et le plus universellement chéri, parce que toutes vos actions sont un généreux abandon à l'intérêt public et au bonheur de tous.

Vous avez préféré régner sur des hommes libres et vous avez posé votre couronne au milieu de nos cœurs. C'est là l'effet heureux de l'union des volontés et de l'accord précieux du trône avec la nation qu'il gouverne. Les électeurs du département de la Meurthe, admirateurs sincères de vos vertus qui s'allient si noblement aux illustres travaux de vos représentants, osent offrir à Votre Majesté le respectueux hommage de leur profonde reconnaissance et les sentiments d'amour et de fidélité dont la nation entière se fait la loi(1).

Plusieurs électeurs, surtout parmi ceux qui habitent les campagnes, se plaignent de ce que la longueur des opérations de l'assemblée leur fait perdre un temps précieux pour leurs travaux et pour les soins de leur agriculture. Le président annonce qu'il a appris par la voie des journaux que l'Assemblée nationale, frappée de semblables considérations et surtout par la nécessité

_____

(1) Cette adresse est reproduite **A. N.**, Fᶜ III, Meurthe 9.

urgente d'organiser sans délai les assemblées administratives, vient de rendre un décret autorisant les assemblées d'électeurs à se diviser en bureaux, à condition que chaque bureau comprendrait au moins 100 électeurs (1). Ce décret n'est pas sanctionné encore par le Roi ; mais le président propose qu'on mette trois urnes sur le bureau et que chacune soit surveillée par un scrutateur et un suppléant. La proposition est adoptée : et l'on procède ainsi pour le second tour de scrutin des trois administrateurs attribués au district de Nancy.

Le 1ᵉʳ juin, ce scrutin est dépouillé. Il y a 480 votants. Est élu :

> Joseph-Arnould HENRY le jeune, bâtonnier de l'ordre des avocats, 280 voix (2) ;

A 2 heures, il est procédé au troisième tour de scrutin. Sont élus :

> Louis COLLIÈRE, cultivateur et électeur de Varangéville, 236 voix ;
> Jean-Baptiste-Charles COLLENEL, président à mortier au Parlement, 189.

On députe à Collenel qui ne fait pas partie de l'assemblée les scrutateurs et le secrétaire pour lui demander son acceptation.

Le 2 juin, on annonce que Collenel accepte et qu'il s'empresserait de venir lui-même exprimer sa reconnaissance à l'assemblée, s'il n'était retenu par la crainte de retarder ses opérations. On passe au scrutin pour la nomination des trois membres attribués au district de Lunéville. Sur 473 votants. Sont élus :

> Nicolas-Joseph CHERRIÈRE, avocat et maire à Gerbéviller, 290 voix ;
> Nicolas-Antoine-Michel MENGIN, avocat et procureur de la commune de Lunéville, 242.

L'après-midi on procède, pour le troisième membre, à un

---

(1) Le décret devint loi le 28 mai 1790. DUVERGIER, t. I, p. 225. M. de la Noue, commandant de la province, écrivit le 1ᵉʳ juin au ministre de la guerre pour se plaindre des retards des élections ; il parle de tumultes qui auraient eu lieu à l'assemblée de Nancy ; il affirme que l'assemblée aurait songé à se transporter à Lunéville. Nous soupçonnons que ces tumultes se sont produits à propos de l'adresse au Roi ; le procès-verbal officiel est muet sur ces incidents.

(2) Cf. *Tableau des membres qui composent l'assemblée administrative du département de la Meurthe.* A Nancy, chez H. Hæner, 3 pages in-4°. Extrait des procès-verbaux, certifié par le secrétaire greffier Breton. A Nancy, le 2 août 1790. La liste des élus est reproduite dans l'article cité de Henri POULET, p. 446.

second tour de scrutin qui ne donne aucun résultat. Au troisième est élu :

> Charles-Léopold HULLECOURT, conseiller au bailliage de Lunéville, 120 voix.

Le président annonce, qu'à cause de la solennité de la Fête-Dieu, l'assemblée ne pourra être convoquée demain matin.

Le 3 juin, à 2 heures, on passe à l'élection des trois membres pour le district de Vézelise. Au premier tour, est élu sur 425 votants :

> Claude-François PAGNOT, avocat et maire de Vézelise, 403 voix.

Le 4 juin, au matin, sont élus au second tour sur 423 votants :

> Claude LÉGER, officier municipal à Crépey, 275 voix ;
> Charles-François GÉRARD, avocat, notaire et maire à Diarville, 218.

On passe au scrutin pour les trois membres du district de Toul. Le scrutin est dépouillé l'après-midi. Sont élus sur 447 votants :

> Nicolas HUSSON DE PRAILLY, capitaine d'infanterie, colonel de la garde nationale de Toul, 302 voix ;
> Blaise BÉNARD, négociant et maire à Foug, 296 ;
> Louis GOUVION, capitaine au corps royal du génie, commissaire de S. M., 269.

Une députation est envoyée à Gouvion qui n'est pas électeur pour connaître son acceptation. On procède au scrutin pour les trois membres attribués au district de Pont-à-Mousson.

Le 5 juin, à 6 heures du matin, ce scrutin est dépouillé. Sont élus sur 462 votants :

> Martin-Jean-Baptiste NICOLAS, lieutenant particulier au bailliage et procureur de Thiaucourt, 389 voix ;
> Joseph-François RAGOT, lieutenant particulier au bailliage et maire de Pont-à-Mousson, 363 ;
> Grégoire PERRIN, avocat, procureur de la commune de Nomeny, 349.

On procède au scrutin pour les trois membres du district de Vic. Il est dépouillé l'après-midi. Sont élus sur 462 votants :

> Nicolas-Louis CROUSSE, avocat, maire à Lagarde, 420 voix ;
> Joseph GROSDIDIER, maire à Moncel, 244.

Un second tour de scrutin a lieu pour la troisième place. Est élu sur 403 votants :

> Nicolas-Jean-Joseph-François-Xavier DE THOMASSIN DE LA FORTELLE, lieutenant-général au bailliage de Château-Salins, 274 voix.

On procède au scrutin pour les trois membres du district de Dieuze.

Le 6 juin, à 6 heures du matin, le scrutin est dépouillé. Sont élus sur 403 votants :

> Remy DIEUDONNÉ, maire à Fribourg, 333 voix ;
>
> Augustin HUN, avocat à Dieuze, 325 ;
>
> Étienne CUNIN, conseiller au bailliage et lieutenant de la maîtrise des eaux et forêts de Dieuze, 212.

Le président engage les électeurs de Dieuze à prévenir M. Cunin absent.

Au scrutin pour les trois membres attribués au district de Sarrebourg, sont élus sur 407 votants :

> Philippe-François DE FOISSAC, capitaine au corps du génie, commandant la garde nationale de Phalsbourg, 402 voix ;
>
> François LEVASSEUR, avocat, notaire à Sarrebourg, 328 ;
>
> Nicolas-François HENRY, procureur du Roi en la maîtrise des eaux et forêts de Phalsbourg, 221.

L'après-midi, au scrutin pour le district de Blâmont, sont élus sur 415 votants :

> Joseph RENAULT, procureur du roi au bailliage de Blâmont, 380 voix ;
>
> Germain BONNEVAL, cultivateur à Ogéviller, 361 ;
>
> Christophe BATHELOT, lieutenant particulier au bailliage de Blâmont, 324.

Le 7 juin, à 6 heures du matin, on procède au scrutin pour l'élection de neuf membres à prendre dans la généralité du département. Le scrutin a lieu par liste double de dix-huit noms. Le dépouillement commence l'après-midi et se poursuit le 8 juin au matin et l'après-midi. Sont élus sur 478 votants :

> Étienne MOLLEVAUT, avocat au Parlement, 289 voix ;
>
> Charles-Gabriel RENAUT, baron DE CHATILLON, chevalier de Saint-Louis, maire de Rosières, 254 ;

Jean-Étienne Foblan, directeur de la saline de Dieuze, 248.

On passe à un second tour par scrutin double de douze noms. Le 9 juin, on procède au dépouillement, qui est continué dans la séance de l'après-midi. Est élu sur 480 votants :

> Pierre-François Chatelin, chanoine de Saint-Gengout, procureur de la commune de Toul, 275 voix.

Sur ces entrefaites, les commissaires du Roi pour la formation des assemblées administratives du département demandent à être reçus. Trois membres vont au-devant d'eux. Ces Messieurs ont dit que le devoir de leur commission était d'adresser à chacun des districts, aussitôt après l'élection du département, des ordres de convocation pour procéder sans délai aux élections qui les concernaient ; mais ils demandent l'avis des électeurs de chaque district sur la date qui leur conviendra le mieux. Ils laissent des convocations en blanc, avec prière au président de les remplir, d'après les vœux de chaque district. Les dates choisies sont pour Nancy vendredi 11, pour Lunéville, Pont-à-Mousson et Dieuze, samedi 12 ; Vézelise, Toul, Vic et Blâmont, lundi 14 ; Sarrebourg, mardi 15.

On procède au troisième tour pour l'élection des cinq membres qui restent à élire par billets renfermant dix noms. Le scrutin est dépouillé le 10 juin. Sont élus sur 489 votants :

> Pierre Michel le jeune, avocat, procureur de la commune de Vic, 247 voix ;
>
> Jean-Charles-Ferdinand Fisson du Montet, président à mortier du Parlement, syndic provincial, 154 ;
>
> Pierre-Gabriel-Pascal Mallarmé, conseiller au bailliage de Vézelise, 150 ;
>
> Jean-François-Charles Grandjean de Bouzanville, avocat, 140 ;
>
> Jean Plassiart, conseiller au bailliage, 122.

Ce dernier est élu au bénéfice de l'âge contre Picquart, chanoine de Vic.

Une députation de quatre membres de la municipalité demande à être reçue ; M. Saladin, l'un d'eux, prononce le discours suivant :

Messieurs, nous nous rendons près de vous pour nous acquitter de deux devoirs qui nous sont également chers.

Comme représentants de la ville, c'est en son nom que nous venons vous témoigner toute la satisfaction qu'elle ressent de vous posséder dans son sein.

La réunion de l'élite des citoyens du département sera pour notre ville une époque à jamais mémorable ; et, en jouissant de ce bienfait particulier de la Constitution, le plus ardent de ses vœux sera de vous prouver que c'est plus par son attachement fraternel pour vous que par l'avantage de sa position qu'elle s'en est rendue digne.

Comme citoyens, comme magistrats, nous venons applaudir aux choix que vous avez faits ; ils vous honorent autant que ceux qui en sont les objets ; ils ne tromperont point les espérances que l'on a conçues ; ils prouveront que le régime électif, chez une nation guidée par le patriotisme, est la source du bonheur et de la prospérité du peuple.

Réunis sous une même administration, nous avons tous un droit égal à la surveillance et à la protection des administrateurs ; la municipalité de Nancy n'ambitionnera jamais d'autres distinctions, d'autre influence que celles qu'elle tâchera d'obtenir par son attachement à la Constitution et son zèle pour le bien du service.

Pénétrée de la distinction des fonctions qu'elle aura à remplir, elle entretiendra l'harmonie des pouvoirs et elle donnera l'exemple de la subordination que la loi lui prescrit.

Tels sont, Messieurs, les engagements que nous aimons à renouveler au milieu de vous. Vous exprimer notre désir de concourir au bonheur de nos concitoyens, c'est vous prouver la conformité de nos sentiments à resserrer les nœuds de la fraternité et de l'union qui doivent à jamais régner entre nous.

Le président a répondu :

Messieurs, un premier choix épuise toujours une grande partie des sujets les plus dignes par leur patriotisme et leurs talents de remplir la confiance publique. La ville de Nancy en a trouvé l'expérience par votre installation à sa municipalité, qui a privé cette assemblée du désir qu'elle aurait eu de vous voir dans son sein et de vous associer à ceux qu'elle vient d'élire ; mais ce désir a dû cesser par la réflexion que vous serez leur flambeau, et qu'avec de semblables guides il leur sera presque impossible de tomber dans la moindre erreur.

Nous ne pouvons trop vous remercier, Messieurs, de l'attention, des soins et des ordres que vous avez donnés pour la commodité de cette assemblée, et je suis persuadé qu'elle vous en témoignera plus particulièrement sa reconnaissance.

L'assemblée témoigne sa satisfaction par les applaudissements les plus vifs et décide d'insérer les deux discours dans le procès-verbal.

Il est décidé, sur la demande du président, que les commissaires des districts, qui avaient été précédemment chargés de la rédaction des adresses, se rendraient chez les officiers municipaux et chez MM. les commissaires du Roi. L'assemblée décide que ces mêmes commissaires se rendraient chez M. le président et les officiers de l'assemblée pour les remercier de leur zèle.

A 4 heures de l'après-midi, MM. les commissaires des districts ont rapporté qu'ils s'étaient acquittés de leurs députations. On décide qu'on imprimerait la liste des membres de l'assemblée

administrative du département. Le président prononce le discours de clôture.

Messieurs, vous venez de consommer pour la première fois une opération de
laquelle dépendent la conservation de la liberté et le bonheur de nos compatriotes.

Celle qui vous reste à faire n'est pas moins intéressante : les assemblées de
district que vous allez former tiennent une place importante dans l'exercice des
pouvoirs délégués par l'auguste Assemblée nationale et par le Roi qui est si
digne de notre amour.

Ne vous le dissimulez pas, Messieurs : l'ambition va vous poursuivre dans les
chefs-lieux de vos districts. Peut-être même l'intrigue osera vous environner de
tous les pièges de la séduction. Vous déconcerterez les ambitieux et les intri-
gants, si vous avez toujours devant les yeux que le mérite seul a droit à vos
suffrages, que vous avez fait le serment solennel de ne choisir que le plus digne
de la confiance publique et que vous êtes comptables de vos choix, non seulement à ceux qui vous ont nommés, mais à la société entière.

Il est encore une autre vérité dont nous ne pouvons trop nous pénétrer ; elle
est que le bien ne s'opère pas dans la discorde, au milieu du tumulte et de l'a-
gitation des passions. Montrons-nous dignes de la liberté ; respectons la vertu,
honorons le talent, dans quelque état que nous puissions le rencontrer. Que le
département offre partout l'image de la paix et l'exemple de la bienfaisante
union. Tels sont mes vœux ; ce sont aussi les vôtres.

Le jour où vous avez daigné m'appeler à vous présider a été le plus beau de
ma vie ; il sera à jamais gravé dans ma mémoire, comme le sentiment de la
plus respectueuse reconnaissance est imprimé dans mon cœur, trop heureux , j'ai
pu remplir à votre satisfaction les fonctions que vous m'avez confiées.

L'article 35 de la 1re section des décrets de l'Assemblée nationale ne me permet pas de les continuer plus longtemps ; en conséquence cette assem... ... t finie.

Les électeurs qui devaient aller trouver M. Gouvion font savoir
qu'ils l'ont trouvé hier de retour à Nancy et qu'il acceptait avec
reconnaissance les fonctions à lui confiées.

(*Procès-verbaux originaux. A. D., L. 201. Deux expéditions ont
été envoyées le 17 juin, l'une à l'Assemblée nationale, l'autre au Roi :
deux autres le 9 septembre, l'une au contrôleur général des finances,
l'autre au président du comité de constitution. L'un de ces procès-
verbaux se trouve A. N. Fie. III, Meurthe, 9.*)

Élection du directoire du département de la Meurthe

(28 juillet 1790)

L'an 1790, le 28 juillet, à 8 heures du matin, l'assemblée des
membres composant le département de la Meurthe s'est réunie à
l'ancien hôtel de l'intendance (1) ; elle a jugé qu'elle ne pouvait
mieux commencer ses opérations que par des hommages envers

---

1) C'est le pavillon de la place Stanislas occupé aujourd'hui par le Grand
hôtel.

l'Être suprême et elle a assisté à une messe du Saint-Esprit, célébrée par M. Chatelin, l'un de ses membres, dans l'église cathédrale. De retour dans le lieu de ses séances, M. Chatelin a fait provisoirement les fonctions de président comme plus ancien d'âge et M. Collière, au même titre d'ancienneté, a rempli celles de secrétaire. Le procureur général syndic requiert qu'on procède par la voie du scrutin individuel et à la pluralité absolue des suffrages à l'élection du président et du secrétaire ainsi qu'à la formation du Directoire. Ces réquisitions sont suivies d'un discours où M. le procureur général syndic développe les principes constitutionnels sur les fonctions des assemblées de département, l'importance et l'étendue de leurs devoirs, le dévouement dont il est particulièrement pénétré pour les obligations de sa place. Le président prête et fait prêter à tous les membres de l'assemblée le serment civique. Henry, Bonneval, Grandidier sont nommés scrutateurs comme plus anciens d'âge après le président. Collenel est élu président à la pluralité absolue des suffrages, sur la totalité de 37 votants, y compris le procureur général. Par 33 voix sur 37 est élu secrétaire greffier M. Breton, secrétaire et greffier de l'assemblée provinciale. Le président prend place au bureau et remercie. Il prête le serment civique. On mande le sieur Breton qui accepte la place de secrétaire et remercie. On passe à l'élection des huit membres du Directoire par scrutin individuel. Pour la première place est élu au deuxième tour de scrutin :

Henry le jeune, rue Saint-Dizier, n° 206, 26 voix ;

Pour la seconde place ;

Fisson du Montet, en la Carrière, n° 7, 23 voix ;

Pour la troisième place, au deuxième tour ;

Grandjean, près la paroisse Saint-Sébastien, 19 voix ;

Pour la quatrième place :

L'abbé Chatelin, 20 ;

Pour la cinquième place, au deuxième tour de scrutin :

Foissac. 24.

Procédant à l'élection des autres membres, et M. Mengin, avocat à Lunéville, ayant déclaré, après deux scrutins et au moment de procéder au troisième où il aurait fallu uniquement voter sur lui et sur l'autre membre qui avait le plus de voix, que ses affaires domestiques ne lui permettaient pas d'accepter le témoignage de confiance que ses collègues voulaient lui donner, il a été décidé que le scrutin serait entièrement recommencé pour le sixieme membre. Est élu à la pluralité absolue des voix :

M. Haillecourt.

Pour les deux autres places sont successivement élus, à la pluralité, sur 33 votants, 3 membres ayant été obligés de s'absenter :

Pagnot ;
Mollevaut, près la paroisse Saint-Sébastien, n° 512.

Un des messieurs a proposé d'élire le suppléant de M. le procureur général syndic, conformément au décret de l'Assemblée nationale, M. Grandjean a été élu à la pluralité absolue des suffrages.

(Registre des délibérations de l'assemblée du département. **A. D.** *L. 69, f° 1-3.)*

Le directoire se réunit une première fois le 29 juillet, mais s'ajourna aussitôt au 2 août. Il nomma son vice-président. M. Fisson ne fut élu qu'au troisième tour de scrutin par priorité d'âge contre M. Foissac qui avait le même nombre de voix. M. Henry fut choisi comme ayant, en cas de partage égal, la voix prépondérante. Bientôt le directoire eut à réprimer la terrible révolte connue sous le nom de l'affaire de Nancy. Le 16 novembre, au renouvellement municipal, Mollevaut fut élu maire de Nancy ; il donna sa démission de directeur et l'assemblée le remplaça le 15 décembre par M. Collenel (1). Le 17 mars 1791, l'abbé Chatelin, qui venait d'être nommé évêque, donna à son tour sa démission. Perrin fut élu directeur par l'assemblée du département. Il demande à l'assemblée si la place de premier suppléant au tribunal du district de Pont-à-Mousson n'est pas incompatible avec celle de directeur : l'assemblée déclare qu'il n'y a pas incompatibilité, et M. Perrin accepte.

Quand on apprit la fuite du roi à Varennes, Collenel, fort troublé, donna sa démission et fut remplacé provisoirement comme président du département et du directoire — car les élections pour le renouvellement des administrateurs était proche — par Henry, qui avait obtenu la place de premier directeur.

(1) Celui-ci, tout en entrant au directoire, demeura président de l'administration départementale.

V

ASSEMBLÉE ÉLECTORALE DU DISTRICT

Élection des administrateurs du district

(11-13 juin 1790)

Nous avons dit plus haut (p. 41), quelle devait être la composition et quelles étaient les attributions de l'assemblée administrative et du directoire du district. Le district de Nancy comprenait 9 cantons : Amance, Buissoncourt, Champenoux, Custines, Frouard, Nancy, Pont-Saint-Vincent, Rosières-aux-Salines et Saint-Nicolas. Il y eut dans le district de Nancy en tout 91 électeurs. Les élections se firent d'après le décret du 22 décembre 1789 légèrement amendé par les lettres-patentes du 28 mai 1790 (DUVERGIER, t. I, p. 225). Tous les membres de l'assemblée doivent prêter d'abord le serment civique ; puis le pré-sident de l'assemblée doit prononcer cette formule de serment : Vous jurez et promettez de ne nommer que ceux que vous aurez choisis en votre âme et conscience comme les plus dignes de la confiance publi-que, sans avoir été déterminés par dons, promesses, sollicitations ou menaces. Cette formule, écrite en caractères très visibles, est exposée à côté du vase de scrutin. Et chaque citoyen, apportant son bulletin et le mettant dans le vase, prononce à haute voix : Je le jure.

Le 11 juin 1790, à 7 heures du matin, MM. les électeurs du district de Nancy se sont assemblés en la salle de l'hôtel de ville de Nancy, en vertu de la lettre de MM. les commissaires du Roi du 9 de ce mois, pour choisir les membres qui doivent composer l'assemblée administrative du district.

Le bureau d'âge est formé de Claude Souchotte, marchand à Pont-Saint-Vincent, président ; de M. de Bouvron, électeur de Rosières, Durival, maire de Heillecourt, et Olry de Lisle, rentier à Nancy, scrutateurs. Gérardin, ancien procureur du Roi de la Réformation des bois des salines de Lorraine, est invité à faire provisoirement les fonctions de secrétaire. Les deux premiers tours pour l'élection du président définitif ne donnent aucun résultat ; au troisième tour, Henry, bâtonnier de l'ordre des avo-cats, et Mollevant, avocat, ont chacun 40 voix ; Henry est déclaré élu par priorité d'âge. Gérardin est élu secrétaire au deuxième tour par 54 voix sur 84 billets. Président et secrétaire prêtent le serment prescrit par les lettres patentes du 28 mai dernier et chaque membre de l'assemblée prête individuellement le même serment entre les mains du président. Pour l'élection des scrutateurs, Pitoux, lieutenant général au bailliage de Rosières, obtient 24 voix sur 86 billets; Châtillon, maire de Rosières, 22; Collet, électeur d'Haraucourt, 18; ils sont déclarés élus et prêtent le serment voulu par la loi.

L'assemblée déclare à la pluralité que, comme dans les élections départementales, on commencerait par nommer le procureur syndic.

L'après-midi il est procédé à cette élection. Il y a 86 votants : personne n'est élu au premier tour : au second tour, qui recueille le même nombre de votants, est élu :

MALLARMÉ, substitut au Parlement, 48 voix.

Les électeurs ont formé de nouveaux billets par liste double pour l'élection de 12 membres qui doivent composer le district. A 7 heures, le scrutin est fermé et le dépouillement renvoyé au lendemain.

Le 12 juin, a 6 heures du matin, le dépouillement a lieu; il y a 86 votants. Sont élus :

ORDINOT, cultivateur et propriétaire à Custines, 62 voix.
PIOUX, lieutenant-général du bailliage de Rosières, 56.
COLLET, cultivateur a Haraucourt, 52.
GÉRARDIN, ancien procureur du Roi, 48.
LALLEMANT, amodiateur à Lay-Saint-Christophe, 47.
DURIVAL, maire de Heillecourt, 45.

Les autres voix se sont dispersées ; 21 noms ont été rejetés, faute de désignation exacte.

A 2 heures, après-midi, il est fait un appel nominal pour que chacun formât sur le bureau une nouvelle liste. Les billets sont au nombre de 81 : mais personne ne réunit la majorité absolue. M. le président, pour hâter les opérations, a proposé à l'assemblée de former de nouvelles listes pour le troisième scrutin, afin que les électeurs de la campagne puissent rentrer le soir chez eux. Il en est ainsi décidé et 54 billets sont encore donnés le soir.

Le lendemain, dimanche 13, les cachets de l'urne ont été brisés et le scrutin continué. A 9h30, il est déclaré fermé. Il y avait 83 votants. Sont élus à la majorité relative :

VIGNERON DE LOZANNE, conseiller au parlement de Nancy, 35 voix.

JEANDEL, officier municipal à Tomblaine, 31.

CHEVALIER, avocat au parlement de Nancy, 28.

JACQUES, curé de Saint-Hilaire, 27.

OLRY DE LISLE, rentier à Nancy, 27.

DE HENIN, conseiller à la Chambre des Comptes, 26.

Ils ont été déclarés élus et le président prononce la dissolution de l'assemblée (1).

(L'original est perdu et ne se trouve pas avec les procès-verbaux des huit autres districts. A. D., L. 199. Une copie collationnée par le secrétaire Gérardin aux A. D., L. 188.)

Élection du directoire du district de Nancy

(28 juillet 1790)

Le 28 juillet 1790, à 8 heures du matin, les membres de l'assemblée administrative du district de Nancy, nommés par procès-verbal des 11, 12 et 13 juin dernier, se sont réunis à l'ancien hôtel de l'intendance, lieu désigné provisoirement pour tenir les séances, après avoir assisté à la messe du Saint-Esprit à laquelle ils ont été invités par MM. du département.

Le procureur syndic a ouvert la séance par un discours rempli de bons principes et de vues sages. Il a été décidé que ce discours serait déposé au secrétariat pour prouver l'accord de tous les membres. M. Durival, doyen d'âge, préside et prête le serment

(1) Dans une lettre du 18 juin 1790, adressée par l'abbé Guilbert, chanoine de la cathédrale et l'un des électeurs, à l'abbé Verdel, curé de Vintrange et député des Trois-Évêchés à l'Assemblée nationale, il rend compte des élections du département et du district : « Nous venons de nommer nos trente-six départementaires, ainsi que son procureur syndic et tous les officiers du district. Nous étions pour les premiers environ 530 électeurs et 92 pour les autres. Je me suis malheureusement trouvé seul en soutane violette dans ces orageuses assemblées composées pour près des deux tiers des gens de campagne; ils avaient pris en grippe mon violet sans savoir pourquoi et m'appelaient hautement aristocrate à tout hasard : c'est aujourd'hui la plus grave injure. Les autres ecclésiastiques n'y étaient pas [davantage] en faveur. Ceux qui désiraient en mettre un au département ont été forcés de taire ses qualités sur leurs billets et aux électeurs villageois; on y avait mis ces deux seuls mots : Chatelin électeur. Ce digne ecclésiastique est d'un mérite distingué, excellent ouvrier et chanoine de la collégiale de Saint-Gengoult à Toul. Cette compagnie, de nouvelle formation, est l'enfant de la cabale la plus vive : aussi Dieu sait comme elle est composée! Le district, enfant de la même mère, est heureusement moins difforme. Il y a de bons sujets, parmi lesquels un M. Jacques, curé de Saint-Hilaire, que je ne connais peu, encore moins sa capacité, moins détesté que les autres, dit-on, des gens de campagne, parce qu'il est né et qu'il a été élevé avec eux. Il en a obtenu quelques suffrages auxquels se sont réunis ceux des ecclésiastiques et le mien, pour avoir un des nôtres, malgré la haine à laquelle nous paraissons voués en ce moment. »

civique en présence de l'assemblée et les membres le prêtent à
leur tour entre les mains du président. MM. Olry de Lisle,
Gérardin et de Hurdt, les plus anciens d'âge après M. Durival,
sont nommés scrutateurs. M. de Vigneron est invité à faire les
fonctions de secrétaire provisoire.

M. Durival est ensuite nommé président à la pluralité absolue
des suffrages. Il remercie : cette nomination est le couronnement
d'une longue carrière. « Si l'âge et des infirmités ne me permettent plus de partager vos travaux d'une manière active, je
puis au moins les seconder encore par mon zèle à vous apporter,
aussi souvent qu'il me sera possible, le résultat de l'expérience
et des méditations de trois frères qui ne cessent de faire des
vœux pour vos succès et le bonheur de nos concitoyens (1). »

M. Berment fils, avocat au Parlement, est nommé secrétaire à
l'unanimité et prête entre les mains du président le serment voulu.
L'assemblée décide de nommer un secrétaire adjoint qui, le cas
échéant, pourrait seconder le secrétaire en chef, et elle désigne
Charles-André Therrin, avocat au Parlement, qui prête le serment voulu.

Sont nommés membres du directoire du district, à la pluralité
des voix :

> DE HURDT.
>
> DE VIGNERON.
>
> CHEVALIER.
>
> OLRY DE LISLE.

L'assemblée décide de nommer deux suppléants et son choix
se porte sur MM. Gérardin et Jeandel.

On arrête ensuite qu'on enverrait une députation de trois
membres à l'assemblée du département pour lui porter la liste
des élus. On demande au département ses bons offices près
de l'Assemblée nationale pour que l'assemblée du district soit
ajournée jusqu'au 15 octobre prochain. Une pareille députation

---

(1) Claude Durival fait ici allusion à ses deux frères aînés, Nicolas et Jean.
M. J. Favier a raconté la vie de Nicolas Durival dans les *M. S. L. A.*, 1880,
pp. 5-36. Il a exposé les importants services qu'il avait rendus à la Lorraine et
à Nancy. Jean Durival avait été secrétaire-greffier en chef des Conseils d'État
et des finances de Stanislas, commissaire des guerres en Lorraine, premier secrétaire du département des Affaires étrangères en France, à partir de 1766, Claude
Durival, avait succédé à Jean dans la première de ces charges; il avait publié,
après 1766, une série de mémoires sur l'agriculture en Lorraine.

sera faite à MM. de l'ancien district (1) en la personne de M. de
Maud'huy, pour leur témoigner la reconnaissance du district et
le désir que l'assemblée actuelle a de marcher sur leurs traces (2).

(A. D., L. 199. *Registre du directoire du district.* Ibid., L. 148.)

Les membres des directoires des huit autres districts du
département furent :

Blâmont. — Procureur syndic : Jean-Pierre-Jacques-Théodore
Fromental, maire ; Président : François Germain, maire de
Moussey ; Secrétaire : François-Louis Lafrogne ; Membres :
Vaultrin, homme de loi à Blâmont, Laurent, *id.*, Mayeur, offi-
cier municipal à Blâmont, François, cultivateur à Autrepierre ;

Dieuze. — Procureur syndic : Jean-Joseph Prouvé, lieutenant-
général ; Président : Jean-Baptiste Dautremon, curé de Lindres ;
Secrétaire : Louis-Gérard Gremel, procureur au bailliage ; Membres : Louis-Christophe Hun, officier municipal à Dieuze ; Nicolas Betting, notaire à Fénétrange ; François-Sigisbert Richer,
maître des eaux et forêts ; Sébastien Jannin, procureur de la
commune d'Albestroff ; Hun, suppléant du procureur syndic.

Lunéville. -- Procureur syndic : Bricquel, homme de loi ; Président : Benoist, receveur des finances ; Secrétaire : Benoist le
jeune, avocat à Lunéville ; Membres : Parmentier, homme de
lois ; La Roche, lieutenant particulier ; Vaultrin, curé de Crion,
Sigorgne, officier au corps des grenadiers royaux à Moriviller ;
Parmentier, suppléant du procureur syndic.

Pont-à-Mousson. -- Procureur syndic : Mallarmé ; Président :
M. de Villandré, maire de Prény ; Secrétaire : Fririon ; Secrétaire adjoint : Dudot ; Membres : Empereur, officier municipal ;
Picquant, ancien subdélégué à Thiaucourt ; Dieudonné, homme
de loi ; Thiéry, conseiller au bailliage ; Dieudonné, suppléant
du procureur syndic.

Sarrebourg. — Procureur syndic : Louis-Antoine Levasseur,
ancien maire royal ; Président, Marie-Joseph-Maurice de Sainti-

(1) Ce sont les membres du bureau du district de Nancy, relevant de la
commission intermédiaire provinciale.

(2) Le 16 août 1791, le directoire de district de Nancy nomme M. Aimé
Sellière provisoirement « receveur des revenus dépendant des bénéfices et
établissements ecclésiastiques qui doivent être versés dans la caisse de Nancy ».
L'assemblée du district, se constituant seulement au mois d'octobre, ne fut pas
compromise dans l'affaire de Nancy.

gnon, commandant de la garde nationale de Fénétrange ; Secrétaire : Victor-Nicolas Mourer, demeurant à Abreschwiller ; Membres : Louis-Jean-Baptiste Henriet, homme de loi ; Joseph Boileau, *idem*, à Phalsbourg ; Félix-Mathieu Béné, curé de Xouaxange ; Jacques Hanzo, maire de Héming ; Béné est désigné comme vice-président ; Henriet, comme suppléant du procureur syndic.

Toul. — Procureur-syndic : Nicolas-Hyacinthe Germain père, procureur au bailliage ; Président : Paul Olry ; Secrétaire : Charles Balland, avocat à Toul ; Membres : François Momblet, avocat ; Jean-Pierre Midon, receveur à Gondreville, Étienne Remi, de Trondes ; Nicolas Mary, notaire à Domgermain ; Momblet, suppléant du procureur général. Le 10 août, Mary est nommé vice-président.

Vézelise. — Procureur syndic : Lachasse l'aîné, homme de loi ; Président : Rollin, père, ancien notaire ; Secrétaire : Barbillat, greffier au bailliage ; Membres : Lamotte, procureur au bailliage ; Marquelot, *idem* ; Jolly, procureur de la commune de Thelod ; Poinsignon, homme de loi ; Lamotte, suppléant du procureur syndic.

Vic (1). — Procureur syndic : l'abbé Picard, chanoine à Vic ; Président : l'abbé Lorette, chapelain à Fonteny ; Secrétaire : Fondestheme, avocat au Parlement ; Membres : Laurent, lieutenant au bailliage ; Jeanseing de Moncheux, subdélégué ; Paillard, procureur de la commune de Moyenvic ; Larivière, contrôleur des actes à Juville ; suppléant : Morville, maire de Donnelay ; Laurent, suppléant du procureur syndic.

(*Les procès-verbaux* **A. D., L.** *199. Cf. « Almanach des départements de la Meurthe, des Vosges, de la Meuse et de la Moselle », année 1791, p. 21-26*).

---

(1) Le chef-lieu du district fut transporté peu de temps après à Château-Salins.

VI

ASSEMBLÉE ÉLECTORALE DU DISTRICT

Élection des juges et des suppléants du tribunal de district

(1er et 2 octobre 1790)

La loi du 16-24 août 1790 bouleversa entièrement l'ordre judiciaire ; la vénalité des charges était abolie, et désormais toutes les fonctions de juges devaient être conférées par l'élection. En chaque district, est établi, pour juger les causes civiles, un tribunal composé de cinq juges, auprès duquel il y aura un officier chargé des fonctions du ministère public ; il y aura en plus quatre suppléants, dont deux au moins seront tenus d'habiter la ville de l'établissement. Juges et suppléants sont élus par l'assemblée électorale du district. Ils sont nommés pour six ans et toujours rééligibles. Ils doivent avoir trente ans accomplis et avoir été pendant cinq ans au moins juge, ou homme de loi exerçant publiquement auprès d'un tribunal. Le premier juge élu préside. L'officier chargé des fonctions du ministère public est nommé à vie par le Roi. Les juges de district connaissent en premier et dernier ressort de toutes les affaires personnelles et mobilières jusqu'à la valeur de 1.000 livres de principal et des affaires réelles dont l'objet principal sera de 50 livres de revenu ; ils connaissent des affaires civiles, dépassant ce taux, mais à charge d'appel. Cet appel est porté devant un autre tribunal de district, au choix des deux parties, si elles s'entendent. Pour le cas où elles ne s'entendent pas, le directoire du district propose sept tribunaux les plus voisins dont un au moins doit être pris en dehors du département ; l'appelant peut exclure trois de ces tribunaux, l'intimé trois ; le tribunal restant est compétent.

PROCÈS-VERBAL DE L'ÉLECTION

Le 1er octobre 1790, à 8 heures du matin, les électeurs du district de Nancy se sont assemblés dans une des salles de l'hôtel commun de cette ville, en vertu de la convocation faite par lettre adressée à chacun d'e   par le procureur syndic du district, en date du 21 septembre dernier, pour ce jourd'hui, en exécution des lettres patentes du 12 septembre 1790 sur les décrets de l'Assemblée nationale des 16, 23, 25, 30 et 31 août, 1, 2, 6 et 7 septembre, procéder à l'élection de cinq juges du tribunal de district et de quatre suppléants.

M. le procureur syndic, après avoir annoncé l'objet de la

convocation, a proposé à MM. les électeurs de commencer les importantes fonctions qui leur étaient confiées par une cérémonie religieuse, en assistant à la messe du Saint-Esprit qui serait célébrée dans l'église cathédrale primatiale de Nancy.

Cette proposition a été acceptée unanimement. MM. les électeurs se sont rendus en corps à l'église primatiale où la messe du Saint-Esprit a été célébrée par M. Guilbert, un des électeurs et chanoine de la cathédrale.

Les électeurs rentrent dans la salle ordinaire de leurs séances et on a procédé à l'organisation de l'assemblée. Claude Souchotte, de Pont-Saint-Vincent, doyen d'âge, préside ; les plus anciens après lui, Jean-Joseph de Lambert de Bouvron, de Rosières, chevalier de Saint-Louis, Jean-Louis Olry de Lisle, rentier à Nancy, et Pierre Charlot, sont scrutateurs provisoires ; Jean-Joseph Chevallier, avocat, est invité par le président à faire les fonctions de secrétaire.

On procède à l'élection du président par scrutin individuel et à la majorité absolue. Au premier tour, sur 84 votants, est élu par 44 voix M. Henry, électeur, bâtonnier des avocats et membre du directoire du département. Comme secrétaire est élu, par 43 voix sur 85 votants, Jean-Joseph Chevallier. On procède à l'élection des trois scrutateurs par un seul scrutin de liste simple à la pluralité relative. Sur 82 votants sont élus Jacques, curé de Saint-Hilaire (25 voix), Pitoux, lieutenant général à Rosières (17), Châtillon, chevalier de Saint-Louis (16).

A 2 heures de l'après-midi, on a procédé à l'élection des juges de district par scrutin individuel. Mais, avant de commencer, les président et secrétaire ont prêté le serment civique devant l'assemblée ; les scrutateurs et électeurs l'ont prêté entre les mains du président, le tout dans la forme et dans les termes voulus dans les lettres patentes de janvier 1790. On a fait poser aux deux côtés de l'urne servant à renfermer les billets la formule du serment à prêter par chacun des électeurs lorsqu'ils apporteront leurs billets, dans les termes voulus par l'article 4 des lettres patentes du 28 mai, et chaque électeur, en apportant son billet, prononce à haute voix : *Je le jure.*

Les deux premiers tours de scrutin ne donnent de majorité à personne. Le troisième tour doit avoir lieu entre M. Mengin, lieutenant général au bailliage royal de Nancy, et Foissey, qui ont obtenu le plus de voix au deuxième tour, 33 et 25 sur 84 votants. A ce troisième tour, sur 86 votants, est élu :

FOISSEY, ancien avocat général au parlement de Metz, 45 voix.

On procède à l'élection du second juge. Au premier tour, sur 86 votants, est élu :

PLASSIART, conseiller au bailliage, 67 voix.

M. Plassiart, présent, déclare accepter avec reconnaissance : la grande réunion des suffrages qu'il a obtenue sera pour lui le motif le plus puissant de redoubler, s'il est possible, ses efforts, afin de mieux répondre à la confiance qu'on lui a témoignée. (Applaudissements.)

Le 2 octobre, à 8 heures du matin, on procède à l'élection du troisième juge. Il y a 84 votants ; est élu :

PHOUX, lieutenant général à Rosières, 57 voix.

Pour le quatrième juge, un premier tour de scrutin avec 84 votants reste sans résultat ; au second tour, sur 84 votants, est élu :

SIREJEAN, avocat du Roi, 65 voix.

Pour le cinquième poste, un premier tour reste sans résultat ; on commence aussitôt le deuxième tour. Ce tour est dépouillé dans l'après-midi. Est élu, sur 83 votants :

ROLLIN, substitut de la commune de Nancy, 42 voix.

On discute sur la manière dont il serait procédé à l'élection des suppléants. L'assemblée a décidé à l'unanimité que ses suppléants pouvant remplacer les juges dont les places vaqueraient par mort, démission, absence ou autrement, l'esprit des décrets de l'Assemblée nationale, les intérêts du peuple et le bien de la justice exigeaient qu'ils fussent élus avec les mêmes formalités que MM. les juges ; il est décidé en conséquence qu'ils seraient élus par scrutin individuel et à la pluralité absolue.

Sont élus, pour le premier poste, au premier tour de scrutin, sur 81 votants :

GHÉURY l'aîné, avocat, 41 voix.

Pour le second poste, le premier tour (70 votants) n'ayant donné aucun résultat, au second tour, sur 67 votants :

THIÉRIET, substitut surnuméraire du Parlement, 50 voix.

Pour le troisième poste, au premier tour, sur 65 votants :

Quinsot, lieutenant particulier au bailliage, 49 voix ;

Pour le quatrième, au premier tour, sur 66 votants :

Aubertin, avocat et docteur en droit, 41 voix.

Le président déclare la séance levée (1).

(*Procès-verbaux originaux*, **A. D.**, *L. 1511. Copie collationnée par Berment.* **A. M.**, *I, 3. Liste des élus dans le* Journal du département de la Meurthe, *de Sonnini, p. 199.*)

Le tribunal du district de Nancy fut installé le 23 novembre 1790, par le conseil général de la commune de Nancy, dans la salle où le parlement tenait ses séances publiques. En présence d'une foule innombrable de citoyens, le serment des juges librement élus par le peuple a été prêté; puis Foissey, président, prit la parole. Son discours sur la liberté et le respect des lois produisit un grand effet, encore qu'il nous paraisse un peu vague. Le public en demanda l'impression qui fut ordonnée par le corps municipal (2).

En septembre 1791, Foissey, nommé député à la Législative, quitta le tribunal du district; Plassiart passa à la présidence; les juges furent Pitoux, Siréjean, Rollin et Gœury l'aîné qui avait été élu premier suppléant. M. de Bertinet fut nommé commissaire du Roi et Noël greffier en chef. Rien de modifié jusqu'au 17 septembre 1792, où, après la chute de la royauté, le citoyen Aubertin fut nommé commissaire du pouvoir exécutif en remplacement de M. de Bertinet (3). En octobre, après la dissolution de la Législative, Foissey reprenait la présidence et Gœury l'aîné dut quitter le tribunal. Le régime ayant changé, de nouvelles élections devaient être faites pour remplacer les anciens juges de la royauté. Ceux-ci siégèrent jusqu'au 4 décembre 1792 (4).

-----

(1) Guilbert écrit à propos de ces élections à l'abbé Verdet : « Nous venons de nommer l'aréopage de notre district; je crois que bientôt on sera convaincu de son insuffisance. Vous vous doutez bien que les cabales n'ont pas été négligées. J'ai observé très religieusement de n'avoir aucun égard ni considération. Mon suffrage a porté sur l'homme le plus capable dans notre ville et ci-devant avocat général au parlement de Metz. Il a été choisi et, comme il est mon ami et un tantinet démocrate, on a de suite répandu que j'avais cabalé : il n'y a sorte de mauvais propos qu'on n'ait tenu sur mon compte; fort de ma conscience, de mon honneur et de l'excellence du sujet, je laisse libre cours à tous les bavardages citadins (*Suit la liste des cinq élus et des quatre suppléants*). Deux jours ont suffi pour accoucher de ce nouveau tribunal. Fasse le Ciel que son mérite empêche l'herbe de croître dans nos rues, ce dont nous sommes menacés par le nouvel ordre de choses. Beaucoup de nos citoyens se sont expatriés, et ce ne sont pas les pauvres. Notre bonne ville devient un désert; à peine entend-on rouler deux ou trois carrosses; on ne voit plus d'argent, les ouvriers chôment : les pauvres augmentent et tout me parait aller de mal en pis. Comment payera-t-on les impôts? Je n'en sais rien. »

(2) *Installation du tribunal de district à Nancy*, 12 pages in-4°, à Nancy, de l'imprimerie de Leseure.

(3) Extrait du registre des pointes du 3e trimestre de 1792. (Les registres des pointes sont les registres de présence; les juges étaient payés d'après le nombre des séances auxquelles ils assistaient). Pitoux était occupé pendant ce trimestre au tribunal criminel. **A. D.**, L. 1518.

(4) Extrait du registre des pointes, *ibid.*

Dans sa séance du 19 novembre 1790, le directoire du district avait formé le tableau des sept tribunaux les plus voisins et les plus convenables auxquels se porteraient les appels des jugements du tribunal de Nancy. Il s'était prononcé pour Lunéville, Toul, Pont-à-Mousson, Dieuze, Vic et Vézelise dans le département de la Meurthe, et Saint-Mihiel dans celui de la Meuse. Le 16 janvier 1791, Mallarmé, procureur syndic du district, communiqua cette résolution au directoire de département; celui-ci l'adopta provisoirement le 26 janvier, mais demanda à l'Assemblée nationale qui devait statuer en dernier lieu que le tribunal de Metz fût substitué à celui de Saint-Mihiel, les communications entre Nancy et Saint-Mihiel étant difficiles, et il fallait resserrer la bonne entente entre Metz et Nancy.

Nous donnons les noms des juges titulaires des huit autres districts :

Lunéville. — Thiry, ancien lieutenant-général, président; Bailly, ancien conseiller; Laroche, ancien lieutenant particulier; Cany, ancien conseiller; Marchis, ancien assesseur.

Blâmont. — Vaultrin, président; Marotel, fils; Fevrel; Regneault; Descolin.

Sarrebourg. — Mathei, président; Levasseur; Lacombe; Colle; X.

Dieuze. — Prouvé, ancien lieutenant général, président; Hun, homme de loi; Cunin, ancien conseiller; Pariset, *idem*; Silvestre, ancien lieutenant particulier.

Vic (1). — Vignon, père, ancien lieutenant général, président; De La Fortelle, ancien lieutenant général; Michel le jeune, homme de loi; Denay, commissaire de la Réformation; Ris, ancien conseiller.

Pont-à-Mousson. — Breton, ancien lieutenant général, président; Rouyer, avocat du roi; Willemin le jeune, homme de loi; Gallot, ancien conseiller; Bouard, ancien lieutenant général.

Toul. — Pillement, ancien assesseur au bailliage, président; Balland; Naquard, ancien conseiller; Cordier, ancien notaire; Baptiste, premier suppléant.

Vézelise. — Mallarmé, président; Pagnot; Colin; Lacroix; Fondreton.

---

(1) Château-Salins devint chef-lieu du district; mais le tribunal demeura installé à Vic. Cf. p. 72, n° 1.

VII

ASSEMBLÉES PRIMAIRES

Premier renouvellement de la municipalité

(14-28 novembre 1790)

En vertu de la loi du 14 décembre 1789, le conseil de la commune et le corps municipal devaient être renouvelés par moitié le dimanche qui suivrait la saint Martin. Aussi, dès le 5 novembre 1790, le corps municipal convoque le corps électoral par un placard dont nous donnons plus loin les dispositions essentielles. Les officiers municipaux et notables se réunissent le même jour, pour déterminer par le sort ceux d'entre eux qui doivent sortir pour ce renouvellement. Le sort désigne parmi les officiers municipaux : Poirson, Luxer, Petitjean. Eslin, Ayet, Chaillon et Mandel; parmi les notables : Gabriel, Labaute, Coliny, Demangeot, Oudin, Raybois, de Vidampierre, Desrivages et Ragot. M. le maire Custine et M. le procureur de la commune Mourot ayant envoyé leur démission et les pressantes sollicitations du corps municipal, justement sensible à la perte de collègues aussi recommandables par leurs lumières et leur patriotisme, ayant été sans succès, l'élection d'un nouveau maire et d'un procureur de la commune devient indispensable. Le substitut du procureur de la République, ne devant à la suite de la première élection exercer ses fonctions qu'une année, doit également être renouvelé.

Le corps municipal convoque les citoyens actifs de la ville, inscrits sur le registre ouvert pour le service de la garde nationale, à se rendre le dimanche 14, dans le lieu ordinaire des séances de leur section. Les séances s'ouvriront à 9 heures précises du matin et seront annoncées au son d'une cloche de chaque paroisse pendant un quart d'heure ; les curés sont, en conséquence, invités à commencer la grand'messe à 8 heures. Le corps municipal fera remettre à chaque section une liste imprimée de tous les citoyens actifs, classée par sections. Ces listes serviront à faire l'appel nominal. Aucun citoyen ne pourra se présenter s'il n'est porteur d'un billet d'entrée (1). Le corps municipal rappelle les dispositions des différents décrets rendus depuis la première assemblée électorale pour les municipalités. L'article 1 des lettres patentes du Roi du 3 février porte que les trois plus anciens des citoyens qui savent écrire pourront seuls écrire au premier scrutin le bulletin de tout citoyen actif qui ne saurait écrire lui-même ; puis les scrutateurs nommés par l'assemblée pourront seuls écrire ce bulletin (2). Par la proclamation du Roi du 18 juin 1790, tous les citoyens actifs doivent être tenus d'inscrire leur nom dans leur section sur un registre qui y

---

(1) C'est la seconde fois que furent distribuées à Nancy des cartes électorales.
(2) Art. 1. DUVERGIER, t. I, p. 114.

sera ouvert pour le service de la garde nationale (1). Le corps municipal termine par un appel aux citoyens les invitant à voter (2).

Nous ne possédons plus pour ces élections les procès-verbaux des huit sections ; mais nous avons ceux des recensements généraux que nous donnons.

Recensement général pour l'élection du maire

Le 16 novembre 1790, le corps municipal s'étant rendu à 3 heures de relevée dans la salle ordinaire de ses séances, pour recevoir le recensement du 1er scrutin de chaque section relatif à l'élection du maire et reconnaître la mention du nombre de suffrages que chaque citoyen nommé aura réunis, il a été procédé au recensement de ces suffrages, en présence des commissaires envoyés par chaque section, MM. Colin, notable, Marc, architecte, Bigelot, André-Thomassin, notable, Oudin, notable, Laquerre, Boutefroy et Tisserand. Le président a invité les officiers municipaux de nommer huit commissaires pris entre eux et, autant que possible, de huit sections différentes, et le choix est tombé sur MM. Ayet, Malglaive, Petitjean, Chaillon, Saladin, Bellot, Rollin et Mandel. Le président a fait ranger autour du bureau les députés de chaque section, a mis à côté de chacun d'eux l'un des commissaires pour tenir et dépouiller les états de recensement ; le reste de l'assemblée s'est placé de manière à suivre toute l'opération. L'assemblée a reconnu que le nombre des votants dans les huit sections était de 967. Est élu :

MOLLEVAUT, administrateur du département, 646 voix.

Copie du présent procès-verbal est remise au député de chaque section, pour donner connaissance à leur section (3).

Recensement général pour l'élection du procureur de la commune

Le 17 novembre, à 7 heures de relevée, le corps municipal s'étant rendu dans la salle ordinaire de ses séances, pour recevoir

---

(1) DUVERGIER, t. I, p. 252. Faute de se faire inscrire, les citoyens actifs perdaient l'exercice des droits attachés à cette qualité.

(2) *Convocation des citoyens actifs de la ville de Nancy pour l'élection et renouvellement de moitié des officiers municipaux et notables composant le conseil général de la commune.* A Nancy, chez H. Haener, 6 pages in-4°. Cette convocation est reproduite dans le *Journal du département de la Meurthe* de Sonnini (1790, p. 273, n° du 11 novembre 1790).

(3) 98 voix étaient données à M. Mollevaut sans qualité et considérées comme perdues. Avaient obtenu : de Lattier, 85 voix ; Poirson, tanneur, 27 ; d'Hoffelize, 22 ; Mengin, lieutenant-général, 12.

le recensement du premier scrutin de chaque section, relatif à
l'élection du procureur de la commune en présence des commissaires de chaque section (les mêmes que plus haut, sauf, pour la
3e section, Mars au lieu de Bigelot), le président invite les officiers municipaux à nommer de leur côté huit commissaires ; on
choisit les mêmes que précédemment. Le nombre des votants
est de 744. Est élu :

> GARNIER le jeune, avocat, 444 voix (1).

Recensement général pour l'élection du substitut

Le 18 novembre, à 7 heures de relevée, le corps municipal
procède au recensement général du vote des huit sections.
Mêmes commissaires des sections, sauf Saulnier pour la troisième, Schouller pour la 6me. Mêmes commissaires du corps
municipal. Il y avait 690 votants. Est élu :

> HUSSENOT, conseiller au bailliage, 538 voix (2).

Recensement général pour l'élection des officiers municipaux

Le 21 novembre, à 10 heures du matin, a lieu le recensement
du premier tour de scrutin ; mêmes commissaires des sections
(Saulnier, 3e ; Laguerre 6e). Mêmes commissaires du corps municipal. Il y avait 760 votants : majorité absolue, 381. Ont été élus :

> GENAUDET, avocat, 491 voix.
> DEMANGEOT, banquier, notable, 467.

_____

(1) Ont obtenu ensuite : Genaudet, avocat, 41 ; Saladin, 29 ; Febvé, avocat, 23 ;
Garnier, avocat, 23.
(2) Ont obtenu ensuite : Genaudet, avocat, 39, Aubertin, 14. Le reste des
voix s'est dispersé. Ces élections excitèrent de grands mécontentements. Pour
se rendre compte de leur importance, nous reproduisons ici un entrefilet du
Journal du département de la Meurthe de Sonnini, no du 2 décembre 1790.
« La nomination de M. Mol, vaut à la place de maire, vivement accueillie par
les Amis de la Constitution, n'est pas du goût du parti opposé. Les sarcasmes,
de _très méchants_ bons mots, des injures bien grossières, en façon d'épigrammes,
n'ont pas été épargnés. Malgré toutes ces gentillesses, son élection n'est pas la
seule dont le patriotisme ait à s'applaudir. Les voix ont porté à l'emploi de
procureur de la commune M. Garnier le jeune, qui joint à un mérite distingué
les qualités d'un excellent citoyen. Le substitut est M. Hussenot, jeune encore,
mais très avancé dans l'âge des talents et du civisme. Honneur à la ville de
Nancy ! Le feu sacré du patriotisme brûle enfin dans ses foyers d'une flamme
vive et pénétrante ; les nuages qui l'obscurcissaient se dissiperont, et son horizon
sera bientôt épuré.
« L'on dit, à la vérité, que les _honnêtes gens_ n'avaient pas voulu prendre part à
de pareilles élections. » Et l'auteur s'élève contre cette qualification que s'arro-
gent les riches et les privilégiés. « Encore un peu de patience et de courage,
et il n'y aura plus d'autres _honnêtes gens_ que les amis de la patrie. »

OUDIN, notable, 448.

DE JOBART, notable, commandant en second de la garde, 418.

POIRSON, officier municipal, 404 (1).

Mais, après la démission de ce dernier, consignée dans sa lettre au corps municipal le 14 courant, il reste à procéder à l'élection de cinq officiers municipaux.

Le 25 novembre, à 7 heures du soir, on a procédé au dépouillement du second scrutin. Commissaires des huit sections, Colin, Marc, Saulnier, l'abbé Bouchon, Oudin, Laguerre, Boutefroy et Tisserand. Mêmes commissaires du corps municipal, sauf Blaise au lieu de Bellot. Il y avait 732 votants; majorité, 367. Ont été élus :

DES BOURBES, notable, 556 voix.

BIGELOT, notaire, 496.

RAYBOIS, notable, 452.

LABAUTE, notable, 425.

NICOLAS, professeur, 404.

Recensement général de l'élection des 20 notables

Le 28 novembre 1790, ce recensement a lieu. Commissaires des huit sections comme précédemment, sauf Lafontaine pour la 3ᵉ, André-Thomassin pour la 4ᵉ. Les 20 citoyens qui ont obtenu le plus de voix et qui ont été déclarés élus sont :

VILLIEZ, procureur du Roi de la Monnaie, 384 voix.

FEBVÉ, homme de loi, 353.

BLAISE, docteur en médecine, 337.

GORMAND, médecin, 324.

MARTIN, du Mondésert, 309.

HENRY, homme de loi, 305.

Nicolas RAGOT, notaire, 291.

Jean-Joseph COLLIN le jeune, capitaine, 288.

POINCARÉ, commandant de la garde nationale, 281.

DEMANGE, procureur au bailliage, 278.

Joseph ZANGIACOMI père, rentier, 267.

FOISSEY, président du tribunal, 265.

MARTIN, ingénieur, 245.

(1) Près d'un millier de citoyens ont obtenu des voix isolées.

ASSEMBLÉES ÉLECTORALES 6

Louis-Jean-Jacques Saulnier, marchand. 233

François Boua, jardinier, 222.

Joseph Bouzonviller, taillandier, 215.

Mathieu, ancien secrétaire de l'intendance. 215.

Jean-François Néret, garde-marteau. 200.

Renaud, procureur au bailliage, 191.

Albert, aubergiste. 183 (1).

(Procès-verbaux originaux, **A. M. K.** 1.)

Les élections avaient été plus rapides que la première fois : elles n'avaient duré que treize jours !

<hr/>

VIII

ASSEMBLÉES PRIMAIRES

Élection des Juges de paix et de leurs Assesseurs

(16-18 janvier 1791)

La loi du 16-24 août 1790, qui avait organisé les tribunaux de première instance, avait aussi établi les juges de paix. En principe, il devait y avoir un juge de paix par canton, élu pour deux ans par l'assemblée primaire et indéfiniment rééligible. Il devait être choisi parmi les citoyens éligibles aux administrations de département et de district, et âgés de trente ans accomplis, sans autre condition : on n'exigeait donc de lui aucune connaissance juridique. Les juges de paix étaient assistés d'assesseurs nommés pour deux ans par l'assemblée primaire au scrutin de liste et à la majorité relative. On devait désigner quatre assesseurs par commune. Le juge de paix, assisté au moins de deux assesseurs du lieu où le procès prenait naissance, connaissait sans appel des causes jusqu'à la valeur de 50 livres et, avec appel devant le tribunal de district, jusqu'à la valeur de 100 livres. Mais de plus, dans les matières qui excédaient sa compétence, le juge de paix formait avec ses assesseurs un bureau de paix et de conciliation; sans une tentative de conciliation, aucune demande n'était admise au tribunal de première instance.

Pour la ville de Nancy, comme pour toutes celles où il y avait un tribunal de district, le conseil général de la commune devait former le bureau de paix, composé de six membres choisis pour deux ans, parmi

<hr/>

(1) On lit dans le *Journal du département de la Meurthe*, à propos de ces élections (n° du 9 décembre 1790) : « Les nouveaux membres du Conseil général de la commune ont été élus dans le même esprit qui avait dirigé le choix des trois chefs de corps. Tous recommandables par leur probité, leur zèle, leurs lumières et leur patriotisme, ils seront des conservateurs attentifs des droits du peuple, et l'un des plus fermes appuis de la Constitution. »

les citoyens recommandables par leur patriotisme et leur probité, dont deux au moins devaient être hommes de loi. La ville de Nancy, le 1er décembre 1790, désigna Fery, homme de loi; Schouller, professeur de droit en l'Université; Poirson, marchand tanneur; Guilbert, ancien curé de Saint-Sébastien; Poirot, architecte; Mollevaut, curé de Saint-Fiacre. Le 13 décembre, à la place de Mollevaut, démissionnaire, elle nomma Malglaive, homme de loi et officier municipal.

Une loi du 22 novembre-1er décembre 1790 fixa le nombre de juges de paix que devait nommer Nancy. Les huit sections de la ville devaient se grouper deux à deux pour nommer un juge de paix : il y aura donc pour la ville quatre juges. Un cinquième juge devait être nommé par le canton *extra muros*, divisé à cette occasion en deux sections, comprenant 17 communes. 9e section : Pixerécourt, Malzéville, Saint-Max, Dommartemont, Essey, Tomblaine, *Saulxures, Pulnoy* et *Seichamps;* 10e section : Vandœuvre, Houdemont, Heillecourt, Jarville, *Fléville,* Maxéville, Laxou et Villers. Les quatre communes *en italique* furent à cette occasion enlevées aux cantons de Buissoncourt, Champenoux et Saint-Nicolas. Dans les divers territoires de la ville, on pouvait nommer, si on le jugeait bon, six assesseurs au lieu de quatre.

Les élections pour les juges de paix ont commencé dans les dix sections de Nancy le même jour, 16 janvier 1791; nous n'avons retrouvé qu'un procès-verbal complet, celui de la 7e section que nous publions, et qui nous apprend le résultat pour le territoire du Sud; nous avons aussi trouvé le recensement général du territoire du Levant (3e et 4e sections); pour le territoire du Nord (1re et 2e sections), celui du Couchant (5e et 6e) et celui *extra muros*, nous ne connaissons que le résultat.

TERRITOIRE DU NORD

1re ET 2e SECTIONS

Pierre-Joseph ANDRÉ, homme de loi.

Les assesseurs furent :

Bofn, notable.

Voinier.

Lebel.

Cléret, homme de loi.

Michel.

Geny.

(Le 24 mars 1791, André prend pour greffier Nicolas HENRY.)

TERRITOIRE DU LEVANT

3e ET 4e SECTIONS

Recensement général

Le 18 janvier 1791, à 6 heures de relevée, les commissaires des deux sections du territoire du Levant de cette ville, s'étant réunis en la salle ordinaire des séances de la première de ces sections, on procède au recensement général. Il a été reconnu que le nombre des votants dans les deux sections est de 210. Est élu :

Jean-André MASSON, 144 voix.

M. Masson est en conséquence nommé juge de paix du canton du Levant.

Les assesseurs furent :

ZANGIACOMI père, rentier.

GORMAND, médecin.

DIEUDONNÉ, greffier-commis en la maîtrise.

DUFRESNE, homme de loi.

NICOLAÏ, professeur de musique.

BEAUPRÉ, machiniste.

(Le 21 janvier, M. Masson dépose au greffe du tribunal du district l'expédition du procès-verbal de sa nomination ; le 24 janvier, il nomme comme greffier, Claude-Joseph MATHIEU. Le 6 août 1791, ce dernier, engagé dans le bataillon des volontaires de Nancy, commet à sa place, durant son absence, Charles-Léopold THOMAS, homme de loi.)

(*A. D. L. 1521.*)

TERRITOIRE DU COUCHANT

(5ᵉ ET 6ᵉ SECTIONS)

A été déclaré élu :

Jean-Baptiste FERVÉ, homme de loi.

Sont nommés assesseurs :

MARIOTTE père, électeur.

MORIN, électeur.

LAFRILLOTTE, homme de loi.

PETITJEAN, huissier.

(M. CHARLOT remplit les fonctions de greffier.)

TERRITOIRE DU MIDI

7ᵉ SECTION

Le 16 janvier 1791, à 10 heures, les citoyens actifs de la 7ᵉ section, paroisse Saint-Nicolas, se sont réunis en assemblée primaire en la salle du collège, pour y procéder, en exécution des décrets de l'Assemblée nationale, au choix d'un juge de paix et de ses assesseurs conjointement avec les citoyens actifs de la huitième section, tenant ses séances en la salle de la Mission. Le bureau d'âge est formé de M. Fallois, dentiste, président ; Derlange, Chappuis, Legros, scrutateurs ; Cognel le jeune, homme de loi, secrétaire. L'assemblée s'occupe du choix de son président par la voie du scrutin. L'appel nominal des citoyens éligibles et électeurs est fait d'après la liste des citoyens inscrits sur le registre ouvert pour le service des gardes nationales. Le nombre des votants est de 102. Obtient la majorité absolue : Demangeot, banquier (52 voix) ; il accepte ces fonctions aux acclamations de l'assemblée. On procède au choix du secrétaire. Il y a 73 votants, mais personne ne réunit la majorité absolue ; il est procédé à un second tour avec 67 votants. Est élu Cognel le jeune par 35 voix. M. le président prête, selon les vœux des décrets, en présence de l'assemblée, le serment voulu ; le secrétaire le prête entre les mains du président. Le président nomme une députation à la section du faubourg Saint-Pierre pour la prévenir des opérations de la septième.

Le même jour, à 2 heures de relevée, avant de procéder au scrutin des trois scrutateurs, le président propose de nommer, comme suppléants, les trois membres qui réuniraient le plus de voix après les élus. Les divers citoyens, avant de voter, prêtent le serment civique voulu par les décrets. Il y a 97 votants. Sont élus : M. Regneault (57 voix) à la majorité absolue, M. Legros (46 voix) et M. Derlange (36 voix) ; sont nommés scrutateurs suppléants : Rorcourt (27 voix), Fallois (26 voix), Cognel l'aîné (20 voix). Les trois scrutateurs sont nommés commissaires pour procéder au recensement commun avec les commissaires de la huitième section ; ils prêtent entre les mains du président le serment particulier auquel ils sont attenus. Le président annonce qu'il va être procédé au scrutin du juge de paix ; il expose quelle est l'importance de ces fonctions et combien tous les citoyens doivent apporter d'attention au choix qu'ils vont faire. Les citoyens, avant de voter, prêtent le second serment voulu par l'article 4 des lettres patentes du 28 mai 1790. On reçoit une députation de la huitième section, qui fait annoncer qu'elle ne s'occuperait que le lendemain 17 de son scrutin pour le juge de paix, la journée du 16 ayant à peine suffi pour l'organisation de l'assemblée ; en conséquence, le président interrompt le scrutin et lève la séance.

Le 17 janvier, à 9 heures du matin, le scrutin continue. Il y eut différentes députations reçues de la huitième section, d'autres envoyées à elle, pour déterminer le moment où aurait lieu le recensement commun fixé à 7 heures du soir. En conséquence, le dépouillement dans la section est renvoyé à 6 heures. On constate qu'il y a 123 votants.

Le recensement général est renvoyé au 18 janvier à 10 heures du matin. Il y a en tout 231 votants. Est élu :

Jean-Baptiste REGNEAULT, avocat, 171 voix.

Le même jour, à 2ʰ 30, les sections se réunissent, et, dans chacune, le président proclame M. Regneault, aux acclamations de l'assemblée. Le président ouvre le scrutin pour l'élection de MM. les assesseurs ou prudhommes, en prévenant l'assemblée que les deux sections, profitant du bénéfice de la loi, avaient arrêté de concert d'en choisir six. On procède au vote ; pendant cet intervalle, a été introduite une députation de la seconde section qui fait part d'une pétition qu'elle a délibéré de faire à la municipalité, avec invitation aux autres sections d'y donner leur adhésion. Le président renvoie à 3 heures la délibération sur cette pétition.

A 3 heures, l'assemblée décide à l'unanimité que les citoyens n'étant réunis que pour s'occuper de l'élection du juge de paix et de ses assesseurs, on ne peut agiter aucune question étrangère et passe à l'ordre du jour sur la pétition de la deuxième section ; le scrutin est clos et dépouillé ; il y a 53 votants. Du recensement général fait à 7 heures du soir résulte que sont élus :

BEAUPRÉ, étuviste ;
Gorgon SUISSE, huilier ;
MARTIN, du Mondésert ;
RONCOURT, rentier ;
GOUGET, avocat ;
PRÉSANTOINE, cultivateur.

Il est décidé que JACQUEMIN, paveur, remplira les fonctions de sixième assesseur dans le cas où l'Assemblée nationale jugerait que M. Gouget ne pourrait le faire, à raison de son âge.

(A. M. I. 3.)

8ᵉ Section

(Voir le recensement général dans le compte rendu de la 7ᵉ section.)

(Le 24 janvier 1791, Regnault prend pour greffier Philippe-Wilhelm-Pierre Vimot, homme de loi, ci-devant procureur au Parlement.)

Le 21 janvier 1791, le conseil général de la commune de Nancy reçoit le serment des quatre juges de paix nommés dans Nancy. M. André, l'un deux, a adressé au conseil un discours dans lequel il a démontré combien lui et ses collègues étaient pénétrés des obligations qui leur étaient imposées et il a pris l'engagement, tant en leur nom qu'au sien, de rendre l'institution des juges de paix autant salutaire qu'il sera possible au public.

M. le maire Mollevaut a répondu à ce discours par un autre dans lequel il a fait l'éloge des talents et des vertus des quatre juges de paix ; il s'est étendu sur les avantages de ce nouveau tribunal, bienfait dû à l'Assemblée nationale. Ce discours a été vivement applaudi, tant à cause de la justice qui était rendue à MM. les juges de paix que par les profondes connaissances qu'on y a remarquées et le patriotisme de son auteur. MM. les juges de paix ont ensuite prononcé le serment voulu par la loi. Ce serment a été prononcé par M. le maire après lequel chaque juge de paix a répondu individuellement : *Je le jure.*

CANTON *EXTRA-MUROS*

9ᵉ ET 10ᵉ Sections

Est élu : Mengin le jeune.

Sont nommés 4 assesseurs dans chacune des 17 municipalités.

Mengin prête serment devant le conseil général de la commune le 26 janvier 1791. Le 27, il nomme comme greffier Jean-François Thouvenin, huissier au ci-devant parlement de Nancy. On ne lui attribue comme traitement que 600 livres, comme pour les villes au-dessous de 20.000 âmes ; il demande par une pétition à être traité comme les juges de paix de Nancy, soit à toucher 900 livres. Il a dans son ressort 17 municipalités. ce qui lui donne une grande besogne ; puis, comme ses autres collègues, il réside à Nancy. Le 19 mai 1791, le directoire du département accueille sa supplique, malgré un avis défavorable du directoire du district.

IX

ASSEMBLÉE SPÉCIALE

Élection des Juges du Tribunal de commerce

(27 février-1ᵉʳ mars 1791)

La loi du 16-24 août 1790 réorganisait les tribunaux de commerce. Nancy possédait, depuis 1715, une juridiction consulaire, composée d'un premier juge conseil, d'un lieutenant et de trois consuls; cette juridiction était abolie; mais les juges consuls devaient convoquer « l'assemblée des négociants, banquiers, marchands et manufacturiers », pour élire les juges du nouveau tribunal. Ces juges devaient être au nombre de cinq, dont le premier élu aurait le titre de président. Pour être éligible comme juge, il était nécessaire d'avoir résidé et fait le commerce au moins pendant cinq ans et être âgé de trente ans; pour être éligible comme président, il fallait dix ans de commerce et trente-cinq années d'âge. Les juges sont nommés pour deux ans et renouvelables par moitié chaque année; exceptionnellement les deux derniers élus sortiront de fonctions à l'expiration de la première année; le président sera renouvelé tous les deux ans. Le ressort du tribunal de commerce est le district de Nancy, tandis que celui de l'ancienne juridiction consulaire s'étendait sur la Lorraine et le Barrois.

Le 27 février 1791, à 2 heures de l'après-midi, se réunissent, dans la salle de l'auditoire de la juridiction consulaire de Lorraine et Barrois, les négociants, banquiers, marchands et manufacturiers de Nancy, assemblés sur l'invitation des juges consuls actuellement en exercice, pour procéder à l'élection des juges en matière de commerce. Sont seuls admis à voter ceux qui sont inscrits sur les rôles de l'industrie, arrêté par la Chambre des comptes de Lorraine. Le bureau d'âge est formé de M. Desrivages père, président; Liot, secrétaire; Doizé, Ayet et Dubois, scrutateurs. On procède à l'élection du président définitif. Sur 55 suffrages, M. Charpentier en obtient 20. L'assemblée décide par acclamation qu'elle dispense de la pluralité absolue et qu'elle invite M. Charpentier d'accepter la présidence. Le lendemain, 28 février, à 9 heures du matin, l'assemblée revient sur sa décision de la veille et recommence le scrutin pour l'élection du président. Cette fois-ci, Charpentier est élu par 5 voix sur 33 votants; comme secrétaire est élu Liot par 36 voix sur 39; comme scrutateurs, sur 39 votants, Ayet (35 voix), Dubois (33), Doizé (29). Malgré la réclamation de Julien Thomassin, marchand huilier, on persiste à n'admettre d'autres votants que ceux qui sont rapportés sur les rôles de l'industrie.

L'après-midi, est admis à voter le sieur Mathias Bruck, qui produit ses lettres de maîtrise. On procède à l'élection du président qui doit être âgé de trente-cinq ans et avoir exercé le commerce pendant dix ans.

Est élu sur 67 votants :

Jean-Michel CHARPENTIER, 52 voix ;

Comme juges, sont élus par des scrutins individuels :

1er juge, M. GABRIEL, ci-devant lieutenant du premier juge consul, 34 voix au second tour (61 votants) ;

2e juge, AYET, ancien juge consul, 43 voix, sur 51 votants ;

3e juge, Nicolas FEAVREL, négociant et ancien juge consul, 26 voix, au troisième tour, contre 21 à M. Baille ;

4e juge, Jacques-Julien BAILLE, ancien juge consul, 32 voix sur 45 votants. On renomma en somme les cinq anciens juges consuls.

Il est décidé que les juges ne rempliront leurs nouvelles fonctions qu'après avoir prêté serment ; en attendant, la justice commerciale continuera à être rendue par les juges et consuls actuellement en exercice. Une courte séance a lieu le 1er mars pour l'adoption du procès-verbal.

Le 18 mars, les juges du commerce, après avoir prêté serment, furent installés par le conseil général de la municipalité de Nancy. Ils procèdent aussitôt au choix du greffier et désignent Jean-Joseph DRIANT, ancien greffier de la juridiction consulaire de Lorraine et Barrois, qui prête serment. MM. Jean-Claude GORNIER, Louis-Ignace VRAINCOURT et Dominique RAGOT, doyens de l'ancienne juridiction consulaire, sont invités à continuer les fonctions d'huissier au nouveau tribunal et prêtent serment.

(Procès-verbal original : A. D., L. 1521 ; autre original A. M., F. 2.)

X

ASSEMBLÉE ÉLECTORALE DU DÉPARTEMENT

Élection de l'évêque, d'un juge et d'un suppléant à la Cour de cassation

(13-17 mars 1791)

La constitution civile du clergé, qui fut votée par l'Assemblée nationale le 12 juillet 1790 et qui devint loi le 24 août suivant, bouleversa complètement l'organisation de l'église catholique. Désormais les limites des diocèses devaient concorder avec celles des départements. Il devait y avoir en France 83 diocèses, en Lorraine et Trois-Évêchés 4; 3, ceux de la Meuse (Verdun), de la Meurthe (Nancy), de la Moselle (Metz), devaient être compris dans la métropole du Nord-Est (Reims), celui des Vosges (Saint-Dié) dans la métropole de l'Est (Besançon). Tout lien était rompu entre Nancy et l'archevêché de Trèves qui se trouvait en pays étranger. L'église cathédrale devait être à la fois église épiscopale et église paroissiale : l'évêque en devait être le curé. Il était assisté de vicaires et du directeur du séminaire qu'il nommait ; car il devait y avoir un séminaire par département.

Les métropolitains et les évêques n'étaient plus nommés par l'État et institués par le pape, comme au temps du Concordat. Ils étaient élus par l'assemblée électorale du département, par les *électeurs*, de la même façon que les administrateurs du département. On objectait en vain que parmi les électeurs, pouvaient se trouver des non-catholiques ; en fait, dans la Meurthe, il y en eut très peu, sinon quelques protestants parmi les électeurs de Lixheim ; on ne reconnut pas encore au début de 1791 aux Juifs le titre de citoyens actifs. Pour être éligible, il fallait avoir rempli, au moins pendant quinze ans, les fonctions du ministère ecclésiastique dans le diocèse. Il était défendu aux évêques élus de demander la confirmation du pape ; ils lui écriront simplement comme au chef visible de l'Église universelle, en témoignage de l'unité de foi et de la communion qu'ils doivent entretenir avec lui.

Quant aux curés, ils n'étaient plus désignés par les patrons qui perdaient leur droit sans compensation ; ils devaient être élus par l'assemblée électorale du district. La Constituante croyait ainsi rétablir les principes de l'Église primitive. Mais elle commettait une grave méprise. Dans l'Église primitive — telle est du moins la conception de certains historiens — la commune de Laxou aurait choisi son curé ; d'après la constitution civile, Laxou n'était représenté dans le corps électoral que par neuf électeurs et encore ces électeurs étaient choisis en commun par l'assemblée primaire du canton de Nancy *extra muros* ; en réalité, c'étaient les électeurs de Nancy, de Saint-Nicolas, etc., au nombre de 90 environ, libres-penseurs ou appartenant à des sociétés secrètes, qui impos... Laxou son curé. Pour être éligible, il fallait avoir exercé le sacerdoce pendant cinq ans dans le diocèse, en qualité de vicaire dans une paroisse, ou dans un hôpital et autre maison de charité. Le curé nommé obtiendra de son évêque l'institution canonique. Les curés avaient le droit de choisir leurs vicaires, mais en ne désignant pour tels que des prêtres ordonnés ou admis pour le diocèse par l'évêque et ils ne pouvaient les révoquer que pour causes légitimes, jugées telles par l'évêque et son conseil.

Nancy avait comme évêque Mgr de La Fare ; celui-ci aurait pu devenir évêque constitutionnel du département de la Meurthe. Mais le décret du 27 novembre 1790, devenu loi le 26 décembre, obligeait au serment « de veiller avec soin sur les fidèles du diocèse qui leur est confié, d'être fidèles à la nation, à la loi et au Roi et de maintenir de tout leur pouvoir la constitution décrétée par l'Assemblée nationale et acceptée par le Roi », non seulement les nouveaux élus, mais encore les évêques et les curés actuellement en charge, sous peine de perdre leurs offices. Mgr de La Fare ne voulut pas prêter ce serment, et même il quitta en secret son diocèse. La place d'évêque de la Meurthe était vacante, et il fallut convoquer l'assemblée électorale du département, chargée de désigner le prélat.

Le décret du 27 novembre-1er décembre 1790, suivi d'un décret du 28 janvier 1791, créait un tribunal de cassation auprès du Corps législatif. Ce tribunal devait annuler toutes les procédures où les formes auraient été violées et renvoyer l'affaire devant un autre tribunal qui connaîtrait à nouveau du fond. Les membres de ce tribunal étaient élus pour quatre ans par les assemblées électorales du département. Mais comme le chiffre de 83 membres eût été trop nombreux, on partagea par le sort les départements en deux catégories ; à la première élection, 42 départements nommeront un membre de ce tribunal et le sort favorisa le département de la Meurthe ; à la seconde élection, les 41 autres départements éliront. Pour être éligible, il fallait avoir trente ans et avoir pendant dix ans exercé les fonctions de juge dans une cour supérieure ou présidial, sénéchaussée ou bailliage, ou avoir rempli les fonctions d'homme de loi pendant le même temps. Les électeurs devaient nommer, outre le membre du tribunal, un suppléant ayant les mêmes qualités, pour remplacer le sujet élu si la place venait à vaquer.

En exécution des décrets émanés de l'Assemblée nationale, les 12 juillet et 27 novembre 1790, relatifs à la constitution civile du clergé (1) et au serment à prêter par les évêques et autres ecclésiastiques et fonctionnaires publics, et du décret du 28 janvier

_____

(1) Le procès-verbal est accompagné : 1° d'un extrait des procès-verbaux du greffe de la municipalité de Nancy en date du 23 janvier 1791, attestant que Jean-Baptiste Genaudet et Nicolas-François Oudin, officiers municipaux, commissaires délégués, accompagnés de MM. Claude-François Colin, Joseph Bonzonviller et François Bour, notables, se sont transportés à la Cathédrale et ont assisté à la messe, après laquelle aucun ecclésiastique ne s'est présenté pour prêter le serment ; 2° d'un certificat en date du 29 janvier, de Louis, prince de Nassau, duc de Dillingen, attestant que l'abbé de La Fare, évêque de Nancy, est arrivé le 8 de ce mois à Sarrebruck et y a séjourné jusqu'au 24, « emportant avec lui tous nos regrets et l'assurance de notre vénération pour ses vertus » ; 3° d'une dénonciation du maire Molleraut au procureur général du département en date du 31 janvier, déclarant que l'évêque n'a pas prêté le serment exigé ; 4° d'un certificat du maire et des officiers municipaux, en date du 13 mars, attestant que ce serment n'a pas été prêté.

1791 qui établit un tribunal électif de cassation, en conséquence des lettres de convocation du corps électoral de la Meurthe, envoyées à chacun des électeurs appelés à Nancy pour le 13 mars, le corps électoral s'est rendu le même jour, à 9 heures du matin, à l'église cathédrale de Nancy (1). Une messe solennelle a été célébrée, après laquelle l'assemblée, se rendant à l'église des Jacobins (2), a reconnu qu'elle devait être présidée par M. Claude Souchotte, marchand à Pont-Saint-Vincent, et avoir pour scrutateurs Jean-Joseph Lambert de Bouvron, maire de Rosières, Nicolas Adrian, administrateur du district de Lunéville, et Jean-Étienne Brunet, maire de Maguières. M. Benoist le jeune, secrétaire de l'administration du district de Lunéville, est désigné par le président et agréé par l'assemblée pour être secrétaire provisoire.

François Lelorrain, procureur général syndic du département, a exposé les opérations qui devaient remplir les moments de l'assemblée. Puis celle-ci procède par liste simple à l'élection du président. Le scrutin est fermé à midi; le vase qui renferme les billets a été porté scellé dans l'une des salles de la maison des Jacobins et confié à la garde du poste des citoyens militaires qui y a été établi.

L'après-midi, le vase contenant les billets a été rapporté à l'église; il a été reconnu qu'il renfermait 413 billets, chiffre égal à celui des votants. Étienne Mollevaut, homme de loi, ci-devant l'un des membres composant le directoire du département et maire actuel de Nancy, est déclaré élu par 256 suffrages. Plusieurs membres se sont rendus vers lui pour lui annoncer sa nomination. M. Mollevaut, arrivé à l'assemblée, a été accueilli par l'applaudissement général de tous les bons citoyens, amis et défenseurs de la Constitution, qui composent le corps électoral du département. Il a témoigné sa sensibilité à l'honneur que le corps électoral daignait lui faire et a déclaré accepter cette place.

---

(1) La municipalité de Nancy s'occupa de loger les électeurs et demanda aux particuliers la liste des personnes qui pourraient les recevoir. Le 11 mars, elle disposait de 126 logements, non compris les paroisses Saint-Roch et Saint-Sébastien dont elle n'avait pas reçu les états. Les Cordeliers et les Minimes de Bon-secours s'excusèrent sous un prétexte ou un autre.

(2) Ce détail a été omis dans le procès-verbal, mais résulte des documents authentiques. L'église des Jacobins est le même édifice que l'église des Dominicains.

Ensuite on a procédé à l'élection d'un secrétaire. Le premier tour de scrutin ne donne aucun résultat.

Le 14 mars, à 7 heures, on commence le second tour de scrutin. Il y a 343 votants. M. Charles-Alexandre-Hubert Charvet, avocat général au ci-devant parlement de Nancy et commissaire du Roi au tribunal du district de Pont-à-Mousson, est élu à la pluralité de 193 suffrages. Il accepte l'emploi avec toute la reconnaissance qu'une pareille faveur doit exciter dans l'âme d'un citoyen. Président et secrétaire prêtent le serment prescrit par l'Assemblée nationale dans l'instruction du 8 janvier 1790, le décret du 4 février suivant et autres lois. Après quoi, les électeurs ont prêté le même serment dans les termes ordonnés par le décret du 4 février 1790. M. le président prononce ensuite à haute voix le serment énoncé dans le décret du 28 mai 1790; la formule écrite en gros caractères est exposée à côté du vase du scrutin et après elle le tableau de tous les électeurs votants. On procède ensuite à l'élection des scrutateurs. M. Foissac réunit 272 voix, M. Châtillon, 57, M. Mallarmé, de Pont-à-Mousson, 45. Ils sont proclamés scrutateurs. MM. Petitjean, de Toul, Carez, de Toul, Levasseur, qui obtiennent ensuite le plus de voix, sont nommés scrutateurs adjoints.

L'après-midi, l'assemblée se réunit à la cathédrale (1). Il a été observé que le déplacement des électeurs leur occasionnait des pertes considérables dont il paraissait juste de les indemniser; en conséquence, il a été arrêté qu'une adresse en ce sens serait immédiatement portée aux administrateurs composant le directoire du département. (Suit le texte de l'adresse par laquelle l'assemblée électorale demande, en outre, à MM. du département qu'ils veuillent bien faire parvenir à l'Assemblée nationale l'hommage de son profond respect, de son adhésion absolue à tous ses décrets). Sur le rapport fait par les députés chargés de porter ce vœu au directoire, il a été arrêté que chaque électeur se

_____

(1) Mollevaut écrivit ce jour à 10 heures du matin à un fonctionnaire : « En exécution du décret du 12 juillet, titre 2, art. 6, l'assemblée électorale vient de prendre la décision unanime de se transporter à l'église cathédrale pour nommer un évêque. Veuillez avoir la bonté de donner des ordres pour que la séance puisse s'y établir dans la soirée. Les électeurs conçoivent parfaitement l'impossibilité de disposer le local d'une manière aussi commode que, par vos soins attentifs et obligeants, il l'est en l'église des Jacobins. Il sera donc question de faire disposer des bancs et des chaises et un bureau, soit dans un collatéral, soit dans la nef. L'assemblée s'est rapportée entièrement à votre zèle et à votre intelligence. »

contenterait de la somme de 6 livres, cours de France, par jour et à la condition expresse de se soumettre à la taxe qui sera décrétée par l'Assemblée nationale et de rapporter ce qu'il aurait perçu au delà.

Le président annonce que l'on allait procéder à l'élection d'un évêque. Il a fait sentir combien elle était importante et pour la religion et pour la constitution si étroitement unies entre elles et combien elle aurait d'influence sur le bonheur et la tranquillité du département.

La formule du serment prescrit par la déclaration du 28 mai 1790 répétée et exposée à côté du vase destiné à recevoir les bulletins, l'appel nominal a été fait; chaque billet a été écrit sur le bureau, en présence des président, secrétaire et scrutateurs. Il y 409 votants; mais aucun citoyen ne réunit la majorité.

Le 15 mars, à 7 heures du matin, l'assemblée, annoncée par le son des cloches et du tambour, se forme : une messe est célébrée par M. Hantz, curé de Lesse (1), électeur. Puis on procède au second tour de scrutin. M. le président a exposé de nouveau les dispositions qui doivent animer l'assemblée et a fait sentir que le second tour de scrutin serait extrêmement décisif, puisque, si la pluralité absolue des suffrages n'était acquise à personne, la volonté des électeurs serait liée pour le troisième et qu'il ne leur serait libre de choisir qu'entre deux prêtres seulement, sur lesquels la majorité des électeurs se serait fixée. Il y a 414 votants; M. Chatelin, ci-devant chanoine de la collégiale de Saint-Gengoult, l'un des administrateurs du directoire du département. réunit 168 voix; M. Mullot, vice-président du conseil de la commune de Paris et commissaire du Roi pour apaiser les troubles du département du Gard, 81. Il va être procédé à un troisième tour de scrutin qui décidera entre eux.

Ce troisième tour réunit 408 votants. Est élu :

CHATELIN, administrateur du directoire du département, 322 voix;

Mullot a 75 voix et il y a 11 voix perdues.

A l'instant, une députation, composée de deux membres du bureau et d'un député de chaque district, s'est rendue chez l'abbé Chatelin pour le prier d'accepter cette dignité. Les élec-

_____

(1) Lesse est aujourd'hui au canton de Delme.

teurs ont été longtemps dans l'attente ; enfin, il a été annoncé
que M. Chatelin avait accepté, ce qui a répandu une très vive
joie dans l'assemblée.

Ensuite M. Chatelin s'est rendu à l'assemblée ; la présence
de ce respectable vieillard a pénétré les électeurs de respect et
d'allégresse tout à la fois. Après s'être énoncé avec la modestie
qui sied si bien à son caractère, il a dit expressément qu'il
acceptait la dignité à laquelle le vœu de ses concitoyens le
portait.

Cette acceptation a été suivie de très vifs et de très longs
applaudissements. M. le président a exprimé à M. Chatelin les
sentiments d'admiration et de reconnaissance dont l'assemblée
était pénétrée envers un digne ecclésiastique qui avait constamment
allié les qualités d'un prêtre vertueux et édifiant à celles
d'un bon citoyen.

Un grand nombre de voix s'est élevé pour applaudir aux
vérités que M. le président venait d'énoncer.

Bientôt il a été arrêté que la proclamation se ferait le lendemain à 9 heures du matin. Cet événement a été annoncé au son
de toutes les cloches de la ville. M. Chatelin a été reconduit
ensuite en sa maison par l'assemblée électorale et couvert des
applaudissements d'une multitude innombrable de citoyens.

Le même jour, à 3 heures de l'après-midi, l'assemblée électorale s'est rendue à l'église des Jacobins. M. le président a
ouvert la séance par l'annonce de l'élection qui allait être opé-
rée, celle d'un membre du tribunal de cassation créé par les
décrets de l'Assemblée nationale, sanctionnés par le Roi. Le
serment voulu par la loi a été prêté. La formule déposée sur le
bureau, l'appel nominal a eu lieu. Chaque billet a été écrit sur
le bureau, déposé dans un vase, ensuite le scrutin a été fermé.
Il y a eu 416 votants et personne n'a réuni la majorité absolue.

Le 16 mars, l'assemblée s'est rendue à l'église des Jacobins à
6 heures du matin, moment fixé la veille pour sa tenue : elle a
été annoncée par le son de la cloche et celui du tambour. On
passe au second tour du scrutin. Il y a 408 votants. Est élu :

Étienne MOLLEVAUT, homme de loi, ancien administrateur
du département, maire de Nancy, 286 voix.

L'assemblée a prouvé la satisfaction que ce choix lui causait
par les applaudissements les plus vifs. M. Mollevaut a accepté

et remercié l'assemblée avec cette expression naïve et vraie qui accompagne toujours la vertu et les talents.

Au milieu des acclamations nouvelles de l'assemblée pour son président, on a annoncé l'arrivée de M. Chatelin, nouvel évêque du département ; il a été reçu avec les sentiments de respect et d'estime qui l'ont élevé à l'épiscopat. La séance a été levée à 9ʰ30 pour se rendre à l'église cathédrale, après s'être réajournée à 2 heures de l'après-midi.

A 10 heures du matin, l'assemblée s'est rendue de l'église des Jacobins en celle de la cathédrale, ayant à sa tête son président et l'évêque. Le clergé est venu processionnellement à sa rencontre, et M. Hantz, curé de Lesse, l'un des électeurs, a complimenté M. l'évêque.

MM. les électeurs, escortés de deux bataillons de la garde nationale, ont continué leur marche au milieu d'une multitude de citoyens arrivés à la cathédrale et, étant parvenus au pied du maître-autel, M. le président s'est tourné vers le peuple, a prononcé un discours relatif à cette auguste cérémonie, et, conformément à l'article 14 du titre II du décret du 12 juillet 1790, sanctionné par le Roi, il a proclamé pour évêque du département de la Meurthe M. François-Pierre Chatelin, ci-devant chanoine de l'église collégiale de Saint-Gengoult de Toul et administrateur du département, lequel a répondu par un autre discours religieux et patriotique. Cette imposante cérémonie, qui a retracé les beaux jours de l'Église et par la manière de nommer un évêque et par le choix du pasteur du département de la Meurthe, a été annoncée la veille et le jour par le son de toutes les cloches de la ville, accompagnée de toute la pompe dont elle était susceptible ; l'ordre et la décence y ont régné.

Cette proclamation a été suivie de la célébration d'une messe solennelle et d'un *Te Deum*. L'évêque à la sortie est reconduit par le collège électoral et la garde nationale.

Ce même jour à 2 heures, M. Châtillon, second scrutateur en l'absence de M. le président, a ouvert la séance avec le secrétaire, les autres scrutateurs et leurs suppléants. M. le secrétaire a donné lecture des procès-verbaux rédigés jusqu'alors. M. le président étant arrivé, lecture a été donnée d'une lettre à Sa Majesté, et il a été délibéré par acclamation, qu'une adresse contenant une adhésion entière et absolue à tous les décrets acceptés ou sanctionnés par le Roi, serait envoyée à l'Assemblée

nationale, avec l'expression vive et touchante du département de
la Meurthe pour les législateurs à qui nous sommes redevables
de la régénération de l'Empire. Il a été arrêté que l'on ferait
imprimer les discours prononcés le matin par M. le président et
par M. l'évêque et que MM. du Directoire du département
seraient invités de faire imprimer le procès-verbal de la proclamation de M. l'évêque et de donner des ordres pour qu'il soit
lu soit par les curés soit par les chefs des municipalités à l'issue
de toutes les messes paroissiales des églises du département,
avec réquisition de faire chanter un *Te Deum* en action de
grâces du bienfait signalé de la Providence qui a donné au
département un évêque aussi recommandable par ses talents et
par ses vertus.

Ensuite a été annoncée une députation de la société des Amis
de la Constitution; elle a reçu l'accueil le plus distingué.
M. André, l'un des députés, a prononcé un discours qui a été
suivi de longs applaudissements. M. le président a répondu
dans des termes touchants qui ont ému vivement l'assemblée.

L'on procède au scrutin pour la nomination d'un suppléant
au tribunal de cassation. Il y a 391 votants; mais personne ne
réunit la majorité absolue. Il est procédé à un second tour. Sur
342 votants est élu :

> François-René-Auguste Mallarmé, procureur syndic du
> district de Pont-à-Mousson, 212 voix.

Le 17 mars, M. Mallarmé déclare accepter. Le corps électoral,
ayant terminé ses opérations, a délibéré qu'une députation serait
envoyée à MM. du Directoire du département, pour les remercier
de leurs travaux pour la chose publique, et des soins qu'ils
avaient eu la bonté de se donner pour la tenue de l'assemblée
et pour le paiement des députés;

Une députation au corps municipal pour lui témoigner la
satisfaction profonde de l'assemblée pour tous les services qu'il
lui a rendus et le zèle patriotique qui dirige sa conduite;

Une à la garde nationale, dans la personne de son chef, pour lui
exprimer sa reconnaissance du zèle qu'elle avait fait éclater pour
la sûreté de la ville, la police et l'ordre nécessaires à la tranquillité des séances, et les honneurs qu'elle avait rendus au corps
électoral dans les occasions où il a paru en public;

Et enfin une députation à MM. de la société des Amis de la

Constitution pour leur exprimer les sentiments de la haute estime que le corps électoral a conçue pour des citoyens courageux et amis de la paix et de la tranquillité publique, comme ils ne cessent de l'être d'une constitution qui ne peut s'affermir que par le repos général (1).

(*Procès-verbaux originaux* **A. D.,** *L. 201. Pour les premières séances jusqu'au 15 mars matin, et pour la proclamation de l'évêque le 16, copie collationnée le 16 avril 1791 par Breton, secrétaire général du département. Ibid. L. 202*).

---

(1) Guilbert rendit compte de cette élection à Verdet en ces termes : « Le 19 mars 1791. La douleur qui m'oppresse, mon cher ami, ne m'empêchera-t-elle pas de vous faire le triste récit de la soi-disant élection d'un évêque de la nouvelle fabrique, et mes larmes n'effaceraient-elles pas ce que ma plume se refuse d'écrire? Oh! le Dieu de mes pères! Nos crimes antiques sont donc bien affreux pour nous avoir attiré d'aussi déchirantes afflictions?

Dimanche 13 du courant, les zélateurs membres de notre corps électoral qui, dès la veille, étaient arrivés pour se concerter, se sont rendus à la cathédrale pour entendre la messe ; ils étaient au nombre de 417, parmi lesquels on voyait une dizaine de curés, qui tous se croyaient déjà des élus ou au moins très dignes de l'être par l'ardeur de leur civisme. La marche de ces MM. a été pompeuse : 500 hommes, l'élite de notre garde citoyenne, en grand uniforme, précédés d'une musique vraiment patriotique, marchaient sur deux colonnes de pied ferme pour soutenir, en cas d'événement, les électeurs et les élus qu'on n'avait aucune envie d'attaquer ni d'inquiéter.

Parvenus à l'église sous les drapeaux de la patrie, la messe a été chantée par maître Hantz, curé de Lesse, près de mon ancienne paroisse, à qui nous avions, par épigramme, donné le nom de modéré et en qui la glace des ans a respecté la folle ardeur d'une imagination sans jugement. Il s'est offert dans son enthousiasme et il a été accepté, parce qu'on ne trouvait personne. Les assistants à l'autel ont été maître Henri, curé de Morey, commandant de la garde nationale de son village, que tout le monde croit fou, et M. Frimont, curé de Langatte, district de Sarrebourg, et à moi inconnu; chapelains : MM. Barail et de Gastel, deux chanoines très originaux qui ont toujours mal vécu avec leurs confrères et dont le premier, qui nous anathématisait lorsque nous prétions le serment purement civique, nous damne aujourd'hui pour ne pas jurer. La musique a exécuté supérieurement les airs du temps; cette mélodie a sans doute engagé l'Esprit-Saint à descendre très invisiblement sur l'honorable assemblée qui a été reconduite avec le même appareil aux Jacobins, lieu des séances électorales. Ce nom seul électrise même les néophytes patriotes.

C'est dans ce sanctuaire, ci-devant de l'Éternel, aujourd'hui celui de l'intrigue, de la cabale, sous le nom respectable de la liberté et du patriotisme, c'est dans ce temple consacré pour les seuls exercices de la religion que M. Mollevaut a été fait président, Charvet secrétaire et l'organisation complétée. De là, pour ne s'écarter en rien de la loi nouvelle ou au moins de son esprit apparent, on est retourné à la cathédrale pour y faire choix d'un prélat digne de ces temps heureux de l'église naissante. Là, MM. les électeurs, surtout certains ecclésiastiques, se sont conduits avec un respect, une décence qui auraient peut-être scandalisé des grenadiers à demi-ivres. Des prêtres sans pudeur y sollicitaient hautement le bonheur et la jouissance d'être des intrus. Le mépris général a été la juste récompense de leur audace irréligieuse, après cependant avoir obtenu quelques suffrages de gens séduits ou trompés.

Au troisième scrutin, pour écarter ces êtres vils et quelques autres très dangereux dans les circonstances, les honnêtes gens ont tant intrigué que l'abbé Chatelin, membre du directoire du département, a réuni la majorité voulu. C'est une bonne créature, de beaucoup d'esprit, doux et modeste, qu'on a forcé d'accepter, pour éviter pire; mais je tiens pour certain que cet homme res-

Démission de l'évêque Chatelin

Mais déjà au moment où l'assemblée terminait ses séances, l'abbé Chatelin avait envoyé sa démission. Dès le 16 au soir, à peine sorti de la cathédrale, il écrivit au procureur syndic Lelorrain.

Nancy, ce 16 mars 1791.

Monsieur le procureur général sindic,

Le saisissement et le trouble que j'ay éprouvés en apprenant la nouvelle de mon élection, les circonstances qui l'ont suivie et connues d'un chacun, ne m'ayant pas laissé la liberté de suivre les principes qui m'avaient constamment éloigné de toute dignité ecclésiastique, j'ay pu vous donner lieu de croire à une acceptation totalement volontaire de ma part. Rendu au calme nécessaire à la réflexion, j'ay l'honneur de vous déclarer que je ne puis me déterminer à me prêter aux vœux du corps électoral; je vous prie en conséquence, monsieur le procureur général, de vouloir bien lui témoigner ma sensibilité à la nouvelle marque de bienveillance qu'il vient de me donner et lui faire parvenir les actes de mon refus absolu à la place à laquelle son choix vient de m'appeler.

Telle est ma détermination que rien ne pourra faire changer.

L'abbé Chatelin.

Cette détermination causa une très vive déception; on essaya long-temps de la tenir cachée; on tenta de faire revenir l'abbé Chatelin sur

---

pectable, âgé de près de soixante-dix ans et que je connais depuis vingt, ne conservera pas la place, qu'il ne se fera même pas sacrer. Il ne veut que donner du temps encore au légitime pasteur. Ce même temps m'apprendra si je me suis trompé, en annonçant que ce vertueux ecclésiastique, comme saint Paul, voulait être anathème pendant quelques jours, pour essayer de sauver au moins un siège épiscopal. Quoi qu'il en puisse arriver, il s'est au moins prêté; en fondant en larmes et pouvant à peine se soutenir, il a reçu les visites. Observez qu'il est électeur et que, comme la très majeure partie de nous, il ne s'est point trouvé à l'assemblée.

Ces édifiantes opérations ont consommé le lundi et le mardi; ce jour, on a arrêté que le lendemain il y aurait une messe solennelle en actions de grâce à 9 heures : ce qui a été exécuté et fait grand spectacle pour le peuple. On a été chercher l'abbé Chatelin en grand appareil, et il m'a été dit qu'il avait eu tout le temps l'air de la plus profonde affliction. L'office a été fait par les mêmes. M. le maire a prononcé un discours patriotique qu'on a applaudi à tout rompre; le modeste abbé a répondu en peu de mots qu'il serait inviolablement attaché à sa religion, qu'il n'acceptait que pour essayer de rétablir la paix. Le célébrant a voulu aussi parler, et, après avoir dit des injures aux ci-devant évêques, sans ordre ni bon sens, il n'a pas tardé d'indigner et on lui a imposé silence. Le *Te Deum* a été chanté; on a arboré au haut des tours des drapeaux aux trois couleurs, reconduit M. Chatelin. Pendant tous ce temps de deuil pour les vrais fidèles, je suis presque toujours resté dans mon jardin, pour donner un libre essor aux douloureuses réflexions qui m'absorbent sans relâche. Oh! mon ami, quelle désolation! Qui eût pu prévoir ces malheurs?

De suite aux Jacobins, M. Mollevaut a été nommé juge de cassation, juste récompense de son tendre attachement aux nouveautés constituées, et M. Mallarmé, de Pont-à-Mousson, suppléant. Voilà la déchirante relation de ce qui s'est passé ici cette semaine et de ce qui me pénètre d'amertume... *Vale.* »

sa décision ; on s'appliqua à mettre en règle l'acte d'élection (1). Chatelin hésita, et, sans revenir sur son refus, il consentit à le tenir secret et se retira à Toul. De là, il écrivit au procureur général :

Toul, ce 6 avril 1791.

J'ay reçu avec action de grâce les feuilles que vous avez eu la complaisance de m'adresser ; je vous en suis sensiblement obligé. J'ay été fort surpris de n'en avoir reçu aucune lors de mon séjour à Nancy, tandis qu'elles étaient universellement répandues dans la ville. Je n'ay pas reçu de M. Mollevaut l'expédition de l'acte d'élection dont vous me faites l'honneur de parler dans votre lettre. Je la lui avais demandée avant son départ ; ce sera sans doute par oubli de sa part qu'elle ne me sera pas parvenue dans le temps.

Je me suis retiré ici, Monsieur, pour méditer dans le secret de mon âme et éloigné de toute communication étrangère, ce que je puis, ce que je dois à la patrie et à la religion, et aussi pour apporter quelques soins pour le rétablissement de ma santé. Je suis on ne peut plus sensible aux sentiments d'affection dont m'entourent MM. du directoire du département et dont vous m'annoncez l'assurance, et à ceux que vous me témoignez vous-même par votre lettre. Je feray tout ce qui dépendra de moi pour en mériter la continuation.

Le corps municipal de Toul avait signalé, dès la veille, au procureur général la présence de Chatelin en cette ville : « Nous savons que M. Chatelin est ici depuis deux jours ; mais nous savons aussi qu'il y garde l'incognito et que sa porte est scellée à tous ceux qui n'avaient pas avec lui des liaisons particulières d'amitié. Nos exhortations, dans le cas que nous pourrions lui en faire, seront toujours bien faibles vis-à-vis celles qu'il reçoit de ses anciens confrères auxquels il est seulement visible. » Et il montre la nécessité d'en finir ; car les circonstances deviennent critiques. Le 6 avril, il convoque le conseil général de la commune qui décide d'envoyer à Chatelin une députation « pour lui témoigner son vœu et celui des bons citoyens sur son avénement à l'épiscopat, et employer près de lui tous les moyens que son patriotisme peut lui suggérer pour le mettre en garde contre les insinuations des ennemis du bien public et le prier de ne pas suspendre plus longtemps sa consécration de laquelle dépendent essentiellement en ce moment le bon ordre et la tranquillité dans le diocèse. » M. Chatelin reçut la députation, mais allégua son âge, la diminution de ses forces, l'extrême difficulté des circonstances, la presque impossibilité pour lui de se former un conseil. Il demanda encore huit jours avant de se décider. Le directoire du département, de son côté, voulut peser sur lui. Dans sa séance du 16 avril, il fit observer que Chatelin était nommé depuis un mois et que la loi n'accordait que ce délai pour la consécration des évêques « et que les circonstances rendaient tous les jours plus pressantes et plus nécessaires leurs fonctions »; il se décida à lui envoyer MM. Grandjean et Lelorrain pour le presser de se rendre sans retard au vœu public. Le directoire du district désigna de son côté Olry de Lisle, et la municipalité de Nancy, son substitut Anthoinet. Chatelin reçut ces Messieurs et se décida à envoyer sa démission officielle au procureur général syndic, ce qu'il fit le lendemain.

_____

(1) Les procès-verbaux de nomination n'étaient pas revêtus de toutes les signatures. Lelorrain dut écrire à Pont-à-Mousson pour réclamer celles de M. de Charvet.

Toul, 17 avril 1791.

C'est avec larmes que je vous adresse ma démission de la dignité à laquelle j'ay été élevé le 15 mars dernier par le corps électoral du département de la Meurthe. J'ay fait, lors de mon élection, le sacrifice de tout ce qui m'est personnel, de ma répugnance pour cet état, de ma tranquillité, pour seconder vos vues et votre patriotisme ; je seray toujours prêt de faire un pareil sacrifice, lorsque le bien de la patrie l'exigera.

Mais celui que vous désirez de moi par votre lettre du 4 est d'une toute autre importance par sa nature et par ses conséquences ; la cause de la religion, celle de la patrie, la tranquillité du département y sont attachées et en dépendent.

Des intérêts aussi sacrés ne peuvent être confiés en des mains aussi impuissantes que les miennes ; ce serait une présomption téméraire de m'en charger, dénué des qualités nécessaires et dans un âge aussi avancé et aussi périclitant que celui où je me trouve.

Pressé d'un côté par le désir de concourir à vos vues, d'un autre côté par l'impossibilité de m'y livrer, je vous demande, Monsieur le procureur général, toute l'indulgence que mérite cette position cruelle.

Vous ne voudriez pas m'objecter mon acceptation dont vous connaissez mieux que personne la caducité, et dont je vous avais prié, par ma lettre du 16, d'annoncer la révocation au corps électoral ; ces circonstances méritent un regard favorable.

J'espère, Monsieur le procureur général, de votre équité, de votre sagesse, que vous rendrez justice aux motifs de ma retraite et surtout dans un temps où l'assemblée électorale, par sa prochaine convocation (1), pourra aisément me remplacer. Je feray en toute autre circonstance tout ce qui dépendra de moi pour mériter de nouveaux droits à votre estime et à votre amitié.

Je crois devoir vous ajouter, afin que l'on n'attache pas à ma démission d'autres motifs que ceux que j'ay l'honneur de vous exposer, qu'en qualité de citoyen, j'ay été toujours prêt de faire le serment civique, comme effectivement je l'ay fait en plusieurs circonstances, et que comme prêtre je n'aurais pas hésité à le faire sous les déclarations concernant l'ordre spirituel, contenues dans l'instruction de l'Assemblée nationale du 21 janvier, si des fonctions publiques m'en eussent fait un devoir.

Je suis, etc.

CHATELIN.

Il n'y avait dès lors plus à insister. Les administrateurs du département acceptèrent la démission, et Chatelin les en remercia par la lettre suivante :

Toul, 22 avril 1791.

Messieurs, j'ay appris avec une vive reconnaissance par la lettre obligeante du 18 du présent mois dont vous m'avez honoré, que vous aviez bien voulu accepter ma démission de la dignité épiscopale.

La conviction intime de mon insuffisance pour remplir les devoirs que cette dignité m'imposait et le compte que j'aurais eu à rendre des fautes presque inévitables auxquelles mon inexpérience m'aurait infailliblement exposé, sont les seuls motifs qui m'ont déterminé au sacrifice douloureux que j'ay fait en résistant aux sollicitations flatteuses et pressantes que vous avez bien voulu me faire.

_____

(1) Il fallait convoquer l'assemblée électorale, pour élire les officiers du tribunal criminel.

Froissé entre la crainte de paraître ingrat et celle des jugements de Dieu, le cri de ma conscience m'a déterminé et fixé mes anxiétés. Des âmes généreuses et loyales pourraient-elles me blâmer ? Vous me le pardonnerez, je l'espère, messieurs ; du moins je tenteray l'impossible pour mériter votre indulgence, et par mon dévouement à vos ordres et au service de la chose publique, vous faire oublier le désagrément que ma démission vous a procuré.

Je suis, etc.

CHATELIN,
Administrateur du directoire de département de la Meurthe.

Le procureur Lelorrain convoqua pour le 8 mai, par une circulaire imprimée, les électeurs à élire un évêque et les officiers du tribunal criminel (1).

Mollevaut et Mallarmé ne restèrent pas non plus bien longtemps membre et suppléant de la Cour de cassation ; nommés en 1792 membres de la Convention nationale, il fallut nommer un nouveau suppléant de la Meurthe à ce tribunal : c'est ce que fit l'assemblée de Blâmont en novembre 1792.

———

XI

ASSEMBLÉES PRIMAIRES

———

Élection du maire, du procureur syndic de la commune et de son substitut

(3-9 avril 1791)

Par une lettre datée de Saint-Mihiel le 26 mars 1791, le maire M. Mollevaut témoigna au corps municipal tous les regrets qu'il avait de se séparer de lui, étant nommé juge au tribunal de cassation ; il donna en conséquence sa démission de maire. Le corps municipal ne put que prendre acte de cette décision, en regrettant d'être privé des lumières et de l'activité d'un tel citoyen. Garnier profita de l'occasion pour donner sa démission de procureur syndic de la commune. Le corps municipal convoqua encore le même jour pour le 3 avril les citoyens actifs des huit sections pour l'élection d'un maire.

———

(1) Mollevaut écrivit à propos de cette circulaire à Lelorrain : « De Paris le 28 avril 1791. La démission de l'abbé Chatelin m'était connue. Il doit vous savoir gré de l'explication que vous donnez de sa conduite. Votre tableau énergique des manœuvres odieuses ainsi que l'expression publique et nette de vos sentiments produira un bon effet. Il y a longtemps que la publicité d'opinions prononcées avec clarté et force en faveur de la Constitution me paraissait absolument nécessaire au maintien de la tranquillité publique. »

Recensement du scrutin pour l'élection d'un maire

Le 4 avril 1791, à 11 heures du matin, le corps municipal assemblé à l'effet de procéder au recensement des scrutins des sections pour l'élection d'un maire, après que les commissaires des différentes sections ont eu pris séance, M. le président (1) a ouvert les enveloppes qui contenaient les différents procès-verbaux et, après une première lecture qui en a été prise pour vérifier leur validité, plusieurs membres ont cru remarquer des contraventions aux formalités prescrites par les décrets de l'Assemblée nationale ; et, après une discussion sommaire, il a été arrêté que le corps municipal se réunirait à 3 heures après-midi pour délibérer sur la validité de tous les procès-verbaux. MM. les commissaires ont été invités de se trouver à la séance.

Et le même jour, à 3 heures, on a repris la lecture des procès-verbaux. Il a été reconnu que le procès-verbal de la 1re section ne faisait pas mention de la prestation de serment du président et du secrétaire immédiatement après leur nomination, ce qui est contraire à l'article 2 des lettres patentes de janvier 1790 ; qu'il ne mentionne pas la prestation de serment de la part des scrutateurs, conformément à l'article 1 des lettres patentes du 3 février 1790.

Le procès-verbal de la 2e section a contrevenu à l'instruction de l'Assemblée nationale du 12 août 1790, en mentionnant que le secrétaire a été élu par acclamation ; il ne mentionne pas non plus que le président, avant de commencer le scrutin, ait prononcé la formule de serment qui doit être écrite en termes visibles à côté du vase de scrutin. Sur le procès-verbal de la 4e section, le nom d'un des scrutateurs est demeuré en blanc. On signale encore d'autres contraventions analogues aux procès-verbaux des autres sections. En conséquence, le corps municipal, chargé spécialement de maintenir et faire exécuter les décrets de l'Assemblée nationale, a cru ne devoir pas procéder au recensement des scrutins ; il invite, en conséquence, les sections à rectifier leurs opérations.

Cette rectification fut faite et le 6 avril, à 2 heures, le corps municipal procède au recensement général avec les commissaires des huit sections : Colin, notable ; Avril, ci-devant

---

(1) Le président tenait la place du maire.

huissier-priseur; Villiez, notable; Bouchon, prêtre; Morin, commissionnaire; Durand, aubergiste; Cognel, homme de loi; Jacquemin, maître paveur. Le président a ouvert les enveloppes qui contenaient les différents procès-verbaux des sections; il a été reconnu qu'ils réunissaient les formalités voulues par les décrets de l'Assemblée nationale. Le nombre général des votants était de 755, majorité absolue, 378 voix. Est élu :

Charles-François-Xavier Thieriet, juge suppléant au tribunal du district (1).

Le président a nommé quatre de ces Messieurs pour complimenter M. Thieriet.

Recensement du scrutin pour l'élection du procureur de la commune.

Le 7 avril 1791, 4 heures après-midi, le corps municipal, d'après la convocation faite des citoyens actifs, le 26 mars dernier, s'est assemblé pour procéder au recensement du 1er scrutin de chaque section, relatif à l'élection du procureur de la commune, sur la démission de M. Garnier. Les commissaires des sections sont les mêmes que ci-dessus, sauf M. Richard, homme de loi, pour la 6e section. Le nombre total des votants était de 527 : majorité absolue, 264. Est élu :

Hussenot, substitut du procureur de la commune, 305 voix (2).

La place de substitut devenant vacante par cette nomination, la municipalité a prié les commissaires de prévenir leurs sections respectives de procéder tout de suite à l'élection d'un autre substitut. Le président a nommé quatre de ces Messieurs pour aller complimenter le nouvel élu.

Recensement général pour l'élection du substitut.

Le 9 avril, au matin, le corps municipal a procédé au recensement général de l'élection du substitut du procureur, en pré-

---

(1) Il y eut 21 voix perdues au nom de Thieriet sans qualité. Obtint ensuite Nicolas, chimiste, 217 voix.

(2) 12 voix au nom de Hussenot sans désignation ont été perdues. Ont obtenu : Anthoinet fils, homme de loi, 104 voix; Genaudet, officier municipal, 18; Nicolas, chimiste, 17.

sence des mêmes commissaires que précédemment. Le nombre total des votants était de 384; majorité absolue, 193 voix. Est élu :

ANTHOINET, homme de loi, 324 voix.

Le président a nommé quatre de ces Messieurs pour complimenter M. Anthoinet (1).

(Registres des délibérations, t. III, pp. 249 et suiv. Les procès-verbaux des sections comme les procès-verbaux originaux du recensement général sont perdus).

XII

ASSEMBLÉE ÉLECTORALE DU DÉPARTEMENT

Deuxième élection de l'évêque;
élection des membres du tribunal criminel

(8-12 mai 1791)

Nous avons dit plus haut comment la démission de Chatelin rendit nécessaire l'élection d'un nouvel évêque. La même assemblée électorale qui devait élire le nouveau prélat fut chargée de désigner les membres du tribunal criminel du département. Ce tribunal, créé par la loi du 20 janvier-25 février 1791, devait être composé d'un président et de trois juges. Le président était élu par l'assemblée électorale du département; les juges étaient pris tous les trois mois et par tour dans les tribunaux de district, le président excepté. Auprès de ce tribunal était placé un accusateur public, élu, lui aussi, par l'assemblée départementale; il devait diriger et soutenir les accusations criminelles.

---

(1) Le 14 avril 1791, l'abbé Guilbert écrit à Verdet : « On vient de rajeunir la tête de notre municipalité, en nous donnant comme maire M. Thiriet, jeune homme de 30 à 35 ans, très estimable, que je connais, avec qui je suis lié depuis plusieurs années et à qui je ne connais d'autre défaut que d'être un peu entaché de la moderne philosophie et obsédé d'un amour trop ardent pour la Constitution. Je suis cependant comme sûr qu'il sera sage et modéré. On lui a donné pour procureur syndic M. Hussenot, âgé de 27 ou 28 ans, ci-devant conseiller au bailliage, brûlant patriote, et pour substitut, M. Anthoinet fils, parent et élève du seigneur Mollevant. Les aristocrates qui aiment encore à rire, disent que notre municipalité est tombée dans l'enfance. Ce choix est du club qui conserve sa prépondérance, parce qu'au nombre de 700 ou 800, ils sont seuls électeurs se trouvant aux assemblées; encore ils n'étaient pas 400 pour les deux derniers scrutins. » Ceci n'est vrai, comme on voit, que pour le dernier scrutin.

L'accusateur public devait être nommé à la prochaine élection seulement pour quatre années, à la suivante pour six années. Le président
était nommé pour six ans : l'un et l'autre étaient rééligibles. L'assemblée départementale nommait de plus le greffier à vie. Le Roi nommait,
près du tribunal, un commissaire qui était simplement chargé de requérir l'application de la loi. Le tribunal ne statuait que sur le verdict
d'un jury de jugement. Un jury d'accusation, que dirigeait l'un des
juges du tribunal du district, décidait si une affaire devait être portée
devant le jury de jugement.

Les électeurs, convoqués par le procureur général Lelorrain à
Nancy pour le 8 mai 1791, se réunirent à l'église cathédrale, au
jour fixé, à 7 heures du matin et assistèrent à une messe solennelle du Saint-Esprit. L'assemblée électorale fut présidée par
François Papillier, maire de Belleville, doyen d'âge, et elle eut
comme scrutateurs provisoires Claude Souchotte, marchand à
Pont-Saint-Vincent, Jean-Joseph Lambert de Bouvron, chevalier
de Saint-Louis, maire de Rosières, Jacques Maurice, cultivateur,
maire de Sotzeling ; M. Charvet, commissaire du Roi près le tribunal du district de Pont-à-Mousson, fut désigné par le président
comme secrétaire et agréé par l'assemblée.

Le procureur général donne lecture des pièces relatives à la
convocation de l'assemblée et l'assemblée passe à la désignation
de son président. Le scrutin auquel prennent part 352 votants ne
donne aucun résultat(1). Un second tour a lieu dans l'après-
midi et, cette fois-ci, M. Charles-Alexandre-Hubert Charvet,
secrétaire provisoire, réunit 315 suffrages sur 376 exprimés et il
accepte ses fonctions.

On passe à l'élection du secrétaire et le scrutin, dépouillé le
lendemain 9 mai à 7 heures du matin, donne 211 voix sur 347
votants à Claude Gérard, homme de loi, procureur de la ville de
Toul. Le président et le secrétaire prêtent le serment exigé par
la loi. On passe à l'élection des scrutateurs définitifs ; chaque
électeur, avant de déposer son bulletin dans l'urne, prête individuellement le serment conforme à la formule qui a été écrite en
gros caractères sur un tableau placé à côté de l'urne. Le scrutin,

---

(1) Le même *Tableau des électeurs* qui avait servi pour l'assemblée du
13 mars fut encore employé. Nous avons conservé des exemplaires en marge
desquels ont été pointés les noms des votants dans les divers scrutins. Nous
constatons que, parmi les électeurs de Nancy, sont absents les prêtres, l'abbé
Charles et l'abbé Guilbert ; Mollevaut, retenu à Paris par le tribunal de cassation, puis de Maud'huy, Gauvain, Fisson du Montet, ceux qui professent des
opinions modérées. Schouller ne vote pas dans le scrutin pour la nomination de
l'évêque, mais dans ceux pour les membres du tribunal criminel.

dépouillé dans la séance de l'après-midi, a pour résultats : Votants. 373 ; M. de Châtillon, 199 voix ; Mallarmé, électeur de Pont-à-Mousson, 103 ; Petitjean, receveur du district de Toul, 74, lesquels sont proclamés scrutateurs à la pluralité relative ; viennent ensuite, M. de Foissac, 52 ; Cognel, 37 ; Benoist l'aîné, de Lunéville, 30, lesquels sont nommés scrutateurs adjoints.

Le bureau provisoire cède la place au bureau définitif ; et après un incident soulevé par M. Carez, électeur de Toul, à propos de l'indemnité des électeurs (1), on passe à un premier tour de scrutin pour l'élection de l'évêque ; il ne donne aucun résultat. Le nombre des votants était de 380.

Le lendemain 10 mai, on procède à un second tour auquel prennent part 371 électeurs. Le président a exposé derechef ＿ ＿ motifs qui devaient animer l'assemblée dans un choix ＿ ＿ tte importance. M. Lalande, ci-devant oratorien et grand vicaire de la métropole de Paris (2), réunit 156 voix ; M. Hantz, curé de Lesse, 126 ; d'autres voix sont perdues. Un troisième tour de scrutin est nécessaire ; il décidera entre Lalande et Hantz. Ce troisième tour donne 363 votants. Est élu :

LALANDE, ci-devant oratorien, 199 voix.

Hantz en a obtenu 148, il y a 16 voix perdues. En conséquence, Lalande est proclamé évêque du département (3).

(1) On se rappelle que les électeurs avaient demandé une indemnité de six livres par jour, que le directoire départemental la leur avait concédée. Le ministre de l'intérieur écrivit à ce propos au procureur général du département que le Roi avait appris ce fait avec une surprise extrême ; l'assemblée protesta contre les termes de cette lettre, et, à sa dernière séance, envoya une explication à Paris : elle attesta la pureté de ses vues et la délicatesse de ses sentiments ; les électeurs avaient dû songer à ceux « dont les moyens n'étaient pas la mesure de leur patriotisme. »

(2) On voit que, contrairement à la lettre de la constitution civile, on allait chercher comme évêque des prêtres en dehors du diocèse.

(3) Guilbert écrit à Verdet le 10 mai 1791 : « Dimanche 8, environ 400 électeurs, amis de la Constitution, se sont réunis à la Cathédrale à 7 heures du matin, pour assister à la messe du Saint-Esprit. L'office y a été célébré par les mêmes dont je vous ai envoyé les noms lors de l'élection de l'abbé Chatelin, et, comme il est dit, *non in commutatione Dominus*, on aurait pu dire à ces prêtres qui invoquaient l'Esprit-Saint ce que le prophète disait autrefois aux faux prophètes : Votre Dieu dort peut-être, criez plus haut. M. Charvet, ci-devant avocat général au Parlement, patriote brûlant, a obtenu les honneurs du fauteuil ; et M. Lalande, aujourd'hui 10 à midi, a été annoncé, au son de toutes nos cloches, comme évêque constitutionnel. Il n'a eu de concurrent décidé que M. Hantz, curé de Lesse, le plus fanatique, le plus dangereux de tous les prêtres assermentés. On me dit, en ce moment, que le sieur Hussenot vient de partir pour annoncer la nouvelle et nous ramener ce Monsieur. Puisse-t-il ne pas être persécuteur ! Je vous mande ces douloureuses nouvelles de dessus mon grabat et vous dis que je suis toujours le même et pour ma religion et pour mes amis. *Vale.* »

M. Hussenot, procureur de la commune de Nancy, reçoit mission d'informer M. Lalande de son élection et de chercher son adhésion. Le président de l'assemblée et le procureur général syndic lui remettent des lettres qui préviennent le dit sieur Lalande de son élection, dont les procès-verbaux seront incessamment envoyés au Roi et au président de l'Assemblée nationale, afin de le mettre en situation de se rendre au plus tôt dans son diocèse, où le vœu des bons citoyens l'attend avec la plus vive impatience.

L'assemblée électorale a terminé la première partie de sa tâche. Elle décide de demeurer à la cathédrale pour nommer les membres du tribunal criminel, et elle procède à la nomination du président de ce tribunal dès l'après-midi du 10. Un premier tour de scrutin (395 votants) ne donne aucun résultat. L'assemblée décide de proclamer l'évêque élu le lendemain matin, conformément à la constitution civile du clergé.

Cette proclamation eut lieu en effet le 11 mai. Aussitôt après, une messe solennelle fut célébrée en actions de grâces de cette nomination et procès-verbal de la cérémonie fut fait en quadruple pour être adressé à l'Assemblée nationale, au Roi, au département et au nouvel élu.

On reprit ensuite la séance pour l'élection des membres du tribunal criminel. Est élu président, sur 382 votants :

> MENGIN, homme de loi, administrateur du département, électeur de Lunéville, 206 voix.

André-Thomassin, juge de paix à Nancy, en a obtenu 144. 393 électeurs votèrent pour le poste d'accusateur public et le scrutin fut dépouillé l'après-midi du 11. Est élu :

> Joseph ANDRÉ-THOMASSIN, homme de loi, juge de paix à Nancy, 202 voix.

Siréjean, homme de loi, faisant provisoirement les fonctions d'accusateur public près le tribunal du district de Nancy, a groupé 172 voix.

À ce moment se présentent les jeunes amis de la Constitution, lesquels sont venus offrir l'hommage de leur dévouement à la patrie, et ont présenté au corps électoral l'expression pure et touchante qu'inspire à leur jeune âme le bienfait de la régénération publique. M. le président leur a témoigné, au nom de l'assemblée, la satisfaction qu'elle éprouvait à voir germer dans leurs cœurs l'amour de la vertu et de la liberté.

On passa à l'élection du greffier du tribunal criminel. Le premier tour (397 votants), ne donne aucun résultat. Au second tour, sur 293 votants, est élu :

> Claude GÉRARD, homme de loi, procureur de la commune de Toul, 211 voix.

Le 12 mai, l'assemblée, dans sa réunion du matin, adopta le projet d'une lettre au ministre de l'intérieur à propos de l'indemnité des électeurs ; l'après-midi, après lecture du dernier procès-verbal, le président prononça la dissolution.

(Procès-verbaux originaux, A. D., L. 201 ; les procès-verbaux de quelques séances sont en double) [1].

Acceptation de M. Lalande, son entrée à Nancy

On pouvait craindre que Lalande, à son tour, refusât le poste.

Le 16 mai, le Conseil général de la commune de Nancy se réunit et le procureur de la commune annonça que Lalande « avait apporté beaucoup d'obstacles à l'acceptation de cette dignité. » A son arrivée à Paris, exposa-t-il, il s'était adjoint Mollevaut (2), Foissey (3), Regnier et Saladin et s'était rendu chez l'évêque élu ; celui-ci demanda une heure de réflexion ; puis il écrivit à Foissey que, s'il ne fallait que du patriotisme, il accepterait volontiers, mais que l'évêché exigeait de bien autres qualités, et surtout les connaissances nécessaires pour l'administration d'un grand diocèse. La députation retourna chez Lalande ; on lui apprit qu'il était à six lieues de Paris. Elle s'y transporta avec un vicaire de l'évêque de Paris ; mais toutes les instances furent vaines. Le Conseil général de la commune, après avoir ouï ce rapport, arrêta d'user de tous les moyens possibles pour décider M. Lalande à changer de résolution. On arrêta de lui dépêcher M. Thieriet, maire, et Henri Ragot, officier municipal. Une foule innombrable de citoyens présents à la séance fait connaître par des applaudissements multipliés qu'on réclame M. Lalande. La garde nationale décide, de son côté, de déléguer Poincaré, son commandant. La caisse municipale supportera les frais du voyage. Le département délègue M. de Foissac et le district de Nancy Olry de Lisle. La société des Amis de la Constitution envoie de son côté André-Thomassin, qui a aussi la mission de présenter les vœux de ses confrères les juges de paix.

----

(1) On trouvera aux **A. D.**, L. 202, un état des personnes qui ont procuré des logements à MM. les électeurs, avec leurs réclamations ou leurs quittances pour le loyer payé directement par les électeurs.

(2) A ce moment à Paris comme membre du tribunal de cassation.

(3) Foissey, président du tribunal du district, était à ce moment à Paris comme commissaire pacificateur dans les départements du Haut et du Bas-Rhin.

Lalande cependant écrivit de Paris, le 19 mai, au procureur général pour faire connaître son refus :

> Monsieur, je regarderai toujours comme le plus beau moment de ma vie celui où j'ai eu bonheur de fixer les suffrages du département de la Meurthe ; mais aussi je ne cesserai de me plaindre de la malheureuse nécessité où je me trouve de refuser la place honorable qu'on a la bonté de m'offrir. Il faut que les raisons qui me décident à ce refus soient bien fortes, puisque je fais le plus grand et le plus pénible des sacrifices, celui de renoncer aux agrements et au plaisir de vivre dans un pays célèbre par la probité, la franchise et le patriotisme de ses habitants.

> J'ai l'honneur d'être, etc.   LALANDE, de l'Oratoire.

Mais, cédant aux objurgations des députés, il se décida enfin à accepter. Le maire de Nancy, Thieriet put annoncer, à son retour de Paris, que Lalande avait cédé aux vives instances de la députation, auxquelles s'étaient ajoutées les prières de l'abbé Grégoire, devenu évêque du Loir-et-Cher. Lalande se mit bientôt en route et il atteignit son département au village de Lay-Saint-Remy (1). Il était attendu par un détachement de la gendarmerie nationale et par le directoire du district de Toul. A Toul, eut lieu une première réception, bien que cette ville pût se plaindre d'avoir perdu son évêque et d'être déchue au profit de Nancy de son ancienne splendeur. Cent hommes de la garde nationale de Nancy attendaient à Toul le prélat et à 7 heures du soir — c'était le vendredi 3 juin — le cortège se mit en route. Vers les 9 heures, il se trouvait aux portes de Nancy où attendait une députation des dames poissonnières, vêtues de blanc, avec des rubans tricolores. L'une d'elles, la dame Himonet, patoisa pour souhaiter la bienvenue. En dehors de la porte Stanislas, la société patriotique Honoré Riquetti-Mirabeau avait fait élever un arc de triomphe avec cette inscription : Béni soit celui qui vient au nom du Seigneur. Sous ce portique attendaient les corps administratifs ; Henry complimenta au nom du département, Durival au nom du district, Thieriet au nom de la municipalité. Lalande répondit à tous, revêtit des habits pontificaux, prit place sous le dais et, accompagné du chapelain Monnet, des abbés Barail, de Gastel et Bouchon qui, depuis le départ de La Fare, avaient assuré le service divin, il se rendit à la cathédrale ; le clergé chanta le *Veni creator*. A la nuit, quelques habitants de la ville avaient illuminé. A la cathédrale, Lalande fit sa prière devant l'autel, de là il gagna la « cure épiscopale » où l'écusson des Choiseul venait d'être gratté. Un repas de 30 couverts était préparé et le prélat en fit les honneurs. Le lendemain 4 juin, il reçut dans son palais les compliments de l'Université, des juges de paix (Febvé), du tribunal du district (Plassiart), des amis de la Constitution et de la société Riquetti. Le dimanche 5, eut lieu l'installation. L'évêque dit la messe, après avoir prêté le serment de maintenir de tout son pouvoir la constitution du royaume. La garde nationale de Nancy régala celle de Toul, dans la salle de l'Académie à l'hôtel de ville ; et Lalande parut à l'une des tribunes, pour recevoir un compliment en vers médiocres de Cléret, officier de la garde (2). Bientôt Lalande organisa son diocèse ; il choisit comme vicaires épis-

_____

(1) Canton de Toul-Nord.

(2) FEBVÉ, *Récit de ce qui s'est passé à Nancy lors de l'arrivée et de l'installation de M. Lalande, évêque constitutionnel*. A Nancy, chez la veuve Bachot, 1791, 16 pages in-8°.

copaux l'ancien chanoine Barail et le curé de Vandœuvre, Poirot. Il
envoya au pape la lettre d'unité prescrite par les décrets et, le 29 juin,
adressa au clergé et aux fidèles son mandement de prise de possession (1).

L'élection de Lalande fut la dernière élection d'évêque dans le département de la Meurthe ; à partir de novembre 1792, il n'y aura même
plus d'élection de curé. La constitution civile du clergé avait créé une
église d'État, et n'avait reconnu que cette église catholique. La loi du
3 ventôse an III (21 février 1795), promulguée après la Terreur, sépa-
rait l'État et les églises. Les citoyens n'avaient désormais plus à élire
les curés et les évêques. Les orthodoxes reprenaient leurs anciens
curés ou accueillaient ceux que les évêques envoyaient du dehors. Un
conseil départemental, le presbytère de la Meurthe, gouvernait l'église
constitutionnelle, désignait les curés et choisit, en janvier 1800, comme
évêque de la Meurthe, Nicolas, jadis curé constitutionnel de Tanton-
ville.

XIII

ASSEMBLÉES PRIMAIRES

Élection des électeurs

(19-20 juin 1791)

Comme le travail de la Constitution avançait, la Constituante
songea à faire procéder à la convocation des assemblées électorales
qui devaient désigner les députés à la Législative. Le 28 mai 1791,
elle invita les procureurs généraux des départements à faire réunir
en assemblées primaires, du 12 au 25 juin, les citoyens actifs de tout
le royaume pour nommer les nouveaux électeurs. Ces électeurs étaient
nommés pour deux années, la durée d'une législature. Douze jours après
la convocation des assemblées primaires, les électeurs devaient se
réunir au chef-lieu du département, pour procéder à la nomination des
députés au Corps législatif. Huit députés étaient assignés au département de la Meurthe, comme à ceux de la Meuse, de la Moselle et des
Vosges. Après l'élection des députés, l'assemblée électorale devait
nommer deux hauts jurés chargés de siéger à la Haute Cour nationale (C. infra, p. 129). Mais ce ne fut pas tout. Les administrateurs des
départements devaient être renouvelés par moitié tous les deux ans à la
suite d'un tirage au sort et ils ne pouvaient être réélus qu'après un
intervalle de deux années. Les administrateurs de la Meurthe étaient
entrés en fonctions en juillet 1790 ; la moitié d'entre eux était par

---

(1) *Lettre pastorale de M. l'évêque du département de la Meurthe.* Nancy,
veuve Bachot, 1791. Abbé Eug. MARTIN, *Histoire des diocèses de Toul, de
Nancy et de Saint-Dié.* t. III, p. 107.

suite soumise au renouvellement en juillet 1792 : mais, pour ne pas multiplier les assemblées électorales, la Constituante décida que celles qui choisiraient tous les deux ans les députés, éliraient aussi les administrateurs départementaux. « L'intervalle, quel qu'il soit, écoulé depuis la nomination des administrateurs départementaux, sera compté pour deux ans ; et l'intervalle qui s'écoulera ensuite jusqu'à l'époque des élections de 1793, sera également compté pour deux autres années. » Mais exceptionnellement, les administrateurs actuellement en place pouvaient être immédiatement réélus. Même disposition était prise pour les administrateurs de district ; les assemblées de district se réuniront aussitôt après celles du département et remplaceront la moitié d'entre eux. Les juges de paix et leurs assesseurs devaient être nommés par les assemblées primaires qui se réuniraient en 1793 ; ceux qui étaient en exercice ne seraient soumis à la réélection qu'à cette date. Les juges de district devaient continuer leurs fonctions jusqu'en 1797.

Le procureur général Lelorrain fixa la convocation des assemblées primaires dans le département au 19 juin, et à Nancy les diverses sections avaient terminé leur vote le 20. Les électeurs étaient désignés, lorsqu'on apprit à Nancy, le 22 juin au matin, la nouvelle de la fuite du Roi ; peu de temps après, on sut qu'il venait d'être arrêté à Varennes. Le 24 juin, la Constituante déclara qu'il serait sursis à toutes les opérations électorales ; l'assemblée secondaire qui devait être convoquée à Nancy le 30 juin fut par suite ajournée. La suspension ne fut levée que par un nouveau décret du 5 août : les assemblées étaient convoquées dans tous les départements du royaume, pour nommer les députés du Corps législatif, à compter du 25 août jusqu'au 5 septembre prochain. Les électeurs de la Meurthe, nommés les 19 et 20 juin, furent convoqués par Lelorrain le 16 août pour le lundi 29 août.

Ire Section

Le 19 juin 1791, les citoyens actifs de la première section se sont réunis en assemblée primaire dans la salle du réfectoire des RR. PP. Cordeliers, d'après la convocation qui en a été faite par affiches et publication ordonnée par le Directoire du district le 8 juin. L'assemblée étant suffisamment nombreuse s'est organisée. Le bureau d'âge est formé de M. Malard, ancien commissaire de police, président ; Thirion père, cordonnier, Limès père, ancien commis aux octrois, Maire, chirurgien, scrutateurs. Le président désigne comme secrétaire provisoire, Michel, marchand, Grande-Rue. On passe à la nomination du président définitif par scrutin individuel. Sur 56 votants, Coliny, notable, est nommé président par 42 voix. Michel est nommé secrétaire par 35 voix sur 52 votants. Le président et le secrétaire prennent place au bureau et, pour se conformer à la loi, prêtent le serment voulu. On procède par scrutin de liste simple à l'élection des scrutateurs. Il y a 96 votants. Ont été élus : Colin, notable (75 voix) ; Lebel, officier priseur (51) ; Brulfer fils, arpenteur (29). Ils prêtent le serment prescrit par la loi. Les citoyens à leur tour prêtent serment par appel nominal. On passe à l'élection par scrutin de liste simple de quatre électeurs. Les billets sont écrits sur le bureau en présence des scrutateurs ou par eux. A midi, ces bulletins, comptés, sont au nombre de 67 : ils sont renfermés dans l'urne et déposés dans l'une des armoires des Cordeliers, dont le président garde la clef.

A 2 heures, on reprend l'urne et l'on y retrouve le même nombre de billets ; on continue de voter jusqu'à 4 heures. Il y a en tout 136 votants. Sont élus :

> Collin, notable, 121 voix ;
> Coliny, notable, 113 ;
> Boissier, lieutenant de la garde nationale, 91 ;
> Liégé, aubergiste aux Trois-Maisons, 89.

Le président annonce à l'assemblée que, demain, on s'occuperait de former le tableau des fils de citoyens actifs, âgés de vingt et un ans, et que tous ceux qui avaient des fils étaient invités de les envoyer : ces jeunes gens doivent prêter serment et être inscrits sur le tableau, d'après le vœu du décret du 22 décembre 1789.

Le 20 juin, à 9 heures du matin, M. Coliny, président, fait lire le procès-verbal de la séance d'hier ; puis il forme le tableau des fils de citoyens actifs qui se sont présentés et reçoit leur serment. L'assemblée est déclarée dissoute.

2ᵉ SECTION

Le 19 juin 1791, les citoyens actifs de la deuxième section inscrits sur le registre ouvert pour le service de la garde nationale, conformément à la loi du 18 juin 1790, se sont assemblés en l'auditoire du tribunal du commerce à l'effet de nommer quatre nouveaux électeurs, nombre fixé d'après celui desdits citoyens, suivant l'avis de MM. les officiers municipaux et le calcul qu'ils en ont fait et envoyé à la section, après la représentation faite par chaque citoyen de sa cote d'impositions et de celui de sa contribution patriotique pour ceux qui en sont susceptibles.

Le bureau d'âge est formé de M. Sautry, président ; Voinier, ancien pâtissier, Avril, ci-devant officier juré priseur et Lhuillier, dit Barrois, scrutateurs. On procède à l'élection du président.

Chaque citoyen écrit ou fait écrire par un scrutateur son billet sur le bureau. Sur 48 votants, Nicolas, officier municipal, est nommé par 46 voix. Pour la place de secrétaire, Nicolas l'aîné, notaire, est nommé par 58 voix sur 60 votants. Président et secrétaire ont prêté le serment civique en présence de l'assemblée qui a prêté le sien à son tour entre les mains du président, conformément au décret du 3 février 1790.

Pour l'élection des scrutateurs, il y a 64 votants. Sont élus : Geny, marchand bonnetier (56 voix); Voinier (55) et Lhuillier, dit Barrois (43).

L'après-midi, on passe au scrutin pour l'élection des électeurs. Le président prononce la formule de serment exigée par l'article 4 des lettres patentes du 28 mai 1790, qui est écrite en gros caractères et exposée devant l'urne, et chaque votant, avant de déposer son billet, dit : je le jure. A 4 heures, le scrutin est fermé. Il y a 104 votants.

Est élu :

Vacquier, marchand boucher, 71 voix.

On procède immédiatement au deuxième tour de scrutin jusqu'à 7 heures du soir.

Le 20 juin à 8 heures, les cachets de l'urne ayant été reconnus intacts, on continue le scrutin jusqu'à 9 heures. Il y a 81 votants. Est élu :

Nicolas, officier municipal, 62 voix.

On procède immédiatement à un troisième tour de scrutin qui reste ouvert jusqu'à 11ᵉ 30. Il y a 74 votants. Sont nommés à la majorité relative:

Payonne, marchand confiseur, 32 voix ;
Grandjean père, menuisier, 29(1).

M. Avril est chargé de faire connaître le résultat à MM. du directoire du district.

3ᵉ Section

Le 19 juin 1791, à 10 heures, les citoyens de la troisième section se réunissent en la salle du collège de médecine, pour pro-

---

(1) Les feuilles de dépouillement sont jointes au procès-verbal : il en résulte qu'à ce troisième tour, Lelan, maître ès arts, avait obtenu 28 voix, Cléret, homme de loi, 21.

céder à la nomination de nouveaux électeurs suivant la loi des
27 et 28 mai dernier. Le bureau d'âge est formé de François-
Clément Bastien, président; Joseph Zangiacomi, Dufresne et
Gilbault, scrutateurs. On nomme secrétaire provisoire Dieudonné,
greffier de la maîtrise. On donne lecture d'une lettre du procureur syndic du district, par laquelle la section est invitée à remplir le vœu de l'article 4, section 1re de la loi constitutive des
assemblées primaires et administratives au sujet des citoyens de
vingt et un à vingt-cinq ans. Il est décidé qu'on s'en occuperait
après la formation du bureau. Un membre demande qu'on exclue
du nombre des votants tous les citoyens de la section qui, s'étant
fait inscrire sur le registre de la garde nationale, auraient refusé
le service ; mais on passe outre, puisque, depuis quelque temps,
la municipalité employait des moyens suffisants pour contraindre
au service tous les citoyens inscrits sur les registres. On vérifie
la qualité des citoyens présents et il est reconnu que tous ont le
droit de vote. Comme président, est élu M. Foissey, président
du tribunal du district. Il donne lecture d'une lettre de la municipalité par laquelle il est dit que le nombre des citoyens actifs
dans la section est de 502, qu'en conséquence elle a droit à cinq
électeurs. Deux tours de scrutin pour la nomination du secrétaire
ne donnent aucun résultat.

A 3 heures, au troisième tour de scrutin, est nommé secrétaire Boulay, homme de loi. Président et secrétaire font le
serment exigé par la loi et tous les votants le prêtent individuellement. Sont nommés scrutateurs, Zangiacomi, Villiez et
Gilbault. Ils prêtent le serment voulu pour l'exercice de leurs
fonctions. L'assemblée décide qu'on ferait appeler par le son du
tambour et par des affiches tous les citoyens de vingt et un à
vingt-cinq ans pour venir se faire inscrire sur un registre préparé,
et prêter le serment. Cette mesure a été communiquée aux autres
sections, adoptée par la majorité d'entre elles et de suite exécutée
dans le ressort de la section. On passe à l'élection des cinq
électeurs par scrutin de liste simple; chaque votant prête le
serment exigé par la loi et écrit en gros caractères près de l'urne.
A 7 heures, on constate qu'un petit nombre seulement de citoyens
ont donné leurs suffrages, et la continuation du scrutin est renvoyée au lendemain.

Le 20 juin, ce scrutin continue. Sont nommés définitivement :

Joseph-Ignace Foissey, président du tribunal du district;

Joseph-François VILLIEZ, membre de la commune;

Charles-François-Xavier THIERIET, maire.

Un second tour de scrutin est nécessaire pour les deux derniers électeurs. Est nommé :

Joseph ZANGIACOMI, notable.

Enfin au troisième tour est nommé :

Jacques-Antoine-Claude-Joseph BOULAY, homme de loi.

L'assemblée est dissoute à midi.

4ᵉ SECTION (1)

Liste des citoyens qui ont été déclarés électeurs :

Pierre-Joseph ANDRÉ-THOMASSIN, accusateur public près le tribunal criminel du département, rue Vieille-Primatiale, nᵒ 50 ;

Jean-François RENAULT, avoué près le tribunal du district, petite rue de la Primatiale, nᵒ 93 ;

Pierre-François HENRY, homme de loi, officier municipal, rue Saint-Nicolas, nᵒ 190 ;

Luc-François LALANDE, évêque, à la maison épiscopale.

Certifié par nous président et secrétaire de la quatrième assemblée primaire, le 20 juin 1791. Signé : André, président, Renault, secrétaire.

5ᵉ SECTION

Nous président, scrutateurs et secrétaire, certifions que, pour satisfaire à la loi du 29 mai dernier, transcrite sur le registre du département de la Meurthe le 4 de ce mois, les citoyens de la cinquième section séante en l'Université qui ont été choisis pour être électeurs sont :

Jean-Baptiste FEBVÉ, juge de paix, rue des Minimes, nᵒ 519 ;

Sébastien-Nicolas MORIN, assesseur de juge de paix, rue de la Boucherie, Ville-Neuve, nᵒ 433 ;

Antoine MATHIEU-MOULON, ancien auditeur des Comptes, rue des Michottes ;

Jean-Baptiste GENAUDET, officier municipal, Place Neuve du Marché, nᵒ 426 ;

---

(1) Pour la 4ᵉ et la 5ᵉ sections le procès-verbal détaillé a disparu ; nous n'avons que la liste des électeurs désignés.

Nicolas Petitjean, assesseur du juge de paix, rue Notre-Dame, n° 537.

En foi de quoi, nous avons signé la présente attestation, conformément au procès-verbal et continuation en date des 19 et 20 de ce mois, laquelle attestation sera remise à M. le procureur syndic du district. Fait à Nancy en l'une des salles de l'Université le 20 juin 1790. Signé : Moulon, président; Febvé, vice-président ; Morin, secrétaire; Lapoulle, Fontaine, Grignon, scrutateurs.

6ᵉ Section

Le 19 juin 1791, les citoyens actifs composant la sixième section, appelés au son de la cloche et du tambour, se sont réunis en assemblée primaire dans une salle des Bénédictins. La séance est ouverte par Simon Christophe, tailleur d'habits, doyen d'âge. Il donne lecture d'une lettre du procureur syndic du district invitant les assemblées primaires à procéder, s'il n'a pas encore été fait, à la confection du tableau civique des jeunes gens qui ont atteint l'âge de vingt et un ans. Comme cet article n'avait pas encore été mis à exécution par la section, le président a prié MM. les citoyens actifs présents d'inviter les jeunes gens de l'âge voulu à se présenter à 2 heures à la salle des Bénédictins.

M. Munier, contrôleur, Thomas, homme de loi, Mariotte, négociant, plus anciens d'âge après le président, prennent place au bureau comme scrutateurs provisoires. On a fait l'appel nominal et on procède à l'élection du président. Sur 60 votants, Anthoinet, substitut du procureur de la commune, est élu par 31 voix. On procède à l'élection d'un secrétaire; le premier tour ne donne aucun résultat; au deuxième tour, Lurion, aubergiste, est élu à la presque totalité des voix.

Président et secrétaire prêtent le serment civique et patriotique ; tous les membres de l'assemblée prêtent le serment collectivement et individuellement. On donne lecture d'une lettre du corps municipal du 19 juin, qui dit que chaque section de la cité devait nommer un nombre d'électeurs proportionné au nombre de ses citoyens actifs sans avoir égard à leur inscription ou non-inscription sur le registre de la garde nationale; la sixième section renfermant 252 citoyens, doit, en conséquence, nommer 3 électeurs. L'assemblée renvoie, après son organisation, la déli-

bération sur cette lettre et procède à l'élection des scrutateurs.
Sur 37 votants, sont nommés Mariotte, négociant (25 voix),
Dubois, manufacturier (17), Poirot, commis (15). Bonfils, ancien
premier commis de la ci-devant régie, Durand, capitaine de la
garde, Noirel l'aîné, aussi capitaine, qui ont obtenu ensuite le
plus de voix, sont nommés scrutateurs adjoints. Les scrutateurs
prêtent le serment prescrit par l'article 1 de la loi du 3 février
1790.

L'après-midi, on délibère sur la lettre du corps municipal;
on est d'avis que les citoyens actifs, non inscrits sur les registres
de la garde, doivent entrer en ligne de compte pour fixer le
chiffre des électeurs : en conséquence, l'assemblée nommera
3 électeurs. On agite ensuite la question de savoir si chaque
électeur sera scrutiné individuellement, ou s'ils seront portés
tous trois sur le même billet. On se décide pour le scrutin de
liste, comme le porte l'article 4, titre II, de la loi relative à la
convocation de la première législature.

Plusieurs jeunes gens de l'âge de vingt et un ans et au-dessus
se sont présentés et ont demandé à prêter le serment civique et
à être inscrits sur le tableau des jeunes citoyens du canton.
L'assemblée a vivement applaudi, et MM. Joseph Marchal,
Cézard Bertau, Jean-Gratien Grémillet, Jean-François Hennequin, Jean Himonet, François-Joseph Bonfils et Joseph Col-
lignon ont prêté le serment prescrit par l'article 4, section 1re.
du décret du 22 décembre 1789. Leurs noms ont été inscrits
sur les registres destinés à les recevoir; ces messieurs ont
été invités à prendre séance dans l'assemblée, toutefois sans y
voter.

On procède à la nomination des trois électeurs; les différents
serments civiques prescrits par les décrets ayant été prêtés par
les président, secrétaire, scrutateurs et par tous les membres de
l'assemblée collectivement et individuellement, à 5 heures, personne ne se présentant plus. le scrutin est fermé. Il y a 59 votants.
Est élu :

Jean MARIOTTE père, négociant, 41 voix.

On procède à un second tour de scrutin. A 7 heures, il est
arrêté que le scrutin sera continué le lendemain et les billets, au
nombre de 37, sont cachetés.

Le 20 juin, le paquet cacheté est ouvert et on a continué le scrutin. A 9 heures, personne ne se présentant plus, le scrutin est fermé. Il y a 59 votants. Est élu :

> Victor ASTHOISET, substitut du procureur de la commune, 33 voix.

On commence un nouveau tour de scrutin et l'on fait l'appel des citoyens par le son de la cloche et du tambour. A 11ʰ 30, le scrutin est fermé. Il y a 53 votants. Est élu :

> Jean MASSON père, amidonnier, 37 voix.

A 2 heures de relevé, l'appel des citoyens ayant été fait par le son de la cloche et du tambour, la séance est ouverte par la lecture du procès-verbal de la précédente séance et terminée par la proclamation des trois électeurs, qui ont remercié l'assemblée de les avoir honorés de sa confiance.

7ᵉ Section

Le 19 juin 1791, à 9 heures du matin, les citoyens actifs composant la septième assemblée primaire se sont réunis dans une salle du collège, lieu ordinaire de ses séances. Le bureau d'âge est formé de M. Fallois, dentiste ; Pariset, Benisier, Chappuis, scrutateurs ; Thomas, homme de loi, est invité à faire les fonctions de secrétaire.

Après l'appel nominal, on procède par la voie du scrutin à l'élection du président. Il y a 69 votants. Demangeot, officier municipal, est élu par 55 voix. Pour l'élection du secrétaire, il y a 73 votants, mais personne ne réunit la majorité absolue. Il en est de même au second tour avec 72 votants. Le troisième tour doit avoir lieu entre MM. Demange et Thomas, hommes de loi. Sur 65 votants, M. Demange est élu par 44 voix.

Président et secrétaire prêtent le serment « de maintenir de tout leur pouvoir la constitution du royaume, d'être fidèles à la nation, à la loi et au Roi, de choisir en leur âme et conscience les plus dignes de la confiance publique et de remplir avec zèle et courage les fonctions civiles et politiques qui leur seraient confiées ». Ensuite les membres de l'assemblée ont fait le même serment entre les mains du président.

On procède au choix des trois scrutateurs par scrutin de liste à la pluralité relative des suffrages. Il y a 59 votants ; sont élus : Poincaré, commandant de la garde nationale (33 voix); Jean-Baptiste Regneault, juge de paix (16); Hussenot, procureur de la commune (13). Fallois, dentiste (12); Conteaux père (12); Suisse, rentier (11), sont nommés scrutateurs suppléants. Les uns et les autres prêtent le serment de bien remplir leurs fonctions et de garder le secret.

A 3 heures de relevée, on procède au scrutin de liste simple à l'élection des trois électeurs. Le président prononce la formule de serment prescrite par la loi du 29 mai 1790 : chaque votant dit : *Je le jure*, avant de déposer le bulletin dans l'urne. A 6 heures, le scrutin est fermé. Il y a 94 votants. Sont élus :

> Aimé-François POINCARÉ, commandant de la garde nationale, 75 voix ;
> Jean-Baptiste REGNEAULT, juge de paix, 51 ;
> Louis DEMANGEOT, officier municipal, 50 (1).

Le président rappelle à l'assemblée qu'elle doit s'occuper de l'article 4, section 1re de la loi de janvier 1790 et que les diverses autres assemblées primaires de la ville ont arrêté d'admettre les jeunes citoyens de vingt et un ans au serment et à l'inscription civique ; il est décidé que cette tâche serait remplie le lendemain après-midi.

Le 20 juin à 3 heures, ceux des jeunes citoyens qui se sont présentés ont prêté entre les mains du président et en présence de l'assemblée le serment civique ; il leur en est donné acte et leurs noms ont été inscrits sur le tableau dressé à cet effet.

8e SECTION (2)

Séance du 20 juin 1791 à 2 heures de relevée.

Le scrutin a été fermé à 3h 30 ; le nombre des votants est de 83 ; sont élus :

> Claude-Joseph MATHIEU, notable, 42 voix ;
> Jean-Baptiste CHARLEMONT, capitaine de la garde nationale, 42.

Certifié conforme à l'original, par nous président et secrétaire de la huitième section de Nancy. Signé : Mathieu, président. Gouget, secrétaire.

---

(1) Ils demeurent le 1er, rue des Quatre-Églises, n° 301 ; le second, rue Saint-Dizier, n° 234 ; le 3e, faubourg Saint-Nicolas, n° 108.
(2) Du procès-verbal de la 8e section, il ne reste que ce court extrait.

9ᵉ SECTION (1)

Le 19 juin 1791, la neuvième section du canton de Nancy, convoquée par le procureur syndic du district, cette section comprenant les communautés de Pixérécourt, Malzéville, Saint-Max, Dommartemont, Essey, Tomblaine, Saulxures, Pulnoy et Seichamps, s'est réunie dans une salle de la maison appartenant au sieur Claudin, à Essey.

Le bureau d'âge est formé de Jean-Baptiste Gauselle, de Saint-Max, président; Claude Houot, du même lieu, Jean George de Pixérécourt et François Hequilly, de Malzéville, scrutateurs. Nicolas Bouttequoi, de Saint-Max, remplit les fonctions de secrétaire.

On procède par scrutin individuel à l'élection du président. Il y a 28 votants. Est élu, par 24 voix, Fleury, chevalier de Saint-Louis, habitant Saint-Max. Pour l'élection du secrétaire, il y a 26 votants. Nicolas Bertrand, fermier à Tomblaine, obtient la plus grande partie des voix. Comme scrutateurs sont élus Sigisbert Perrin, maire à Essey, Laurent Racadot, vigneron au même lieu et Pierre Collot, laboureur à Essey.

Président et secrétaire prêtent serment, reçoivent celui des scrutateurs et de toute l'assemblée, en observant de le faire prêter par chaque communauté séparée, pour s'assurer de l'unanimité (2) de ceux qui l'ont prêté.

A 2ʰ 30, la séance est de nouveau ouverte. Le président fait lecture du serment porté en l'article 4 de la loi du 28 mai 1790; la formule, en caractères très lisibles, est écrite à côté du vase du scrutin et chaque votant dit à haute voix : *Je le jure.* Les citoyens actifs étant de 536, suivant les listes présentées par les officiers municipaux et vérifiées par MM. Jeandel de Tomblaine et Bidot de Malzéville, il y a à nommer cinq électeurs.

Le scrutin est fermé. Sont nommés :

Sigisbert PERRIN, maire d'Essey, 17 voix;

Léopold BIDOT, officier municipal et maître boucher de Malzéville, 17;

Nicolas BERTRAND, cultivateur à Tomblaine, 17 ;

---

(1) Nous n'avons qu'un extrait du procès-verbal.

(2) Le procès-verbal, dont le style et l'orthographe sont très défectueux, porte l' « animité ».

Pierre Collot, officier municipal à Essey, 17 ;

Sigisbert Jeandel, de Tomblaine, administrateur du district, 16.

Ils ont été aussitôt proclamés électeurs (1).

10e SECTION

Les citoyens actifs composant les municipalités de Vandœuvre, Houdemont, Heillecourt, Jarville, Fléville, Maxéville, Laxou et Villers, formant la 10e section du canton de Nancy, se sont réunis sur les 9 heures du matin en l'église paroissiale de Vandœuvre, chef-lieu de cette section. Le sieur Poirot, maire et curé de Vandœuvre, a annoncé que la présente assemblée avait pour objet principal le choix des nouveaux électeurs. Le bureau d'âge est formé de François Gœurs, de Houdemont, président ; Nicolas Gauvin, de Heillecourt ; Claude Nicolas, de Villers, et Claude Durival, de Heillecourt, scrutateurs ; Claude Guérin, de Vandœuvre, est désigné pour faire les fonctions de secrétaire. On donne lecture des pièces nécessaires. On procède par scrutin individuel à l'élection du président ; les municipalités sont appelées successivement et le nombre des votants s'est trouvé de 74. Chacun écrit ou fait écrire par un scrutateur son billet sur le bureau ; Christophe Poirot, maire de Vandœuvre, est élu à la pluralité des suffrages ; Claude Guérin est nommé, par un second scrutin, secrétaire. Président et secrétaire prêtent le serment en ce cas requis, puis tous les citoyens prêtent le même serment entre les mains du président. Louis-Nicolas Bouchon, âgé de vingt et un ans, de Heillecourt, fait requérir d'être admis à prêter le serment civique ; il est introduit et prête ce serment. Comme scrutateurs définitifs, sont élus : Nicolas Gauvin, Henry Virlas, de Laxou, et François Villard, maire de Villers. A ce moment, le président a observé qu'il convenait de nommer des commissaires de chaque municipalité pour la vérification des tableaux des citoyens actifs et pour la constatation de leur nombre : on saurait ainsi combien il faut nommer d'électeurs.

---

(1) Une lettre de Haillecourt greffier, en date d'Essey 26 juin, envoie la liste des électeurs à Mallarmé, procureur syndic du district. Le président Fleury prévient les électeurs qu'ils doivent se trouver le jeudi soir 30 juin à Nancy pour se réunir le 1er juillet, 7 heures du matin, aux Dominicains de Nancy.

À 2 heures de relevée, il a été constaté que le nombre des citoyens actifs est de 534(1) : il faut donc nommer 5 électeurs par autant de scrutins individuels, et à la pluralité absolue des suffrages. Les deux premiers tours de scrutin ne donnent aucun résultat ; le troisième tour doit avoir lieu entre Pierson et Durival. Est élu définitivement :

> PIERSON, homme de loi, commandant la garde citoyenne de Villers.

Comme second électeur, est nommé au premier tour de scrutin, à une grande majorité :

> Claude DURIVAL, président du district, à Heillecourt.

On a ensuite annoncé que nombre de citoyens au-dessus de vingt et un ans des différentes municipalités, s'empressaient à donner des marques de leur patriotisme et demandaient à prêter le serment civique. Ils ont été introduits dans l'ordre suivant : Jarville (François Pasquier, Charles-Joseph Viriet, Sébastien Demange, Charles Philippe, Claude Choiseul, Jean-Pierre Humbert, Jean-Baptiste Bigot ; Henry L'Esclane, Dominique Mengin) ; Vandœuvre (Henry Cavallier, Michel Gauvin, Didier Baret, Sigisbert Remy, Sébastien Lhuillier, Louis Baret, Charles Bastien, Sébastien Gauvin) ; Houdemont (François Mongenot, Henry Ferriet, François Falaise) ; Villers (François Houard, Charles Le Febvre, Jean-Baptiste Perrin). Tous lesquels, ayant prêté leur serment civique, seront inscrits au tableau des citoyens de la section pour jouir des prérogatives de la loi.

On passe au choix du troisième électeur ; est élu à la grande majorité des voix :

> Christophe POIROT, curé et maire de Vandœuvre.

Pour le quatrième électeur, est élu, au second tour :

> Henry VIRLAS, citoyen de Laxou.

Pour le cinquième, est élu au second tour :

> Claude ASTOINE, citoyen de Villers.

Le président a témoigné sa satisfaction de la tranquillité et de

_____

(1) Vandœuvre, 111 ; Laxou, 137 ; Maxéville, 58 ; Jarville, 56 ; Fléville, 55 ; Heillecourt, 43 ; Villers, 40 ; Houdemont, 34.

la décence avec laquelle cette opération s'est faite et a levé la
séance vers 6 heures (1).

*(Procès-verbaux ou extraits. A. D., L. 1520. Une liste manuscrite
des électeurs, L. 201.)*

XIV

ASSEMBLÉE ÉLECTORALE DU DISTRICT

Élection de curés

(24-26 juillet 1791)

Si les élections pour le Corps législatif restaient suspendues, on ne
pouvait laisser plus longtemps sans desservant les communes dont le
curé avait refusé de prêter le serment constitutionnel; aussi les électeurs du district furent-il convoqués le 13 juillet pour procéder, le 24,
à la nomination de curés à Nancy dans un certain nombre de villages.
Sur le mode de nomination de ces curés, voir plus haut, p. 90.

Le 24 juillet 1791, les électeurs du district de Nancy, convoqués le 13 par le procureur syndic du district, se réunissent à
l'église cathédrale de Nancy, assistent à la messe solennelle
célébrée par l'évêque du département, puis se retirent dans le
collatéral de gauche où tout a été préparé pour leur séance.

(1) Guilbert écrit à l'abbé Venlet à propos de ces élections primaires : « Il
n'est pas croyable, mon cher ami, jusqu'où nos compatriotes portent l'insou-
ciance pour les assemblées. Est-ce d'indignation ? Est-ce par humeur ? Dans la
plus forte section qui est de près de 500 il n'y a eu que 115 votants pour le
premier scrutin et pour les autres de 60 à 80. (*Il s'agit sans doute de la 3ᵉ
section.*) Dans une autre, Vaquier, boucher, a eu la majorité absolue à 22 voix.
(*On voit que Guilbert était mal renseigné; Vaquier a eu, en réalité, dans la
1ʳᵉ section, 71 voix; mais le dernier élu de la section a eu la majorité relative
de 29 voix.*) Aussi, tous les plus ardents, les plus chauds clubistes sont-ils nommés,
et, parmi les 36 électeurs de notre cité, à peine y a-t-il le sixième de gens un
peu instruits. Je ne connais que M. Foissey qui puisse marquer dans la nouvelle
législature; c'est un homme d'un savoir et d'un mérite rares, mais bouillant défen-
seur de la Constitution, tout en avouant qu'il y a beaucoup à y toucher, à
l'exception de ce qui concerne le clergé qu'il n'a jamais trop aimé. Si vous
exceptez les jureurs prêtres, il ne s'est pas trouvé un seul ecclésiastique dans
les sections, et ce qui prouve le peu de cas que les clubistes mêmes font de ces
Messieurs, c'est qu'ils n'ont nommé que leur chef, le seigneur Lalande. Le même
esprit dominant partout, il y a gros à parier que les prêtres seront aussi rares
dans la nouvelle législature que les élections sans cabale. Ces MM. les nouveaux
électeurs, parmi lesquels il y en a infiniment peu des anciens, se réunissent le 30
pour réduire et nommer, et je vous en marquerai le résultat. » On se rappelle
que par suite de la fuite du Roi, les assemblées secondaires furent ajournées.

Claude Souchotte, de Pont-Saint-Vincent, doyen d'âge, préside ;
les trois plus anciens après lui, Jean Mariotte, négociant à
Nancy, Claude Doyotte, de Marbache, et Claude Durival, de
Heillecourt, sont scrutateurs provisoires ; Joseph-Ignace Foissey
est invité à remplir les fonctions de secrétaire. On vérifie les
pouvoirs des électeurs des différents cantons du district et on
les reconnaît en règle. Puis Lalande, évêque, est déclaré président par 81 voix sur 82 votants ; Foissey est nommé secrétaire
au deuxième tour de scrutin par 72 voix sur 84 votants. Président
et secrétaire prêtent serment et tous les électeurs, appelés nominalement, s'associent à ce serment, en disant : Je le jure. On passe
a l'élection des scrutateurs. Il y a 85 votants. Charles-Sigisbert
Sommini, juge de paix à Manoncourt (31 voix), Charles-Gabriel
Renault de Châtillon (22), Charles Collet, d'Haraucourt (21),
sont nommés et prêtent serment.

Le bureau ainsi formé, l'assemblée s'est occupée du choix du
pasteur à donner aux cures vacantes ; et après qu'il a été décidé
qu'on nommerait d'abord à celles des principaux chefs-lieux,
ensuite à celles des autres lieux qui auraient des besoins plus
pressants, et qu'après cela on reprendrait l'ordre alphabétique
autant que les circonstances permettraient de le suivre, on est
passé d'abord à l'élection des cinq curés de la ville de Nancy.
Chaque élection a lieu par scrutin individuel et à la majorité
absolue des suffrages. Chaque électeur prête, au moment de
voter, le serment supplétif exigé par l'article 4 du décret du
28 mai 1790. Sont nommés successivement curés :

Nancy (Ville-Vieille). — Étienne FRANÇOIS, ci-devant vicaire,
   58 voix contre 23 à Rollin, vicaire de l'évêché de Strasbourg ;
— *(Saint-Sébastien)*. — Charles RICHIER, ci-devant chanoine
   régulier, 68 voix sur 71 votants ;
— *(Saint-Nicolas)*. — ROLLIN, vicaire de l'évêché de Strasbourg, 72 suffrages sur 73 ;
— *(Saint-Pierre)*. — Sébastien LECLERC, ci-devant chanoine
   régulier, 59 voix contre 19 à Thouvenin, ci-devant prieur de
   la maison des Augustins de Nancy ;
— *(Saint-Fiacre)*. — Saintin GEORGES, ci-devant frère prê-
   cheur, 77 voix sur 78 votants (1).

_____

(1) A la fin de mars 1791, le directoire du département avait arrêté que Nancy
aura six paroisses : la cathédrale, dont l'évêque était curé, au lieu de Saint-

Amance. — François Borcion, prêtre du département ;

Saint-Nicolas-de-Port. — Jacques Thouvenin, ancien prieur des Augustins de Nancy ;

Rosières-aux-Salines. — Joseph Laugier, premier vicaire à Rambervillers ;

Réméréville. — Joseph-François Gervais, ci-devant minime.

Toutes ces élections à l'unanimité de 74, 70 ou 67 votants.

A 8 heures du soir, les électeurs se séparent et se réunissent le lendemain 25 juillet à 7 heures du matin. Ils nomment curé :

Agincourt. — Claude-François-Xavier Vigneulle, cordelier de Nancy ;

Bouxières-aux-Chênes. — Antoine Lhuillier, cordelier de Nancy ;

Bouxières-aux-Dames. — François Laugier, administrateur de la paroisse de Loupmont, canton de Saint-Mihiel (Meuse) ;

Buissoncourt. — Courvoisier ;

Burthecourt-aux-Chênes. — Nicolas Aimour ou Hilaire, ci-devant carme ;

Essey. — François-Xavier Masson, ci-devant chanoine régulier ;

Eulmont. — Charles Abram, ci-devant religieux bernardin ;

Frouard. — Jean-Joseph-Antoine Grapain, ci-devant chanoine régulier ;

Gellenoncourt. — Maurice Étienne (Père Simon), ci-devant carme ;

Haraucourt. — Christophe Husson, ci-devant chanoine régulier ;

Laneuvelotte. — Nicolas Protche, ci-devant chanoine régulier ;

Laneuveville. — Sigisbert Platel, ci-devant carme ;

Laxou. — Balthasar Bourcier, ancien vicaire à Laxou ;

Heillecourt. — François-Ulrich Burguet, chanoine régulier ;

Lay-Saint-Christophe. — Tort, ci-devant chanoine régulier ;

Lenoncourt. — Jean-François Larue, ci-devant dominicain ;

Malzéville. — Nicolas Jaquot, ci-devant carme sous le nom de Marc ;

Roch; Saint-Sébastien et Saint-Nicolas pour la Ville-Neuve; Saint-Èvre pour la Ville-Vieille (les offices devaient se faire provisoirement aux Cordeliers); Saint-Pierre et Saint-Fiacre pour les faubourgs. La paroisse Notre-Dame était supprimée.

Marbache. — Christophe THIRIOX, vicaire à Belleau ;

Méréville. — Maurice BOYER, vicaire à Pont-Saint-Vincent ;

Mézières. — . . . .(1), vicaire actuel de Mézières près le Pont-Saint-Vincent ;

Ourches. — René DIDOX, ci-devant bénédictin ;

Saint-Hilaire. — François DERANTON, ci-devant chanoine régulier ;

Saulxures. — Jean-Baptiste-Joseph BURGUET, ci-devant capucin ;

Seichamps. — Jacques NOTARI, prêtre de la ci-devant paroisse de Saint-Roch ;

Tonnoy. — CADIOT, curé de Saint-Loup ;

Villers-lès-Nancy. — Nicolas MARVAIS, ci-devant chanoine régulier.

Toutes ces élections se font à l'unanimité ; mais au fur et à mesure que la journée avance, le nombre des votants diminue ; il tombe de 74 ou 80 à 57 ou 55. A chaque fois qu'un résultat est proclamé, on sonne la cloche. Des listes avaient été préparées, auxquelles les électeurs se conforment docilement. Le corps électoral ne nomme point aux cures d'Art-sur-Meurthe, Boy, Blanzey, Brin, Bosserville, Custines, Faulx, Leyr, Moivron, quoique portées sur les listes imprimées distribuées à ses membres, parce que le procureur syndic l'informe au dernier moment que les pasteurs de ces églises se sont soumis aux décrets de l'Assemblée nationale ; on ne remplace pas les curés de Villers-lès-Moivron, Dommartemont et Nouveaulieu (2), quoique réfractaires, parce que leurs titres doivent s'éteindre. Le corps électoral allait se dissoudre, lorsque le procureur syndic le prévient qu'il y a lieu de remplacer les curés de Maron et de Vandœuvre, promus vicaires de l'évêque ; on décide de faire ces élections le lendemain 26 juillet.

Ce jour-là sont nommés curés de :

Maron. — Nicolas-François ABRAM, ci-devant chanoine régulier, par 52 voix sur 53 votants ;

Vandœuvre. — Sébastien-Dieudonné SUISSE, ancien vicaire de ce village, à l'unanimité de 55 voix.

_____

(1) Le nom est resté en blanc dans le procès-verbal.

(2) Nouveaulieu est une ferme de la commune de Rosières-aux-Salines où autrefois il y avait une chapelle.

L'assemblée assiste dans le chœur a une messe célébrée par l'évêque, puis se sépare, après avoir entendu lecture du procès-verbal (1).

(*Procès-verbaux originaux.* **A. D., L.** *1521.*)

<h1 style="text-align:center">XV</h1>

ASSEMBLÉE ÉLECTORALE DU DÉPARTEMENT

Élection des députés à l'Assemblée nationale législative et de leurs suppléants, de deux hauts jurés et de membres de l'administration départementale.

(29 août-5 septembre 1791)

Nous avons dit plus haut, p. 111, que, par décret du 28 mai 1791, convoquant la première législature, huit députés avaient été attribués au département de la Meurthe. Le département devait élire en plus trois suppléants. Aux termes de l'article 32, section I des lettres patentes du 22 décembre 1789-janvier 1790, il fallait, pour être éligible à

---

(1) A côté de cette relation officielle, il nous a paru utile de mettre le récit que fait de cette élection l'abbé Guilbert à son ami Verdet. La lettre commencée le 23 juillet a été continuée les jours suivants. Nous ne saurions adopter tous les jugements de Guilbert, très passionné contre les assermentés.

« Rien ne m'étonne plus, mon cher ami : au terme où nous en sommes, on doit s'attendre à tout du parti dominant la démocratie qui, n'ayant pu encore détruire la royauté, lui a porté un coup qui peut se répéter et lui être bien funeste. Si le clergé n'occupait pas encore cette furieuse, croyez qu'elle eût été plus décidée ; mais elle a craint que les royalistes qui s'étaient réunis à elle pour anéantir les prêtres, ne fissent cause commune avec ceux-ci, qui conservent encore quelques partisans, et que cette réunion n'opérât une révolution au moins dans les idées, prélude d'une autre plus inquiétante ; elle s'est contentée pour cette fois de faire passer des décrets dont, dans l'occasion, on pourra tirer des conséquences régicides. Fasse le ciel que je n'en sois pas témoin : je l'espère, et c'est la douceur de mes soixante ans et de mes infirmités.

« Le 23 juillet, MM. nos modernes administrateurs ont fait un cadeau peu rare dans le sens de la révolution ; ils ont envoyé des ordres dans toutes les paroisses et autres églises, fermées ou non, d'annoncer au son bruyant de toutes les cloches en carillon la pompe civique du lendemain, jour auquel a été fixé le rassemblement des électeurs qui doivent donner à notre cité et au district des curés et vicaires selon le vœu des amis de la Révolution. Ce son m'a déchiré l'âme et fait faire des réflexions profondément amères ; et je vous avoue que, malgré ma résignation, j'ai trouvé que c'était une espèce de cannibalité morale de faire carillonner avant de procéder au remplacement des non-jureurs, et ce dans les églises mêmes de ceux qui, dans tous les sens possibles,

l'Assemblée nationale, payer une contribution directe équivalente à la valeur d'un marc d'argent et, en outre, avoir une propriété foncière quelconque. Sans doute, le 27 août 1791, cette clause était supprimée et il était proclamé que tous les citoyens actifs pouvaient être élus représentants de la nation; mais on ne connaissait pas cette clause au moment des élections; puis le décret du 27 août ne devait être appliqué que pour la législature suivant celle qu'on allait nommer, soit dans deux années. Au demeurant, notre procès-verbal prouve qu'on ne tint pas rigoureusement compte de l'article relatif au marc d'argent. Nous rappelons aussi qu'aucun député de la Constituante n'était éligible à la Législative.

La loi du 10-15 mai 1791 avait créé une haute cour nationale, pour connaître de tous les crimes et délits dont le Corps législatif se porterait accusateur. Cette haute cour devait se composer de quatre grands juges tirés au sort parmi les membres du tribunal de cassation et d'un jury de vingt-quatre hauts jurés pris sur une liste de 166. Les 166 étaient désignés, à raison de deux par département, lors du renouvellement du Corps législatif, c'est-à-dire tous les deux ans. Ils devaient avoir les qualités nécessaires pour être députés au Corps législatif. La haute cour devait se réunir à une distance de quinze lieues au moins du lieu où le Corps législatif tenait ses séances.

Rien n'était changé aux règles pour la nomination des administrateurs du département, dont la moitié, soit dix-huit, devait être renouvelée.

Les électeurs, convoqués par lettres du 16 août, se réunissent le lundi 29 août à l'église des ci-devant Dominicains, à 7 heures du matin. Le doyen d'âge, président, fut encore François Papil-

---

ne sont que les victimes d'une opinion religieuse dont la liberté est accordée par la loi même.

« L'approche du jour fatal au temporel a effrayé plusieurs de nos braves, non à Nancy. Nous avons un district où quelques soi-disant docteurs se sont imaginé que l'on pouvait en conscience reconnaître le sieur Lalande à l'extérieur, en conséquence lire sa pastorale et ce jusqu'à ce que l'église universelle ait prononcé : cette doctrine a gagné, et, à l'exception de deux, tous restent en place, et, dans notre canton, il y a une douzaine de curés qui ont acquiescé à cette morale que vous trouverez de l'escobardage raffiné. La misère est une terrible tentation.

« Le club a tenu des séances extraordinaires au sujet de l'élection constitutionnelle des ministres de la nouvelle église, et les chefs en ont tenu séparément avec leur prélat; ils ont nommé entre eux, puis fait sous enveloppe le rapport de leurs travaux apostoliques à l'assemblée générale : et nous pensons avec justice que l'élection était déjà faite. J'ai ouï plusieurs de ces MM. dire : une telle place sera pour celui-ci.... Le rassemblement du 24 n'a plus été que pour la forme, et nous voilà dans les beaux jours de l'église naissante ! Ah ! mon cher ami, qui peut la reconnaître, cette église de France, qui, à quelques abus près qu'il fallait anéantir, était, depuis tant de siècles, la plus distinguée de toute la chrétienté ?

« Le 24, à 8 heures, se sont assemblés à la cathédrale les quatre-vingt-dix électeurs de notre district. La messe solennelle y a été chantée par M. Lalande : à l'issue on a organisé la catholique assemblée dont le susdit a été fait président, et, comme c'était son chef-d'œuvre, on lui a donné pour secrétaire son Mécène, M. Foissey, grand zélateur contre les non-assermentés. Ces MM. n'ont pas perdu leur temps; car, à 4 heures de relevée, on a procédé à l'élection et pour 8 heures il y avait déjà neuf curés constitutionnels nommés,

lier; pour scrutateurs provisoires sont désignés, avec Claude Souchotte, Joseph-Alexis Dauphin l'aîné, administrateur du district de Pont-à-Mousson, résidant à Han-sur-Seille, et Adrian de Bénaménil, administrateur du district de Lunéville; comme précédemment, Charvet est choisi comme secrétaire.

Le président propose de tirer au sort les places que les districts occuperont. Les pouvoirs des électeurs sont vérifiés au bureau et l'on commence encore le matin l'élection pour le président. Il y a 410 suffrages exprimés. Le dépouillement a lieu l'après-midi et Luc-François Lalande, évêque du département, réunit 363 suffrages. Il a témoigné sa reconnaissance par un discours affectueux, et l'assemblée sa joie, par de longs applaudissements. Pour l'élection de secrétaire, deux tours sont nécessaires; et ce n'est que dans la séance du 30 août que Alexandre-Hubert Charvet, secrétaire provisoire, est proclamé secrétaire définitif par 228 suffrages sur 378 votants. Le président et le

---

savoir : pour Saint-Sébastien, Richier, chanoine régulier, régent de rhétorique, ici grand ami du municipal Hussenot et aussi jeune que lui sous bien des rapports; pour Saint-Nicolas, Rollin, âgé de près de soixante-dix ans, vieux prédicateur, qui avait ses avent, carème, oraisons funèbres, panégyriques,.. avant d'être prêtre; je ne le connais pas d'ailleurs : il est vicaire de Strasbourg et le quitte : là il n'avait que 2.000, ici 3.000, sans les espérances casuelles; pour Saint-Èvre, François, vicaire à Nomeny, dont on ne m'a dit ni bien ni mal ; on a douté longtemps si maître Tiébaut, curé dudit lieu et jureur, croyait en Dieu : pour Saint-Pierre, Leclerc, chanoine régulier, curé de Saint-Louis à Metz, assez mal noté dans le lieu qu'il quitte; à ce que l'on m'a dit et je n'en ai aucune certitude; pour Saint-Vincent-Saint-Fiacre, Georges, jacobin défroqué, que j'ai ouï nommer pour la première fois de ma vie; pour Amance, le célèbre Bouchon, cet homme qui jouit à Nancy d'une si haute réputation; Saint-Nicolas-de-Port, Thouvenin, augustin; à moi connu pour un prédicateur et un joueur; Rosières, Laugier, idem ; Réméréville, Gervais, jeune et très jeune minime qui a M. son père qui prêche la constitution dans le lieu.

« Qui oserait dire que ces élections ne sont pas canoniques ? Elles ont presque toutes été faites d'une voix unanime. Il est vrai qu'on était convenu du choix auparavant : mais qu'importe ? A chaque nomination on carillonnait à la cathédrale pour annoncer à la cité qu'il y avait un élu.

« Le 25, à 8 heures, la messe à l'issue de laquelle on a continué les scrutins avec les mêmes cérémonies, et dans la journée ceux qui suivent sont sortis de l'urne du bonheur de la France. (Guilbert mentionne 21 noms; il n'a pas la liste complète; il avoue ne pas connaître quelques-uns des élus; sur d'autres, il donne des renseignements très défavorables, ainsi : à Laxou, Bourcier, qui, en prenant la place de son curé, s'est caractérisé; à Saulxures, Burguet, capucin défroqué, chassé, il y a peu, par les habitants de Malzéville, parce qu'il y menait une vie scandaleuse avec deux carmélites sorties seules du grand couvent de Nancy). Je tâcherai de me procurer les noms des autres, si on m'en laisse le temps. Nous sommes menacés d'un éloignement prochain. Le club furieux contre ce qu'il leur plaît d'appeler notre fanatique entêtement a le projet d'en faire la pétition. Dans leur assemblée, il n'y a pas d'horreur qu'il ne vomisse contre nous et il m'étonne que nous ayions encore une lueur de tranquillité; il faut que l'Éternel dans sa bonté ait donné à nos concitoyens une âme d'une bien bonne trempe, pour résister à ces impulsions. »

secrétaire prêtent serment et chaque membre de l'assemblée jure individuellement. On reçoit une députation du bataillon des volontaires du district de Pont-à-Mousson, composée de tous les officiers, qui protestent de leur dévouement à la Constitution : vivre pour la maintenir, périr en la vengeant, défendre la patrie et les citoyens au péril de leur vie, tel est le vœu de ces guerriers. Il a été répondu par les applaudissements les plus vifs. Le président prononce le serment prescrit par l'article 4 du décret du 28 mai 1790 et chaque citoyen, regardant la formule écrite en caractères visibles sur un tableau près de l'urne, prononce : Je le jure. Sont nommés scrutateurs, après dépouillement fait dans la séance de l'après-midi, M. Foissey, président du tribunal (162 voix), M. de Châtillon (157), M. Mallarmé (104) et comme suppléants : M. Carez de Toul (101), Levasseur l'aîné (91), Petit-jean, receveur à Toul (69). Scrutateurs et suppléants prêtent le serment. On passe à l'élection du premier député ; il y a 467 votants ; mais aucun candidat ne réunit la majorité absolue.

Le lendemain, 31 août, on passe au second tour de scrutin. Sur 437 votants est élu :

Foissey, premier juge du tribunal de Nancy, 238 voix.

Il a accepté à l'instant la mission qui venait de lui être confiée. Les volontaires du bataillon de Toul et Vézelise réunis sont introduits ; ils regardent comme un présage heureux de se rassembler sous les yeux de l'élite des bons citoyens du département ; ils feront tous leurs efforts pour parvenir au point de perfection nécessaire au bien du service ; ils consacreront et leurs forces et leurs vies au service de la patrie, au maintien de l'ordre et de la constitution. On passe au scrutin pour la nomination du second député. Sur 469 votants est élu :

M. Mallarmé, procureur syndic du district de Pont-à-Mousson, 344 voix.

L'après-midi, on vote pour le troisième député. Est élu sur 463 votants :

Drouin, maire de Lunéville, 267 voix.

Il a accepté à l'instant cet honneur, et, encore dans la même séance, on vote pour le quatrième député. Est élu sur 443 votants :

Carez, commandant de la garde nationale de Toul, 344 voix.

Le 1er septembre au matin, sur 400 votants, est élu cinquième député :

> LEVASSEUR l'aîné, procureur syndic du district de Sarre-bourg, 236 voix.

La garde nationale de Nancy introduite proteste de son dévouement à la chose publique. Jalouse de ne pouvoir se joindre aux volontaires qui vont repousser les ennemis du dehors, elle surveillera constamment ceux du dedans ; si tous les citoyens qui la composent n'ont pu voler sur les traces de leurs frères d'armes, au moins n'est-il aucuns gardes citoyens qui ne comptent parmi eux des fils ou des neveux. On passe au vote du sixième député (442 votants); mais cette fois-ci il n'y a aucun résultat.

Le second tour commencé l'après-midi (438 votants) ne donne de même à personne la majorité absolue. Au troisième tour, restent en présence M. Bonneval, cultivateur, électeur du district de Blâmont, et M. Crousse. Sur 389 votants, est élu sixième député :

> CROUSSE, cultivateur, électeur du district de Château-Salins, 211 voix.

On procède à l'élection pour le septième député.

Le 2 septembre au matin, le scrutin, qui a réuni 306 votants, est dépouillé et ne donne aucun résultat. Un membre propose que l'on exige de chacun des député élus la preuve qu'il a acquitté une imposition directe de la valeur d'un marc d'argent et qu'il possède, en outre, un immeuble quelconque. Cette motion est écartée, car c'est à l'Assemblée législative à vérifier la capacité des membres élus. On procède au second tour pour l'élection du septième député (393 votants); il ne donne aucun résultat. Le troisième tour doit avoir lieu entre Cunin, de Dieuze, et Germain Bonneval, du district de Blâmont. Est élu sur 422 votants :

> CUNIN, électeur du district de Dieuze, juge du tribunal, 227 voix.

L'après-midi, Cunin déclare accepter ; on passe au scrutin pour l'élection du huitième député. Le premier tour (393 votants), ni le second (392) ne donnent aucun résultat. Le troisième tour doit avoir lieu entre Bonneval et Lachasse.

Ce troisième tour a lieu le 3 septembre, à 6 heures du matin (379 votants). Est élu :

BONSEVAL, cultivateur, 220 voix ;

qui a aussitôt accepté.

On passe à l'élection des suppléants. Est élu à la première place (376 votants) :

LACHASSE, procureur syndic du district de Vézelise, 201 voix.

La seconde place est plus vivement disputée. Dans la séance de l'après-midi, deux tours ne donnent aucun résultat. Au troisième, est élu sur 299 votants :

SONNINI, juge de paix à Varangéville, 191 voix ;

contre Petitjean, receveur du district de Toul.

Le 4 septembre, au second tour, sur 288 votants, est élu :

DELORME, ancien gendarme, officier municipal et électeur de Lunéville, 173 voix (1).

Les élections pour l'Assemblée législative sont terminées et l'on passe, dans la même séance, à l'élection de deux hauts jurés. Après avoir fait sentir à l'assemblée par son organe et par celui

---

(1) L'abbé Guilbert écrit à l'abbé Verdet à propos de ces élections : « Nancy, le 10 septembre 1791. Le 29 août, mon cher ami, s'est fait le rassemblement du nouveau corps électoral pour se réunir au nombre voulu par les décrets et former le contingent du département de la Meurthe pour la nouvelle législature. Encore une fête aux patriotes qui, comme d'usage, l'ont fait annoncer la veille et le jour par le son bruyant de toutes les cloches de la cité. D'après l'esprit du jour qui a présidé à l'élection du corps électoral, nous n'avons pas été trompés en conjecturant que le choix tomberait sur des sujets connus et décidés clubistes, ennemis de l'antique Église et chauds défenseurs de l'ensemble et des parties de la constitution.

« Le dissimulé Lalande a été nommé président et les élections ont usé deux semaines entières en raison des vives cabales des prétendants à l'auguste et lucrative qualité de représentant. Le patriotisme a brillé de tout son éclat dans cette très civique assemblée qui ne renfermait qu'un profane, heureusement inconnu. Ce téméraire n'a-t-il pas eu l'audace de donner sa voix à notre évêque ? A la lecture de ce nom, une sainte fureur s'est emparée de tous les esprits : de La Fare député ! quel blasphème ! C'est une horreur qui crie vengeance, et de suite la peine du feu est prononcée : le billet est brûlé en émettant le désir humain de pouvoir en faire autant à cet évêque si indigne de l'être ; ainsi voudrait-on se venger de beaucoup d'autres.

(*Guilbert annonce ensuite à son correspondant les huit élus et leurs trois suppléants, et il continue :*)

« Si tous les choix des 83 départements ressemblent aux nôtres, il y a à parier que ces nouveaux souverains seront encore plus à craindre que ceux qu'ils doivent remplacer. Je n'y connais qu'un homme de mérite et de talent, et il n'aime pas les prêtres. » (*Il s'agit de Foissey.*).

du premier scrutateur toute l'importance de cette opération, le président ouvre le scrutin. Au second tour, dépouillé l'après-midi, sur 313 votants, est élu :

PIERRARD, de Fénétrange, 240 voix.

Et le lendemain, 5 septembre, également au second tour, sur 292 votants, est élu :

MALGLAIVE père, officier municipal de Nancy, 238 voix.

Pour le remplacement de la moitié des membres de l'assemblée du département (1), on décide de faire en sorte que chaque district ait au moins trois membres. On commence par le district de Blâmont. Sont élus, sur 353 votants :

MANGEON, procureur de la commune de Badonviller, 334 voix ;
GERMAIN père, juge de paix, à Moussey, 314 ;
FROMENTAL DE PAREX, juge au tribunal du district de Blâmont, 306.

L'après-midi, on nomme, pour le district de Dieuze, où un seul membre doit être remplacé, sur 345 votants :

LE FÈVRE, curé de Guébling, 184 voix.

Pour le district de Lunéville, sur 301 votants :

HAILLECOURT, électeur, homme de loi, administrateur sortant, 291 voix (2).

Pour le district de Pont-à-Mousson, sur 339 votants :

PERRIN, de Nomeny, suppléant du tribunal de Pont-à-Mousson, administrateur sortant, 294 voix ;
VIARD, membre de l'Assemblée constituante, 246.

Le lendemain, 6 septembre, sont nommés, pour le district de Toul, sur 365 votants :

BICQUILLEY, maire de la ville, chevalier de Saint-Louis, 327 voix ;

----

(1) Les 18 membres qui restèrent en place furent : Henry le jeune, Grandjean, Foissac, Pagnot, Collière, Cherrière, Mengin, Léger, Gérard, Ragot, Grandidier, Thomassin, Dieudonné, Hun, Levasseur, Henry, Michel, Mallarmé. Voir la liste des membres de l'assemblée au début de 1792 dans l'*Annuaire du département de la Meurthe*, 1792, p. 17.

(2) Le procès-verbal porte à la suite : « M. Sonnini s'est approché du bureau, a déclaré accepter la place de suppléant et a offert de déposer sur le bureau la preuve de son éligibilité à la législature. M. Carez, de Toul, élu député au Corps législatif, a fait le même dépôt : les pièces de ce dernier sont restées entre les mains du secrétaire de l'assemblée. »

WILBERT, juge de paix du canton de Royaumeix, 285 voix ;
JACOB, officier municipal à Toul, 205.

On passe ensuite à la nomination des huit membres restant à
élire sur la généralité du département. Le dépouillement est
commencé l'après-midi et se continue le 7 septembre. Sont
nommés, sur 395 votants :

> LALANDE, évêque du département de la Meurthe, 298 voix ;
> SALLE, médecin, membre de l'Assemblée constituante,
> 199.

Et il faut commencer un second tour. Il ne donne aucun
résultat. Cependant les volontaires du district de Lunéville
viennent assurer l'assemblée de leur dévouement à la chose
publique et de leur ferme résolution de périr pour le maintien
de la Constitution et le salut de la patrie.

À la séance de l'après-midi, un électeur de Lunéville demande
que la prochaine assemblée électorale ait lieu à Lunéville,
comme la principale ville du département après Nancy ; qu'ensuite les électeurs se réunissent dans les autres chefs-lieux de
district, suivant le rang qui leur est attribué par le décret qui a
constitué le département. Cette motion a paru à l'assemblée
conforme aux décrets et il a été arrêté qu'il en serait fait mention
dans le procès-verbal. On procède au troisième tour pour l'élection des six derniers membres de l'assemblée départementale.
Sont élus, sur 343 votants :

> DAUPHIN, cultivateur à Han (1), 107 voix ;
> DEMANGEOT, officier municipal à Nancy, 79 ;
> RADES le jeune, homme de loi à Lunéville. 76 ;
> PETITJEAN, de Fontenoy. trésorier à Toul, 72 ;
> KLEIN. de Saint-Jean de Basel, 61 ;
> JACQUINOT, notaire à Pont-à-Mousson, 52.

On donne lecture du procès-verbal de la présente séance et le
président prononce la dissolution de l'assemblée.

(Procès-verbaux originaux. A. D., L. 201.)

---

(1) Ancien village, aujourd'hui simple hameau relevant de la commune d'Arraye-
et-Han, canton de Nomeny.

Le Conseil du département en 1791-1792

Le 15 novembre 1791, à 9 heures du matin, le Conseil du département de la Meurthe s'est réuni en la salle ordinaire de ses séances, en exécution de la loi du 2 octobre précédent qui fixe l'époque à laquelle s'assembleront chaque année les conseils de district et de département. Il a arrêté qu'avant de commencer ses opérations, il devait rendre hommage à l'Être suprême, et les membres se sont rendus à la cathédrale où une messe a été dite par M. l'évêque du département.

Le Conseil s'étant de nouveau assemblé au lieu de ses séances, M. Henry, l'un des administrateurs du département qui a rempli les fonctions de président du directoire depuis la démission de M. Collenel qui l'était du département, a ouvert la séance en présentant à l'assemblée les vrais sentiments de ses collègues, en lui offrant l'union du zèle et du concert le plus parfait, en lui demandant ses lumières et sa sagesse pour diriger le plan des travaux ultérieurs du directoire.

Les nouveaux membres élus, Dauphin, Mangeon, Germain, Le Fèvre, Bicquilley, Wilbert, Lalande, Salle, Demangeot et Petitjean prêtent le serment d'être fidèles à la loi, à la nation et au Roi.

M. le procureur général syndic ayant observé que, le 27 juin dernier, M. Collenel, président de l'assemblée, a donné sa démission de cette place ainsi que de celle de membre du conseil du département, il était nécessaire de le remplacer. En conséquence, il a été requis qu'il fût à l'instant procédé, au scrutin individuel et à la pluralité absolue des suffrages, à l'élection d'un président. Sur quoi M. Dauphin, doyen d'âge, et les trois plus anciens après lui faisant fonction de scrutateurs, ont pris place au bureau. M. Lalande, évêque, est élu président par 23 voix sur 25 votants. Il a témoigné sa reconnaissance de cette nouvelle dignité; mais il a observé que, les affaires spirituelles de son diocèse exigeant de lui un travail continuel, il lui était impossible d'accepter cette place. Comme il a persisté dans ce dessein, il a été procédé à une nouvelle élection. Le premier tour ne donne aucun résultat; au second, M. Demangeot a été élu par 14 voix, ce qui forme la pluralité absolue. Il prend place au bureau et adresse ses remerciements à l'assemblée.

Le 16 novembre, MM. Viard, Jacquinot, Radès, Klein, qui n'avaient pu se rendre à la séance d'hier, prêtent le serment civique exigé par la loi.

Dans la séance du 17, M. Jacob, nommé maire de Toul, donne sa démission de membre du conseil du département. Le 28 juin 1792, M. Demangeot, entré au directoire, ayant donné sa démission, le Conseil général, qui s'était réuni de façon un peu insolite, nomma comme président M. Lalande, évêque du département ; et en place de Breton qui venait de mourir (le 13 juin), il nomma comme secrétaire général Anthoinet, procureur de la commune de Nancy.

Renouvellement du directoire du département

(29 et 30 novembre 1791)

Le président a annoncé qu'il devait être procédé à la réorganisation du directoire conformément au décret de l'Assemblée nationale du 22 décembre 1789 et aux lettres patentes de janvier. Le procureur général syndic ouï, le président invite MM. Dauphin, Germain et Henry en qualité de plus anciens d'âge de faire provisoirement les fonctions de scrutateurs. Puis on nomme les scrutateurs définitifs à la pluralité relative. Sont élus Dauphin, Germain et Henry.

On procède au scrutin individuel à l'élection du premier membre qui doit remplacer un des deux qui sont sortis par le sort ou des deux autres qui ont donné leur démission(1). Le 1er et le 2e scrutin ne donnent aucun résultat. Le 3e tour doit prononcer entre Haillecourt et Petitjean qui ont obtenu le plus grand nombre de voix au précédent. Est élu :

M. HAILLECOURT.

Il est passé à l'élection du second membre. Est nommé au second tour :

M. PERRIN, place royale, 117.

Pour la troisième place, Salle et Petitjean restent en concurrence après le second tour. Est élu au troisième tour :

M. SALLE, place de Grève.

Pour le quatrième membre, M. Bicquilley et Petitjean restent en concurrence pour le troisième tour. Est élu :

M. BICQUILLEY, place neuve, 322.

Le 30 novembre, pour donner satisfaction à l'art. 3 de la loi du 27 mars dernier, il restait à procéder à l'élection de quatre suppléants, pour le directoire départemental. Il a été procédé par scrutin individuel. Pour la première place, MM. Demangeot et Petitjean restent en concurrence. Est élu :

M. DEMANGEOT.

Pour la deuxième place, est élu au premier tour :

M. VIARD.

Pour la troisième place, MM. Radès et Collière restent en concurrence après le deuxième tour, le dernier ayant obtenu la priorité sur M. Petitjean à cause de son âge. Est élu :

M. RADÈS.

----

(1) Les quatre qui restaient en charge étaient Henry le jeune, Grandjean, Foissac et Pagnot.

Pour la quatrième place. MM. Petitjean et Collière restent en concurrence après le second tour. Est élu :

M. COLLIÈRE.

(Registre des délibérations de l'assemblée du département. A. D., L. 69, fol. 174 et 175.)

M. Foissac, nommé adjudant général à l'armée du Nord, donna sa démission du directoire et il fut remplacé, en juin 1792, par M. Demangeot, président de l'administration, premier suppléant.

XVI

ASSEMBLÉE ÉLECTORALE DU DISTRICT

Élection de membres de l'administration du district

(9 septembre 1791)

Le 31 août 1791, le directoire du district de Nancy a procédé, les portes ouvertes, en présence de plusieurs citoyens, au tirage au sort des membres de l'administration du district qui devaient sortir. Avant le tirage, il annonce que par la mort de M. Olry de Lisle, et par la démission de M. d'Hurdt, les administrateurs du directoire étaient réduits au nombre de deux, qu'ainsi il n'y avait pas lieu au tirage pour le directoire; que M. Jacques, ci-devant curé de Saint-Hilaire, ayant refusé le serment et ayant déclaré au directoire persister dans son refus, le nombre de billets de sortie pour l'administration du district devait être réduit à trois. Après ces observations, il a été procédé au tirage. Le sort est tombé sur MM. Collet, Gérardin et Oudinot (1). Le président a annoncé ce résultat, en témoignant le désir de voir ces trois administrateurs être rappelés par leurs concitoyens à des places dans lesquelles ils ont montré autant de zèle que d'intelligence.

Les élections pour ces six places ont eu lieu le 9 septembre (2) : nous n'avons pas retrouvé les procès-verbaux d'élection; mais nous savons qu'ont été nommés :

COLLET, d'Haraucourt, administrateur sortant, rue de la Vieille-Primatiale, 67.

_____

(1) Les six membres restant en place furent : Durival, Pitoux, Lallemant, Jeandel, de Vigneron de Lozanne, Chevalier.

(2) Presque immédiatement après la tenue de l'assemblée du département.

NICOLAS, docteur-médecin, professeur de chimie en l'Université, sur la place de Grève;

RENAULT, homme de loi, petite rue de la Primatiale, 93;

SAUCEROTTE, cultivateur à Varangéville;

MÉLINE, cultivateur à Lay-Saint-Christophe;

HENRY, officier municipal, rue du Pont-Mouja, 196 (1).

Ce résultat est annoncé dans la séance du directoire du 13 septembre. Le 24 octobre s'ouvrit la seconde session de l'assemblée administrative du district. On a procédé à l'appel nominal des anciens et des nouveaux administrateurs. M. le procureur syndic Mallarmé a ouvert la session par un discours relatif à la circonstance; il a jeté quelques fleurs sur la tombe de M. Olry de Lisle, que la mort a enlevé au milieu de sa carrière administrative. M. le procureur syndic a vanté l'égalité d'âme, la probité rare, la conduite franche et loyale, le zèle et le dévouement intrépide de cet administrateur qui, député par le directoire à Paris vers M. Lalande, pour l'engager à accepter le siège épiscopal du département de la Meurthe, n'a pas hésité à entreprendre un voyage qu'il prévoyait devoir lui être mortel et a vu sans regret, même avec sérénité, sa dernière heure, parce qu'il avait été utile à sa patrie. M. le procureur a payé un juste tribut d'éloges à ceux de MM. les administrateurs que le tirage du 31 août avait fait sortir; il remercie spécialement MM. Oudinot et Gérardin. Le premier, dans le cours de la dernière session, et dans les différentes commissions qui lui avaient été confiées, a donné des preuves non équivoques d'un sens droit, d'une grande intelligence dans les affaires, d'un patriotisme éclairé et d'un esprit conciliateur. Le second, appelé par le conseil aux fonctions de directeur adjoint, a réuni aux qualités qu'a développées le premier, un zèle infatigable et qui ne s'est pas démenti, lorsqu'il n'a plus été dans l'obligation de partager les travaux du directoire. Le président a prêté et reçu de tous le serment exigé par la loi et l'engagement de l'honneur sous la peine de l'infamie. Le conseil a invité M. Durival à rester président jusqu'à la prochaine session et a vaincu la résistance que la modestie de cet administrateur opposait au désir général (2).

La seconde session du conseil a duré jusqu'au 5 novembre. Avant de se séparer, il a procédé, ce jour, à l'élection de deux administrateurs pour compléter le directoire (3).

Sont élus : à la pluralité absolue pour le premier poste :

M. COLLET.

Pour le second :

M. RENAULT.

---

(1) Les noms sont donnés par les procès-verbaux des séances. Pour les adresses, voir *Almanach du département de la Meurthe*, 1792, p. 19.

(2) Le secrétaire fut Berment fils, rue des Dominicains, n° 224; Therrin, adjoint pour le contentieux, rue Ville-Vieille, 98; Michaut, adjoint pour les impositions, rue Saint-Julien, 514.

(3) Il fallait renouveler le Directoire par moitié; comme un membre était mort et qu'un autre avait démissionné, il n'était point besoin d'avoir recours au tirage au sort. Les deux directeurs restant en place étaient Vigneron de Lozanne et Chevalier.

M. JEANDEL est élu premier et M. HENRY, second suppléant. M. CHE-VALIER est désigné comme suppléant du procureur syndic. Ce même jour, Collet et Renault prennent séance au directoire et il est procédé à l'élection d'un vice-président. Tous les suffrages se sont réunis sur M. Vigneron.

Le conseil et le directoire du district ainsi composés, auraient dû être renouvelés par moitié en septembre 1792; mais, par suite de la chute de la royauté et du changement de régime, il demeura en place jusqu'au 29 septembre; puis conseil et directoire furent entièrement renouvelés par l'assemblée du district réunie du 25 au 29 novembre 1792, comme on verra ci-après.

Après le renouvellement de 1791. les membres des directoires des huit autres districts furent :

Lunéville. — Procureur syndic : BRIQUEL, homme de loi; président : FINIELS, homme de loi, propriétaire de la manu-facture de Saint-Clément; secrétaire : BENOIST le jeune; mem-bres : PARMENTIER, SIGORGNE, CHATEAUFORT, CHATTON.

Blâmont. — Procureur syndic : FROMENTAL.; président : GÉRARD. négociant à Badonviller; secrétaire : F.-L. LAFROGNE: mem-bres: LAURENT, FRANÇOIS, VAULTRIN, PACOTTE.

Sarrebourg. — Procureur syndic : HENRIET; président : BOI-LEAU, homme de loi à Phalsbourg; secrétaire : MOURER fils; membres : HANZO. MAURICE, MAUG.

Dieuze. — Procureur syndic : BETTING; président, BOUR, curé de Fénétrange; secrétaire : GREMEL; membres : RICHER, SCHNEIDER, JANNIN, BARBIER.

Château-Salins. — Procureur syndic : PAILLARD; président : JEANSEING; secrétaire : FONDESTJENNE; membres : MARCEL, MUNIER, VESQUE.

Pont-à-Mousson. — Procureur syndic : PICQUANT; président : VILLANDRÉ; secrétaire : FRIRION; membres : THIERY, DIEU-DONNÉ. ROSSELANGE, NEVEUX.

Toul. — Procureur syndic : GERMAIN père; président : GEOR-GES, négociant à Foug; secrétaire : BALLAND fils; membres : MOMBLET, MIDON, LIÉNARD, CHENIN.

Vézelise. — Procureur syndic : LACHASSE fils aîné; président : ROLLIN le jeune, homme de loi; secrétaire : BARBILLAT; mem-bres : JOLLY, POINSIGNON, PETITJEAN fils, MAIRE.

XVII

ASSEMBLÉES PRIMAIRES

Élection des maire,
procureur et substitut, d'officiers municipaux et de notables

(13-23 novembre 1791)

Les citoyens actifs furent convoqués pour le dimanche 13 novembre pour procéder, conformément à la loi du 14 décembre 1789, au renouvellement par moitié du corps municipal et du conseil de la commune. Le procureur de la commune devait aussi être renouvelé, aux termes de la loi; car alternativement le procureur et le substitut devaient sortir de charge. Il fallait aussi procéder à une élection du maire; car tous les deux ans ce maire devait être renouvelé; et, quoique trois maires aient été nommés dans l'intervalle de 1790 à 1791, de Custine, Mollevaut et Thieriet, ils étaient censés représenter une mairie continue. Nous n'avons plus, pour ces élections, les procès-verbaux des huit sections; nous n'avons plus que les procès-verbaux des recensements généraux faits à l'Hôtel-de-Ville.

Recensement général pour l'élection du maire

D'après la convocation faite aux citoyens actifs le 4 novembre 1791, le corps municipal s'est assemblé le 14, à 1 heure, pour procéder au recensement du premier scrutin de chaque section relatif à l'élection du maire avec les commissaires des huit sections, Brulfer, toiseur; Avril, ci-devant huissier-priseur; Jacquot, adjoint secrétaire de l'intendance; Masson, juge de paix; Morin, commissionnaire; Barthélemy, commissionnaire; Suisse, marchand huilier; Jacquemin, paveur. On fait quelques observations sur le procès-verbal de la 1re section qui ne rappelle pas le serment des membres de l'assemblée. Il y a 642 votants en tout : majorité absolue, 322. Est nommé :

Charles-François-Xavier Thieriet, suppléant du tribunal du district, rue Saint-Nicolas, 150, 516 voix (1).

----

(1) Nicolas, chimiste, a obtenu 32 voix; Genaudet, officier municipal, 26; les autres voix se sont dispersées. Nous possédons un *Tableau des officiers composant le conseil général de la commune de Nancy élus au mois de novembre 1791*. Dans ce tableau, on trouvera la totalité du corps municipal et du conseil général, tant ceux des élus en 1790 que ceux de 1791.

Recensement général pour l'élection du procureur de la commune

Le 15 novembre, à 10 heures du matin, le recensement général est fait en présence des mêmes commissaires, sauf M. Sibien, agent de change. pour la 7ᵉ section. Le nombre des votants est de 400; majorité absolue, 201. Est élu :

Charles-Victor ANTHOINET, substitut du procureur, électeur, rue de la Hache, 721, 289 voix.

La place de substitut devenant vacante par cette nomination, il a été décidé que les sections s'assembleraient l'après-midi, pour procéder à l'élection d'un substitut.

Recensement général pour l'élection du substitut

Le 15 novembre, à 7 heures du soir, ce recensement a lieu par devant les mêmes commissaires, M. Suisse pour la 7ᵉ section. Le nombre total des votants était de 389; majorité absolue, 195. Est élu :

Joseph ZANGIACOMI fils, avocat, rue Sidney, 293, 311 voix.

Le maire nomme une députation de quatre officiers municipaux pour le complimenter.

Recensement général pour l'élection des officiers municipaux

Le 17 novembre. à 5 heures après-midi, le corps municipal a procédé au recensement du premier scrutin dans les huit sections, en présence des commissaires Brulfer, Avril, Jacquot, Masson, Morin, Michel, maître de langues, Larcher, rentier, et Jacquemin. Les procès-verbaux sont reconnus en règle. Il y a 492 votants; majorité absolue, 247. Est élu :

Joseph-François VILLIEZ, notable, électeur, cours de la Liberté, 459, 294 voix (1).

Aucun autre citoyen n'a atteint la majorité absolue.

_____

(1) Les quatre officiers municipaux restant en place étaient : Jean-Baptiste Genaudet, électeur, place du Marché, n° 426 ; Nicolas-François Oudin, pâtissier, rue Saint-Nicolas, n° 270 ; Hyacinthe de Jobart, chevalier de Saint-Louis, rue des Volontaires nationaux, n° 64 ; Raybois, pâtissier, rue du Four-Sacré, n° 334.

Le 19 novembre 1791 (1), il est procédé au recensement du deuxième tour de scrutin, M. Bonfils, ancien commis de la régie, étant commissaire de la 6ᵉ section. Le nombre des votants est de 405; majorité absolue, 203. Est élu :

Jean-Pierre DEMANGE, avoué, rue Sidney, 58, 297 voix.

Aucun autre citoyen n'a obtenu la majorité absolue.

Le 21 novembre, à 10 heures du matin, a lieu le recensement général du troisième tour du scrutin, Sibien étant commissaire de la 7ᵉ section. Le nombre des votants est de 605 ; ont été élus :

Jean-François POIRSON, membre du bureau de paix, rue du Pont-Mouja, 187, 353 voix ;

Nicolas ALBERT, aubergiste. rue de la Révolution, 420, 284 ;

Nicolas-Brice ROLLIN, ancien procureur au bailliage, avoué, rue de la Hache, 353, 267 ;

Adrien-Cyprien DUQUESNOY, ex-député à la Constituante. rue de la Constitution, 270, 240 ;

Jean-Jacques BEAULIEU. ancien échevin, rue Châteaufort, 7. 226 ;

Claude-François GÉRARDIN, homme de loi, rue Mirabeau, 17, 223 ;

Charles-Joseph GORMAND, médecin, place Royale, 216, 201 ;

Claude-Ambroise REGNIER, ancien député à la Constituante, rue Mirabeau, 17, 198.

M. Gormand déclare alors que sa place d'assesseur était incompatible avec celle d'officier municipal et qu'il garde la première. M. le maire lui exprime tous ses regrets et déclare élu celui qui avait eu ensuite le plus de voix :

Pierre-Louis OTHENIN, homme de loi, rue Montesquieu, 59.

MM. Villiez et Albert, notables, passant à la municipalité, il a été décidé que les sections seraient invitées par l'organe de leur président de nommer demain 21 notables et de faire en sorte que le recensement de leur scrutin fût déposé mercredi à 9 heures à la maison commune.

---

(1) Le 18 novembre, sur la demande des citoyens de la 8ᵉ section et celle du corps municipal, le district a exprimé l'avis que les notables qui remplaçaient de droit les officiers municipaux en cas de mort ou de décès, n'étant que des suppléants, ne cessaient pas d'être notables et pouvaient, comme tels, être élus officiers municipaux, quel que fût le temps pendant lequel ils avaient fait les fonctions de suppléants.

Recensement général de l'élection des notables

Le mercredi 23 novembre 1791, à 6 heures du soir, ce recensement a lieu, Henry, administrateur du district, étant commissaire de la 4ᵉ section, Larcher de la 7ᵉ. Le nombre des votants est de 397 (1). Ont obtenu la majorité relative :

Étienne François, curé de Saint-Èvre, au presbytère, 258 voix ;

Valentin Nicolaï, professeur de musique, rue de la Poissonnerie. 369, 231 ;

Charles Richier, curé de Saint-Sébastien, au presbytère, 231 ;

Timothée-Arnould Henry, professeur en droit français, rue Mirabeau, 134, 200 ;

Joseph Mourquin, négociant, place neuve. 174, 174 voix ;

Pierre-Joseph André-Thomassin, accusateur public, rue Montesquieu, 60, 171 ;

Charles-François Rollin, curé de Saint-Nicolas, au presbytère. 170 ;

Sébastien-Nicolas Morin, commissionnaire, électeur, rue de la Boucherie, 433, 157 ;

Jean-François Nicolas l'aîné, notaire, rue des Maréchaux, 155, 152 :

Dieudonné-Joseph Pierson, électeur, rue Saint-Jean, 430, 152 ;

Claude-Joseph-François Guerrier-Dumast, commissionnaire des guerres, rue d'Alliance, 86, 151.

Antoine Lebel, assesseur. Grande-Rue-Ville-Vieille, 169, 150 ;

Nicolas Marizien, père, ancien notaire, place Carrière, 8. - 144 ;

François Nicolas, vicaire épiscopal, à la maison épiscopale, 137 ;

---

(1) Les notables de l'année précédente qui restaient en place furent : Jean-Baptiste Febvé, électeur et juge de paix, rue d'Assas, 429 ; Charles-Joseph Gormand ; Nicolas Ragot, notaire public, rue Saint-Nicolas, 190 ; Jean-Joseph Coliny, électeur, rue de l'Opéra, 66 ; Joseph Zangiacomi, électeur, rue de Sidney, 193 ; Louis-Jean-Jacques Saulnier, négociant, rue J.-J. Rousseau, 240 ; François Bour, jardinier, faubourg Saint-Fiacre, 105 ; Joseph Bouzonviller, taillandier, faubourg Saint-Fiacre, 185 ; Jean-François Néret, garde-marteau, rue Mirabeau, 56.

Joseph Henrion-Berthier, négociant, rue de la Constitution, 313, 136;

Jean-Baptiste Laffitte, médecin, rue du Pont-Mouja, 216,
132;

Jean-André Masson, juge de paix, rue de la Fédération, 75,
131;

François Dufresne, avoué, rue Saint-Nicolas, 273, 124;

Christophe Lacour, cultivateur à Boudonville, 322, 120;

Jean-Nicolas Mariotte, boucher, électeur, rue Saint-François, 119;

Mathieu Croizier, négociant, rue Saint-Nicolas, 173,
112 voix.

(*Registres des délibérations du conseil général de la commune, t. V,*
pp. 188 et suiv.)

XVIII

ASSEMBLÉES PRIMAIRES

Élection de juges de paix

(29 et 30 janvier 1792)

TERRITOIRE NORD

1re Section

Le 29 janvier 1792, à 9 heures du matin, les citoyens actifs
de la première section de Nancy, territoire du nord, se réunissent en assemblée primaire dans le réfectoire des Cordeliers,
d'après la convocation qui en a été faite par affiches et publication ordonnée par le directoire du district le 22 janvier pour
procéder à la nomination du juge de paix du canton nord
vacant par l'incompatibilité de M. André, accusateur public du
département.

M. Riot, rentier, doyen d'âge, préside : il choisit pour secrétaire Nicolas-Christophe Lacour, cultivateur. Limès père, Étienne
Agnus, cabaretier, François Bour, jardinier aux Trois-Maisons
sont scrutateurs. On donne lecture d'un extrait des registres du

directoire du district qui constate que l'élection faite le 15 du présent mois a été cassée et annulée (1).

Il est fait appel nominal des citoyens et on procède à l'élection du président. Il y a 98 votants : M. Lacour, secrétaire provisoire réunit la majorité. Est élu comme secrétaire, Nicolas Brulfer fils, toiseur juré. Secrétaire et président prêtent le serment voulu par l'article 2 des lettres patentes du mois de janvier 1790; puis tous les membres de l'assemblée prêtent ce serment entre les mains du président.

A 2 heures de l'après-midi, il est procédé au choix des trois scrutateurs. Sont nommés Riot, rentier, Louis Boissier, Lalaisse, ce dernier au bénéfice de l'âge contre François Bour, qui avait le même nombre de voix. Les scrutateurs prêtent le serment prescrit par l'article 1 des lettres patentes du 3 février 1790.

On procède au scrutin pour le choix d'un juge de paix. Les bulletins sont écrits sur le bureau en présence ou par les scrutateurs; et chacun des citoyens, après avoir levé la main et prononcé : *Je le jure*, a mis son bulletin dans l'urne près de laquelle se trouvait placée la formule de serment décrétée le 28 mai 1790.

A 6 heures, le scrutin est clos; il y a 113 votants. Comme la 2e section a prévenu qu'elle ne dépouillerait son scrutin que le lendemain à 10 heures, la 1re section décide de remettre de même ce dépouillement.

Le 30 janvier, à 8 heures, l'assemblée se réunit et jusqu'à 10 heures on admet au scrutin les citoyens qui se présentent. Mais on trouve dans l'urne 155 billets, alors que la liste des votants n'est que de 153. On se décide à brûler les bulletins et à recommencer le scrutin. A 6 heures, le scrutin a été fermé. Il y a 157 votants; on procède au dépouillement. François Bour et Pierre Gérard, chapelier, sont nommés commissaires pour assister au recensement général.

Ce recensement général a lieu à 7 heures du soir aux Cordeliers. Il y a en tout 282 votants. Est élu :

NICOLAS, chimiste, 154 voix (2).

Raybois, officier municipal, en avait obtenu 104.

_____

(1) Nous n'avons trouvé dans les registres du directoire du district de Nancy aucun renseignement sur cette élection du 15 janvier.

(2) Nicolas, lors de son élection, déclara que, jouissant comme professeur d'un traitement de 1.500 livres, il renonçait à son traitement de juge de paix. Mais, à partir de janvier 1792, il ne toucha plus rien de son traitement de

2ᵉ SECTION

Le 29 janvier 1792, sur les 10 heures du matin, les citoyens actifs de la 2ᵉ section, inscrits sur les registres ouverts pour le service de la garde nationale, se sont réunis en l'auditoire du tribunal du commerce, pour procéder à une nouvelle élection d'un juge de paix pour le territoire du Nord, la première ayant été cassée et déclarée nulle. Le citoyen Sautry, doyen d'âge, préside ; Voinier, ancien pâtissier, Lhuillier dit Barrois et Nicolas l'aîné, notaire, les plus âgés après lui, sont scrutateurs. On procède à l'élection du bureau définitif ; Nicolas, professeur de chimie, est élu par 25 voix sur 35 votant. Nicolas l'aîné est nommé secrétaire par 38 voix sur 40 votants. Président et secrétaire prêtent le serment civique entre les mains de l'assemblée qui prête le sien à son tour entre les mains du président.

Après que chaque citoyen eut présenté l'extrait de sa cote d'imposition et celui de sa contribution patriotique pour ceux qui en sont susceptibles, on procède à l'élection des scrutateurs. Il y a 39 votants. Sont élus M. Lhuillier dit Barrois par 36 voix, Geay, bonnetier, par 33, Voinier, ancien pâtissier, par 13, au bénéfice de l'âge contre Lelang, maître d'écriture, qui a obtenu le même nombre de voix, et qui a été nommé scrutateur adjoint.

L'après-midi, il est procédé au scrutin pour l'élection du juge de paix. Le président prononce la formule exigée par l'article 4 des lettres patentes du 28 mai 1790 ; elle est écrite sur un tableau en gros caractères et chaque votant, avant de déposer son bulletin prononce : *Je le jure*. Le scrutin reste ouvert jusqu'à 6 heures et il est décidé qu'il sera continué le lendemain.

Le 30 janvier, l'assemblée se réunit à 8 heures du matin. L'urne cachetée est ouverte : le président répète la formule du serment et chaque nouveau votant prononce : *Je le jure*. A 10 heures, le scrutin est fermé. Il y a en tout 125 votants. Le dépouillement est fait. MM. Geny, bonnetier, et Gillet, marchand, sont désignés pour assister au recensement général (1).

---

professeur ; il fut obligé même, pour continuer ses leçons, de faire des avances. Sur sa demande, le directoire du district déclara, le 27 juillet 1792, que son traitement de juge lui serait payé du 1ᵉʳ février 1792, jour de son installation jusqu'au 1ᵉʳ juillet courant. Le directoire du département approuva le 4 août 1792.

(1) Voir ce recensement plus haut. Nicolas, chimiste, avait obtenu dans la 2ᵉ section 109 voix contre 10 données à Raybois. Dans la 1ʳᵉ section, Raybois avait 94 voix et Nicolas seulement 45 ; on voit que chaque quartier votait pour son candidat et que les questions locales ont beaucoup influencé les élections.

3e Section

Le 29 janvier 1792, à 10 heures du matin, les citoyens actifs de la 3e section se sont réunis dans une des salles du collège de médecine, conformément à la convocation faite par le procureur syndic du district, à l'effet de nommer un juge de paix pour le territoire du Levant. Le bureau d'âge est formé d'André Chappé, président; Nicolas Petré, François-Clément Bastien et Joseph Zangiacomi père, scrutateurs. On procède à l'élection du président définitif et au second tour de scrutin, la majorité absolue se porte sur François Dufresne qui a été proclamé élu. Comme secrétaire, est élu au second tour Joseph Zangiacomi fils. Président et secrétaire prêtent le serment civique : puis chaque citoyen lève la main et répond à la formule qui a été prononcée par le président : *Je le jure*. On procède au choix des scrutateurs définitifs. Sont élus : Joseph Zangiacomi père, François-Clément Bastien, Jean-Hyacinthe Gilbault.

A 2 heures, il est procédé à l'élection du juge de paix. La liste de la contribution patriotique mise en évidence dans la salle, tous les votants citoyens actifs, inscrits sur le registre de la garde nationale, ont fait leurs billets sur le bureau en présence des scrutateurs ou l'ont fait écrire par eux et chacun a répété : *Je le jure*, la formule du serment étant placée près de l'urne. Ceux qui, le matin, n'avaient pas prêté le serment civique, l'ont prêté cette séance.

L'assemblée, après s'être entendue avec la 4e section, décide de fermer le scrutin à 5 heures. Il y a 97 votants. Le scrutin est dépouillé et l'assemblée nomme Nicolas-François Oudin et Charles-Joseph Gormand commissaires pour procéder au recensement général.

A 6 heures du soir, les commissaires des deux sections se réunissent. Sur 191 votants, est élu :

> François Dufresne, avoué près le tribunal du district de Nancy, 143 voix (1);

4e Section

Le 29 janvier 1792, à 9 heures du matin, les citoyens se réunissent en assemblée primaire pour l'élection d'un juge de paix

---

(1) Ont obtenu ensuite Anthoinet, procureur de la commune, 30 voix, Gilbault, chandelier, 5 voix, plus une série de voix perdues.

du canton du Levant, sur la démission de M. Masson, et en vertu de la convocation faite par le procureur syndic du district de Nancy, du 20 janvier, publiée, affichée et lue aux prônes des paroisses.

Le bureau d'âge est formé de Maucourt père, président; Regnier, Durocher et Brugnon, tous trois anciens militaires, les deux premiers décorés de la croix de Saint-Louis, le troisième porteur de la plaque honorable des soldats vétérans, scrutateurs. Le président invite Pierre-Joseph André, accusateur public, à remplir les fonctions de secrétaire. On passe à la nomination du bureau définitif; la majorité absolue se fixe sur M. Poirson, officier municipal. Pour l'élection du secrétaire, deux tours sont nécessaires; la majorité est acquise à M. Wilhelm, maître de langue allemande. Président et secrétaire prêtent le serment civique; puis chaque membre de l'assemblée y adhère, en prononçant: *Je le jure.* On procède à l'élection des scrutateurs : sont élus Regnier, Durocher et Mulnier, orfèvre; Pierron, aubergiste, Lamort, cafetier, et Thiebault, huissier, qui ont eu ensuite le plus de voix, sont nommés scrutateurs suppléants. Les scrutateurs prêtent le serment relatif à leurs fonctions. On ouvre le scrutin pour l'élection du juge de paix et la séance est levée à midi.

A 2^h 30, le scrutin continue. Il est fermé à 5 heures et l'on procède au dépouillement. Sont nommés commissaires pour le recensement général Renault, administrateur du district, et Lamort, cafetier. Il y a eu 94 votants, et le scrutin est dépouillé. Nous avons déjà indiqué le recensement du dépouillement général.

(*Procès-verbaux originaux.* **A. D.**, *L.* 1520.)

XIX

ASSEMBLÉES PRIMAIRES

Élection du maire de Nancy

(12-15 février 1792)

Thieriet, ayant été nommé en janvier 1792 commissaire du Roi près le tribunal criminel, dut donner sa démission de la place de maire; le corps municipal, ouï et requérant le procureur de la commune, convoque le 1er février tous les citoyens actifs de cette ville, inscrits sur le registre ouvert pour le service de la garde nationale, et les invite à se rendre, dimanche 12, dans leurs sections respectives, pour procéder à l'élection d'un maire. Les sections se réuniront à 9 heures du matin ; les assemblées seront annoncées au son d'une cloche de chaque paroisse. Les curés sont invités à commencer la grand'messe à 8 heures. La convocation sera imprimée, publiée et affichée et lue le dimanche suivant au prône de chaque paroisse.

Recensement général

Le 13 février 1792, à 11 heures du matin, d'après la convocation faite aux citoyens actifs le 1er du mois, le corps municipal s'est réuni dans la salle ordinaire de ses séances, pour procéder au recensement du premier scrutin de chaque section relatif à l'élection du maire, en présence des commissaires de chaque section : Brulfer, arpenteur, Geny, bonnetier, Jadelot, homme de loi, Regnier, décoré de la croix de Saint-Louis, Morin, commissionnaire, Bonfils, rentier, Sibien, agent de change, Jacquemin, paveur. Le nombre des votants était de 862 ; majorité absolue, 432 ; aucun citoyen n'a atteint ce nombre (1) ; il a été arrêté qu'il en serait fait part aux sections, afin qu'elles procèdent à un second tour à 2 heures de l'après-midi. Le président de chaque section devra fermer le scrutin le lendemain à 10 heures du matin, afin que le dépouillement des différents scrutins se fasse dans le même moment et que le résultat en soit envoyé au corps municipal à 11 heures. Le corps municipal invite MM. les présidents des sections à faire mention dans leur procès-verbal de la prestation de serment des citoyens qui se présentent, après celui prêté par ceux qui se trouvent à l'ouverture de la section.

Le 14 février, à 11 heures, le corps municipal procède au recensement général du second tour de scrutin devant les mêmes commissaires que la veille. Le nombre des votants était de 647 : majorité absolue, 324. Aucun citoyen n'ayant atteint ce nombre, le corps municipal s'est occupé à reconnaitre les deux qui avaient réuni sur la totalité le plus de suffrages et il en est résulté que la pluralité relative a été obtenue par Adrien-Cyprien Dupuesnoy (140 voix) et Claude-Ambroise Regnier (156), offi-

(1) Ont obtenu Genaudet, officier municipal, 199 voix ; Dupuesnoy, officier municipal, 167 (Dupuesnoy sans qualité, 3 voix perdues) ; Regnier, officier municipal, 146 (Regnier sans qualité, 19 voix perdues ; Regnier, officier, 1); Villiez, officier municipal, 80 ; Malglaive père, 65 ; Anthoinet, procureur de la commune, 54 ; Raybois, officier municipal, 42.

ciers municipaux (1), qui sont les seuls auxquels on doit donner des suffrages pour le troisième tour de scrutin, qui aura lieu l'après-midi à 3 heures. Les présidents doivent faire parvenir les résultats de chaque section, le lendemain avant 11 heures.

Le 15 février, à 11 heures, le corps municipal procède au recensement général du troisième tour de scrutin devant les mêmes commissaires. Le nombre des votants était de 644 ; est élu :

Adrien-Cyprien Duquesnoy, officier municipal, 333 voix (2).

En conséquence, Duquesnoy a été proclamé maire de la commune de Nancy.

(Les procès-verbaux des sections et les procès-verbaux originaux du recensement général sont perdus. Copie : registres de la municipalité, t. VI, fol. 45-52.)

XX

ASSEMBLÉES PRIMAIRES

Élection de trois assesseurs
du juge de paix du canton du Levant

(25 juin 1792)

3e SECTION (3)

4e SECTION

Le 25 juin 1792, l'an IV de la liberté française, les citoyens actifs de la 4e section, inscrits sur le registre ouvert pour le service de la garde nationale, réunis en une des salles de la maison commune, en vertu de la convocation du procureur syndic du district du 15 juin dernier, publiée et affichée depuis huit jours, le bureau d'âge est formé de M. Regnier, décoré de la croix de Saint-Louis, président ; Barail et Hussenot, vicaires

---

(1) Il y eut 26 voix perdues données à Duquesnoy sans qualité ; 9 voix perdues données à Regnier sans qualité. Genaudet obtint 116 voix ; Villiez, 61 ; Anthoinet, 26 ; Raybois, 23, etc.

(2) Regnier obtint 303 suffrages.

(3) Le procès-verbal de la 3e section ne se trouve plus au dossier.

épiscopaux, et Mulnier, bijoutier, scrutateurs. M. Lipman Cerf-
Berr remplit les fonctions de secrétaire. Après appel nominal des
citoyens, on procède à l'élection du président. Il y a 11 votants ;
M. Regnier réunit la majorité pour la présidence ; M. Lipman
Cerf-Berr est de même nommé secrétaire. Président et secrétaire
prêtent le serment civique qui est répété individuellement par
tous les membres de la réunion. Sont nommés scrutateurs :
MM. Rivierre, décoré de la croix de Saint-Louis, Mulnier et l'abbé
Hussenot ; ils prêtent le serment prescrit.

A 2 heures, la séance est reprise, et il est procédé au scrutin
des trois assesseurs au juge de paix du canton du Levant. Chaque
votant, en regardant la formule écrite près de l'urne, prononce :
Je le jure. A 5 heures, le scrutin est fermé et l'on constate qu'il
y a 60 votants. Le dépouillement a lieu.

Du recensement général de la 3ᵉ et de la 4ᵉ section, il résulte
qu'il y a 106 votants. Sont élus :

> REGNIER, officier, 58 voix ;
> MULNIER. bijoutier, 58 voix ;
> RIVIERRE, officier, 42 voix.

(*Procès-verbal original. A. D., L., 1520.*)

XXI

ASSEMBLÉES PRIMAIRES

Élection du procureur de la commune et de son substitut

(8-12 juillet 1792)

Recensement général pour l'élection du procureur

Le 9 juillet 1792, à 10 heures du matin, d'après la convocation
faite aux citoyens actifs le 28 juin, le corps municipal s'est
assemblé dans la salle ordinaire de ses séances pour procéder
au recensement du premier scrutin de chaque section, relatif à
l'élection du procureur de la commune, sur la démission de
Charles-Victor Anthoinet, nommé secrétaire général du départe-

ment de la Meurthe. On a procédé au recensement en présence
des commissaires de chaque section : Nicolas Brulfer, arpenteur, Nicolas Geniel, régent d'école, François Dieudonné, greffier de la maîtrise, X... (1), Sébastien-Nicolas Morin, Jean-
Gratien Gremillet, Jean-Nicolas Fallois, dentiste, Toussaint,
Vilot. Ces Messieurs placés au bureau, il a été procédé au
dépouillement des procès-verbaux des sections. Il y a eu 577 votants, majorité 289. Obtient et est en conséquence déclaré
élu (2) :

Joseph ZANGIACOMI fils, 482 voix.

Recensement général pour l'élection du substitut

Le 10 juillet, d'après la convocation faite aux citoyens le
28 juin dernier, le corps municipal s'est assemblé dans la salle
ordinaire de ses séances, pour procéder au recensement du premier scrutin de chaque section, relatif à l'élection du substitut
du procureur de la commune, place vacante par la nomination
de Zangiacomi fils à celle de procureur. Mêmes commissaires
que le 9 juillet. Le nombre des votants était de 328, majorité
absolue, 165, et, attendu qu'aucun citoyen n'a obtenu ce nombre,
le corps municipal a arrêté que l'on procédera à un second tour
cet après-midi à 2 heures.

Le 11 juillet, il est procédé au recensement général du second
tour. Mêmes commissaires. Le nombre des votants est de 260 ;
majorité absolue, 131. Attendu qu'aucun citoyen n'a obtenu ce
nombre, le corps municipal a arrêté que l'on procédera sans
délai à un troisième tour de scrutin et que les voix porteront
seulement sur Boulay le jeune, homme de loi (95 voix) et Rollin,
officier municipal, qui ont obtenu le plus grand nombre de
suffrages.

Le recensement général du troisième tour de scrutin est
perdu. Mais nous savons qu'a été élu :

ROLLIN, officier municipal.

*(Procès-verbaux originaux et copies collationnées par Nozan. A.
M., K. I.)*

---

(1) Le nom du commissaire de la 4e section est passé.
(2) Les autres voix se sont perdues sur un grand nombre de citoyens.

XXII

ASSEMBLÉES PRIMAIRES

Nomination des électeurs

(26-27 août 1792)

La royauté fut abolie en France dans la journée du 10 août 1792 et l'Assemblée législative décida aussitôt la réunion d'une Convention nationale. Mais, en vertu du décret du 11 août, le mode d'élection des députés fut modifié. La distinction en citoyens actifs et citoyens passifs fut effacée ; tout Français, âgé de vingt et un ans, domicilié depuis un an, vivant de son revenu ou du produit de son travail et n'étant pas en état de domesticité, était membre des assemblées primaires. Et même, par un décret du 21 août qui fut expédié en province par un courrier extraordinaire, la restriction relative aux domestiques disparut. Les citoyens qui étaient appelés par la loi à prêter le serment civique devaient, pour être admis à l'assemblée électorale, justifier de la prestation de ce serment. Le suffrage universel -- sans que ce mot fût prononcé — était introduit. Pour être électeur ou député, il suffisait d'avoir vingt-cinq ans et de remplir les autres conditions énoncées. Il fallait nommer de nouveaux électeurs et les assemblées primaires furent convoquées à cet effet pour le 26 août ; les élections à la Convention furent fixées au 2 septembre. Le procureur syndic du district convoqua les citoyens le 18 août. Dans le canton de Nancy, il y eut dans la ville huit assemblées primaires, suivant les divisions employées depuis le début de 1790, et deux pour les villages.

1re SECTION

Le 26 août 1792, à 8 heures du matin, les citoyens de la 1re section se sont réunis en assemblée primaire en la salle du réfectoire des ci-devant Cordeliers, d'après les convocations faites par le directoire du district le 18 août dernier. Le bureau d'âge a été constitué par Nicolas Thomassin, ancien boulanger, président ; Jean-François Mourot, marchand, Étienne Agnus, entrepreneur, et Jean-Baptiste Poirot, bonnetier, scrutateurs. Le président choisit Nicolas-Jean-Marie Larcher, rentier, pour secrétaire. Le président donne lecture d'une lettre du procureur syndic du district en date du 19 août, de la loi du 10 août, de l'exposition des motifs d'après lesquels l'Assemblée nationale a prononcé la suspension du pouvoir exécutif dans les mains du Roi. On procède à la nomination du président, du secrétaire et des trois scrutateurs par un seul scrutin de liste au terme de l'article 10 de la loi du 12 août(1). Les billets sont écrits sur le bureau en présence des ou par les scrutateurs, et chaque citoyen, en mettant son billet dans l'urne devant laquelle était la formule du serment voulu par la loi, a prononcé : *Je le jure.* Il y a 127 votants ; sont nommés Saintin Georges, curé des Trois-Maisons, président (65 voix) ; Nicolas-Christophe Lacour, cultivateur à Boudonville, secrétaire (37) ; Louis Bossier, marchand (49), Jean-Baptiste Alison, chapelier (32), Jean-François Mourot, marchand (28), scrutateurs. Nicolas Brulfer, toiseur, Jean-Joseph Coliny, officier municipal, et Dominique Jacquard, jardinier, sont nommés scrutateurs suppléants.

L'après-midi, le président et le secrétaire prêtent le serment voulu en présence de l'assemblée ; les scrutateurs prêtent le même serment entre les mains du président ; l'assemblée prête de même entre les mains de son président le serment décrété, dont la formule est de maintenir la liberté et l'égalité ou de mourir en les défendant (2).

On procède à la nomination des quatre électeurs par billet de liste simple ; chacun des votants prononce le serment : *Je le jure,* la formule étant placée à côté de l'urne. Il y a 184 votants : mais aucun candidat ne réunit la pluralité absolue.

Le 27 août au matin, on procède au second tour de scrutin suivant le même mode. Il y a 110 votants. Est élu :

Louis Boissier, commandant du 8ᵉ bataillon de la légion de Nancy, 58 voix.

À 2 heures de l'après-midi, il est procédé à un troisième tour. Il y a 57 votants. Sont élus :

Saintin Georges, curé des Trois-Maisons, 33 voix ;
Nicolas-Christophe Lacour, notable, 27 ;
Jean-Baptiste Alison, chapelier, 27 (3).

Le président lève la séance.

---

(1) « Attendu la nécessité d'accélérer les élections, les président, secrétaire et scrutateurs, tant dans les assemblées primaires que dans les assemblées électorales, seront choisis à la pluralité relative et à un seul tour de scrutin. »

(2) Art. 12. — « Les citoyens prêteront, dans les assemblées primaires, et les électeurs dans les assemblées électorales, le serment *de maintenir la liberté et l'égalité ou de mourir en les défendant.* »

(3) Cf. *Tableau de Messieurs les électeurs du département de la Meurthe rassemblés à Lunéville le 2 septembre 1792, l'an IV de la liberté française, pour la nomination des députés à la Convention nationale, suivant l'ordre alphabétique des Districts.* 1792. Pagination spéciale pour chaque district.

2ᵉ Section

Le 26 août 1792, à 9 heures, les citoyens de la 2ᵉ section se réunissent en assemblée primaire en l'auditoire du tribunal de commerce, pour procéder à la nomination des électeurs qui devront élire les députés à la Convention nationale. Le bureau d'âge est formé de Lhuillier, dit Barrois, président ; Voinier, Gemelle et Hugo, scrutateurs. Il est donné lecture des pièces nécessaires et l'on procède à l'élection du bureau définitif. Il y a 86 votants. Sont nommés : François, curé de Saint-Èvre (78 voix), président ; Jean-François Nicolas, notaire (74), secrétaire ; Nicolas-Martin Voinier (66), Nicolas Lhuillier, dit Barrois (63) et Jean-Baptiste Geny (36), scrutateurs.

L'après-midi, le président, le secrétaire et les trois scrutateurs ont prêté le serment exigé par la loi du 12 août, article 12. Ce serment est répété par tous et chacun des citoyens composant l'assemblée. On ouvre le scrutin ; le président prononce le serment ordonné par l'article 4 des lettres patentes du 28 mai 1790 et chaque électeur dit, avant de voter : *Je le jure*. Le nombre des votants est de 132. Est élu :

François, curé de Saint-Èvre, 97 voix.

Le 27 août au matin, il est procédé à un second tour de scrutin. Il y a 82 votants. Un billet sur lequel sont écrits quatre noms au lieu de trois est mis au rebut. Aucun candidat ne réunit la majorité absolue.

L'après-midi, il est procédé au troisième tour de scrutin. Le scrutin reste ouvert jusqu'à 6 heures. Il y a 60 votants. Sont élus :

Jean-François NICOLAS, notaire, 28 voix ;
Nicolas-Martin VOINIER, suppléant de juge de paix, 25 ;
Nicolas GILLET, marchand, 24.

3ᵉ Section

Le 26 août 1792, à 8 heures, les citoyens de la 3ᵉ section s'assemblent en assemblée primaire dans une des salles du collège de médecine. Le bureau d'âge est formé de François-Clément Bastien, rentier, président ; Joseph Zangiacomi, notable, Louis Piot, jardinier, et Jean-Hyacinthe Gilbault, chandelier, scrutateurs ; Nicolas-François Dieudonné, greffier de la maîtrise des eaux et forêts, est invité à faire les fonctions de secrétaire.

Le président donne lecture des pièces voulues et l'on passe à l'élection du bureau définitif. Les citoyens admis à voter justifient de leur prestation du serment civique. Pour l'élection du président, il y a 130 votants. Est nommé Charles-Joseph Gormand, docteur-médecin.

Pour les fonctions de secrétaire, Nicolas-François Dieudonné obtient la pluralité relative et est élu. Président et secrétaire prêtent le serment voulu et ce serment est prêté individuellement par tous les membres de l'assemblée entre les mains du président. On commence le scrutin par la nomination des scrutateurs (1).

L'après-midi, ce scrutin est continué et dépouillé. Il y a 182 votants. Sont élus : Joseph Zangiacomi, notable, Jean-Hyacinthe Gilbault, François-Clément Bastien, rentier.

On procède à l'élection des cinq électeurs. Chaque citoyen, avant de voter, prononce : *Je le jure,* en regardant la formule placée près de l'urne : ceux qui n'étaient pas présents à la séance du matin prêtent en outre le serment de liberté et d'égalité.

Le 27 août, à 8 heures du matin, on continue le scrutin, qui est clos à 9 heures. Il y a 206 votants. Sont élus :

Joseph ZANGIACOMI fils, procureur de la commune, 122 voix ;
Charles-Joseph GORMAND, docteur-médecin, 112.

On procède aussitôt au second tour de scrutin.

L'après-midi, à 2 heures, ce scrutin continue et il est fermé à 3 heures. Il y a 118 votants : aucun citoyen n'obtient la majorité absolue et l'on procède au troisième tour. A 6 heures, le scrutin est clos. Il y a 101 votants. Sont élus :

Joseph HENRION, négociant au Mont-de-Piété, 74 voix ;
Joseph ZANGIACOMI père, notable, 72 ;
Jean-Joseph LELONG, dit DESRIVAGES fils, négociant, 71.

4e SECTION

Le 26 août 1792, les citoyens de la 4e section de la ville de Nancy se sont réunis en assemblée primaire dans une des salles de la maison commune. Le bureau d'âge est formé de Jacques

---

(1) Il faut noter que cette section, ainsi que la 4e, la 6e, la 7e et la 9e, ne nomment pas leur bureau par un seul tour de scrutin. L'article 10 de la loi du 12 août fut interprété de façon différente.

Beaulieu, président ; Pierre-Laurent Regnier, décoré de la croix de Saint-Louis, Charles-Nicolas Mulnier, orfèvre et Gérard-Paul Trailin, vicaire épiscopal, scrutateurs. Jean-François Renault, administrateur du directoire du district, est appelé à faire les fonctions de secrétaire.

On lit les pièces voulues et l'on procède à l'élection du bureau définitif à la pluralité relative et au scrutin individuel. On décide aussi de nommer comme vice-président celui qui réunirait le plus de voix après le président¹. Pour la présidence, sur 47 votants, est élu Jean-François Renault avec 21 voix : Jean-François Poirson, officier municipal, qui en a obtenu 13, est nommé vice-président. Pour le secrétariat, sur 56 votants, François Nicolas, vicaire épiscopal, est désigné par 18 voix. Président et secrétaire justifient à l'assemblée qu'ils ont prêté le serment civique et prêtent celui de liberté et d'égalité. Tous les citoyens présents jurent individuellement le même serment.

A l'élection pour les scrutateurs, votent 92 citoyens. Sont élus, Trailin, vicaire (32 voix) ; Pierre-Laurent Regnier (29) ; Charles-Nicolas Mulnier (25). Les scrutateurs prêtent le serment voulu. Les citoyens présents n'ayant pas encore prêté le serment de liberté et d'égalité sont invités à le faire. On procède à la nomination des quatre électeurs ; chaque votant prête le serment prescrit par la loi du 28 mai 1790. Il y a 91 votants. Est élu :

Jean-François RENAULT, administrateur du district, 47 voix.

L'après-midi, il est procédé au second tour de scrutin. Il y a 143 votants : mais aucun citoyen ne réunit la majorité absolue. On procède au troisième tour. Il y a 67 votants. Sont élus :

Jean-François POIRSON, officier municipal, 43 voix ;
Luc-François LALANDE, évêque, 31 ;
François NICOLAS, vicaire épiscopal, 25.

Le 27 août, il est donné lecture aux citoyens de la lecture du présent procès-verbal et l'assemblée est déclarée dissoute.

5ᵉ SECTION

Le 26 août 1792, les membres composant la cinquième assemblée primaire se réunissent à l'Université, assemblés par le son de la cloche, en vertu d'une convocation faite par le procureur syndic du district en date du 18, publiée, affichée et lue aux messes paroissiales.

Le bureau d'âge est formé de Jean-Claude Fontaine, président; Jean-Baptiste Voirin, Jean Doré et Nicolas Martin, scrutateurs. Sébastien-Nicolas Morin a été nommé secrétaire provisoire. Il est donné lecture des pièces nécessaires et l'on procède à l'élection du bureau définitif par un seul scrutin et à la pluralité relative. Sont nommés : président, Charles Richier, curé de Saint-Sébastien ; secrétaire, Sébastien-Nicolas Morin ; scrutateurs, Louis Antoine, Charles-Alexandre Jeanroy et Jean Hasselot. Rey père, Jean-Baptiste Voirin et Joseph Mourquin, qui ont obtenu ensuite le plus de voix, sont nommés scrutateurs suppléants.

L'après-midi, les président, secrétaire et scrutateurs prêtent le serment décrété par l'article 12 de la loi du 12 août et l'on procède par liste simple à l'élection des cinq électeurs. Tous les citoyens dans le cas de l'article 2 exhibent l'extrait des registres de l'administration du district portant acte de la prestation de leur serment civique : puis tous les membres prêtent le serment de liberté et d'égalité et celui porté au décret du 28 mai 1790 inscrit sur un carton placé devant l'urne. A 6 heures, le scrutin a été déclaré fermé. Sur 183 votants, est élu :

Charles Richier, curé de Saint-Sébastien, 103 voix.

Le 27 avril, à 9 heures du matin, il est procédé à un second tour de scrutin. Les citoyens renouvellent individuellement le serment de liberté et d'égalité, celui exigé par la loi du 28 mai 1790 : et ceux des citoyens qui n'avaient pas encore paru à l'assemblée ont exhibé leur attestation de leur prestation de serment civique.

A midi, le scrutin est déclaré fermé. Sur 108 votants, sont élus :

Charles-Alexandre Jeanroy, négociant, 71 voix ;
Jean-Baptiste Ferry, juge de paix, 62 ;
Sébastien-Nicolas Morin, assesseur de juge de paix et notable, 62.

Il reste à nommer un cinquième électeur à la pluralité relative.

L'après-midi, on procède à cette élection, suivant le même mode que précédemment. A 6 heures, le scrutin est clos. Il y a 91 votants. Est élu :

Louis Antoine, marchand commissionnaire.

Le président invite les électeurs à se rendre à Lunéville, lieu fixé par la loi du 12 et en exécution de l'article 8 de la même loi pour le 2 septembre, afin d'y procéder à l'élection des électeurs à la Convention nationale, l'assemblée leur donnant à cet effet tout pouvoir. L'assemblée primaire est dissoute; double procès-verbal est dressé, l'un pour être remis au greffe du district, l'autre aux électeurs pour leur servir de pouvoir.

6e Section

Le 26 août 1792, à 8 heures du matin, les citoyens composant la 6e section se sont réunis dans une des salles des ci-devant Bénédictins, lieu ordinaire de leurs séances. M. Rollin, curé de la paroisse de Saint-Nicolas, ex-président, ouvre la séance et donne lecture des pièces. Cette lecture faite, le même M. Rollin, reconnu comme doyen d'âge, a continué d'occuper le bureau en qualité de président. MM. Mariotte, Laroche et Christophe sont scrutateurs provisoires, l'un d'eux faisant les fonctions de secrétaire. On procède par la voix du scrutin et à la pluralité relative, à la nomination du président. Sur 96 votants, Rollin réunit 91 voix. Puis est nommé secrétaire, M. Michel, maître de pension, par 55 voix sur 92 votants. Président et secrétaire prêtent le serment ordonné par la loi du 12 août. La nomination des scrutateurs est déclarée nulle, parce qu'il s'est trouvé plus de billets dans l'urne que de votants inscrits : les billets sont déchirés.

L'après-midi, on recommence le scrutin pour l'élection des trois scrutateurs. Sur 61 votants sont élus : Mariotte (43 voix); Lucion (37); Laroche (31). Après avoir prêté le serment entre les mains du président, ils ont pris place au bureau. On passe à la nomination des trois électeurs. Chacun des votants, obligé par la loi du 12 août, justifie de sa prestation du serment civique, en montrant l'attestation du district; les autres citoyens non sujets à cette loi prêtent le serment de liberté et d'égalité ainsi que celui déposé sur le bureau de choisir, en leur âme et conscience, etc. Il y a 159 votants. Sont élus :

Charles-François ROLLIN, curé de Saint-Nicolas, 126 voix;
Jean-François MICHEL, maître de pension, 96.

La séance est levée à 8 heures.

Le 27 août, au matin, il est procédé à un second scrutin

pour la nomination du troisième électeur. Il y a 96 votants.
Est élu :

Claude Lucion, négociant, 75 voix.

L'après-midi, à 1ʰ 30, les citoyens se rassemblent de nouveau.
On lit le procès-verbal de la dernière séance : un membre fait
observer qu'on n'a pas fait mention du serment individuel prêté par
les votants en déposant leurs bulletins dans l'urne (1). La section
décide de faire connaître aux autres le résultat de ses élections.

7ᵉ Section

Le 26 août 1792, les citoyens de l'assemblée primaire, âgés de
vingt et un ans, domiciliés depuis un an dans le canton, vivant
de leur revenu ou du produit de leur travail, et n'étant pas en
état de domesticité, se sont assemblés dans une des salles du
collège. Le bureau d'âge est formé de Jean-Nicolas Fallois,
président; Jean-Baptiste Mython, Jean-Nicolas Meget et Jean-
Baptiste Hequette, scrutateurs. François Jacquemin fait l'office
de secrétaire.

On donne lecture des documents nécessaires et l'on procède
à l'élection du président, à la pluralité relative des suffrages.
Louis Demangeot, administrateur du directoire du département,
est nommé par 76 voix sur 135 votants. On procède à l'élection
du secrétaire. Il n'y a que 34 votants; Jean-Pierre Demange,
officier municipal, est élu par 9 voix.

A 2 heures de relevée, le président et le secrétaire prêtent le
serment de liberté et d'égalité et tous les membres de l'assemblée
font le même serment entre les mains du président. On procède
à l'élection des trois scrutateurs. Sont nommés Gorgon Suisse,
Nicolas Sibien, François Jacquemin ; Louis Rorcourt, Jean-
Nicolas Fallois et Joseph Bailly, qui ont obtenu le plus de voix
après eux, sont nommés scrutateurs suppléants. Les uns et les
autres prêtent le serment de remplir leurs fonctions avec probité
et de garder le secret.

Le président propose à l'assemblée de revêtir ses représentants
à la Convention nationale d'une confiance illimitée ; cette proposition est adoptée à l'unanimité.

On procède à la nomination de trois électeurs par la voie du

---

(1) Pour l'élection de M. Lucion.

scrutin de liste simple. Les votants prêtent le serment d'usage; ils sont au nombre de 140. Personne ne réunit la majorité absolue et l'on procède à un second tour.

Le 27 août, au matin, le scrutin est continué et dépouillé. Il y a 94 votants. Sont élus :

Gorgon Suisse, négociant et assesseur du juge de paix du canton du Midi, 70 voix ;

Louis Demangeot, administrateur du directoire du département, 63.

On procède à un troisième tour de scrutin.

L'après-midi, le vote est continué et le scrutin dépouillé. Il y a 36 votants. Est élu :

Louis Roncourt, rentier et assesseur du juge de paix du canton du Midi, 14 voix.

8ᵉ Section

Le 26 août 1792, Alexandre Ferry, nommé commissaire par le directoire du district de Nancy pour procéder à l'ouverture de la huitième assemblée primaire réunie à la ci-devant Mission, a annoncé l'objet pour lequel les citoyens étaient assemblés et a fait procéder à la lecture des pièces. Le bureau d'âge est ensuite constitué par Alexandre Ferry, président; Martin, Delmont et Lhuillier, scrutateurs. On passe à l'élection du bureau définitif par un seul scrutin. Sur 73 votants sont élus : Georges Alexandre (31 voix), président; Jean-Nicolas Barbier (26), secrétaire ; Christophe-Thomas Martin (32), Joseph Rolin (27), Jean-Baptiste Tisserand (27), scrutateurs.

A 3 heures, le président, le secrétaire et les scrutateurs prêtent le serment de liberté et d'égalité et le président reçoit le même serment de chacun des votants. On passe au scrutin qui réunit 116 votants. Mais aucun citoyen ne réunit la majorité absolue (1).

Le 27 août, au matin, on procède au second tour de scrutin qui réunit 103 votants. Personne ne réunit la majorité absolue.

_____

(1) Jean-Baptiste Tisserand avait obtenu 28 voix et Blaise, cultivateur, 18. L'assemblée avait cru un instant que cette majorité relative suffisait ; mais elle s'est aperçue de l'erreur et le procès-verbal a été corrigé.

L'après-midi, on procède au troisième tour avec 90 votants. Sont élus :

> Jean-Baptiste TISSERAND, marchand au faubourg Saint-Pierre, 42 voix ;
> Nicolas-François BLAISE, cultivateur, 22.

L'assemblée primaire, réunie pour entendre les résultats du scrutin, a revêtu les électeurs élus par elle de la confiance illimitée, confiance qu'ils devront léguer aux représentants à la Convention nationale.

9ᵉ SECTION

Le 26 août 1792, à 8 heures, la 9ᵉ section du canton de Nancy, composée des communautés de Pixérécourt, Malzéville, Saint-Max, Dommartemont, Essey, Seichamps, Pulnoy, Saulxures et Tomblaine, s'est réunie dans l'église paroissiale d'Essey, chef-lieu de ladite section.

Le bureau d'âge est formé de Deville, de Malzéville, président ; Nicolas Beaucourt, de Malzéville, secrétaire ; François Étienne, jardinier à Essey, Pierre Maire, ci-devant tiercelin, résidant à Tomblaine, et Nicolas Bouttequoi, de Saint-Max, scrutateurs. Le procureur de la commune d'Essey remet au président les pièces nécessaires. On procède par un scrutin individuel à l'élection du président. Est nommé : François-Xavier Masson, curé d'Essey et Tomblaine.

L'après-midi, il est procédé à la nomination du secrétaire. Nicolas Bertrand, cultivateur, est élu. Le président et le secrétaire, aux termes de l'article 2 de la loi du 12 août, ont justifié à l'assemblée qu'ils avaient prêté le serment civique ; ensuite ils ont prêté celui de la liberté et de l'égalité. Il est procédé à l'élection des trois scrutateurs. Sont nommés : Burguet, curé de Saulxures, Claude Miston, capitaine de la garde nationale à Malzéville, Joseph Dron, charron à Tomblaine. Le président reçoit d'eux le serment ci-dessus, après qu'ils ont justifié de la prestation du serment civique. Il a ensuite prononcé distinctement les mêmes serments à prêter par tous les membres de l'assemblée ; après quoi, chacun s'est rendu près du bureau à l'appel nominal et a dit à intelligible voix : *Je le jure*. Le président a ensuite fait lecture de la formule de serment porté par l'article 4 du décret du 28 mai 1790 dont la formule a été écrite en gros caractères à côté de l'urne et chaque votant, en apportant son bulletin, prononce : *Je le jure*. Le scrutin est fermé et dépouillé. Sur 120 votants, est élu :

Claude Miston, capitaine de la garde nationale, 64 voix.

Le 27 août, à 6 heures du matin, il est procédé à un second tour de scrutin. Il y a 118 votants. Sont élus :

Pierre-François LAURENT, maire à Seichamps, 66 voix ;
François-Xavier MASSON, curé d'Essey et Tomblaine, 62 ;
Sigisbert JEANDEL, de Tomblaine, administrateur du district. 60.

Il restait à élire un cinquième électeur, entre Burguet et Léopold Bidot, habitant de Malzéville. Sur 75 votants, est élu :

Jean-Joseph BURGUET, curé de Saulxures, 59 voix.

10ᵉ Section

Le 26 août 1792, les citoyens français composant les municipalités de Vandœuvre, Houdemont, Heillecourt, Jarville, Fléville, Maxéville, Laxou et Villers, formant la 10ᵉ section du canton de Nancy, se sont réunis, sur les 9 heures du matin, au son de la cloche, en l'église paroissiale de Vandœuvre, chef-lieu de la section. Le bureau d'âge est formé de Joseph Richard, de Vandœuvre, président ; Sébastien Méa, Sébastien Revon, de Vandœuvre, Claude Nicolas, de Villers, scrutateurs. Claude Guérin, de Vandœuvre, est désigné pour faire les fonctions de secrétaire. Il est donné lecture des pièces nécessaires. M. le président, après avoir prêté et reçu de l'assemblée le serment de liberté et d'égalité, a annoncé qu'on allait procéder par un seul scrutin à l'élection du bureau définitif. Chacun des citoyens présents ayant justifié de la prestation du serment civique, il a été remarqué qu'il ne se présentait point de jeunes citoyens à admettre nouvellement à la prestation de ce serment, pour la raison que tous s'étaient portés volontairement sur les frontières pour la défense de la patrie. Il y a 133 votants ; sont nommés, à une grande majorité, Claude Durival, d'Heillecourt, président ; Claude Guérin, secrétaire ; Pierre Mengin, François Verlet, de Vandœuvre, François Villard, de Villers, scrutateurs.

A 3 heures, le président remercie l'assemblée du témoignage de sa confiance, prête et reçoit le serment au cas requis et ouvre le scrutin individuel pour la nomination du premier électeur (1). Au premier et au second tour, personne ne réunit la majorité absolue. Au troisième tour, Sébastien Méa et Claude Durival restent en concurrence. Est finalement élu :

Sébastien Méa, maire de Vandœuvre.

On passe au scrutin pour la nomination du second électeur. Au troisième tour, restent en concurrence Durival et Mauvais ; est finalement élu :

Nicolas Mauvais, curé de Villers.

Le 27 août, à 7 heures du matin, le bureau ne trouve qu'une partie des citoyens présents la veille ; aussi les opérations sont suspendues jusqu'à 8ʰ3o. Puis on ouvre le scrutin pour le troisième électeur ; au deuxième tour, est élu à la presque unanimité :

Claude Durival, de Heillecourt, président de l'administration du district.

Pour la quatrième place, est nommé au deuxième tour :

Christophe Poirot, vicaire épiscopal.

Pour la cinquième place, est nommé au deuxième tour :

François Villard, de Villers-les-Nancy.

(*Procès-verbaux originaux.* **A. D.**, *L. 1520* [*ce sont les procès-verbaux déposés au greffe du district*]; *duplicata ou extraits L. 201* [*ce sont les pouvoirs donnés aux électeurs*]. *Liste des élus. L. 203.*)

XXIII

ASSEMBLÉE ÉLECTORALE DU DÉPARTEMENT

Élection des députés à la Convention nationale

Lunéville (2-7 septembre 1792)

Le nombre de députés à élire pour le département de la Meurthe fut toujours de huit et de trois suppléants. Aucune condition de cens n'était plus imposée pour l'éligibilité (Cf. *supra*, p. 154). Suivant le

(1) A noter que dans toutes les autres sections ce scrutin avait eu lieu par liste.

vœu émis par l'assemblée électorale le 6 septembre 1791, il fut décidé que les électeurs se réuniraient à Lunéville et qu'ensuite les lieux des assemblées seraient Blâmont, Sarrebourg, Dieuze, Château-Salins, Pont-à-Mousson, Toul et Vézelise.

Le 25 août 1792, la Législative décréta que les assemblées électorales, qui allaient procéder à l'élection des membres de la Convention, nommeraient deux nouveaux hauts jurés par département. Tous les membres de la législature qui avaient rempli les fonctions de juré d'accusation à l'égard des accusés détenus dans les prisons de la Haute Cour nationale étaient exclus de la nouvelle élection des hauts jurés. Ce décret arriva trop tard dans le département de la Meurthe, pour que l'assemblée du 2 septembre pût procéder à cette élection des hauts jurés : les électeurs furent convoqués une deuxième fois; mais la nouvelle assemblée passa pour la suite de la précédente et eut lieu aussi à Lunéville.

Le 2 septembre 1792, l'an IV de la Liberté et le 1er de l'Égalité, à Lunéville, dans l'église paroissiale de Saint-Jacques, s'est réunie l'assemblée électorale pour procéder au choix des députés à la prochaine Convention nationale.

Christophe Planchenault, rentier, électeur du district de Lunéville, préside : Joseph-Alexis Dauphin, du district de Pont-à-Mousson, Hubert Thiébaux, du même district, François Ga, maire de Moyen, sont scrutateurs : Jean-Baptiste Salle, administrateur du directoire du département, est invité par le président à faire les fonctions de secrétaire.

Le président a annoncé que la première fonction à faire était la vérification des pouvoirs. Il est décidé que les électeurs se distribueraient par districts; que chaque district nommerait trois commissaires pris dans son sein, qui se réuniraient autour du bureau; que le président distribuerait ces commissaires en neuf commissions de trois membres chacune; que chaque commission vérifierait les pouvoirs d'un district. Les neuf commissions siégeraient dans des parties de l'église, chœur, premier collatéral à droite, premier collatéral à gauche, etc.

M. l'évêque Lalande, électeur présumé du district de Nancy, étant entré, a proposé d'invoquer l'Être suprême avant de commencer aucune opération. Cette proposition ayant essuyé quelques débats fondés sur la crainte de retarder les élections, le président a consulté l'assemblée. Elle a décidé que la proposition de M. l'évêque serait adoptée. M. le président a, en conséquence, suspendu la séance, en annonçant qu'elle serait continuée immédiatement après la cérémonie religieuse.

A la reprise, l'assemblée se divise en bureaux pour la vérification des pouvoirs. Quelques instants après, les commissaires se présentent au bureau et annoncent que leur tâche est remplie et qu'ils sont prêts à faire rapport à l'assemblée. L'assemblée fait distribuer 600 exemplaires du tableau des électeurs. Les élections des neuf districts sont reconnues régulières, sauf celles d'une des sections de la ville de Nancy et du canton d'Allamps, district de Toul, dont les électeurs, ne s'étant pas présentés, n'ont pu être vérifiés et encore à l'exception de celles des électeurs présumés du canton de Dieulouard, district de Pont-à-Mousson. L'assemblée valide en bloc toutes les autres élections et déclare qu'elle se constitue en assemblée électorale du département de la Meurthe.

On examine les élections de Dieulouard. L'assemblée primaire de ce canton a donné à ses électeurs des pouvoirs restrictifs (1). Peut-on les admettre dans ces circonstances ? La discussion est ouverte et l'on autorise les électeurs présumés de Dieulouard à rester dans l'assemblée pour répondre. La discussion est très animée et finalement l'assemblée, considérant qu'il est de l'essence d'une convention nationale d'avoir des pouvoirs illimités, que toute restriction est dès lors une opinion marquée contre la formation de la Convention et qu'il en résulte une impossibilité absolue d'y concourir, a décidé que les électeurs présumés de Dieulouard ne seront pas admis : qu'ils seront renvoyés à leur assemblée primaire avec faculté de la faire convoquer, s'ils le jugent à propos, par le directoire du département qui ne pourra s'y refuser, à l'effet d'obtenir d'elle de nouveaux pouvoirs et que néanmoins l'assemblée continuera ses opérations, vu sa grande majorité.

Le président fait l'ouverture d'un paquet à l'adresse de l'assemblée électorale ; il contient la loi des 11-12 août, et l'exposé des motifs pour lesquels l'Assemblée nationale a prononcé la suspension du pouvoir exécutif dans les mains du Roi (2). D'autres paquets à l'adresse du président contiennent des lois électorales, une adresse des amis de la Constitution de Paris sur la nécessité

---

(1) Voici le passage du procès-verbal de l'assemblée primaire, réunie à Dieulouard, qui fit exclure de l'assemblée secondaire les six électeurs de ce canton : « M. le président (Jean Malglaive, curé) a observé à l'assemblée qu'elle était invitée à revêtir ses représentants d'une confiance illimitée ; elle a répondu à la très grande majorité et presque à l'unanimité que la confiance et les pouvoirs qu'elle donnait à ses représentants étaient illimités, *pourvu que la Constitution soit conservée.* » L'assemblée de Dieulouard s'était ainsi déclarée royaliste.

(2) Cette *Exposition* est imprimée dans une plaquette de 17 pages in-8°, Paris, de l'Imprimerie Nationale, n° 6.

de faire de bons choix (1), ainsi qu'un tableau comparatif des différents appels nominaux qui avaient été faits à l'Assemblée législative et qui pouvaient faire connaître aux électeurs les bons et les mauvais citoyens de cette assemblée. L'assemblée a reçu avec reconnaissance cet envoi. Il a été proposé de distribuer les cartes d'électeurs et les listes imprimées; on a décidé qu'elles seraient remises en nombre suffisant à un commissaire de chaque district, qui les distribuerait aux électeurs.

L'après-midi, il est décidé qu'on donnera aux électeurs non admis du canton de Dieulouard un extrait du procès-verbal en ce qui les concerne. L'assemblée décide que les électeurs se placeraient par districts, et que l'ordre en serait tiré au sort : un membre avait pourtant proposé que les électeurs, appartenant au département, auraient dû se confondre. Les districts sont placés dans l'ordre suivant: Vézelise, Sarrebourg, Château-Salins, Pont-à-Mousson, Lunéville, Toul, Nancy, Blâmont et Dieuze.

Le président annonce que le procureur syndic du district de Lunéville annonce l'envoi de la proclamation du Conseil exécutif provisoire du 25 août (2) et d'un acte du Corps législatif, relatif à la Convention nationale, du 26 (3).

On procède à la formation du bureau définitif. On discute sur le mode de scrutin; mais la question préalable est votée et le président a annoncé que chaque électeur inscrirait cinq noms sur

---

(1) *Adresse aux habitans des quatre-vingt-trois départemens, lue à la tribune des Jacobins le 19 août 1792, l'an IV de la Liberté*, par M. BRIVAL, *député à l'Assemblée législative et membre de la société*, Paris, chez G.-F. Galletti, 12 pages in-8°.

(2) Cette proclamation, consignée dans les registres du département de la Meurthe le 1er septembre 1792 et imprimée sous le n° 1560, porte la signature des membres du Conseil exécutif provisoire, Roland, Servan, Clavière, Danton, Monge et Lebrun. Elle est toute vibrante de patriotisme. Elle donne des conseils généraux sur le choix à faire : « Le triple ascendant d'un talent recommandable, d'une âme forte, d'une vie sans reproche, voilà ce que doit réunir l'homme assez heureux pour que vous le jugiez digne de vous représenter dans ce temps de gloire, mais de péril. » Elle signale les dangers extérieurs : « Les périls s'augmentent; nos ennemis préparent et vont porter les derniers coups de la fureur. Maîtres de Longwy, menaçant Thionville, Metz et Verdun, ils veulent se frayer une route jusqu'à Paris; ils peuvent y venir. Quel est celui d'entre vous dont l'âme indignée ne s'élève fièrement à cette idée, avec le juste sentiment de ses forces?... Soyez unis et calmes, délibérez sagement sur vos moyens de défense, développez-les avec courage, et le triomphe est assuré. »

(3) Consigné sur les registres du département le 31 août et imprimé sous le n° 1556. Des adresses circulaient tendant à empêcher que la Convention nationale ne se tînt à Paris. Sur la proposition d'un membre, les députés de la Législative jurèrent de ne pas quitter leur poste à Paris avant d'être remplacés par les membres de la Convention nationale. L'acte est signé de Servan et contre-signé de Danton.

son bulletin, en indiquant le président, le secrétaire et les scrutateurs : les trois citoyens qui obtiendraient après eux le plus de voix seraient nommés scrutateurs suppléants. L'appel nominal est fait : chaque électeur écrit son bulletin sur le bureau et le dépose ostensiblement dans l'urne, après avoir prêté le serment de choisir en son âme et conscience.

Les électeurs présumés du canton d'Allamps se sont présentés, ont déposé le procès-verbal de leur élection qui a été reconnu en règle : ils sont admis. Le vote est suspendu à 8 heures.

Le 3 septembre, se sont présentés les électeurs de la section de Nancy qui n'étaient pas encore venus; leurs pouvoirs sont reconnus en règle, et ils sont admis.

L'appel nominal continue, puis le président déclare le scrutin fermé. Il propose de former pour le dépouillement trois bureaux composés d'un président, de trois scrutateurs et de deux secrétaires. Le second bureau sera présidé par Joseph Mangeon, administrateur du département, avec Jean-Baptiste Tisserand, de Nancy, et Jean-Baptiste Febvé comme secrétaires; Joseph-Alexis Dauphin, de Han, Nicolas François, directeur du district de Blâmont, Grégoire-Louis Müller, juge de paix de Hommert, comme scrutateurs. Le troisième bureau sera formé de Jean Delinger, forestier à Niederviller, président; Athanase Guibaut, greffier du juge de paix à Blainville et Jean Mangin, officier municipal à Pont-Saint-Vincent, secrétaires; Hubert Thiébaux, cultivateur à Moulon, Sébastien Messieux, maire de Bréhain, Joseph Arnould à Tramont-Saint-André, scrutateurs. Au premier bureau seront adjoints Nicolas Durand, greffier à Moyen, secrétaire ; Hubert-Antoine Billecard, maire de Dieuze, et Antoine Willemin, juge du tribunal de Pont-à-Mousson. Adopté.

Du scrutin dépouillé il résulte qu'est nommé président par 384 voix — nombre supérieur même à la majorité absolue — Luc-François Lalande, évêque du département; il a pris le fauteuil et prononcé un discours plein de civisme et d'énergie pour déclarer son acceptation et témoigner sa reconnaissance à l'assemblée. Le même scrutin a donné la pluralité relative à Jean-Baptiste Salle, administrateur du directoire du département, pour la place de secrétaire. Puis ont été nommés scrutateurs : Charles Regneault, président du tribunal du district de Blâmont, Pierre Collombel, maire de Pont-à-Mousson, Joseph-Alexis Dau-

phin, administrateur du département. Et sont nommés scrutateurs adjoints : Dominique Jacob, maire de Toul, Antoine Willemin, juge du tribunal du district de Pont-à-Mousson et Victor
Nicolas Mourer, secrétaire greffier du district de Sarrebourg.

A 2 heures, le secrétaire donne lecture d'une lettre du président provisoire, Christophe Planchenault. Les sentiments patriotiques exprimés ont provoqué des applaudissements unanimes, et
l'assemblée a voté par acclamation des remerciements au doyen
d'âge. On a fait observer que quelques étrangers s'étaient glissés
dans la salle d'assemblée ; il a été arrêté que tous les électeurs
se classeraient par district, afin que chacun pût être reconnu
aisément de ceux de sa région. La vérification faite, le président et le secrétaire ont prêté le serment de maintenir la liberté
et l'égalité ou de mourir en les défendant. Les scrutateurs et
leurs trois suppléants ont prêté le même serment et ont juré, en
outre, de remplir fidèlement leurs fonctions et de garder le secret.

L'assemblée a réglé que chacun de ses membres prêterait individuellement le serment de maintenir la liberté et l'égalité ou de
mourir en les défendant, lorsqu'il apporterait dans l'urne son
bulletin d'élection.

Après une acclamation patriotique pour la prospérité de l'empire français, on a commencé l'appel nominal pour l'élection du
premier député. Dans le cours de l'appel, le conseil général du
district de Lunéville s'est présenté et, après avoir offert à l'assemblée son hommage et ses félicitations, il l'a conjurée au nom de
la patrie de donner à la Convention nationale des députés dignes
de l'importante mission qui leur sera confiée. Le président leur
a répondu que l'assemblée ne perdrait jamais de vue cette
vérité, que le salut de l'empire devant être désormais dans les
mains des représentants du peuple, elle encourrait la plus
effrayante responsabilité. si les choix ne répondaient pas à l'attente de la nation. L'assemblée décide de reconduire le conseil
général.

Le scrutin est déclaré clos. Il y a 512 votants ; est élu premier
député :

> Jean-Baptiste SALLE, administrateur du département,
> 410 voix ;

Il remercie, accepte et renouvelle son serment.

Le 4 septembre, au matin, on ouvre le scrutin pour la place

du deuxième député. Nicolas Daubligny, gendarme national, électeur du canton de Flirey, district de Pont-à-Mousson, a fait savoir qu'il vient de recevoir une lettre du ministre de la guerre lui enjoignant de se rendre à son poste pour, conjointement avec ses camarades, choisir les deux gendarmes nationaux de sa brigade qui doivent marcher à l'ennemi; que, s'il ne consultait que son vœu particulier, il briguerait l'honneur d'un tel choix et se hâterait d'obéir au ministre; mais, qu'étant électeur, il appartenait à l'assemblée, qui seule pouvait disposer de lui, et qu'il demandait ses ordres. L'assemblée, applaudissant à son civisme, a décidé qu'il en serait fait mention honorable dans son procès-verbal et qu'elle lui permettait de se rendre à son poste. Le scrutin a été déclaré clos. Il y a 506 votants. Est élu:

René-Auguste MALLARMÉ, de Pont-à-Mousson, député actuel de la Meurthe, 352 voix.

L'assemblée, après avoir manifesté sa satisfaction par des applaudissements réitérés, a chargé son président d'écrire à M. Mallarmé pour lui apprendre le témoignage éclatant d'estime qu'elle venait de lui donner et solliciter son acceptation.

On commence l'appel pour la troisième élection. À ce moment, le tribunal du district demande à être admis à la séance. L'appel est suspendu, et le tribunal, introduit, après avoir protesté de son civisme et prêté le serment de maintenir la liberté et l'égalité ou de mourir en les défendant, a félicité l'assemblée électorale des sentiments patriotiques et généreux qu'elle manifestait et s'en est reposé sur sa sagesse des choix importants qu'elle avait à faire. Le président remercie; la satisfaction de l'assemblée s'est exprimée par des applaudissements réitérés. L'appel continue; le scrutin est clos. Sur 508 bulletins, est élu:

LEVASSEUR, député à la Législative actuelle, 259 voix.

Le président est chargé de lui annoncer son élection et de lui demander son acceptation.

Le 4 septembre au soir, la séance est ouverte. Les officiers du 10e bataillon de la Meurthe ont été introduits dans l'assemblée; ils ont témoigné leur sollicitude sur le sort de la France, sur celui du département en particulier, plus immédiatement menacé par l'ennemi, et après avoir offert leurs hommages et leurs félicitations à l'assemblée, ils ont juré de se rallier autour des représentants que la France nommait dans cet instant, et de mourir plutôt que cesser d'être libres.

Le président les a remerciés ; ils sont sortis au milieu des applaudissements universels.

Le conseil général de la commune de Lunéville, ayant été également introduit, a témoigné les mêmes sentiments ; il a reçu le même accueil et il a été également reconduit au milieu des applaudissements.

Le scrutin a été continué, terminé et clos. Il y a eu 519 votants. A été élu :

> Étienne MOLLEVAUT, membre du tribunal de cassation, 415 voix.

Le président a été chargé de lui demander son acceptation.

Le scrutin est ouvert pour la cinquième élection ; mais la majorité n'est acquise à personne.

Le mercredi 5 septembre, au matin, on passe au second tour de scrutin qui ne donne aucun résultat. Le troisième tour doit prononcer entre Germain Bonneval et Charles Regneault, président du tribunal de Blâmont. Est définitivement élu :

> Germain BONNEVAL, député à l'Assemblée législative, 415 voix

contre 185 à Charles Regneault. Le président est chargé de demander son acceptation. La garde nationale de Lunéville s'est présentée et a offert à l'assemblée électorale des félicitations et l'hommage de son respect. Le président répond aux applaudissements de l'assemblée.

Sur la motion faite d'envoyer une députation aux différents corps qui sont venus visiter l'assemblée, il a été arrêté que cette députation aurait lieu et serait composée de neuf électeurs désignés par leurs districts respectifs. Les commissaires sont désignés sur-le-champ : Louis Laplante, juge du tribunal de Blâmont ; Joseph Caborel, marchand à Château-Salins ; François-Dagobert Pariset, juge du tribunal de Dieuze ; Joseph Apté, officier municipal de Baccarat ; Louis Boissier, commandant du 8e bataillon de la légion de Nancy ; François Empereur, administrateur du district de Pont-à-Mousson ; Pierre-Clément Colle, juge de Sarrebourg ; Joseph Aubry, curé de la paroisse de Saint-Étienne de Toul ; Jean-François-Xavier Salle, maire de Vézelise. La députation est sortie pour s'acquitter de sa mission.

On reprend l'appel nominal pour l'élection du sixième député.
La députation revient et rend compte de l'accueil distingué
qu'elle a reçu. Le scrutin dépouillé ne donne aucun résultat; le
second tour est également infructueux. Le troisième tour doit
avoir lieu entre le président et Charles Regneault. Sur 453 votants
est élu :

> Luc-François LALANDE, évêque du département, 268 voix.

Il accepte avec reconnaissance.

On procède à l'élection du septième député. Deux tours de
scrutin ne donnent aucun résultat; le troisième tour doit avoir
lieu entre Pierre Michel et Charles Regneault. L'assemblée qui,
dans le désir de terminer promptement ses opérations, avait
tenu séance sans désemparer jusqu'à 7 heures du soir, a manifesté le vœu de rester en permanence jusqu'à la fin des élections.
Cette proposition est adoptée.

Le troisième tour de scrutin est dépouillé ; sur 458 votants est
élu :

> Pierre MICHEL, juge du tribunal du district de Château-
> Salins, 306 voix.

Il est donné lecture d'une lettre du procureur syndic du district de Lunéville, demandant l'envoi du contrôle des électeurs,
pour l'ordonnancement des paiements. Il est décidé que le secrétaire signerait ce contrôle.

Plusieurs membres, prévoyant les inconvénients qu'il pourrait
y avoir à passer la nuit, les ont fait sentir à l'assemblée et ont
demandé le rapport de l'arrêté qui l'avait déclarée permanente.
L'assemblée est revenue à cet avis et la séance est ajournée au
lendemain.

Le 6 septembre, la séance s'est ouverte à 5 heures du matin.
Il est donné lecture d'une lettre de Levasseur, député à la Législative, par laquelle il annonce le zèle et l'empressement avec
lequel les Parisiens se portent à la frontière pour repousser les
ennemis : l'assemblée a applaudi avec enthousiasme ; elle a voté
l'impression de la lettre aux frais de chaque membre du corps
électoral, au nombre de 1.200 exemplaires (1).

_____

(1) Voici le texte de cette lettre :

> Paris, le 3 septembre 1792, l'an IV de la Liberté, I de l'Égalité.

« Messieurs et chers concitoyens. Hier à la nouvelle reçue du danger qui me-
nace Verdun et notre frontière, un cri d'alarme a retenti dans tout Paris ; le

Pierre Michel, député choisi à la séance de la veille, est monté à la tribune; il a déclaré son acceptation par un discours énergique et renouvelé son serment au milieu des applaudissements de l'assemblée.

Les deux premiers tours pour l'élection du huitième député ne donnent aucun résultat; le troisième tour doit avoir lieu entre Joseph Zangiacomi fils et Pierre Collombel, maire de Pont-à-Mousson.

Pendant que les scrutins se déposaient dans l'urne, un grand nombre de membres, s'étant aperçus que, contrairement à la loi, il existait encore des armoiries et autres signes de la féodalité dans le lieu des séances du corps électoral, se sont, par un mouvement spontané, portés vers ces trophées insultants et, n'écoutant que leur patriotisme et l'indignation que la caste nobiliaire a justement méritée des Français, ils se sont mis en devoir de les abattre. Le président, touché de l'irrégularité d'un tel mouvement, et rendant néanmoins justice aux sentiments qui le dirigeaient, est parvenu à se faire entendre. Il a demandé et obtenu, au milieu des applaudissements, que le corps électoral, justement scandalisé de l'existence de ces monuments, recourrait néanmoins aux voies régulières pour les faire enlever; en conséquence, il a proposé et l'assemblée a décidé qu'il serait envoyé une députation à la municipalité pour la requérir d'exécuter la loi qui ordonnait que les armoiries fussent détruites.

La députation s'est à l'instant transportée vers la municipalité, et, quelques moments après, elle a annoncé à l'assemblée que la municipalité allait sur l'heure satisfaire à son vœu, si elle le trou-

---

peuple s'est assemblé dans les sections; déjà dans le moment actuel 6.000 hommes bien armés sortent de Paris; d'ici à deux jours, il y aura plus de 60.000 hommes en marche, tant de Paris que des départements voisins. On a arrêté tous les chevaux de carrosses, cabriolets, montures de luxe; tout, à l'exception des chevaux relatifs à l'agriculture et au commerce, va renforcer nos armées. On a arrêté et saisi une multitude d'armes dans des dépôts cachés. Tout homme armé qui refusera de marcher ou de céder ses armes à celui qui marchera, est déclaré traître à la patrie et sera puni de mort.

« Courage, messieurs; notre cher et malheureux pays sera secouru. Si la trahison nous a conduits jusques sur les bords de l'abîme, s'il faut quelque temps pour en réparer les crimes et les perfidies de tout genre, qui nous livraient pieds et mains liés, le réveil est d'autant plus terrible, et la patrie est sauvée, parce que nous n'aurons pas désespéré de son salut. Que le peuple ne se laisse donc pas abattre dans le département; qu'il se lève au contraire tout entier; sa force sera dans son union. Qu'il sente, comme celui de Paris, toute la nécessité de cette seconde Révolution; qu'il connaisse bien tous ses ennemis; et nous triompherons, et ils seront tous exterminés. » A Lunéville, chez Messuy.

vait convenable. L'assemblée y ayant consenti, les travaux ont
été faits et terminés dans le cours même de la séance.

Pendant ce temps. le scrutin ayant été clos, les bulletins ont
été recensés; il s'en est trouvé 490. A été élu :

> Joseph Zangiacomi fils, procureur de la commune de
> Nancy, 248 voix.

Joseph Zangiacomi, appelé, dès la première séance du corps
électoral, à son poste de procureur pour des raisons graves,
n'étant pas de retour, un membre a proposé qu'il lui fût expédié
un exprès par le président, à l'effet de lui annoncer son élection.
Adopté.

Le président annonce que les élections pour les huit députés
sont terminées et qu'il reste à élire trois suppléants.

Au moment de dépouiller le scrutin, le conseil du district de
Lunéville est admis : son président a dit :

Messieurs, l'administration du district vient remercier le corps électoral du
choix distingué qu'il a fait de notre représentation nationale ; plus la brèche est
large et effrayante, et plus ils réuniront de zèle, de force et d'intelligence pour
la défendre et la réparer : nos cœurs suivront leurs efforts et nos bras s'élève-
ront pour les seconder. Comme bons loyaux Français, nous promettons toute
obéissance à la Convention nationale : nous lui promettons tous nos soins pour
faire fournir aux armées qui nous environnent les subsistances et tous les autres
secours que notre contrée pourra procurer. Allez, courageux défenseurs, allez
soutenir par votre sagesse et votre fermeté la liberté et l'égalité que, vous et
nous, avons juré de maintenir jusqu'à la mort.

De nombreux applaudissements ont couvert ce discours patriotique, et le président ayant répondu avec la même énergie, de
nouveaux applaudissements éclatent. On décide que le discours
du président du conseil du district sera inséré au procès-verbal.

On dépouille le scrutin pour l'élection des suppléants. Sur
493 votants, est élu :

> Pierre Collombel, maire de Pont-à-Mousson, 274 voix.

Le même jour, à 2 heures, il est procédé à l'élection du
deuxième député suppléant. Est élu, sur 474 suffrages :

> Victor-Nicolas Mourer, homme de loi, secrétaire du dis-
> trict de Sarrebourg, 273 voix.

Mourer témoigne sa reconnaissance à l'assemblée et accepte
sa nomination.

Au même instant, on est venu annoncer qu'un citoyen de cette ville, parrain de l'enfant d'un citoyen pauvre de la même ville, priait le président, évêque de ce département, de conférer, dans le sein même du corps électoral, le baptême à cet enfant. Le président a déféré à cette demande avec sensibilité et aux applaudissements de l'assemblée.

La cérémonie achevée, le président a observé à l'assemblée qu'il était instruit que le père de cet enfant était plongé dans l'indigence et que sa situation était d'autant plus digne d'exciter l'attendrissement de l'assemblée que c'était un citoyen honnête et déjà chargé d'une nombreuse famille. Aussitôt, les membres de l'assemblée se sont précipités à l'envi vers le bureau et y ont déposé chacun une offrande destinée au soulagement de cette famille : le montant a été de suite porté chez le père de l'enfant par un membre de l'assemblée.

Joseph Zangiacomi, huitième député du département à la Convention nationale, après avoir exprimé les sentiments de sa reconnaissance à l'assemblée, dans un discours plein d'énergie, a prié le corps électoral d'agréer et recevoir sa résignation, fondée, disait-il, sur la crainte qu'il éprouvait de ne pouvoir remplir ce poste sublime et délicat d'une manière digne de l'assemblée et de la nation.

Les applaudissements continuels dont Joseph Zangiacomi a été couvert, les instances que toute l'assemblée lui a témoignées simultanément et la joie que la présence de l'honorable membre lui a causée, ont déterminé Joseph Zangiacomi à accepter.

On passe à l'élection du troisième député suppléant. Il y a 476 suffrages exprimés ; mais personne n'obtient la majorité.

Le 7 septembre, à 6 heures du matin, on procède au second tour de scrutin. Est élu sur 476 votants :

Dominique JACOB, maire de Toul, 272 voix.

Un membre a demandé la parole ; il a observé à l'assemblée qu'elle venait de terminer ses opérations, mais que sa tâche n'était pas encore remplie, qu'il fallait recevoir l'acceptation des quatre députés actuellement à Paris, que tant que cette acceptation ne serait pas arrivée, le résultat du scrutin serait incertain : en cas de refus de leur part, la réunion du corps électoral deviendrait de nouveau nécessaire, surtout d'après la pratique constante de l'Assemblée constituante qui avait décidé que des suppléants ne pouvaient remplacer que des démissionnaires, et

qu'en cas de non-acceptation il fallait recommencer le scrutin.
Il demande à l'assemblée de ne pas se dissoudre avant que cette
acceptation soit arrivée : mais, comme les électeurs sont impa-
tients de rentrer dans leurs foyers, la séance doit être levée sans
ajournement fixe. Le président fera prévenir les électeurs en cas
d'acceptation, par l'intermédiaire du département; dans le cas
contraire, il convoquera à nouveau l'assemblée par le même
intermédiaire. Cette proposition est acceptée.

L'assemblée se fait relire ensuite le nom des députés et suppléants; elle témoigne de nouveau sa satisfaction et charge les
députés de se rendre à Paris pour le 20 du courant, à l'effet d'y
concourir, au nom du département de la Meurthe et comme
représentants de la nation, à la formation de la Convention
nationale, les investissant dès à présent de pouvoirs illimités
et d'une confiance sans bornes.

Après avoir satisfait à ce devoir important, l'assemblée décide,
sur la demande d'un membre, qu'une députation sera envoyée
au commandant de la garde nationale pour la remercier, dans
la personne de son chef, de la garde constante et du bon service
qu'elle a fait à la porte du lieu des séances du corps électoral. La
députation sort à l'instant et rapporte au corps électoral les témoignages de patriotisme et de dévouement de la garde nationale.

L'assemblée vote des remerciements au président et, après
s'être confondus tous ensemble dans de paternels et civiques
embrassements, chaque membre jure de périr plutôt que de
cesser d'être libre. Après avoir décidé que la fin des élections
sera annoncée au public par le son des cloches, l'assemblée
déclare sa séance levée (1).

(*Procès-verbaux originaux*, **A. D.**, *L. 201.*)

Élection de deux hauts jurés

Lunéville (22-23 septembre 1792)

Le 22 septembre 1792, l'an IV de la Liberté et Ier de l'Égalité,
à Lunéville, dans l'église paroissiale Saint-Jacques, en exécution

---

(1) Les indemnités aux électeurs à raison de 20 sous par lieue et de 3 livres
par jour de séjour s'élevèrent à 4.818 livres 10 sols. L'administration du district
de Lunéville délivra les ordonnances nécessaires pour l'acquittement, sauf à faire
le remplacement dans ses caisses sur le produit des sous additionnels du département.

de la loi du 25 août dernier relative à la Haute Cour nationale et en conséquence de la lettre de convocation adressée aux électeurs de la Meurthe le 11 courant, l'assemblée électorale s'est formée sous la présidence de Christophe Planchenault, doyen d'âge, pour l'absence de Luc-François Lalande, président, actuellement à la Convention nationale. Jean-Baptiste Salle, secrétaire, également absent pour la même cause, a été remplacé provisoirement et sur l'invitation du doyen d'âge par Victor-Nicolas Mourer. Charles Regneault, Pierre Collombel et Antoine Willemin sont invités à continuer leurs fonctions de scrutateurs pendant la session actuelle.

Il est distribué aux électeurs des exemplaires des cinq derniers bulletins imprimés par ordre de l'Assemblée nationale et renfermant les détails des opérations du Corps législatif et des armées françaises. On décide d'afficher ces bulletins dans l'enceinte des séances. On ouvre le scrutin pour la nomination du nouveau président et du nouveau secrétaire. Il y a 213 votants; Joseph-Alexis Dauphin obtient une majorité relative de 86 voix pour la place de président; Mourer est élu secrétaire par 180 voix. Ils prennent place au bureau après avoir juré d'accomplir fidèlement leurs fonctions.

Nicolas Mouton, électeur du canton de Phalsbourg, Charles-Nicolas George et Antoine Liénard, électeur de Toul, s'excusent de ne pouvoir participer aux travaux de l'assemblée, retenus à leur poste public.

Joseph Vincent, électeur du canton de Baccarat et décoré de la croix de Saint-Louis, demande la parole et dit :

Messieurs, voilà une croix que j'ai acquise par quarante ans de service effectif sous les mêmes drapeaux, huit campagnes et trois blessures. J'en fais hommage à la nation. Le nom du traître Louis m'est aussi odieux que celui de la chevalerie sous les lois de l'égalité.

J'ai encore une chose à sacrifier, c'est mon sang, trop heureux si, quoique glacé par l'âge, il était digne de couler pour ma patrie dans le poste le plus dangereux.

Joseph Vincent dépose sa croix sur le bureau. L'assemblée applaudit, arrête que le discours serait inséré au procès-verbal et imprimé à 600 exemplaires aux frais des électeurs. On décide d'envoyer une adresse à la Convention nationale et de faire nommer par les électeurs de chaque district un commissaire pour la rédaction. Sont nommés Charles-Joseph Hanus, Jean-

Baptiste Febvé, François-Dagobert Pariset, Sébastien Bottin, Pierre-Clément Colle, Jean-Baptiste Martin, Nicolas-François Jacquemin, François Germain, Laurent-Amé Barotte.

On procède à la nomination de deux hauts jurés par scrutin individuel et à la majorité absolue des voix. L'appel nominal est précédé de la lecture des lois du 15 mai 1791 et du 25 août 1792. Le premier tour de scrutin ne donne pas de résultat. Le président donne lecture d'une lettre par laquelle Étienne Mollevaut, l'un des députés nommés à la Convention nationale, annonce son acceptation et sa reconnaissance. L'assemblée apprend cette acceptation avec autant de joie qu'elle a mis d'intérêt à le nommer; elle décide que la lettre sera annexée au procès-verbal.

A 2 heures de relevée, un membre émet un doute sur les conditions d'éligibilité pour la place de haut juré. D'après l'article 2 de la loi du 15 mai 1791, les hauts jurés devaient réunir les qualités nécessaires pour être députés au Corps législatif; mais quelques-unes de ces conditions viennent d'être supprimées pour l'élection à la Convention nationale. Il ne convient pas, dit-il, d'être plus rigoureux pour les hauts jurés que pour les fonctions de députés à la Convention nationale, qui sont les plus sublimes, les plus délicates et les plus glorieuses qu'un citoyen puisse exercer dans l'État. L'assemblée décide en conséquence qu'il suffit, pour être éligible au haut juré, de réunir les mêmes qualités que pour la Convention nationale.

On passe au second tour de scrutin pour l'élection du premier haut juré. Il y a 373 votants. Est élu :

> Joseph VINCENT, électeur du canton de Baccarat, demeurant à la verrerie de Sainte-Anne, 208 voix.

Il remercie et renouvelle le serment de liberté et d'égalité.

Les commissaires présentent à la Convention nationale l'adresse, dont le texte est approuvé. Il est décidé qu'elle serait inscrite à la suite du procès-verbal et imprimée au nombre de 800 exemplaires.

On passe à l'élection du second haut juré. Le premier tour de scrutin, auquel prennent part 371 votants, ne donne aucun résultat. Il en est de même du second tour. Le troisième tour doit avoir lieu entre Hubert-Antoine Billecard, maire de Dieuze, et Jean-Baptiste Febvé. On passe à ce troisième tour et, la nuit

étant avancée, il est décidé que l'opération continuera le lendemain.

Le 23 septembre 1792, on procède au dépouillement du scrutin.
Est élu sur 365 votants :

> Jean-Baptiste FERVÉ, électeur et juge de paix à Nancy,
> 212 voix.

Il déclare son acceptation et renouvelle son serment.

Pierre Rigoine, électeur de Sarrebourg, décoré de la croix de
Saint-Louis, dit que l'exemple de Joseph Vincent, son doyen,
l'aurait seul entraîné, si, comme lui, il n'était pas animé du plus
ardent patriotisme, si, comme lui, il n'avait pas depuis longtemps
juré une haine implacable au despotisme et au traître Louis XVI,
que des crimes atroces et multipliés ont renversé de son trône ;
qu'électrisé du même esprit que Joseph Vincent, il déposait
comme lui entre les mains du président une croix, qui formait
la seule récompense de trente années de service, comme un gage
certain de son dévouement à la défense de la liberté et de l'égalité ; qu'il ne lui restait plus que son sang à offrir, qu'il était
prêt à couler. Applaudissements. Il est arrêté que le discours
serait inséré au procès-verbal et imprimé.

Le procureur syndic du district de Lunéville, introduit, dépose
sur le bureau un exemplaire certifié de la loi du 7 de ce mois
relative aux élections à faire par les corps électoraux, avec une
lettre d'envoi du procureur général syndic du département.

Une acclamation patriotique pour la prospérité de la nation et
la destruction des tyrans a terminé la session et s'est prolongée
dans les témoignages réciproques de la fraternité des membres
de l'assemblée.

(*Procès-verbaux originaux*, **A. D.**, **L. 201.**)

XXIV

ASSEMBLÉE ÉLECTORALE DU DÉPARTEMENT

Nomination du procureur général syndic, du directoire et des administrateurs du département, des membres du tribunal criminel et d'un juge suppléant au tribunal de cassation.

Blàmont (11-17 novembre 1792)

Le 22 septembre 1792, la Convention nationale décréta à l'unanimité que la royauté était abolie en France et bientôt elle établissait un nouveau régime, la République. A ce régime nouveau il fallait des administrations nouvelles; aussi, les 19 et 20 octobre, la Convention décréta qu'il serait procédé au renouvellement de tous les corps administratifs et municipaux, des tribunaux civils, criminels et de commerce, des membres des bureaux de paix de district, des juges de paix et de leurs assesseurs, enfin des directeurs des postes. Étaient simplement exceptés de cette disposition ceux des fonctionnaires publics qui avaient été renouvelés par les assemblées électorales primaires et des communes depuis le 10 août, et les membres du tribunal de cassation actuellement en exercice. Tous les fonctionnaires alors en poste pouvaient être réélus. L'obligation de ne choisir pour les emplois judiciaires que des hommes de loi était abolie; tous les citoyens, âgés de vingt-cinq ans, domiciliés depuis un an, n'étant pas en état de mendicité ou de domesticité, pouvaient être élus.

Un changement assez grand était apporté à l'organisation du département et du district. Les membres du directoire, au lieu d'être élus par les assemblées départementales et de district, devaient l'être désormais par les assemblées électorales, par un scrutin de liste simple. L'assemblée du département nommera d'abord les directeurs au nombre de 8, puis les autres administrateurs au nombre de 28, les 36 devant former le conseil général du département. Parmi ces derniers, ceux qui auront obtenu le plus de voix pourront suppléer, le cas échéant, les membres du directoire. De même, l'assemblée du district nommera d'abord les 4 directeurs, puis les 8 autres administrateurs, les 12 devant former le conseil général de district.

Le décret simplifiait les opérations électorales : au lieu de trois tours de scrutin, il n'y en aura plus que deux. Pour les élections individuelles, le second tour n'aura lieu qu'entre les deux candidats qui avaient eu le plus de voix au premier.

Les corps électoraux des départements devaient se réunir le 11 novembre au chef-lieu de district qui suivra immédiatement dans l'ordre du tableau celui où ont été tenues les assemblées électorales pour la nomination des députés de la Convention (donc, dans la Meurthe, à Blàmont). Elles éliront : 1° le procureur général syndic; 2° les membres du directoire; 3° les autres membres de l'administration; ensuite 4° le président, l'accusateur public et le greffier du tribunal criminel (1).

Le dimanche qui suivra l'achèvement des élections ci-dessus, les électeurs de district se réuniront au chef-lieu du district et éliront - 1° le procureur syndic; 2° les membres du directoire du district; 3° les autres administrateurs du district; 4° les juges, commissaire; nationaux, suppléants des juges et greffiers des tribunaux de district: 5° les juges, suppléants des juges et greffiers des tribunaux de commerce; 6° les membres des bureaux de paix de district; 7° les directeurs des postes de leurs arrondissements.

Le dimanche qui suivra immédiatement l'achèvement des élections confiées aux corps électoraux de district, les assemblées primaires des cantons où il y aura des renouvellements à faire, procéderont à l'élection des juges de paix, assesseurs et greffiers des juges de paix. Enfin, huit jours après, les assemblées de commune procéderont aux renouvellements qu'elles-mêmes auront à faire.

Ceux des électeurs qui étaient obligés de quitter leur domicile doivent recevoir une indemnité de 15 sous par heure de poste pour l'aller et autant pour le retour, et 3 livres par jour de séjour (2).

Nous avons retrouvé les procès-verbaux des élections du département et des districts. Pour la ville de Nancy, les mêmes assemblées élurent les juges de paix, le corps municipal et les notables : ces deux opérations se sont confondues.

L'assemblée départementale nomma les fonctionnaires qu'elle devait; nous verrons comme elle prit sur elle de nommer un juge suppléant au tribunal de cassation, le juge du département Mollevaut et son suppléant Mallarmé ayant été élus députés à la Convention nationale.

Le 11 novembre 1792, l'an Ier de la République, à 9 heures du matin, le corps électoral du département s'est assemblé à Blâmont dans la ci-devant église des Capucins pour procéder, en exécution du décret de la Convention du 19 octobre dernier, au renouvellement du corps administratif et du tribunal criminel du département.

La séance est ouverte par Dominique Maître, curé d'Einville, doyen d'âge, président; François Ga père, maire de Moyen, Joseph Vincent, de Baccarat, Christophe Planchenault, de Lunéville, scrutateurs provisoires. Pierre Collombel, de Pont-à-Mousson, est appelé pour faire les fonctions de secrétaire.

Plusieurs membres ont proposé de supprimer la distinction que les électeurs avaient mise auparavant à se placer collectivement par district. Cette proposition est repoussée et il est décidé que l'on continuerait à se placer par district. Un membre a demandé que l'on procédât à la nomination des président, secré-

(1) Ces élections furent faites par les électeurs nommés les 26 et 27 août.
(2) Duvergier, t. V, p. 31.

taire et scrutateurs par la voix du scrutin de liste. Mais la loi
exigeant le scrutin individuel pour la nomination du président et
du secrétaire, l'assemblée décide qu'il n'y a pas lieu de délibérer.

On passe à l'élection du président, le premier tour de scrutin
(356 votants) ne donne aucun résultat. Le président annonce que
Jean-Baptiste Febvé et Pierre Collombel avaient le plus de
voix et que le second tour de scrutin n'aurait lieu qu'entre eux
deux ; ce scrutin dépouillé, Pierre Collombel est proclamé président par 200 voix sur 348 votants.

A 2 heures, on commence l'appel nominal pour l'élection du
secrétaire. Au premier tour, Victor-Nicolas Mourer est élu par
378 voix sur 410 votants. Président et secrétaire prêtent le serment de liberté et d'égalité et de remplir fidèlement les fonctions
qui viennent de leur être confiées. Le même serment est fait individuellement par les membres de l'assemblée entre les mains du
président.

Le corps municipal de Blâmont est introduit ; il exprime à
l'assemblée la joie que la cité éprouve à la posséder dans son
sein ; il l'informe que les citoyens de Blâmont destinent cette
journée à célébrer le succès des armées de la République en
Savoie et en Allemagne, à se réjouir de l'expulsion des des-
potes et de leurs satellites hors du territoire de la France et qu'à
cette occasion il sera chanté sur la place de la Liberté l'hymne
national : le corps électoral est invité à honorer la fête de sa
présence. Cette invitation est accueillie par des acclamations
universelles.

Le corps électoral, après avoir partagé les plaisirs de cette fête
et confondu ses sentiments avec les transports civiques que les
citoyens de Blâmont ont fait éclater, reprend la continuation de
ses opérations.

Un membre demande la parole et dit que les événements sem-
blent se multiplier en cette journée ; que, pour faciliter à l'assemblée les moyens de développer tous les sentiments affectueux, il
vient de passer en cette ville une troupe de prisonniers hessois
qui ont lutté en faveur des tyrans coalisés contre la liberté française ; que le nom français a toujours été aussi cher à ses ennemis vaincus et désarmés que terrible dans les combats ; que
cette générosité ne peut qu'acquérir une activité plus étendue
depuis que le peuple français fait éprouver les besoins de la

fraternité aux nations étrangères. Il finit par proposer d'envoyer à ces prisonniers un don pécuniaire pour leur soulagement.

Aussitôt tous les membres de l'assemblée se sont portés à l'envi sur le bureau pour y déposer leurs offrandes, qui ont été recueillies par le citoyen Raphaël Maus. Le président l'a chargé de se rendre au nom de l'assemblée près des prisonniers et de leur porter le produit de sa bienfaisance.

L'assemblée passe à l'élection des trois scrutateurs par la voie du scrutin de liste simple. Sur 409 votants sont élus Antoine Willemin (161 voix), Jean-Baptiste Febvé (114), Dominique Jacob (60). Raphaël Maug, Nicolas Rollin et Charles Regneault, qui ont obtenu ensuite le plus de voix, sont nommés suppléants.

Le 12 novembre, à 8 heures du matin, les scrutateurs et leurs suppléants prêtent entre les mains du président le serment de s'acquitter fidèlement de leurs fonctions et de garder le secret du scrutin. Le président annonce que, conformément au décret du 19 octobre, l'assemblée doit procéder d'abord à l'élection du procureur général syndic. On fait l'appel nominal; le président reçoit le serment prêté individuellement par chaque électeur conformément à la formule placée devant l'urne du scrutin. Il y a 462 votants; mais le scrutin ne donne aucun résultat. Les deux citoyens qui ont obtenu le plus de voix sont Lelorrain, ancien procureur syndic, et Mourer : le deuxième et dernier tour de scrutin ne pourra porter que sur eux. A ce second tour, sur 463 suffrages, est élu :

> MOURER, commissaire du Conseil exécutif provisoire près le tribunal du district de Sarrebourg, secrétaire du corps électoral, 333 voix, place Simoneau (1).

Il témoigne sa reconnaissance et son acceptation.

Le président donne lecture d'une adresse qu'un citoyen anonyme vient de faire parvenir au corps électoral et dans laquelle sont développées avec précision et énergie les qualités qui doivent caractériser les fonctionnaires administratifs et judiciaires. L'assemblée applaudit au civisme et aux lumières de l'auteur et arrête que son adresse sera annexée au procès-verbal.

A 2 heures de relevée, on passe à l'élection des huit adminis-

(1) Nous donnons l'adresse des élus à Nancy, d'après l'*Almanach du département de la Meurthe*, 1793.

trateurs qui doivent former le directoire du département. Sur
486 suffrages, sont élus :

- Bicqueilley, ancien administrateur, 357 voix ;
- Hubert-Antoine Billecard, maire de Dieuze et juge suppléant du district, 244 voix ; place des Dames.

Les administrateurs composant le directoire du district de
Blâmont viennent présenter à l'assemblée électorale l'hommage
de leur respect : les juges du district expriment les mêmes sentiments dans un discours que leur président a prononcé et qui a
été vivement applaudi.

Le 13 novembre, à 7 heures du matin, le président communique à l'assemblée une lettre du citoyen Lelorrain, procureur
général syndic du département, qui provoque le remplacement
de Mollevaut, juge du tribunal de cassation, et de Mallarmé,
son suppléant, les deux étant élus membres de la Convention
nationale.

L'assemblée se pose la question si elle doit faire ce remplacement dans la session actuelle ; elle ajourne sa décision jusqu'à
la fin du renouvellement du corps administratif et du tribunal
criminel.

On passe à l'élection des six administrateurs qu'il reste à
nommer pour le Directoire, 449 suffrages sont exprimés. Sont
élus :

- Nicolas Rollin fils, notaire à Vézelise et président du dis-
  trict de cette ville, 226 voix, place du Peuple ;
- François Mandel, procureur de la commune de Vic,
  205 voix, rue de la Constitution ;
- Charles Regneault, président du tribunal du district de
  Blâmont, 197 voix, rue du Passage ;
- Nicolas-Jacques Harlaut, architecte à Lunéville, 156 voix,
  rue du Pont-Mouja ;
- Louis Demangeot l'aîné, administrateur actuel du dépar-
  tement, 136 voix, rue du Faubourg ;
- Pierre Collombel, maire de Pont-à-Mousson, 163 voix (1).

Le président annonce qu'il vient de recevoir le bulletin de la
Convention nationale du 9 de ce mois. La lecture en a été inter-

---

(1) Pierre Collombel donna sa démission de directeur, et resta membre du
Conseil. Cf. *infra*, p. 191.

rompue plusieurs fois par les acclamations universelles de
l'assemblée qui a fait éclater les transports de joie les plus vifs à
la nouvelle de la victoire remportée sur les Autrichiens par
l'armée de la République à Jemmapes et de la prise de Mons qui
s'en est suivie. Elle a donné en même temps les plus grands
applaudissements à la valeur et l'habileté du général Dumouriez
et au courage des troupes qui se sont signalées dans cette mémorable journée.

Le corps municipal de Blàmont est venu à cette occasion féliciter l'assemblée de travailler sous des auspices aussi heureux
et sur l'invitation du corps municipal, l'assemblée se transporte
à l'église paroissiale de cette ville où elle a assisté à un *Te Deum*
chanté en l'honneur de cette victoire.

A 2 heures de relevée, on procède à l'élection des 28 administrateurs du conseil du département. On discute sur le mode de
procéder. Les uns disent que ce mode est réglé par le décret du
19-20 octobre dernier, que ce décret exige que l'élection se
fasse par la voie du scrutin de liste et qu'on ne peut faire de liste
partielle, sans contrevenir formellement à la loi ; les autres ont
observé que l'assemblée électorale pouvait, sans risquer d'en-
freindre la loi, embrasser le mode qui lui paraîtrait le plus
propre à simplifier et accélérer ses opérations, que le décret
concernant l'organisation des corps administratifs ordonne que
deux citoyens au moins seront pris dans chaque district, que
cette disposition n'est pas abrogée par la loi du 19 octobre, qu'il
convenait par suite, pour parvenir à cette fin et pour éviter toute
confusion, d'adopter les mêmes mesures que lors de la première
formation du département, faire neuf différents scrutins de liste,
donner à chaque district trois représentants et prendre les
membres qui doivent compléter le nombre des 28 administrateurs dans la généralité du département. L'assemblée, après
avoir entendu la proposition de divers amendements, s'arrête à
cette solution : on fera neuf différents scrutins de liste, en prenant trois citoyens dans chaque district, et le vingt-huitième membre sera pris dans la généralité du département.

Le 14 novembre, à 7 heures du matin, plusieurs membres
réclament contre l'arrêté pris hier ; cet arrêté avait surpris un
grand nombre d'électeurs qui n'avaient pu comprendre la question au milieu des débats tumultueux qui se prolongeaient encore
dans le moment où elle fut mise aux voix. L'assemblée a révoqué

en conséquence sou arrêté et décidé que la nomination des
28 membres se ferait par la voie du scrutin de liste simple, lequel
ne serait renouvelé qu'une deuxième fois, s'il n'y avait pas de
majorité absolue au premier.

On fait l'appel pour ce scrutin.

A 2 heures, à la reprise de la séance, on fait l'ouverture et le
dépouillement de ce scrutin jusqu'à 8 heures du soir.

Le 15 novembre, à 8 heures du matin, on continue le dépouillement. Sont élus, sur 451 votants :

> Joseph MANGEON, de Badonviller, ancien administrateur,
>   319 voix, rue de l'Esplanade ;
> François GERMAIN, juge de paix de Réchicourt, ancien
>   administrateur, 315 ;
> Raphaël MAUG, administrateur du directoire du district de
>   Sarrebourg, 283 ;
> Remy DIEUDONNÉ, juge de paix de Fribourg, ancien admi-
>   nistrateur, 249 ;
> Nicolas-François MATHIEU, cultivateur à Lunéville, 229 ;
> Dominique JACOB, maire de Toul, 228.

Le président a fait lecture d'une lettre du citoyen Lelorrain,
procureur général syndic, par laquelle il lui annonce l'envoi de
deux expéditions par extraits du procès-verbal de la Convention
nationale, contenant la mention honorable du don de deux croix
de Saint-Louis qui avait été fait par les électeurs Vincent et
Rigoine dans la dernière session du corps électoral à Lunéville (1).

Le président leur remet ces extraits ; il leur donne en échange
de la marque distinctive qu'ils tenaient des mains du despotisme,
le brevet que la patrie reconnaissante venait de leur faire expé-
dier par l'organe de ses représentants.

A 2 heures, on passe à l'élection des 22 membres qu'il reste à
nommer pour compléter le conseil du département.

Le 16 novembre, à 7 heures du matin, on procède au dépouillement du scrutin. Il y a 451 votants. Sont élus :

> Joseph CABOCEL, marchand à Château-Salins, 219 voix ;
> Louis COLLIÈRE, ancien administrateur. à Varangéville,
>   197 ;

---

(1) Copie de la lettre d'envoi est jointe au dossier.

Joseph-Alexis Dauphin, ancien président du département, à Han, 188 ;

François Empereur, ancien administrateur du district de Pont-à-Mousson, 161 ;

Jean-François Poirson, officier municipal à Nancy, rue du Pont-Mouja, 155 ;

Joseph Fondrelon, juge du tribunal de Vézelise, 150 ;

Pierre-Clément Colle, juge du tribunal de Sarrebourg, 149 ;

Antoine Willemin, juge du tribunal de Pont-à-Mousson, 140 ;

Antoine Renaud, propriétaire des verreries de Sainte-Anne et administrateur du district de Lunéville, 122 ;

Nicolas Michel, juge de paix à Vic, 122 ;

Pierre Rigoine, chef de la légion du district de Sarrebourg, 118 ;

Claude Léger, cultivateur à Crepey, ancien administrateur, 118 ;

Hubert Preuseaux, de Moutrot, administrateur du district de Toul, 115 ;

Jean-Sébastien Dron, administateur du district de Vézelise, 109 ;

Philippe Louis, juge de paix à Saint-Clément, 107 ;

François-Dieudonné Grandjean, juge de paix à Amance, 102 ;

Charles-François Gérard, notaire à Diarville, ancien administrateur, 102 ;

Grégoire Perrin, de Nancy, ancien administrateur, place du Peuple, 102 ;

François-Dagobert Pariset, juge du tribunal de Dieuze, 96 ;

Dominique Barbier, membre du directoire du district de Dieuze, 96 ;

Pierre Voinot, de Réhéray, administrateur du district de Blâmont, 95 ;

Blaise Bénard, maire de Foug, 95.

A 2 heures, on procède au renouvellement du tribunal criminel par la voie du scrutin individuel. Pour la place de président est nommé, sur 418 votants :

Jean-Baptiste Febvé, juge de paix à Nancy, 222 voix.

Pour la place d'accusateur public, sur 404 votants ;

ANDRÉ, accusateur sortant, 332 voix.

Pour la place de greffier, à l'unanimité des voix :

GÉRARD, greffier actuel.

Ces élections sont proclamées aux applaudissements de l'assemblée (1).

Le 17 novembre, à 7 heures du matin, le président dit que le moment est venu où l'assemblée doit décider s'il convient de procéder au remplacement de Mollevaut et de son suppléant Mallarmé pour le tribunal de cassation.

L'assemblée, considérant que la Convention nationale a maintenu provisoirement en exercice le tribunal de cassation, que le département de la Meurthe a droit d'y avoir un juge pour le temps déterminé par la loi, que les citoyens Mollevaut et Mallarmé y laissent cette place vacante par leur promotion à la Convention nationale (2) ;

Considérant qu'il pourrait arriver que l'on ordonnât une nouvelle convocation du corps électoral pour cet objet, comme il est déjà arrivé pour la nomination de deux hauts jurés que l'assemblée aurait pu faire à la suite de la première session tenue pour l'élection des députés à la Convention, et qu'il importe de prévenir la nécessité d'un rassemblement dispendieux ;

A arrêté à l'unanimité, sous l'approbation de la Convention nationale, qu'il serait procédé à l'instant à la nomination d'un juge qui suppléerait pour le département de la Meurthe les citoyens Mollevaut et Mallarmé au tribunal de cassation.

Le scrutin est ouvert. Sur 361 votants, est élu :

LELORRAIN, procureur général actuel du département, 308 voix (3).

_____

(1) L'installation du nouveau tribunal criminel par le conseil général de la commune de Nancy eut lieu le jeudi 29 novembre ; Febvé, président, prononça un discours qui est reproduit dans le *Journal de Nancy et des frontières*, n° du 2 décembre 1791.

(2) Mollevaut, par lettre du 10 novembre 1791, avait exprimé une opinion contraire, la loi n'autorisant pas cette élection d'un suppléant.

(3) Ces résultats sont annoncés de façon très sommaire dans le *Journal de Nancy et des frontières*, du 25 novembre 1792. Il est à noter que ce journal s'occupe peu des élections. Il ne signale pas la réunion de Lunéville où furent élus les députés à la Convention. Le 11 novembre, un entrefilet, signé J. A. Masson, porte : « Aujourd'hui s'ouvre à Blâmont l'assemblée électorale du département, pour le renouvellement de tous les fonctionnaires publics. On a droit d'attendre des premiers électeurs qui se soient réunis sous les auspices de la

Les citoyens Tocu, Mansuy, François, Urion, Noisette et Guillaume, électeurs du canton de Dieulouard, district de Pont-à-Mousson, ont observé qu'ils n'avaient pas reçu l'indemnité de 20 sous par lieue et de trois livres par jour, lors de la première convocation du corps électoral pour la nomination des membres à la Convention nationale, attendu qu'ils avaient été renvoyés à leur assemblée primaire ; l'assemblée les renvoie au directoire du district de Lunéville pour être acquittés de cette indemnité.

Un membre propose d'envoyer à la Convention nationale, à propos de l'abolition de la royauté, l'adresse suivante qui est adoptée à l'unanimité :

> Représentants du peuple,
> Vous avez anéanti le maître qui aurait étouffé la liberté dans son berceau : l'abolition de la royauté est devenue le signal de nos succès. La France, l'Europe entière a tressailli d'allégresse à la proclamation de cet immortel décret.
> Législateurs, vous avez commencé glorieusement votre mission : les premiers bienfaits que vous venez d'assurer à la nation, lui donnent le droit d'espérer que vous consoliderez le bonheur qu'elle attend de vos travaux (1).

Toutes les opérations étant ainsi terminées, le président a levé la séance et les électeurs se sont séparés après s'être donné réciproquement des témoignages de fraternité.

(*Procès-verbaux en double exemplaire signés*, **A. D.**, *L.* 201.)

Le conseil général et le directoire du département jusqu'à l'application de la Constitution de l'an III

Ces élections départementales furent les dernières jusqu'au vote de la Constitution de l'an III. De la fin de 1792 à la fin de 1795, qui furent les temps les plus troublés de la Révolution, le conseil général et le directoire du département subirent de graves vicissitudes que nous devons exposer de façon sommaire.

Le nouveau conseil général du département fut installé le 6 décembre 1792. L'ancien procureur général Lelorrain donna lecture de différentes lettres à lui adressées par les nouveaux administrateurs en réponse à sa lettre de convocation : ce sont des lettres d'excuse. Le citoyen Collombel envoie sa démission. On fait l'appel des membres élus. Le plus ancien d'âge est invité à présider et les trois plus anciens après lui font les fonctions de scrutateurs. On nomme le président

_____

République qu'ils ne nous donneront que des administrateurs et des juges dont l'âme était républicaine avant que la France le fût devenue. » Suit une dissertation assez confuse sur les briques déclarées légitimes : l'auteur rappelle comment le peuple fut sollicité par les Fabius, les Scipion, les Paul-Émile, ces fermes appuis de la liberté romaine.

(1) Cette adresse a déjà été publiée par HENRY POULET dans *La Révolution française*, t. LI (1906), p. 521.

définitif et le citoyen Poirson obtient la majorité absolue dès le premier tour. Sa modestie l'a déterminé à plusieurs reprises à offrir sa démission de cette place ; mais, plus il a parlé pour se défendre de l'accepter, plus il a pénétré l'assemblée de la crainte de le voir persister dans son refus. Enfin il a cédé, prêté le serment d'être fidèle à la République, de maintenir de tout son pouvoir la liberté et l'égalité ou de mourir à son poste. Les membres prêtent individuellement le même serment. On nomme secrétaire général, à l'unanimité des voix, le citoyen Victor Anthoinet. On passe à l'élection du suppléant du procureur général syndic. Au second tour, restent en concurrence les citoyens Demangeot et Charles Regneault, de Blâmont. Ce dernier est définitivement élu par 15 voix sur 27. Le citoyen Lelorrain, ancien procureur syndic, rend un compte moral des travaux du corps administratif dont il était membre, et l'assemblée le remercie. Dans la séance du même jour, tenue à 4 heures de relevée, le conseil du département discute sur la démission du citoyen Collombel. Celui-ci alléguait la difficulté, ou plutôt l'impossibilité qu'il quittât son domicile et un commerce très étendu, pour venir remplir une place à Nancy. Le conseil dut accepter cette démission, et décida qu'il serait remplacé au directoire par Mangeon, le premier élu sur la liste des administrateurs. On discuta ensuite pour savoir si Collombel ferait partie du conseil ; les uns alléguaient qu'il avait été élu directeur et qu'il ne pouvait rester que directeur, que l'officier municipal qui donnait sa démission ne devenait pas notable, que le juge de paix qui était dans le même cas ne devenait pas suppléant ; mais d'autres alléguèrent que le conseil devait être composé de 36 membres, que Collombel tenait ses pouvoirs du corps électoral ; finalement, il fut arrêté qu'il conserverait provisoirement sa qualité d'administrateur et voterait au conseil, mais qu'on en référerait au Conseil exécutif pour faire trancher cette difficulté par la Convention. Les citoyens Rigoine, de Sarrebourg, Dron, de Vézelise, Barbier, de Dieuze, Prugneaux, de Toul, ayant été nommés membres du directoire de leur district, envoient leur démission d'administrateurs du département. Empereur, de Pont-à-Mousson, déclare qu'il a envoyé sa démission d'administrateur, avant que l'assemblée électorale eût été dissoute : le conseil lui donne acte. Le jour suivant, 7 décembre, Poirson donne sa démission de président ; l'assemblée reconnaît qu'il lui est impossible de le faire revenir sur cette détermination et décide de procéder à une nouvelle élection. Bicquilley, Grandjean et Collière, les plus anciens d'âge, prennent place au bureau comme scrutateurs ; un premier tour ne donne aucun résultat ; les administrateurs Dauphin et Perrin restent en concurrence ; au deuxième tour, Perrin obtient 13 voix sur 24 votants et est élu président.

Le conseil général du département, le directoire et le procureur général syndic restèrent en place jusqu'à la fin du mois de juin 1793. Mais de vives protestations s'élevaient contre eux : on accusait les administrateurs de modérantisme ; on leur reprochait de déplorer la mort de Louis XVI, d'être animés de l'esprit de Salle, l'un des girondins de la Convention et ancien directeur du département. Mourer, le procureur syndic, parlait d'organiser la résistance provinciale contre la Convention.

Finalement, le 27 juin 1793, la Convention nationale suspendit de leurs fonctions le procureur général syndic et les membres du directoire par le décret suivant :

La Convention nationale, informée que les administrateurs du département de la Meurthe, réunis aux autorités constituées et à la société populaire de la ville de Nancy, ont, dès le 21 mai dernier, nommé divers commissaires pour, conjointement avec le procureur général syndic, se rendre dans les départements voisins et y former une coalition subversive des fonctions administratives et tendant à rompre l'unité de la République ;

Instruite que le procureur général syndic de ce département, organe d'un comité de salut public (1), a proposé, dans une séance publique (2), aux autorités constituées de la ville de Nancy, la convocation des assemblées primaires et le remplacement prochain de la Convention nationale, décrète que :

Le procureur général syndic et les membres, composant le directoire de ce département, sont suspendus de leurs fonctions, à l'exception du citoyen Harlaut, membre de ce directoire, qui demeure autorisé à exercer provisoirement les fonctions de procureur général syndic et à conv... à l'instant tous les administrateurs du conseil, à l'effet de composer le directoire et de choisir un procureur général syndic soit dans leur sein soit hors de leur sein.

On donna lecture de ce décret dans la séance du directoire du 1er juillet ; le directoire le fit imprimer, pour l'envoyer aux districts et municipalités du ressort. Mais ici, il faut citer textuellement le procès-verbal :

Le directoire et procureur général syndic, considérant que, si le sentiment intime de leur innocence, le désir sincère du bonheur de leur concitoyens, si leurs efforts constants pour remplir dignement leurs devoirs, la pureté de leur patriotisme suffisent à leur satisfaction personnelle et sont une consolation que la calomnie ne leur peut enlever, ils doivent cependant à ceux qui leur ont donné leur confiance de leur faire voir qu'ils n'ont jamais mérité de la perdre et à la Convention nationale de lui faire connaître l'erreur dans laquelle l'ont jetée quelques désorganisateurs.

Pour le faire avec quelque succès, sans descendre dans les détails d'une justification à laquelle il est pénible de descendre et qui répugne toujours à la modestie et à la délicatesse de ceux qui ont fait le bien pour le bien même, sans aucune vue ni de gloire ni d'ambition ni d'intérêts personnels ;

Pour démontrer clairement qu'on ne peut leur reprocher, dans la séance du 21 mai, de former une coalition subversive des fonctions administratives et tendante à rompre l'unité de la République ;

Pour prouver victorieusement que, dans la séance du 20 juin, ils n'ont point proposé la convocation des assemblées primaires et le remplacement prochain de la Convention nationale, il a été délibéré que les procès-verbaux de ces deux séances seraient imprimés littéralement en leur entier.

Le directoire supprimera toute réflexion. Rapprocher les principes, les discours et les propositions qui ont été énoncés des discours, des propositions et des principes qu'on lui impute, voilà tout ce qu'il faut pour sa défense ; il laisse aux vrais patriotes et à la Convention à qualifier le procédé de ses dénonciateurs.

Si la République ne doit rien gagner à la réparation de l'injustice commise envers le directoire et le procureur général syndic, ils ne la demandent point. Simples citoyens ou hommes publics, leurs derniers vœux et leurs derniers efforts n'en seront pas moins pour le triomphe de la liberté et de l'égalité et pour le maintien de l'unité et de l'indivisibilité de la République (3).

---

(1) Ce comité fut formé le 7 juin 1793.
(2) Le 20 juin.
(3) La délibération manuscrite est signée de Perrin, président, Bicquilley, vice-président, Rollin, Charles Regneault, Demangeot, Mangeon, Anthoinet.

Le 3 juillet, à 11 heures du matin se réunissait, sur la convocation de Harlaut, le conseil du département ; étaient présents : Dauphin, Dieudonné, Mathieu, Cabocel, Collière, Poirson, Colle, Léger, Grandjean, Voinot, Bénard et Harlaut. Dauphin, doyen d'âge, préside ; Harlaut invite l'assemblée à se choisir un président. Mais le conseil prononce que, le président ne faisant pas partie du directoire, il n'était pas suspendu et qu'il n'y avait pas lieu d'en nommer un autre. Harlaut fait ensuite observer qu'une loi du 14 juin déclare incompatibles les fonctions de juge et d'administrateur du département, et que ceux qui réunissent ces places sont tenus d'opter. Aussitôt les citoyens Colle, membre du tribunal du district de Sarrebourg, Dieudonné et Léger, juges de paix, optèrent pour les places de juges ; le citoyen Grandjean déclara que le poste qui lui paraissait le plus honorable était celui qui rapportait le moins et présentait plus de périls à courir ; en conséquence, il abandonnait sa place de juge pour conserver le titre d'administrateur. On donne lecture des lettres des citoyens Pariset et Germain, juges au tribunal, le premier à Dieuze, le second à Blâmont, optant pour la place de juge, et d'une lettre de Fondreton, renouvelant la déclaration qu'il a faite verbalement le jour de l'arrivée de la loi : il reste au tribunal de son district.

L'assemblée ainsi réduite, les trois plus anciens d'âge se sont placés au bureau en qualité de scrutateurs, et l'on a procédé à l'élection du procureur général syndic. Sur huit votants, non compris le citoyen Harlaut qui a cru ne pas devoir voter, est élu :

HARLAUT, 8 voix.

Il a remercié l'assemblée, et il a dit que la faiblesse de ses talents ne lui permettrait pas d'accepter cette place, s'il devait la tenir longtemps, mais qu'il espérait que la Convention, mieux instruite des principes, des opinions, des intentions de Mourer, s'empresserait de lui rendre la justice qui lui est due. Il a annoncé que déjà la société des Amis de la liberté et de l'égalité et que d'autres bons citoyens avaient réclamé en sa faveur et écrit pour détromper la Convention.

Le conseil a procédé ensuite à la nomination des huit membres du directoire, ont été élus :

GÉRARD, de Diarville, 7 voix ;
COLLIÈRE, 7 ;
POIRSON, 7 ;
BÉNARD, 7 ;
MATHIEU, 6 ;
CABOCEL, 6 ;
GRANDJEAN, 5 ;
RENAUD, de la verrerie, 5.

Ils ont été proclamés membres du directoire ; la plupart se sont d'abord excusés ; mais l'espérance que la Convention rapportera dans peu le décret rendu contre l'ancien directoire, les dangers de la patrie,

Assistèrent à la séance Billecard, Mandel, Mourer, procureur général syndic, et Harlaut. Les trois premiers parmi ceux-ci ont signé le manifeste imprimé, qui diffère un peu de celui qui est manuscrit. Harlaut seul s'abstint, pour cause. Le procès-verbal des deux séances des 21 mai et du 20 juin imprimé à la suite du décret de la Convention et du procès-verbal du directoire du 1er juillet, à Nancy, H. Haener, 22 pages in-4°.

qui exigent que chacun fasse des sacrifices pour la sauver, les déterminent enfin à accepter. Chaque membre du nouveau directoire fait individuellement le serment de maintenir la liberté et l'égalité, l'unité et l'indivisibilité de la République, et de remplir ses fonctions avec patriotisme, zèle et courage. L'assemblée fait une adresse à la Convention pour adhérer à tous ses décrets ; elle lui demande toutefois de rapporter son décret du 27 juin. Dans une seconde séance, tenue l'après-midi, Renaud annonce qu'il lui est impossible d'accepter une place de directeur, parce qu'il dirige une usine importante qui entretient une foule d'ouvriers, et qu'il ne peut les laisser sans ouvrage. Les instances faites auprès de lui étant inutiles, sa démission a été acceptée, et le citoyen Dacrus, qui se trouvait avoir le plus de voix immédiatement après lui, a été appelé à le remplacer.

Le 3 juillet, à 6 heures de relevée, les huit membres du directoire se réunissent en séance du directoire. On décide qu'en l'absence de Perrin, président du conseil du département, Dauphin présiderait, et il est nommé vice-président. On décide que, pendant le mois, le citoyen Cabocel aura la voix prépondérante. Le nouveau directoire entre ainsi en fonctions.

Cependant, le 31 juillet (1), la Convention nationale, sur le compte qui lui avait été rendu des pétitions adressées par les autorités constituées et la société populaire, revenait sur le décret du 27 juin précédent et votait le nouveau décret suivant :

ART. 1. — Les citoyens Rollin fils, Billecard, membres du directoire, et Mourer, procureur général syndic du département de la Meurthe, sont rétablis dès à présent dans leurs fonctions respectives.

ART. 2. — Deux des représentants du peuple, députés près de l'armée de la Moselle, se rendront sans délai à Nancy; ils prendront les renseignements nécessaires, vérifieront tous les faits à l'effet de constater tout ce qui concerne les autres administrateurs, s'ils peuvent et doivent reprendre leurs fonctions administratives.

ART. 3. — Les représentants du peuple exerceront les mêmes pouvoirs qui sont délégués aux commissaires de la Convention; en conséquence ils remettront en fonctions les membres de l'ancienne administration qu'ils jugeront dignes, d'après les informations faites, de reprendre leur poste; ils pourront également suspendre tous autres administrateurs, officiers municipaux et juges des tribunaux de district ou de paix qui seront reconnus être dans ce cas.

ART. 4. — Le citoyen Harlaut qui a exercé provisoirement les fonctions de procureur général syndic depuis le décret du 27 juin, reprenant de droit ses fonctions au directoire, Rollin et Billecard réintégrés par le présent décret, et étant les seuls de l'ancienne administration, les représentants du peuple, dans le cas qu'ils n'auraient pas rétabli dans leurs fonctions aucun des membres suspendus par le décret du 27 juin, sont autorisés à choisir les membres nécessaires pour compléter définitivement le directoire du département dans ceux actuellement en exercice ou partout ailleurs. Il en sera de même pour la formation du conseil de l'administration, à charge de rendre compte du tout à la Convention.

Au lieu de deux représentants annoncés par ce décret, il en vint à

(1) Le 14 juillet, les citoyens du département de la Meurthe avaient accepté la nouvelle constitution de 1793 d'une voix unanime.

Nancy trois, Richard, Ehrmann et Soubrany. Après une enquête plus ou moins minutieuse, ils prenaient, le 23 août, l'arrêté suivant :

Les représentants du peuple près l'armée de la Moselle, rendus à Nancy, conformément au décret de la Convention nationale du 31 juillet dernier, à l'effet de prendre tous les renseignements nécessaires sur les administrateurs du département de la Meurthe, qui ont été suspendus de leurs fonctions par un décret du 27 juin dernier, et de choisir parmi eux ou partout ailleurs les membres nécessaires pour compléter définitivement ce directoire;

Après avoir pris tous les renseignements et avoir consulté, autant qu'ils l'ont pu, l'opinion publique et les bons citoyens qu'elle leur a indiqués, arrêtent ce qui suit :

ART. 1. — Les citoyens :

> HARLAUT, procureur général syndic provisoire;
> ROLLIN, administrateur du district;
> SONNINI, directeur du jury;
> GRANDJEAN, membre du conseil du département;
> CAROUEL, membre du conseil actuel;
> BÉSARD, *idem*,

formeront avec les citoyens ROLLIN fils, BILLECARD, membres du directoire, et MOUREK, procureur général syndic, rétablis dans leurs fonctions par la loi du 31 juillet dernier, le directoire du département de la Meurthe.

ART. 2. — Le directoire du département de la Meurthe ainsi formé entrera immédiatement en fonctions et procédera incessamment à la nomination d'un vice-président.

ART. 3. — Il procédera également au remplacement provisoire du secrétaire greffier.

ART. 4. — Se réservent les représentants du peuple, conformément à la loi qui le leur prescrit, de procéder à la formation du conseil de l'administration, aussitôt qu'ils auront pu se procurer des renseignements suffisants sur les membres qui le doivent composer.

ART. 5. — Il sera incessamment rendu compte à la Convention nationale du présent arrêté qui sera envoyé par le département de la Meurthe aux administrations de district et municipalités de son ressort.

Le nouveau directoire se réunit le même jour à 7 heures du soir; les membres prêtèrent le serment d'être fidèles à la République une et indivisible et enregistrèrent l'arrêté des représentants. Le 24, ils nommèrent comme vice-président le citoyen Harlaut. Le directoire déploya aussitôt une activité très grande. Quant au conseil de département, il ne tint qu'une séance le 14 septembre pour fixer le traitement des employés des bureaux. On attendait sa réorganisation; elle eut lieu par arrêté des représentants du 24 septembre.

Les représentants du peuple près l'armée de la Moselle,

Après avoir, conformément à ce qui leur est prescrit par la loi du 31 juillet dernier, pris tous les renseignements, et, après avoir consulté autant qu'ils l'ont pu l'opinion publique et les bons citoyens qu'elle leur a indiqués, pour procéder, conformément à la susdite loi, à la formation provisoire du conseil général du département de la Meurthe, arrêtent ce qui suit :

ART. 1. — Les citoyens :

> DACRUIN, ancien administrateur du département, cultivateur à Han;
> POINSON, ancien administrateur, négociant à Nancy;

GÉRARD, ancien administrateur, notaire à Diarville ;
THIRION, maître de poste à Lay, district de Toul ;
GÉRARD, notaire à Toul ;
POIROT fils, architecte à Nancy ;
VILLIEZ, ancien officier municipal à Nancy ;
BEAUDOT, architecte à Dieuze ;
PIERSON, ex-notable à Nancy ;
MOREL, négociant à Nancy ;
RICHARD, de Bey ;
CHAMOT, directeur des verreries de Saint-Quirin ;
LARDILLON, cultivateur à Saint-Georges ;
CHATRIAN, cultivateur à Soldatenthal ;
MILLOT, notaire à Colombey ;
JOLY, ex-administrateur du district de Vézelise ;
LIÉBAUT, ancien militaire retiré, à Lunéville ;
DELORME, de Lunéville ;
PERRIN l'aîné, notaire à Lunéville ;
CAREZ, de Toul ;
HERBÉVAUX, d'Albestroff ;
Gabriel JEANNEQUIN, de Château-Salins ;
SCOLTI, cultivateur à Saint-Georges, district de Blâmont ;
GERMAIN, cultivateur, à Réchicourt ;
MIQUEL, chirurgien à Nancy ;
SAULNIER, négociant à Nancy ;
KELLER, commerçant à Lunéville ;
VAILLANT,

formeront le conseil général du département de la Meurthe.

ART. 2. — Le conseil général ainsi composé se réunira incessamment au directoire du département, pour procéder à la nomination d'un président et pour s'établir en activité permanente, conformément à la loi.

ART. 3. — Copie du présent arrêté sera envoyée à la Convention nationale et communiquée par le département de la Meurthe aux administrations de district et municipalités de son ressort.

Le nouveau conseil se réunit pour la première fois le 28 septembre. Dauphin, comme plus ancien d'âge, préside ; Saulnier, Pierson et Vaillant, les moins âgés, remplissent les fonctions de scrutateurs et Thirion celles de secrétaire provisoire. On passe à l'élection du président. Le premier tour ne donne aucun résultat ; au second tour entrent seulement en concurrence Poirson et Saulnier. Saulnier est élu par 10 voix sur 16 votants. Il remercie et prête le serment de maintenir la liberté et l'égalité. Thirion est élu secrétaire définitif à l'unanimité. Delorme, Perrin et Keller, de Lunéville, présentent des excuses ; mais le conseil ne les a pas jugées légitimes et invite ces administrateurs à se rendre à leur poste (1). Directoire et conseil siégèrent jusqu'au 25 brumaire an II (15 novembre 1793). A ce moment se produisit un coup de théâtre. Les représentants de l'armée du Rhin, Le Bas et Saint-Just, avaient pris, le 22 brumaire, l'arrêté suivant :

Les représentants du peuple, convaincus de la mauvaise foi de l'administration

(1) Les procès-verbaux du conseil général sont conservés jusqu'au 25 brumaire an II. A. D., L. 70. Les procès-verbaux originaux du directoire du département s'arrêtent à la même date, L. 79.

du département de la Meurthe qui n'a fait qu'avec mollesse et pour éluder les responsabilités ses réquisitions pour obtenir les contingents en grains et fourrages qui lui avaient été assignés par divers arrêtés des représentants du peuple, et notamment par celui du 3 de ce mois, convaincus qu'il existe parmi quelques administrateurs une coalition pour affamer l'armée, cassent les dits administrateurs de la Meurthe, arrêtent qu'ils seront traduits au comité de sûreté générale de la Convention, pour y rendre compte de leur conduite.

Le comité de surveillance de Nancy nommera dans le jour de la manifestation qui lui sera faite du présent arrêté, une commission de douze citoyens révolutionnaires pour remplacer l'administration de la Meurthe.

Le citoyen Renkin, agent du Conseil provisoire exécutif, est chargé de mettre à exécution le présent arrêté. Il est autorisé à cet effet de requérir les autorités civiles et la force armée et de prendre tous les moyens qu'il jugera convenables.

Le procès-verbal du comité de surveillance va nous apprendre comment cet arrêté a été exécuté et nous faire connaître les noms des nouveaux administrateurs.

Du 25 brumaire l'an II de la République française. A 4 heures est entré le citoyen Faure, représentant du peuple à Nancy, accompagné du citoyen Renkin, agent du Conseil provisoire exécutif. Ce dernier a fait part au comité de surveillance d'un arrêté des représentants du peuple auprès de l'armée du Rhin, Le Bas et Saint-Just, en date du 22 courant, visé par le représentant du peuple Faure, par lequel ils chargent le comité de surveillance de Nancy d'arrêter et de faire conduire sur-le-champ à Paris par-devant le comité de sûreté générale les administrateurs du département de la Meurthe et de les remplacer par une commission de douze citoyens révolutionnaires.

A l'instant le citoyen Renkin a remis sur le bureau du comité copie collationnée par lui du dit arrêté des représentants du peuple auprès de l'armée du Rhin, avec sa réquisition au bas. En conséquence, 1° le comité de surveillance, délibérant sur les mesures à prendre pour l'exécution du dit arrêté, a fait apposer les scellés sur leurs papiers et a lancé le mandat d'arrêt contre lesdits administrateurs qui sont, savoir : Mourer, procureur général syndic ; Harlaut, vice-président ; Rollin le jeune, suppléant le procureur général syndic ; Billecard, Cabocel, Sonnini, Rollin l'aîné et Grandjean, et a chargé Rampont, capitaine de gendarmerie, de le mettre sur-le-champ à exécution.

2° Le comité a député vers le directoire du département, pour lui notifier le dit arrêté des représentants du peuple. Les membres du directoire présents ont répondu qu'ils étaient tous prêts à obéir.

3° Le comité a pris sur-le-champ toutes les mesures de sûreté nécessaires pour le départ fixé à demain matin des dits administrateurs présents et pour envoyer arrêter et conduire à Paris Saulnier, président, et Sonnini qui se trouvent présentement absents de Nancy.

4° Le comité, s'occupant de la composition de la commission qui doit remplacer le directoire du département, est unanimement convenu de nommer :

NICOLAS, juge de paix ;
BIGELOT, officier municipal ;
RAGOT, notaire ;
THOUVENIN-FAYET, marchand ;
NICOLAS le jeune, notaire ;
GÉRARDIN, marchand ;
GEOFFROY, officier municipal ;
COSSON, marchand ;

GILLET, marchand ;

MUNIER, de la porte Saint-Georges ;

ARSANT, géomètre ;

COLLE, juge du tribunal criminel.

Arrête en conséquence qu'il serait écrit à ces citoyens pour les inviter de se rendre demain à 8 heures pour leur installation.

Sur le doute qui s'est élevé de savoir si les membres du conseil général du département devaient être enveloppés dans le mandat d'arrêt, le représentant Faure, et Renkin, agent du Conseil exécutif, ont répondu qu'ils pensaient que l'arrêté des représentants du peuple ne concernait que les membres du directoire. Cependant, comme le président peut avoir eu une influence dans les délibérations et qu'il a pu ne pas se borner à présider le conseil, mais à assister aux séances du directoire, il a été arrêté que le président serait compris dans le mandat d'arrêt et conduit à Paris (1).

Le comité provisoire du département de la Meurthe se réunit le 26 brumaire. Philip, président du comité de surveillance, préside la séance. Les membres prêtent le serment de maintenir la liberté et l'égalité, l'unité et l'indivisibilité de la République ou de mourir en les défendant. Les chefs de bureau, ayant été appelés, se sont rendus à la séance et ont promis de remplir leur devoir avec exactitude et de seconder de toutes leurs forces les nouveaux administrateurs et qu'ils obéiraient à tous les ordres qui leur seraient donnés pour le bien de la patrie.

La Commission ainsi installée et Philip s'étant retiré, on s'est occupé de l'élection d'un président, d'un vice-président et d'un procureur général syndic. Les scrutins ouverts et dépouillés, Nicolas, juge de paix, a été élu président à l'unanimité; Bigelot vice-président, à une majorité de 6 voix sur 11, et Arsant, procureur général syndic, à une majorité de 9 voix sur 11. Sur la proposition d'un membre, la Commission a arrêté que chacun de ses membres, dans l'ordre du tableau, aurait alternativement, et de décade en décade, la voix prépondérante, et que Nicolas président, l'aurait du 26 brumaire au 10 frimaire suivant. On discute ensuite la question si les membres du conseil général qui n'avaient pas été traduits au Comité de sûreté générale devaient continuer à remplir leurs fonctions. La commission en réfère au comité de surveillance : il est décidé, au retour des députés, qu'ils étaient compris dans la destitution de l'ancienne administration et qu'ils devaient cesser toutes fonctions.

La commission composant l'administration provisoire du département avait siégé depuis une quinzaine de jours, quand, le 11 frimaire (1er décembre 1793), le représentant du peuple Faure, en modifia la composition.

Le représentant du peuple à Nancy, sur l'exposé qui lui a été fait par l'administration provisoire du département qu'elle se trouvait incomplète, tant par la destitution d'Arsant, faisant provisoirement les fonctions de procureur général syndic, que par la maladie d'un de ses membres et l'incompatibilité d'un troisième qui a d'autres fonctions publiques dont il a fait l'option, et sur la présentation qui lui a été faite par toutes les autorités constituées, réunies dans leur

_____

(1) Mandat d'arrêt est en effet lancé contre Saulnier, voir article 3. A. D., L. 121. Les membres du directoire restèrent à la prison de Picpus jusqu'en janvier 1794; ils furent définitivement absous par la Convention le 28 mai 1794.

séance de ce jourd'hui, de différents individus pour remplacer ceux qui se trouvent ainsi manquer à ladite administration, nomme :

JACQUINEL, procureur syndic du district de Vézelise,

pour remplir provisoirement les fonctions de procureur général syndic ;

VOGIN, demeurant à Dieuze ;
SCHNEIDER, id.,

pour remplacer Colle, juge du tribunal criminel, et Cosson malade ;

Charge le comité de surveillance de mettre le présent arrêté à exécution et d'installer les nouveaux membres, sans qu'aucun d'eux puisse s'exoiner sous aucuns prétextes, à peine d'être regardé comme suspect et traité comme tel.

Le 19 frimaire (9 décembre), Nicolaï, président, Viriot, Thomassin et L'Escalier, membres du comité révolutionnaire et de surveillance, se présentèrent en effet à la séance de l'administration provisoire du département. Nicolaï fit l'installation des citoyens Vogin et Schneider qui prêtèrent le serment voulu. Il ne semble pas que Jacquinel ait pris possession de son poste.

Mais, déjà à cette date, on connaissait un second arrêté de Faure, en date du 14 frimaire, sur l'administration du département. Nous en donnons le texte :

Balthazard Faure, représentant du peuple à Nancy, considérant que l'administration de département est un des principaux ressorts de la grande machine du gouvernement, qu'elle doit être formée non seulement d'hommes d'un patriotisme pur et irréprochable, mais encore capables de coopérer par leurs travaux au salut du peuple et à la prospérité de la République ;

Considérant que l'administration provisoire du département de la Meurthe formée à la hâte n'a pu être composée avec la maturité qu'exigeait un choix aussi important : qu'on a surtout négligé, contre l'esprit de la loi, de consulter les administrés autant que les mesures révolutionnaires peuvent le permettre et d'y appeler des citoyens des différents districts du département, arrête :

1º Que Thouvenin-Fafet, Gillet et Munier seront remplacés à l'administration provisoire du département ;

2º Attendu que les districts de Toul, Pont-à-Mousson, Dieuze et Nancy viennent de fournir des citoyens soit au département, soit au tribunal criminel, ceux de Blâmont, Sarrebourg, Lunéville, Vézelise et Château-Salins fourniront les trois citoyens en remplacement des dits Thouvenin-Fafet, Munier et Gillet ; en conséquence, les directoires de ces cinq districts seront tenus de présenter chacun dans la huitaine à l'administration provisoire du département le citoyen qu'ils croiront le plus propre et le plus digne par son patriotisme prononcé dès en juillet 1789, son zèle révolutionnaire et ses connaissances, d'entrer à l'administration du département, et après l'avoir fait épurer à la société populaire ;

3º L'administration provisoire du département nommera aussitôt dans les cinq candidats qui lui seront ainsi présentés les trois citoyens les plus propres pour se les associer à ses travaux ;

4º La délibération du département qui prononcera ce choix, servira aux nouveaux membres de commission, sans qu'ils puissent s'exoiner sous aucun prétexte, mais seront tenus de se rendre sur-le-champ à leur poste ;

5º Le représentant du peuple charge l'administration provisoire du département de faire mettre le plus promptement cet arrêté à exécution.

En conséquence de cet arrêt, le district de Lunéville présenta La-

roche, juge au tribunal du district; Vézelise, Dumont, procureur de
la commune; Château-Salins, Sauveur, de Vic; Sarrebourg, Jordy, de
Saint-Quirin; Blâmont, Descolin, secrétaire de la Société populaire.
Dans la séance du 4 nivôse (24 décembre), l'administration provisoire
du département choisit trois de ces cinq citoyens; elle désigna :

LAROCHE, de Lunéville, à l'unanimité;
DUMONT, de Vézelise;
SAUVEUR, de Vic.

Il est écrit à leur district respectif pour les faire inviter de se rendre
sans délai à leur poste. Les trois élus se présentèrent successivement
et prêtèrent le serment, Dumont, le 8 nivôse au matin, Sauveur, le
même jour à la séance du soir, Laroche, le 9 nivôse. A partir du
12 nivôse (1er janvier 1794), le président Nicolas cesse d'assister aux
séances qui sont présidées par Bigelot et Laroche, président d'âge. Le
1er pluviôse (20 janvier), Bigelot et Laroche reçoivent à l'unanimité les
titres de président et de vice-président pour le courant du mois (1).
Mais, le 23 pluviôse (11 février), on lit au registre des séances : « L'administration, instruite que Nicolas et Bigelot, deux de ses membres,
avaient été mis en arrestation, a procédé à la nomination d'un président. Ragot, ayant réuni la majorité absolue des suffrages, a occupé
le fauteuil en cette qualité. »
Pendant que Faure prenait cette série de mesures provisoires, la
constitution du département était profondément modifiée. Le décret du
19 vendémiaire an II (10 octobre 1793) avait déclaré que le gouvernement de la France devait être révolutionnaire jusqu'à la paix, et le
décret du 14 frimaire (4 décembre), rendu le jour même où Faure
replâtrait l'administration départementale, déclarait que tous les corps
constitués et les fonctionnaires publics étaient mis sous l'inspection
immédiate du Comité du salut public. Les conseils généraux des
départements étaient supprimés. Il ne restait plus qu'un directoire de
huit membres que les représentants du peuple en mission devaient
épurer. On supprimait les présidents et les procureurs généraux syndics. L'exercice des fonctions de président était alternatif entre les
membres du directoire et ne pouvait durer plus d'un mois. Les districts et les municipalités cessaient d'être dans la dépendance du département pour tout ce qui concernait les lois révolutionnaires et militaires,
les mesures de gouvernement, de salut public et de sûreté générale. Le
département n'était plus chargé que de la répartition des contributions
entre les districts, l'établissement des manufactures, des grandes routes
et des canaux, de la surveillance des domaines nationaux. Le district
prenait une importance toute nouvelle. Sans doute, on supprimait les
procureurs syndics de district et ceux des communes avec leurs suppléants élus; mais le gouvernement nommait près du district comme
près de la commune un agent national, chargé de requérir et de poursuivre l'exécution des lois. L'État était ainsi représenté près des corps
locaux qui gardaient une importance politique.

Les représentants du peuple J.-B. Lacoste, Baudot et Bar, allaient
appliquer les premiers dans la Meurthe les principes posés par la

_____

(1) Ceci en vertu de la loi du 14 frimaire qui sera analysée plus loin.

Convention. Leur arrêté du 26 pluviôse an II (14 février 1794) réorganisait l'administration départementale (1).

Lacoste, Baudot et Bar, représentants du peuple près les armées du Rhin et de la Moselle, et dans les départements de la Meurthe et du Bas-Rhin,

Considérant que, pour redonner à la masse générale des citoyens de Nancy l'énergie du républicanisme dont elle est susceptible, et qu'elle n'avait perdu que par le triomphe momentané du modérantisme et de l'aristocratie, et pour empêcher à l'avenir que les persécutions que l'on avait fait éprouver dans cette commune au patriotisme ne se renouvellent, il est nécessaire que l'autorité soit déposée entre les mains d'hommes purs et républicains prononcés, capables de développer l'énergie nécessaire pour faire marcher la Révolution, comprimer l'aristocratie et le modérantisme et protéger efficacement les patriotes : que si, dans ce moment, on a vu dans cette commune le modérantisme égarer les citoyens, on ne doit l'attribuer qu'à la mauvaise composition des autorités constituées, ARRÊTENT :

ART. 1. — Les membres composant le conseil général de la commune de Nancy, l'administration de département et de district, les tribunaux civil et criminel, le comité de surveillance et les juges de paix, sont destitués de leurs fonctions, à l'exception néanmoins des citoyens compris dans l'organisation des autorités constituées, déterminée ci-après.

ART. 2 ET 3. — *Composition de la municipalité et du conseil général de la commune. Traitement donné à certains membres (cf. ci-après).*

ART. 4. — L'administration de département sera composée des citoyens :

WULLIEZ, de Sarrebourg ;

HARLAUT ;

SONNINI ;

VILLIEZ, de Nancy ;

----

(1) Déjà le 5 pluviôse an II (24 janvier 1794), le représentant Bar avait révoqué Gérardin, marchand épicier, membre de l'administration du département et beaucoup d'autres fonctionnaires par l'arrêté suivant :

ART. 1. — Le citoyen François Pithois, officier municipal, est destitué de ses fonctions ; il sera mis en état d'arrestation. Le présent arrêté sera adressé par extrait au chef de la gendarmerie pour le mettre incontinent à exécution et traduire le dit Pithois devant le tribunal révolutionnaire à Paris.

ART. 2. — Le citoyen Hyacinthe Jobart, officier municipal, ex-noble, est suspendu de ses fonctions et, attendu qu'il ne s'élève aucune autre accusation contre lui, il demeurera sous la surveillance de la municipalité et du comité de surveillance.

ART. 3. — Les citoyens Claude-François Fery, officier municipal, Joseph Sorel, Mourquin, notables, Gérardin, marchand épicier et membre de l'administration du département, Jossaux et Martin, membres du comité de surveillance, Soyer, père, assesseur du juge de paix, Charon, secrétaire greffier de l'administration du district, tous signataires de l'adresse tendant à conserver l'effigie du tyran Louis XV, sont destitués de leurs fonctions et demeureront sous la surveillance de la municipalité et du comité révolutionnaire.

ART. 4. — La municipalité et le comité révolutionnaire de surveillance feront incessamment les recherches nécessaires pour découvrir les rédacteurs et les provocateurs de la dite adresse du 2 septembre 1792 concernant la conservation de la statue du tyran Louis XV, les feront mettre en état d'arrestation et rendront compte de tout au représentant du peuple.

ART. 5. — Le conseil général de la commune de Nancy fera dans le jour de la réception du présent arrêté, la désignation d'un citoyen probe, patriote, révolutionnaire et républicain et ayant le talent nécessaire pour remplir les fonctions du citoyen Charon, destitué par le présent arrêté. A. D., L. 121 et 1497.

GRANDJEAN ;
Raphaël MAUG, de Phalsbourg ;
FEBVÉ le jeune ;
GASTALDY.

Brandon remplira les fonctions de secrétaire général.

ART. 5 à 13 concernent les autres autorités constituées.

ART. 14. — Le présent arrêt sera adressé à la municipalité de Nancy, qui demeure chargée de la faire imprimer et de le transmettre à toutes les autorités constituées qui y sont dénommées (1).

Le 28 pluviôse, la nouvelle administration fut installée par la commission provisoire (2). Après avoir prêté le serment voulu, Harlaut, au nom du peuple et de ses collègues, témoigna la reconnaissance aux anciens administrateurs sur la manière avec laquelle ils avaient rempli les fonctions pénibles et délicates qui leur avaient été confiées. On décide d'élire le président pour un mois, par la voie du scrutin. Au premier tour, les voix se partagent entre Harlaut et Sonnini ; au second tour, Harlaut réunit 3 voix sur 4 votants et est déclaré élu. Le 29 ventôse (19 mars 1794), lorsque le mois de Harlaut fut écoulé, il fut arrêté que l'on suivrait pour la présidence l'ordre de nomination faite par les représentants du peuple et que, lorsque le président ne serait pas présent, celui qui l'aurait précédé le remplacerait. En conséquence, à partir de ce jour, Sonnini fut président, Harlaut vice-président. Le 1er floréal, Villiez, de Nancy, passa à la présidence et Sonnini devint vice-président ; le 1er prairial, le tour de la présidence revint à Grandjean ; le 1er messidor, à Maug. Le 1er thermidor, on appela à la présidence Wulliez, contrairement à la décision qui avait été prise. Le 9 thermidor, Robespierre était renversé ; mais l'administration départementale resta en place et le 1er fructidor, Febvé prit la présidence. Le 1er vendémiaire an III, Gastaldy passa à la présidence. Cependant, quelques-uns des membres violents de l'administration départementale étaient devenus suspects ; Wulliez était incarcéré ; d'autres prenaient de nouvelles fonctions. Il fallait pourtant, aux termes d'un décret du 7 vendémiaire an III (28 septembre 1794), que tous les corps constitués fussent complétés avant le 1er brumaire (22 octobre). Le représentant Michaud, envoyé comme représentant du peuple dans la Meurthe, s'appliqua de son mieux à compléter l'administration du département. Il y appela Empereur, maire de Pont-à-Mousson, et Carez, imprimeur à Toul, qui s'excusèrent par lettre du 19 vendémiaire ; Masson, de Port-sur-Moselle (Custines), qui prit séance le 19 et fut régulier ; Bonnet-Bonneville, de Nancy, qui siégea le 21 vendémiaire, puis s'éclipsa ; Beaudot, de Dieuze, qui demanda aussitôt un congé. Les citoyens se dérobaient les uns après les autres. Finalement, le 5 brumaire — la date fixée pour la reconstitution étant déjà passée — Michaud prit l'arrêté suivant :

Michaud, représentant du peuple envoyé dans le département de la Meurthe,
Sur la désignation des administrations de district et la présentation des administrateurs du département, arrête que les citoyens :

SALLE, professeur de morale à Pont-à-Mousson ;

----

(1) L'arrêté a en effet été imprimé. A Nancy, P. Barbier, 8 pages in-8°.

(2) Quelques-uns des administrateurs nommés avaient fait à Balthazard Faure une opposition violente.

Maurice JORDY, agent national de la commune de Neuviller, district de
  Vézelise;
Pierre CORDIER, administrateur du district de Toul;
Augustin HUN, homme de lettres à Dieuze;

compléteront le directoire du département de la Meurthe.
Les administrateurs actuels préviendront les dits citoyens qu'ils aient à se
rendre à leur poste dans le plus bref délai.
Chacun des administrateurs nouvellement élus présentera d'ici au 10 du courant le tableau de sa conduite politique dans la forme exigée par le décret du
7 vendémiaire.

Cordier et Hun ayant envoyé leur démission, Michaud les remplaça
le 8 et le 12 brumaire par :

MOREL, de Dieuze;
Paul OLRY, assesseur du juge de paix de Toul.

Et successivement vinrent prendre séance le 14 brumaire, Jordy; le
15, Salle et Olry; le 21, Morel. Mais Jordy ne voulut pas rester et
Michaud lui permit, le 25, de donner sa démission (1). L'administration départementale exprima ses regrets dans la séance du 26. Finalement, par un arrêté daté d'Épinal, le 28 brumaire an III (18 novembre 1794), Michaud arrêta que l'administration du département de la
Meurthe sera définitivement composée des citoyens :

Nicolas-Jacques HARLAUT, de Lunéville;
Jacques-Raphaël MAUG, de Phalsbourg;
Joseph FEBVÉ le jeune, de Nancy;
Nicolas GASTALDY, de Nancy;
Joseph MASSON, de Port-sur-Moselle;
Jean-Denis SALLE, de Pont-à-Mousson;
Jean-Charles-Antoine MOREL, de Dieuze;
Paul OLRY, de Toul;

Toussaint BRANDON, secrétaire général (2).

En frimaire, Maug passa à la présidence; mais, en ce mois, un nouveau représentant du peuple, Genevois, vint à Nancy, et il réorganisa
l'administration départementale ainsi que les autorités constituées de
Nancy par arrêté du 24 (14 décembre 1794).

Le représentant du peuple, en mission dans le département de la Meurthe,
considérant qu'il importait à la cause du peuple et de la liberté de rappeler et
d'affermir, au sein de la commune de Nancy, cette confiance mutuelle entre les
citoyens et leurs magistrats, ce concert unanime d'actions et de volontés, si

---

(1) Voici la lettre qu'il lui écrivit. Épinal, 25 brumaire an III. Michaud au
citoyen Jordy, administrateur du département de la Meurthe. D'après tes observations, citoien, j'accepte ta démission des fonctions d'administrateur du département de la Meurthe, mais dans le cas seulement où tu ne serais pas nécessaire
pour compléter le directoire de cette administration.
                          Salut et fraternité.
(2) Cette liste a été imprimée le 1er frimaire par les soins de l'administration
du département, pour être envoyée aux districts et municipalités. 1 feuille in-4°.
Michaud avait maintenu trois révolutionnaires, Maug, Febvé et Gastaldy, et il
en avait adjoint deux autres, Masson et Olry; mais Harlaut était modéré; Morel
et Salle passaient pour des contre-révolutionnaires.

nécessaires à la prospérité publique et sans lesquels il est presque impossible d'opérer le bien ;

Considérant que, pour arriver à ce but désiré, il fallait détruire le pouvoir monstrueux que l'intrigue et l'ambition s'étaient formé dans cette commune, pouvoir que la révolution du 10 thermidor n'avait pour ainsi dire qu'ébranlé ;

Considérant qu'il fallait que la grande masse des citoyens, rendue à sa première énergie, à la liberté d'exprimer franchement ses vœux et sa pensée, ne fût plus soumise à l'influence et au crédit de ceux qui avaient eu l'art de favoriser, de provoquer même, au nom sacré de la patrie, la licence de quelques hommes, pour opprimer plus sûrement le plus grand nombre ;

Considérant que, dans cet état de choses, l'épuration et la réorganisation des autorités constituées étaient devenues indispensables et même urgentes; que cependant le succès d'une telle mesure, dépendant entièrement du choix qui devait la consommer, la sagesse exigeait de la méditer, afin de ne présenter au peuple que les magistrats dignes de la confiance, qu'en conséquence l'opinion publique a été interrogée avec soin et avec cette attention scrupuleuse qu'exige la recherche de la vérité ;

Considérant enfin que le vœu du peuple assemblé s'est fortement prononcé en faveur des citoyens qui lui ont été présentés pour la composition des autorités constituées.

ARRÊTE CE QUI SUIT :

ART. 1. — Le Conseil général de la commune de Nancy, l'administration de département, celle de district, les tribunaux civil et criminel, les justices de paix, le bureau de paix, le tribunal de commerce et la direction de la poste aux lettres sont composés des citoyens nommés et désignés dans le tableau qui est annexé au présent arrêté.

ART. 2. — Ceux des fonctionnaires publics actuels qui ne sont pas compris dans le dit tableau cesseront leurs fonctions aussitôt après l'installation de ceux qui doivent les remplacer en exécution du présent arrêté.

ART. 3. — L'agent national du district est chargé de procéder, dans les vingt-quatre heures, à l'installation de toutes les autorités constituées, comprises dans le tableau d'épuration (1).

Nous donnerons plus loin la composition des autres corps; voici celle de l'administration du département :

HARLAUT, de Lunéville, administrateur actuel, président ;
MOURER, ex-procureur général syndic ;
SALLE, de Pont-à-Mousson, administrateur actuel ;
MOREL, de Dieuze, *idem ;*
THIRION, ex-secrétaire général ;
MANDEL, de Vic, ex-administrateur ;
COLLIÈRE, de Varangéville, *idem ;*
MAILLOT, ex-constituant (2).
Secrétaire général : BRANDON.

_____

(1) Cf. *Discours prononcé par le Représentant du Peuple, en mission dans le Département de la Meurthe, dans l'assemblée générale du Peuple de Nancy, convoquée le 24 frimaire, troisième année républicaine, dans la salle du spectacle de cette Commune, suivi du procès-verbal d'épuration des Autorités constituées et du tableau des divers Membres dont elles sont composées.* 16 pages in-4°, à Nancy, de l'imprimerie de P. Barbier.

(2) Genevois élimina tous les éléments jacobins qu'avait gardés Michaud. Il ne conserva que les modérés Harlaut, Morel et Salle. On vit revenir Mourer dont on sait le rôle en juin 1793 ; il faut aussi noter le choix de Maillot, ex-constituant, dont la conduite avait été très modérée à Toul pendant la Terreur.

Le 25 frimaire, Jean-Pierre Demange, agent national près le district, installa au lieu des séances les nouveaux membres présents, Harlaut, Salle, Morel, Mandel et Collière, ainsi que le secrétaire général Brandon. Mandel a déclaré qu'il a déjà été désigné à la place d'administrateur forestier de l'arrondissement de Vic, incompatible avec celle d'administrateur; mais qu'ayant déjà été désigné par les suffrages du peuple au directoire du département, il était jaloux de montrer qu'il était digne de la confiance de ses concitoyens, et qu'en conséquence, il optait pour la place d'administrateur du département.

Le citoyen Maillot, agent national de la commune de Toul, ne tarda pas à envoyer sa démission; Genevois l'accepta le 27 frimaire, prenant en considération la réclamation de la ville de Toul, fondée sur l'intérêt public, et il nomma en sa place, le même jour :

VILLEMSENS, officier municipal de Toul,

que lui présentaient les administrateurs de ce district. Villemsens, au bout d'un certain temps de réflexion, vint prendre séance. Mourer, de son côté, envoyait sa démission au début de nivôse, et Genevois invita l'administration du département à lui présenter trois candidats des districts de Salins-Libre, Blâmont, Vézelise et Sarrebourg : l'administration déclara qu'elle ne trouvait point d'homme dans les districts de Sarrebourg et de Blâmont, et présenta Lachasse l'aîné, juge au tribunal de district de Vézelise, Michel l'aîné, de Vic, et Foissey, membre du conseil de district de Nancy (2 nivôse): mais il ne semble pas qu'il ait été pourvu à ce remplacement. En pluviôse, Salle prit la présidence; en ventôse, Thirion. Une loi du 1er ventôse (19 février 1795), réduisit, par mesure d'économie, à cinq le nombre des administrateurs du département, et l'administration départementale devait se réduire elle-même. Dans la séance du 12, Villemsens déclara qu'il avait été obligé, malgré lui, de déférer à l'arrêté du représentant Genevois ; il a tâché de remplir son devoir de son mieux : mais la nouvelle loi lui donnait une occasion d'offrir sa démission. L'administration lui donna acte, en exprimant ses regrets. L'assemblée resta composée de Harlaut, Salle, Thirion, Mandel et Collière (1), et Brandon continua de remplir les fonctions de secrétaire général. Mandel fut président en germinal, Collière en floréal. Ce fut le 8 floréal an III (27 avril 1795), que le représentant Mazade réorganisa le directoire du département, en exécution de la loi du 28 germinal (18 avril).

Par cette loi, la loi du 14 frimaire an II était rapportée, en ce qui concernait les administrations de districts et départements. Les départements et les districts reprenaient leurs anciennes fonctions. Les directoires de départements étaient composés de huit administrateurs et devaient de nouveau nommer leur président ; la place de procureur général syndic était rétablie ; les représentants en mission avaient charge de compléter ou de réorganiser les directoires dans les deux décades qui suivraient la publication de la loi (2). Là où il n'y avait pas de représentant en mission, ce soin regardait le Comité de législation. Quand la loi fut connue à Nancy, l'administration, dans la séance du 2 floréal, nomma aussitôt un procureur général provisoire. A un premier tour de scrutin, Thirion obtint 2 voix, Salle, Harlaut et Mandel

---

(1) Morel ne parut plus aux séances, après le 7 nivôse.

(2) DUVERGIER, t. VIII, p. 99.

chacun 1 voix. Le second tour eut lieu entre Thirion et Saile, et Thirion
fut élu par 4 voix.

Nous donnons le texte de l'arrêté de Mazade, daté de Bitche :

La Convention nationale, par la loi du 28 germinal dernier, a décrété que les
représentants du peuple en mission compléteraient ou réorganiseraient, dans
deux décades à compter du jour de la publication de cette loi, les directoires
des départements.

Deux opérations sont indiquées dans la loi, la réorganisation et le complément; mais ces deux opérations sont alternatives.

Un décret avait réduit au nombre de cinq les membres des directoires du
département; la loi qui réintègre ces administrations supérieures les porte au
nombre de huit. La première a été exécutée et il est dès lors évident que, partout où les administrations sont bien composées, il n'y a qu'un complément à
opérer.

Le représentant du peuple Genevois a épuré le département de la Meurthe;
il a partout ouvert des routes à son successeur; partout où il a passé, les
choix les plus heureux signalent sa sollicitude; partout où il a choisi, il n'y a
qu'à compléter et, pour être content de lui-même, le représentant du peuple doit
compléter comme le citoyen Genevois a choisi.

Il ne connut qu'un oracle, l'opinion publique, et, pour connaître l'opinion publique, il admit deux caractères, les suffrages des citoyens rassemblés et les
réputations connues.

Son successeur, témoin de ses succès, a suivi la même marche.

Lorsqu'il s'est agi de l'opération relative au département, il s'est déterminé
dans l'instant à le compléter dans son directoire. Les bases de l'édifice étaient
posées, il ne s'agissait que de le porter à sa perfection.

Il a consulté les administrations et les citoyens; il a consulté les réputations
connues et voici le résultat de ses recherches.

Avant de les proclamer, il doit rappeler à ce nouveau directoire l'étendue de
ses devoirs, en lui montrant l'étendue de ses fonctions; plus le cercle est vaste,
plus l'action doit être régulière.

Le repartement et la levée des contributions ordinaires ou éventuelles, la
conservation et l'emploi des établissements publics, la surveillance des hospices,
l'encouragement de l'agriculture et du commerce, la surveillance de l'éducation
et de l'instruction publique, la conservation de la morale publique, la haute
police contre les ennemis de l'État et de l'ordre social, tels sont les objets de la
surveillance du directoire du département de la Meurthe dans un grand arrondissement.

Mais ce n'est pas législativement qu'elle doit être exercée, c'est administrative-
ment. Le corps législatif n'est pas un grand département, et un département
n'est pas un petit corps législatif. Rien n'est plus important à cet égard que la
précision et l'exactitude des idées; car c'est à l'aide de fausses définitions et de
fausses notions que toutes les erreurs se propagent et engendrent les désordres.

Un corps législatif est une volonté générale permanente, agissant d'après une
grande sagesse; il voit, il veut; il veut pour un état entier; il veut par des lois,
par des actes de volonté sociale; il veut pour tous et non pour quelques-uns,
et si des circonstances inopinées exigent qu'il s'occupe quelquefois d'objets particuliers, jamais il ne le fait que par une suite des principes généraux; jamais il
ne se prononce sur les personnes; c'est toujours sur les choses. Premier organe
de la souveraineté nationale, ce corps existe pour tous les citoyens et il n'existe
pour aucun individuellement. Il représente, et, quoique la souveraineté soit ina-
liénable, il en est la fidèle image; il a l'initiative de l'exercice de ces droits. En
un mot, la volonté n'est pas le bras.

Une grande administration supérieure ne représente pas. L'élection ne constitue pas pour elle la représentation; elle indique seulement la confiance; et, dans un pays libre, toutes les fonctions, tous les choix doivent émaner de la confiance publique. Elle *ne veut pas;* mais elle applique la volonté nationale, toutes les fois que les circonstances l'exigent. Elle ne veut pas; mais elle fait régner la volonté nationale. Si le corps législatif s'occupe des choses pour l'intérêt des hommes et des citoyens, une grande administration s'occupe des hommes et des citoyens pour l'intérêt des choses, pour le maintien des lois et les rapports généraux. Elle n'est pas une volonté; elle est le bras du corps social; elle est un de ses instruments...

Ces considérations ont guidé le représentant du peuple dans le choix et c'est en vertu de la loi de 28 germinal dernier qu'il a arrêté et arrête ce qui suit :

ART. 1. — Le directoire du département de la Meurthe sera composé : 1° des administrateurs qui le forment en ce moment ; 2° des citoyens :

    SALADIN, administrateur du district de Pont-à-Mousson ;
    VIGNERON-LOZANNE ;
    LESEURE, procureur syndic du district de Pont-à-Mousson.

ART. 2. — Si quelque obstacle s'oppose à l'installation de l'un des trois membres ci-dessus nommés, le remplacera le citoyen :

    SAULNIER le jeune, chef de bureau au district de Nancy.

ART. 3. — Le citoyen MALLARMÉ, maire actuel de Nancy, est nommé procureur général syndic du département de la Meurthe.

ART. 4. — L'administration du district de Nancy nommera provisoirement un maire pour la commune de Nancy, et, en attendant, le premier officier municipal en remplira les fonctions. Cette nomination ne pourra provisoirement sortir à effet qu'après que le directoire du département l'aura approuvée, et elle ne deviendra définitive que par la ratification du représentant du peuple (1).

ART. 5. — Le directoire du département indiquera incessamment au représentant du peuple un citoyen pour remplir à Pont-à-Mousson les fonctions de procureur syndic du district.

ART. 6. — Charge le procureur général syndic provisoire du département de la Meurthe de l'exécution du présent arrêt, de faire installer sans délai les sujets y désignés et d'adresser une expédition du présent à chacun des deux Comités de législation et de sûreté générale de la Convention nationale (2).

Le 12 floréal (1er mai 1795), sur la demande du procureur général syndic provisoire Thirion, les citoyens Saladin et Mallarmé furent installés. Leseure fit connaître qu'il préférait demeurer procureur syndic du district de Pont-à-Mousson et l'on se décida à appeler à sa place, conformément à l'arrêté de Mazade, le citoyen Saulnier le jeune, qui se présenta immédiatement à la séance et prit possession de son poste. Vigneron fut installé le 13 floréal et le directoire se trouva ainsi au complet. Le même jour, le directoire ratifia la nomination, faite par la commune, de Thieriet comme maire de Nancy. Le 21 floréal (10 mai 1795), Vigneron fut nommé président par 5 voix sur 8 votants. Le directoire du département demeura composé de la sorte jusqu'au vote de la

---

(1) Le conseil général de la commune désigna, le 12 floréal, trois membres, Lallemand, Thieriet et Malglaive. L'administration du district nomma Thieriet. Le directoire du département approuva le 13 floréal cette nomination, que confirma Mazade le 23 floréal.

(2) A. D., L. 121.

Constitution de l'an III et jusqu'à l'application de cette constitution (1). Dans la séance du 3 vendémiaire an IV (25 septembre 1795), le président Vigneron et Thirion donnèrent leur démission, à cause de la nouvelle loi votée par la Constitution (2) : ils étaient parents d'émigrés aux degrés prévus par la loi. Leurs collègues se séparèrent d'eux avec un véritable chagrin et attestèrent que « la conduite qu'ils avaient tenue depuis l'aurore de la Révolution, les principes qu'ils avaient constamment professés et leur attachement à la patrie étaient connus de leurs concitoyens et les avaient toujours mis au-dessus de toute prévention. » Le 4 vendémiaire, Collière passa à la présidence. Le 28 de ce mois (20 octobre 1795), l'administration reçut les procès-verbaux des assemblées électorales départementales terminées la veille et constatant l'élection des citoyens Horrer, Balland, Mourer, Regneault et Saladin. Elle les convoque à la séance et les installe. Sont présents : Horrer, Balland, Regneault et Saladin, le seul des anciens administrateurs qui ait été élu.

« Le président leur a exprimé combien il est avantageux à la chose publique et aux citoyens de ce département d'avoir pour administrateurs des hommes dont le mérite, les talents et les vertus civiles et morales ont appelé et fixé le choix du corps électoral; sans se dissimuler combien sera pénible la carrière qu'ils vont courir, le président leur a représenté combien il sera doux pour eux, en servant leur patrie, de se concilier l'estime de leurs concitoyens et de justifier le choix de leurs commettants.

« Le citoyen Horrer, au nom de la nouvelle administration, a voté des remerciements au directoire du département sur la manière dont il a rempli ses fonctions. Ses collègues et lui, a-t-il dit, s'applaudiront de marcher sur les traces de leurs prédécesseurs et se croiront heureux si, par leurs veilles et leurs travaux, ils parviennent à mériter l'estime de leurs concitoyens.

« Les anciens administrateurs se sont retirés et ont cédé leurs places à leurs successeurs (3). » Et ce dernier procès-verbal, très mélancolique, porte les signatures de Collière, président, Harlaut, Saulnier le jeune, Mandel et du secrétaire général Brandon.

Modifications dans le Tribunal criminel du département

Le 26 pluviôse an II (14 février 1794), les représentants Lacoste, Baudot et Bar modifièrent la composition du tribunal criminel. Ils gardèrent sans doute comme président Jean-Baptiste Febvé, celui qu'on nommera désormais Febvé l'aîné; mais ils nommèrent comme accusateur public le citoyen MOUTON et comme greffier le citoyen CLAUDE fils. Le 18 vendémiaire an III (18 octobre 1794), le représentant Michaud garda telle quelle la composition du tribunal criminel; Mouton avait

---

(1) Les nouveaux membres, Vigneron, Saladin, Saulnier le jeune, étaient d'opinions très modérées.

(2) 5e jour complémentaire de l'an III (21 septembre 1795). « Les pères, fils, oncles, neveux et époux des émigrés, les alliés au même degré, les ministres du culte insermentés, ceux qui ayant prêté les serments ordonnés les ont rétractés ou modifiés, cesseront, dès la publication du présent décret, à peine de forfaiture et de faux, toutes fonctions administratives, municipales ou judiciaires. »

(3) Registre des délibérations du directoire. A. D. L. 87, fos 103 et 104.

été conservé par arrêté spécial du 12 vendémiaire. Le 24 frimaire an III (14 décembre 1794), Genevois nommait comme président Willemin, de Pont-à-Mousson, André-Thomassin, accusateur public et Gérard, de Toul, greffier (ces deux derniers recouvraient le poste qu'ils devaient à l'élection). Mais Pont-à-Mousson voulut garder Willemin; le conseil général de la commune, les juges et le commissaire national du tribunal du district, la société populaire de cette ville réclamèrent son maintien; Willemin donna sa démission, et le 5 nivôse an III (25 décembre 1794), Genevois nomma, comme président du tribunal criminel, Claude-Ambroise Regnier, président du tribunal du district.

Création du Tribunal révolutionnaire

Ce tribunal fut créé le 28 brumaire an II (18 novembre 1793) par le représentant Faure. Bien que les membres n'aient point été nommés par l'élection, nous les indiquons ici, afin de donner la liste complète des juges de Nancy sous la Révolution :

Balthazard Faure, représentant du peuple à Nancy;

Considérant que, s'il importe au salut public d'arrêter les tentatives contre-révolutionnaires, d'en punir les auteurs et de prévenir par le châtiment des coupables tout complot funeste à la sûreté, c'est surtout dans les départements frontières qu'il est indispensablement nécessaire d'inspirer aux malveillants une salutaire terreur;

Considérant néanmoins que, pour faire cadrer les mesures rigoureuses que les circonstances exigent avec les principes de justice et d'humanité, dont un vrai républicain ne s'écarte jamais dans les crises politiques les plus orageuses, il convient d'établir un tribunal révolutionnaire, chargé uniquement de juger les personnes dénoncées comme contre-révolutionnaires par le comité de surveillance; que la création de ce tribunal est d'autant plus nécessaire qu'il est utile à la chose publique et au maintien de la Révolution de juger les traîtres sous les yeux des hommes faibles qu'ils ont pu séduire ou tenter d'égarer; et qu'à cet avantage se joint celui d'épargner les fonds de la République, en diminuant les frais de voyage à Paris d'un grand nombre de coupables et de témoins; désirant enfin composer ce tribunal de manière à ce qu'il obtienne la confiance publique par le choix des personnes qui réunissent le plus ardent patriotisme aux sentiments de justice et d'humanité;

En vertu des pouvoirs illimités à lui accordés par la Convention nationale, arrête ce qui suit :

Art. 1. — TRICOLORE-MARQUE ;
    DOMMARY, juge de paix ;
    GEOFFROY, passementier ;
    THOUVENIN, substitut du procureur de la commune ;
    CROPSAL, ébéniste ;
    GÉRARD, greffier du tribunal criminel ;
    BERTHIER le jeune, du district de Vézelise ;

formeront un tribunal révolutionnaire, pour juger en dernier ressort, et sans recours au tribunal de cassation, toutes les personnes prévenues d'aristocratie, fédéralisme, royalisme, projets, actions, propos contre-révolutionnaires, qui leur seront dénoncées par les comités de surveillance du département de la Meurthe ou qui leur seront envoyées par le représentant du peuple.

Art. 2. — Le premier des sept citoyens désignés en l'article précédent fera les fonctions de président; Gérard, celles d'accusateur public et le dernier, celles de substitut.

Art. 3. — Ces sept citoyens se réuniront à la salle des audiences du tribunal criminel le lendemain du jour qu'ils auront reçu leur commission, et choisiront aussitôt le citoyen qu'ils croiront le plus capable pour faire les fonctions de greffier. Il y aura en outre deux juges suppléants qui sont : Martin, rentier et canonnier, et Nicolai, musicien.

Art. 4. — Les huissiers de ce tribunal révolutionnaire seront les mêmes que ceux du tribunal criminel.

Art. 5. — Aussitôt que des prévenus y auront été traduits, il sera obligé de s'occuper de leur jugement, sans autre délai que celui qui sera nécessaire pour l'instruction.

Art. 6. — Il prononcera les peines portées par le code pénal et prononcées par les lois postérieures contre les contre-révolutionnaires, et suivra les seules formes prescrites aux tribunaux criminels pour les cas où ils jugent révolutionnairement.

Art. 7. — Les comités de surveillance sont invités à faire parvenir au tribunal toutes les pièces justificatives des faits qu'ils auront pu recueillir et à lui donner tous les renseignements et toutes les indications des témoins qu'ils auront.

Art. 8. — Il est attribué au président pour indemnité la somme de 300 livres par mois, à chacun des autres juges 250 livres, à l'accusateur public 300 livres, au substitut de l'accusateur public 200 livres et même somme au greffier.

Le tribunal donnera au greffier le nombre de commis qu'il jugera convenable et fixera leur traitement.

Le directoire du département est chargé d'installer le tribunal dans le jour ou le lendemain au plus tard.

Fait à Nancy le 28 brumaire, l'an II de la République une et indivisible.

FAURE.

(A. D., L. 121. L. 3291.)

Le 4 frimaire an II (24 novembre 1793), l'administration provisoire du département, en exécution de l'article 8 de l'arrêté précédent, s'est transportée en la salle des audiences du tribunal criminel, et a installé les membres qui doivent composer le tribunal révolutionnaire. Le président, après avoir prononcé la formule du serment de maintenir la liberté, l'égalité, l'unité et l'indivisibilité de la République ou de mourir à son poste, de remplir avec zèle et courage les fonctions importantes qui lui sont confiées, chacun des membres appelé individuellement, à l'exception de Gérard, absent, a prononcé : *Je le jure.* L'administration a quitté le bureau et les membres du tribunal y ont pris place en la qualité qui leur est attribuée par l'article 2 dudit arrêté. Le même jour, les membres du tribunal nomment greffier Jean-Pierre Demange, ci-devant avoué à Nancy, qui prête le serment. Tricolore-Marque, président, mande au receveur des droits d'enregistrement à Nancy de délivrer au greffier la somme de 3.000 livres pour subvenir aux dépenses à faire à l'effet de monter le greffe. Le 11 frimaire an II, Balthazard Faure nomme deux nouveaux suppléants au tribunal révolutionnaire :

Richier, canonnier;
Lambert, menuisier.

Ces deux suppléants, dit Faure, ne peuvent s'exoiner, à peine d'être regardés et traités comme suspects. Le 16 frimaire, les citoyens

Nicolaï et Saucerotte le jeune, délégués du comité de surveillance, ont installé Richier et Lambert et reçu leur serment. Le 22 frimaire, sur la réquisition de Claude Gérard, accusateur public, il est décidé que l'arrêté de Faure sera imprimé et affiché dans tout le département, pour que l'existence du tribunal révolutionnaire ne puisse être ignorée. Le tribunal, convaincu que, dans le régime républicain, les parties ne doivent approcher de leurs juges que lorsqu'elles sont appelées pour donner les éclaircissements nécessaires à leur défense, prévient que les membres du tribunal ne recevront aucun sollicitant ; ceux qui agiraient autrement seraient dénoncés au comité de surveillance comme suspects. Le 23 frimaire, le tribunal crée une caisse pour recevoir les amendes qu'il serait dans le cas de prononcer au profit de la République. Le tribunal créé par Faure discontinua ses séances le 15 nivôse an II (4 janvier 1794). Il n'avait duré qu'un mois et demi (1). Les Jacobins préféraient envoyer les suspects devant le tribunal révolutionnaire de Paris.

XXV

ASSEMBLÉE ÉLECTORALE DU DISTRICT

Élection de curés, du procureur-syndic du district, des membres du directoire et de l'administration du district, des juges et du commissaire national au tribunal civil, des juges du tribunal du commerce, des membres du bureau de paix et de conciliation, de deux directeurs et d'un contrôleur de la poste aux lettres.

(25-29 novembre 1792)

Les opérations de l'assemblée électorale du département étaient finies le 17 novembre, soit un samedi. Il eût été difficile aux électeurs du district de Nancy de se réunir à Nancy dès le lendemain dimanche 18 ; aussi l'Assemblée fut-elle remise au dimanche suivant 25 novembre. Outre les élections dont il a été question plus haut (p. 182), elle devait nommer d'abord un certain nombre de curés.

La Convention avait décidé de faire élire par les électeurs du district un certain nombre de fonctionnaires dont la nomination, sous la Constituante et la Législative, relevait de l'État ou d'une autorité constituée. Le commissaire du Roi, près le tribunal du district, devint le commissaire national et, en vertu du décret du 20 octobre, devait être élu par

---

(1) Nous avons épuisé ainsi tous les renseignements qui se trouvent dans le registre du tribunal révolutionnaire. A. D., L. 3291.

les électeurs du district. On supprima le commissaire près des tribunaux criminels et on réunit ses fonctions à celles de l'accusateur public. On a vu que les négociants de Nancy avaient précédemment nommé les membres du tribunal de commerce du district de Nancy ; désormais tous les électeurs du district, quelle que fût leur profession, devaient nommer les juges, suppléants et greffiers de ces tribunaux. La municipalité avait nommé précédemment les membres du bureau de paix et de conciliation dans les villes du district ; ce choix regarda désormais les électeurs du district. Enfin, depuis le 1ᵉʳ janvier 1792, les postes furent mises en régies. Le 28 septembre de cette année, la Convention décrète que les directeurs et contrôleurs des postes seront nommés par le peuple, que cette nomination sera faite provisoirement par les assemblées électorales de district sous les cautionnements ordinaires, que les directeurs et contrôleurs actuels seront éligibles. Il y avait deux directeurs des postes dans le district de Nancy, à Nancy même et à Saint-Nicolas ; un contrôleur à Nancy. L'assemblée du district devait pourvoir à ces trois postes.

Le 25 novembre 1792, les électeurs du district de Nancy, convoqués le 29 octobre par le procureur général syndic du département de la Meurthe et le procureur syndic du district, après avoir assisté à la messe paroissiale, se sont retirés dans un lieu de la cathédrale destiné à la tenue de leurs séances. Durival, président de l'administration du district, préside comme doyen d'âge ; il appelle Jean-François Renault, administrateur du même district, comme secrétaire provisoire ; les scrutateurs provisoires sont Louis-Antoine Marchand, commissionnaire à Nancy ; Martin Voignier, pâtissier, et Zangiacomi, les plus anciens après le président. Poirot, vicaire épiscopal, est nommé président définitif, Jean-François Renault, secrétaire ; Nicolas-Sébastien Morin, marchand commissionnaire à Nancy, Charles Collet, administrateur du district, et Zangiacomi sont nommés scrutateurs.

Le président et le secrétaire prêtent le serment d'être fidèles à la République et de maintenir la liberté et l'égalité ; les trois scrutateurs en font autant et ajoutent le serment de garder le secret. Chaque électeur, sur appel nominal, prête le même serment. Un électeur veut qu'il soit constaté dans le procès-verbal que, si l'assemblée ne s'est pas réunie dimanche dernier comme le voulait la loi, c'est que l'assemblée électorale du département tenue à Blâmont n'a été close que le samedi 17 à midi. On commence le scrutin par l'élection de la cure de *Bey*. PICARD, administrateur actuel de la cure, obtient la totalité des suffrages, soit 69. Puis, Michel GUERRIER, vicaire à Lunéville, est élu par 71 voix sur 73 curé de *Brin*.

L'après-midi sont nommés curés : de *Champigneulles*, BARTHÉ-
LEMY, administrateur de la paroisse (72 voix); de *Custines*,
MASSON, administrateur actuel de la paroisse (73 voix); de *Leyr*,
MAUVAIS, curé actuel de Villers-lès-Nancy (46 voix); de *Moivron*,
après un premier tour sans résultat, LACAILLE, vicaire de Thorey,
contre Lami, administrateur actuel de Leyr, au bénéfice de l'âge,
chacun ayant eu 34 voix.

Le lendemain, 26 novembre, les curés élus furent proclamés
en présence du peuple et du clergé; puis une messe solennelle
fut célébrée.

On passe ensuite au vote pour le poste de procureur syndic
du district. Le premier tour (77 votants) ne donne aucun résultat;
restent en concurrence pour le second tour, Adrien Duquesnoy,
maire de Nancy, et Jeandel. Ils ont le même nombre de suffrages;
est élu au bénéfice de l'âge :

JEANDEL, notaire à Ludres, rue de l'Esplanade (1).

Les deux concurrents avaient chacun 38 voix sur 76 votants.

On passe à l'élection de membres du directoire du district. Au
premier tour, sont élus sur 84 votants :

Charles COLLET, administrateur du district, rue Saint-
Julien, 61 voix;

Jean-François RENAULT, *idem*, rue de la Cathédrale, 61.

Aucun autre membre ne réunissant la majorité nécessaire, un
second tour est nécessaire. Sont élus :

Jean-Pierre DEMANGE, officier municipal à Nancy, 35 voix;

JEANDEL, de Tomblaine, administrateur actuel du district.
25.

L'après-midi, Demange fait savoir que la place de directeur
est incompatible avec celle d'avoué et il donne sa démission de
directeur; on élit à sa place :

ROLLIN, substitut du procureur de la commune de Nancy,
rue de la Hache, 19 voix.

On vote ensuite au scrutin de liste pour huit membres du
Conseil du district; au premier tour, est élu :

François-Xavier SAUCEROTTE, administrateur du district,
41 voix.

Aucun autre membre n'obtient la majorité absolue.

_____

(1) Les adresses d'après l'*Almanach du département de la Meurthe* de 1793.

Le second tour de scrutin est ouvert le lendemain 27 novembre. Sont élus sur 75 votants :

Charles SILVESTRE, secrétaire de la municipalité de Pont-Saint-Vincent, 32 voix ;

Joseph OUDINOT, maire de Custines, 28 ;

Nicolas-Antoine MUNIER, maire de Lay-Saint-Christophe, 28;

Charles-Joseph GORMAND, médecin à Nancy, 24 ;

Bernard GRANDJEAN, cultivateur à Réméréville, 24;

Sébastien-Nicolas MORIS, notable à Nancy, rue de la Boucherie, 21 ;

Jean BONGARD, cultivateur à Lenoncourt, 16.

On passe à l'élection des juges du tribunal civil et du commissaire national. Pour le poste de premier juge, un premier tour (81 votants) ne donne aucun résultat ; au second tour, est élu sur 63 votants :

Ambroise REGNIER, homme de loi, 56 voix, rue Mirabeau ; contre Dieudonné Grandjean, juge de paix à Amance.

L'après-midi, on vote pour le second poste de juge ; après un premier tour inutile (64 votants), est élu sur 73 votants :

Sigisbert SONNINI, juge de paix à Saint-Nicolas, 39 voix, rue de la Faïencerie, contre le même Dieudonné Grandjean.

Pour le poste de troisième juge, celui-ci échoue de nouveau au second tour et est élu sur 77 votants :

MASSON, homme de loi à Nancy, 39 voix, rue de la Fédération.

Pour le poste de quatrième juge, est enfin élu au second tour sur 64 votants :

Dieudonné GRANDJEAN, juge de paix à Amance,
contre Boulay.

Est élu, comme cinquième juge, au second tour de scrutin sur 65 votants, contre Nicolas Ricatte, homme de loi à Lixheim :

Joseph-Jacques-Antoine BOULAY, homme de loi à Nancy, 51 voix, à la maison épiscopale.

Un seul tour suffit pour la nomination du commissaire national. Est élu sur 60 votants.

René AUBERTIN, ancien commissaire, 43 voix.

Le 28 novembre, on élit les quatre suppléants par scrutin individuel. Sont élus :

HUSSENOT aîné, homme de loi à Nancy, 39 voix ;
Nicolas RICATTE, homme de loi, au second tour, 31 ;

contre Louis Saulnier le jeune.

Louis SAULNIER, homme de loi, 55 ;
NICOLAS l'aîné, notaire à Nancy, 37 ;

Est nommé greffier du tribunal civil :

DIEUDONNÉ, ci-devant greffier de la maîtrise de Nancy (1), 65 voix.

On passe par scrutin individuel au vote pour les juges du tribunal de commerce. Sont nommés :

Joseph HENRION, négociant à Nancy, 40 voix ;
Mathieu CROIZIER, *idem*, 59 ;
Joseph MOURQUIN, *idem*, 43 ;
Jean-Augustin CHAMPEL, *idem*, 42 ;
Jean-Joseph LELONG, dit DERIVAGES, *idem*, 31.

Cette dernière élection eut lieu l'après-midi où furent également désignés les quatre suppléants :

Charles-Alexandre JEANROY, négociant à Nancy, 24 voix ;
Jean-Baptiste-Joseph JACOB, *idem*, 31 ;
Esprit TARDIEU, *idem*, 37 ;
Christophe-Balthazard DACRAIGNE, *idem*, 37,

au second tour contre Louis Antoine.

Est nommé greffier du tribunal de commerce (2) :

Jean-François BUREAU l'aîné, huissier près le tribunal du district, 42 voix.

_____

(1) Les résultats de ces scrutins sont indiqués de façon sommaire dans le *Journal de Nancy et des frontières*, numéro du 29 novembre 1792, p. 216.

(2) Du registre des délibérations du tribunal du commerce, nous tirons ce procès-verbal : « Le 27 frimaire an II (17 décembre 1793), les soussignés composant le tribunal du commerce du district de Nancy, à eux joints les suppléants, pour délibérer sur la proposition d'un membre qui a dit que, vu le peu d'affaires qui occupent maintenant le tribunal depuis sa réduction au seul district de Nancy, il était de justice de donner une indemnité au greffier ainsi qu'à l'huissier audiencier : sur quoi, la matière mise en délibération, il a été arrêté que le président serait autorisé à prendre sur les fonds de la Bourse la somme de 550 livres, pour être distribuée, savoir, celle de 300 livres au greffier, celle de 200 à Gourier audiencier, et enfin celle de 50 livres à la veuve Vraincourt, concierge de la maison du commerce. »

Il faut encore élire six membres du bureau de paix et de conciliation du district. On procède encore par scrutin individuel et successivement sont nommés :

Poirson, administrateur du département, 49 voix ;

Pierre-François Poirot fils, architecte à Nancy, 43 ;

Zangiacomi, 27 voix.

au second tour, contre François, curé ;

François, curé de Saint-Èvre, 42.

Les deux derniers membres ne furent nommés que le 29 novembre :

Ormenin, officier municipal à Nancy, 29 voix ;

Jean Plassiart, ancien juge au tribunal du district, 36.

au second tour contre Adrien Duquesnoy, maire de la ville.

Reste à choisir deux directeurs de la poste aux lettres, l'un à Nancy. Est nommé :

Adrien Duquesnoy, maire, 44 voix,

au second tour contre Michel, maître de pension, sur 73 votants.

L'autre à Saint-Nicolas. Est nommé :

Joseph Courtois, citoyen à Saint-Nicolas, 36 voix,

au second tour contre Jacques Pierre, chirurgien de la même ville, sur 63 votants.

On nomme un contrôleur de la poste aux lettres à Nancy. Est élu sur 68 votants :

Borel, contrôleur actuel (1).

L'après-midi du 29, en une courte séance, lecture est donnée du procès-verbal et l'assemblée est dissoute.

(*Procès-verbaux originaux*, **A. D.**, L. *1521*.)

Voici la composition des directoires dans les neuf autres districts :

Lunéville. — Procureur-syndic : Briquel ; président : François, de Haussonville ; secrétaire : Benoît le jeune ; membres : Raidot, Chatton, Marguisson, Foliot.

Blâmont. — Procureur-syndic : Fromental ; président : Catabel ; secrétaire : Lafrogne ; membres : Pacotte, gradué, de Cirey ;

---

(1) Dans le *Journal de Nancy et des frontières*, du 2 décembre 1792, p. 227, on trouve indiqué comme contrôleur : Vautrin : mais celui-ci était simple commis à la poste.

Dumont, de Blâmont ; Marchal, gradué, de Blâmont ; Hanus, négociant à Réchicourt.

Sarrebourg. — Procureur-syndic : Wulliez ; président : Dr Eich ; secrétaire : Cresel ; membres : Rigoine, ancien militaire ; Jacob, ci-devant maire à Insming ; Geoffroy, arpenteur à Bühl ; Parmentier, homme de loi à Sarrebourg.

Dieuze. — Procureur-syndic : Barbier, avoué ; président : Silvestre, curé de Guébling ; secrétaire : Séra, homme de loi ; membres : Vogin, marchand à Dieuze ; Betting, notaire ; Pony, cultivateur à Guébling ; Jannin, d'Albestroff.

Château-Salins. — Procureur-syndic : Noël, homme de loi ; président : Michel, homme de loi à Vic ; secrétaire : Fondesthenne ; membres : Christophe, de Château-Salins ; Morel, de Vic ; Recouvreur, cultivateur à Riocourt ; Vatelot, architecte à Vic.

Pont-à-Mousson. — Procureur-syndic : Picquant ; président : Rasquinet ; secrétaire : Dudot ; membres : Thiery, Rosselange, Leseure, Franc.

Toul. — Procureur-syndic : Prugneaux ; président : Georges, de Foug ; secrétaire : Balland ; membres : Poincloux, de Toul ; Chauvenel, de Lucey ; Liénard, de Liverdun ; Roussel, de Maizières.

Vézelise. — Procureur-syndic : Lamotte ; président : Rollin ; secrétaire : Barbillat ; Membres : Dron, Boudot, Poinsignon, Anthoine.

Nous indiquons aussi les noms des cinq juges des tribunaux de district ; le sixième nom est celui du commissaire national.

Lunéville. — Bailly, Laroche, Hennequin, Marchis, Cuny, Eby.

Blâmont. — Laplante, Laurent, Vieujot, Descolin, Thomas, Germain père, Regneault.

Sarrebourg. — Levasseur, Colle, Ancel, Muller, Mourer, Mouton.

Dieuze. — Prouvé, Pariset, Boucard, Cunin, Silvestre, Vautrin.

Vic. — Doyen, Dubois, Goury, Jeanseing, Thiébault, Vignon.

Pont-à-Mousson. — Willemin, Rouyer, Breton, Collombel, Gallot, Charvet.

Toul. — Jacob, Barotte, Pierson, Balland, Pierre Martin, Nicolas-François Jacquet.

Vézelise. — Mallarmé, Fondreton, Petitjean père, Lachasse l'aîné, Colin, Rollin père.

Le conseil général et le directoire du district jusqu'à l'application de la Constitution de l'an III

Le 4 décembre 1792, à 9 heures du matin, les membres composant le conseil général du district de Nancy se sont réunis en la salle ordinaire des séances publiques de l'administration, sur l'invitation de l'ancien procureur syndic Mallarmé. Tous les élus sont présents, sauf Oudinot. Mallarmé prononce un long discours ; puis, les anciens administrateurs se sont retirés, après s'être ajournés au lendemain pour l'audition de leurs comptes. Bougard, doyen d'âge, prête en présence de l'assemblée, et l'assemblée entre ses mains, le serment exigé. Après quoi, on passe à l'élection du président. Jeandel de Tomblaine, Rollin et Morin, les plus anciens d'âge après le président, remplissent les fonctions de scrutateurs. Renault est secrétaire provisoire. Est élu président au premier tour Gormand ; et Pierre-Grégoire Berment, ancien greffier, est nommé secrétaire à l'unanimité. Le directoire se réunit le 7 décembre.

Les assemblées des districts subirent moins de vicissitudes que celles des départements. A partir du 2 août 1793, les procès-verbaux du conseil du district sont signés par Adam, secrétaire suppléant. Dans les journées de la fin d'août, si dramatiques dans l'histoire de Nancy, le président Gormand fut suspendu ainsi que le secrétaire Berment. Quelques membres s'abstenaient depuis un certain temps de venir aux séances. Aussi il importait de compléter le conseil du district. Il n'était point question de convoquer les électeurs ; le directoire du district présenta, le 31 août, des membres en remplacement que nomma le directoire du département. Les citoyens choisis furent installés dans la séance du Conseil du district du 5 septembre. Ce furent :

Masson, chapelier à Nancy, présenté par 7 voix par le directoire du district ;
L'Escalier l'aîné, marchand, 5 ;
Mallarmé, homme de loi, 5.

Un quatrième :

Marcel, de Champigneulles, présenté par 7 voix,

vint à la séance du lendemain et prêta le serment.

Dès le 5, on avait nommé le nouveau président et le secrétaire. Tous les suffrages s'étaient réunis sur le citoyen Mallarmé pour la présidence et sur le citoyen Charon, chef de bureau de l'administration pour le poste de secrétaire-greffier. A partir de la séance du 16 frimaire an II (6 décembre 1793), trois nouveaux membres assistent aux séances du Conseil, nommés par le représentant Balthazard Faure :

Saulnier :
Bertrand ;
Rousseau.

Le 7 pluviôse an II et les séances suivantes, Le Temple tint la plume de secrétaire en qualité de suppléant. Le 26 de ce mois (14 février 1794), la composition du district fut modifiée assez profondément par l'arrêté des représentants Lacoste, Baudot et Bar qui bouleversait toutes les autorités constituées. Nous tirons de cet arrêté ce qui concerne le district :

Art. 5. — L'administration du district sera composée des citoyens :

Directoire : Saucerotte l'aîné ;
Collet, d'Haraucourt ;
Masson, chapelier ;
Oudinot, de Custines ;

Conseil : Billecard ;
Musira, de Lay-Saint-Christophe ;
Marcel, de Champigneulles ;
Renault, marchand ;
Ancillon ;
Lerat, de Saint-Nicolas ;
Pierson, de Villers ;
Empereur, de Pont-à-Mousson.

Le citoyen Saucerotte remplira les fonctions de président ; le citoyen Jeandel, celles d'agent national et le citoyen Decomble fils, celles de secrétaire.

Le 28 pluviôse, neuf des membres désignés (étaient absents Lerat, Pierson et Empereur) prirent séance. Decomble, nommé secrétaire-greffier, prévint l'assemblée qu'il se regardait comme trop jeune pour remplir ces fonctions ; et le conseil, en rendant hommage à sa modestie, décida de prier les représentants de faire un autre choix, et il appela Le Temple pour faire provisoirement les fonctions de secrétaire suppléant. Le 29 pluviôse, le conseil considérant que Saucerotte était trop occupé au directoire, décida de choisir un président dans son sein, nomma à cette dignité Renault et confia la vice-présidence à Saucerotte. Les trois membres absents le 28 pluviôse se présentèrent aux séances suivantes et acceptèrent leur poste.

Le directoire et le conseil restèrent encore en charge après le 9 thermidor ; mais des changements étaient inévitables. Dans la séance du 17 fructidor (3 septembre 1794), en la présence du représentant Michaud, Jeandel, agent national, déclara que, bien qu'en sa qualité de notaire, il n'eût exercé aucune fonction depuis qu'il avait été appelé à l'administration, il croyait néanmoins que sa qualité d'agent national était incompatible avec la qualité de notaire ; puis ses facultés physiques et morales, l'affaiblissement de sa santé, la médiocrité de sa fortune ne lui permettaient plus de continuer. Saucerotte déclara de même son intention de se retirer de l'administration à cause de son peu de fortune et de ses infirmités ; Michaud leur répliqua que ces raisons n'étaient pas suffisantes et que tout citoyen se devait à sa patrie. Mais, comme ils insistèrent, il les destitua par arrêté du 19 fructidor ainsi que Renault, administrateur du district, et il nomma les citoyens Marcel et Lerat pour remplacer Saucerotte et Renault (1) dans le directoire, et Billecard, pour remplir provisoirement les fonctions d'agent national. Le directoire installa ces nouveaux membres le 21 fructidor et nomma Oudinot pour vice-président, et Pierson comme suppléant de l'agent national provisoire. Le 28 fructidor, Michaud envoya au citoyen Demange la lettre suivante : « D'après le témoignage que tes concitoyens m'ont rendu sur ta moralité, tes talents, ta fermeté à soutenir les principes de la Révolution, je te nomme à la place d'agent national

_____

(1) Renault avait remplacé quelque temps auparavant Collet dans le directoire.

près le district de Nancy, précédemment occupée par le citoyen Jeandel.
J'espère que tu justifieras le vœu de tes concitoyens qui t'ont appelé à
ces fonctions importantes et le choix que j'ai fait de toi pour les remplir.
Salut et fraternité. » Le jour même, Demange est installé et l'agent
national provisoire lui cède sa place. Le même jour, il est donné
lecture au directoire du district d'une autre lettre de Michaud. « Je vous
préviens, citoyens, que j'ai nommé les citoyens :

> TARDIEU, négociant ;
> SIMON, commis au département ;
> THOMAS, commis au bureau militaire de la commune,

pour composer le directoire de votre district au lieu des citoyens
Oudinot, qui passera à la place de président de votre administration ;
Saucerotte, Renault et Masson, administrateurs destitués de leurs
fonctions. Vous préviendrez ces citoyens qu'ils aient à se rendre sans
délai à leurs fonctions. Salut et fraternité. » Simon présent prend
aussitôt séance et il est décidé qu'on écrira aux citoyens Thomas et
Tardieu. Le premier se présente le 28 fructidor à la séance de l'après-
midi ; Tardieu qui était aux eaux de Plombières ne se présenta que le
2 vendémiaire an III. Peu de temps après, GUIVARD était nommé
membre du conseil de district (1). Le 18 vendémiaire, Michaud fixait
définitivement de la façon suivante la composition de l'administration
du district : Oudinot, président ; Billeeard, Tardieu, Simon, Thomas,
membres du directoire ; Ancillon, Marcel, Lerat, BURTIN, d'Haraucourt,
SZANIÈRES, agent national de Malzéville, GEORGES-LANGE, Guivard, membres du Conseil ; Demange, agent national, Le Temple, secrétaire-
greffier. Le 15 brumaire, Burtin, démissionnaire, était remplacé par
Othenin. Le 24 frimaire an III (14 décembre 1794), le district, comme
toutes les autorités constituées, fut épuré par Genevois, et désormais il
fut composé de la façon suivante :

> *Directoire :* OUDINOT, président ;
>   OTHENIN, ex-municipal ;
>   GUÉCRY, docteur ;
>   SALADIN, ex-municipal ;
>   PIERSON, maire de Villers ;
> *Conseil :* POIRSON, de Flavigny ;
>   LEGROS, homme de loi ;
>   MARCEL, administrateur ;
>   FOISSEY, ex-législateur ;
>   GENAUDET, ex-officier municipal ;
>   VILLOT, ex-procureur de la commune ;
>   VAUTRIN, de Frouard.

Agent national

DEMANGE, agent national actuel, *idem.*

Secrétaire-greffier

LE TEMPLE, *idem.*

L'agent national les installa dans la séance du 25 frimaire, et, dans
un discours concis, mais rempli d'idées, il a fait sentir aux administrateurs l'importance de leurs devoirs et la nécessité de justifier l'im-

---

(1) Il est signalé comme présent, à partir de la séance du 13 vendémiaire.

patience du peuple dont ils avaient réuni les suffrages, en lui procurant le calme et le bonheur ; ce peuple avait été si longtemps privé de l'un et de l'autre par le système oppresseur que la Convention venait d'anéantir en général dans toute la République et auquel le représentant du peuple Genevois avait porté les derniers coups dans cette commune. L'administration se constitua aussitôt ; elle nomma Saladin vice-président du directoire et Gœury suppléant de l'agent national. L'administration décide d'appuyer une supplique de Thomas, qui demande à être rétabli dans la place d'assesseur du juge de paix du territoire nord de Nancy, quittée par lui au moment où le représentant Michaud l'a appelé au directoire du district. Elle nomme au bureau d'enregistrement le citoyen Simon, en lui donnant une marque de satisfaction pour le zèle avec lequel il a rempli ses fonctions d'administrateur ; elle se montre plus réservée à l'égard de l'ex-administrateur Lerat.

Le 29 frimaire, Jean-François Poirson, administrateur, offrit sa démission et Genevois le remplaça par :

AUBERT, ex-municipal de Nancy.

Le Conseil resta en fonctions, avec cette composition, pendant presque une année. Il tint encore séance le 23 vendémiaire an IV (15 octobre 1795). Dès le 7 vendémiaire, en vertu de la loi du 5e jour complémentaire de l'an III, le citoyen Vautrin, oncle d'émigré, avait offert sa démission. Le directoire du district, considérant que Vautrin ne remplissait aucune fonction publique, le conseil n'étant plus en permanence, en avait référé au directoire du département ; mais le département se prononça pour la démission qui fut acceptée dans la séance du conseil du 23 vendémiaire. Le district, en conséquence, le remplaça par MARIN l'aîné, négociant à Nancy. Marin fut nommé pour peu de temps, car le district venait d'être aboli par la Constitution du 5 fructidor an III, et la séance du 23 vendémiaire fut la dernière du conseil du district (1).

Le directoire du district se réunit un peu plus longtemps, et il subit quelques petites modifications. Par arrêté du représentant du peuple Mazade, en date du 24 floréal an III (13 mai 1795), fut nommé au directoire le citoyen Villot, membre du conseil du district (2), et ROUSSEAU fut chargé de le remplacer au conseil. Le 26 floréal, Mazade accepta la démission de François-Dieudonné Pierson comme membre du directoire du district, mais qui demeura membre du conseil et le remplaça au directoire par Jean-Baptiste Genaudel, membre du Conseil (3). Le directoire siégea jusqu'au 27 brumaire an IV (17 novembre 1795.)

Dans la séance du 7 brumaire an IV, le citoyen Othenin, vice-pré-

---

(1) Les procès-verbaux du conseil du district du 28 juillet 1790 — en réalité l'assemblée ne commença ses séances que le 29 septembre 1790 — jusqu'au 23 vendémiaire an IV, sont consignés dans des registres conservés aux A. D., L. 1473-1486. Le registre 1478 fait double emploi ; 1477 renferme les délibérations secrètes (assez peu important).

(2) Il remplaça Saladin que le représentant du peuple Mazade venait de nommer administrateur du département. Dans la séance du 25 floréal, Saladin rendit compte de sa gestion comme administrateur du district depuis le 25 frimaire an III jusqu'au 18 floréal suivant, conformément à la loi du 8 germinal précédent. Saulnier, nommé administrateur du département en même temps, rendit compte de sa gestion comme administrateur du district depuis sa nomination par le représentant Faure, le 16 frimaire an II jusqu'à sa destitution par Lacoste, Baudot et Bar le 26 pluviôse. — L'arrêté du 24 floréal. A. D., L. 1497.

(3) Voici en quels termes Pierson offrit sa démission au représentant Mazade : « Expose Dieudonné-François-Joseph Pierson, cultivateur à Villers-lès-Nancy, et

sident, a déclaré qu'il n'a provoqué ni signé aucun arrêté séditieux et contraire aux lois et qu'il n'est point parent ni allié d'émigrés aux degrés déterminés par l'article 2 de la loi du 3 brumaire et a signé. Genaudet fait une déclaration analogue. Gœury déclare qu'il n'a provoqué ni signé aucun arrêté séditieux ; mais qu'un de ses neveux qui sert depuis quatre ans dans les troupes réglées de la République, a été porté sur la liste des émigrés ; que l'administration du département, ayant reconnu son erreur, a arrêté sa radiation provisoire ; mais par scrupule, il croit devoir donner sa démission. Celle-ci est acceptée.

« Le 27 brumaire an IV, lecture faite des lettres des commissaires provisoires du Directoire exécutif près les administrations municipales des neuf cantons du district de Nancy (1) qui constatent que ces mêmes administrations sont entrées en fonctions, le directoire, sur les réquisitions du procureur syndic, arrête qu'il cesse ses fonctions, conformément à l'article 2 du titre 3 de la loi du 5 fructidor dernier, et attendu que la division des papiers n'a pu s'effectuer dans le délai prescrit par l'article 31 de la loi du 21 fructidor dernier, il a été arrêté que le citoyen Othenin, membre du directoire, continuera cette opération, dans laquelle il se fera aider par le chef de chaque bureau et qu'il sera donné connaissance du présent arrêté à l'administration du département. » Étaient présents Oudinot, président, Othenin, Demange, procureur syndic, Mallarmé, secrétaire suppléant (2).

Modifications dans le tribunal civil du district

La composition du tribunal du district fut aussi modifiée à diverses reprises pendant la période de fin 1792 à fin 1795 où le tribunal fut supprimé. Nous pouvons suivre ces modifications d'après les extraits des registres de « pointe ». En 1793, dans le premier semestre, sont présents les citoyens Regnier, président, Sonnini, Masson, Grandjean, Boulay, c'est-à-dire les juges nommés par l'assemblée électorale, ainsi que Aubertin, commissaire national. Le deuxième trimestre, nous retrouvons les mêmes noms ; ou du moins si Grandjean n'est pas compris dans l'extrait du registre, c'est qu'il faisait son service au tribunal criminel (3). Le 26 pluviôse an II (14 février 1794), Lacoste,

administrateur du directoire de Nancy, que sa qualité de cultivateur et l'état de santé de sa femme, malade depuis plusieurs mois dans une campagne isolée à une lieue de Nancy ne lui permettant plus de continuer ses fonctions au directoire du district de Nancy sans un grand danger pour sa femme qui, par son absence, se trouve privée des secours et des soins qu'il lui porterait s'il était près d'elle, et sans un préjudice considérable dans sa fortune par l'impuissance où il est de cultiver et de soigner son bien.

« Cependant, si le représentant pense qu'un vieux serviteur de la République, mais encore vigoureux, ne doive pas se borner à cultiver son champ, il pourrait me donner une place plus conforme à ma position et plus selon mes moyens, en portant à ma place au directoire le citoyen Genaudet ou tout autre membre du conseil et me nommant à la sienne. Je regarderai cet acte de bonté du représentant comme une récompense bien satisfaisante de mes services. » — Mazade prit un arrêté conforme le 26 floréal an III.

(1) Nous expliquerons plus loin ce que sont ces nouveaux fonctionnaires.

(2) Les registres du directoire du district du 28 juillet 1790 au 27 brumaire an IV sont au nombre de huit. A. D. L. 1487-1494 (le dernier un tout petit cahier).

(3) L. 1518 et L. 1696.

Baudot et Bar composèrent de la sorte le tribunal : président : Colle, juge de Sarrebourg ; juges : Moucherel, ex-juge ; Cléret, homme de loi ; Anthoiset, *idem*; Vacquier. Le citoyen Tardif, de Billom, doit remplir les fonctions d'agent national ; et Fleury, huissier, celles de greffier.

Le 18 vendémiaire an III (9 octobre 1794) Michaud modifia ainsi la composition du tribunal : président Moucherel ; juges, Cléret, Colle, Anthoiset, Voysant ; il nomme Tardif, commissaire national ; Fleury, greffier ; le docteur Guzury, Giverne, Félisard, Blaise père, juges suppléants.

Enfin, le 24 frimaire an III (14 décembre 1794), le représentant Genevois rappela les modérés. Président, Regnier, ex-président ; juges, Boulay, ex-juge, Dufresne, ex-juge de paix, Colint le jeune, homme de loi, Regnault, ex-juge de paix. René Aubertin redevint commissaire national, et Dieudonné, greffier ; Plassiart l'aîné, ex-juge, Nicolas l'aîné, notaire, Saulnier le jeune, ex-suppléant, Martin, homme de loi, sont nommés suppléants. Ils restèrent en fonctions jusqu'à la disparition des tribunaux de district.

Modifications dans le tribunal de commerce, le bureau de paix et la direction des postes

Voici quelle fut, le 3 vendémiaire an III (24 septembre 1794), la situation exacte du tribunal de commerce. Mourquin n'avait pas accepté la place de juge ; il en avait donné les motifs à l'assemblée électorale aussitôt après sa nomination et il avait été remplacé par Jeanroy, premier suppléant. Croizier, nommé maire de Nancy, avait donné sa démission et avait été remplacé par Jacob, deuxième suppléant. Le président Henrion était mort et sa place se trouvait vacante. Tardieu, troisième suppléant, venait d'être pourvu par le représentant du peuple Michaud d'une place au directoire du district et l'on considérait qu'il y avait incompatibilité entre cette place et celle de juge au tribunal de commerce. En conséquence Michaud modifia, le 18 vendémiaire an III, la composition du tribunal de commerce. Il nomma Desrivages fils, président ; Jeanroy, Jacob, L'Escalier cadet, Barbet, juges ; Virlet, Laurent, Thouvenin, Aerts, juges suppléants. Le 24 frimaire an III (14 décembre 1794), Genevois arrêta de la façon suivante la composition du tribunal de commerce : Jacob, président ; Desrivages fils, Croizier, Jeanroy, Gérardin, juges ; Mourquin, Marmod le jeune, Hippolyte Laurent et Gomes, juges suppléants ; Bureau l'aîné, greffier.

Les membres du bureau de paix et de conciliation nommés le 18 vendémiaire an III, par arrêté de Michaud, sont : Plassiart, Nicolas, Lebrun, Morizot père, Melin, François dit Bonvivant ; Simon, greffier. Le 24 frimaire an III, Genevois désigna : Lebrun, apothicaire ; Melin, entrepreneur ; Jean Michel, charpentier, négociant ; Hyacinthe Jobart, ex-municipal ; Lamort père, cafetier ; Tisbliet, ex-maire, membres du bureau ; Simon, greffier.

Le 24 frimaire an III, Genevois nommait à la direction des postes Demangeot l'aîné, négociant.

XXVI

ASSEMBLÉES PRIMAIRES

Élection de la municipalité

(9-21 décembre 1792)

Les opérations électorales pour le district étaient finies le jeudi 29 novembre 1792; aux termes de la loi du 20 octobre, les assemblées primaires de canton devaient se réunir le dimanche suivant, 2 décembre, pour l'élection des juges de paix, là où il y en avait à faire : il semble que de pareilles élections aient eu lieu pour le canton de Nancy : mais nous n'avons pas trouvé de procès-verbal; puis, huit jours plus tard, soit le 9 décembre, devaient avoir lieu les élections communales. Mais le 7 décembre se produisit un coup de théâtre : le maire de Nancy, Adrien Duquesnoy, que l'assemblée de district venait de nommer directeur de la poste aux lettres, était mis en état d'arrestation et l'on ignorait les vrais motifs de cette mesure si grave. Aussi, les opérations électorales s'ouvrirent le 9 au milieu d'une grande agitation; malheureusement les procès-verbaux des élections qui se prolongèrent jusqu'au 21 décembre sont perdus; nous ne possédons même plus les procès-verbaux des recensements généraux, qui n'ont pas été transcrits sur les registres de la municipalité comme précédemment; on ne trouve que la liste des élus : tome IX, pages 55 et 56. Nous la reproduisons ici; mais nous ajoutons en note certains détails que nous fournit, cette fois-ci, le *Journal de Nancy et des frontières* du 16 décembre 1792, page 257, et du 20 décembre, page 266.

Maire

François-Antoine LALLEMAND, rue Franklin (1).

Officiers municipaux

Jean-Baptiste GENAUDET, rue Sidney;

---

(1) Nous donnons les adresses d'après l'*Almanach du département de la Meurthe, de 1793*. On lit dans le *Journal de Nancy et des frontières, l. c.* : « Dimanche, 9 du courant, l'assemblée des sections s'est ouverte pour l'élection de tous les membres du conseil général de la commune. Le citoyen Nicolas, officier municipal, ayant été élu maire, a déclaré qu'il ne pouvait accepter cette place. Le citoyen Jobart élu après lui, a cru devoir également refuser. Enfin le citoyen Lallemand, médecin et notable, ayant obtenu la majorité absolue, a déféré au vœu de ses concitoyans, en acceptant la place de maire. » L'élection de Lallemand a dû avoir lieu le 12 décembre.

Jean-Jacques BEAULIEU, rue Châteaufort(1);

Claude-François GÉRARDIN, rue Mirabeau;

Pierre-Louis OTHENIN, rue Montesquieu;

Louis ANTOINE, rue Saint-Jean;

Claude-François RAYBOIS(2);

Nicolas ALBERT, rue de la Révolution;

Antoine-Hyacinthe BERNARD, faubourg Saint-Pierre;

Dominique LAFLIZE, rue Franklin;

Joseph MAINBOURNEL, rue de l'Esplanade;

SIBIEN, rue Sidney;

Jean-Pierre COLCHEN, place du Peuple;

Antoine BARBILLAT, rue Saint-Nicolas;

Dieudonné-François-Joseph PIERSON, rue Saint-Jean.

Procureur de la commune

Toussaint VILLOT, faubourg Saint-Pierre(3).

Substitut du procureur de la commune

Laurent-Léopold THOUVENIN, rue Saint-Nicolas (4).

Notables

Jean PUISSANT, rue de la Constitution;

Nicolas RAGOT, rue Saint-Nicolas;

Nicolas-François BLAISE, à Nabécor;

---

(1) On lit dans le *Journal de Nancy et des frontières* à la date du 16 décembre : « On procède en ce moment au deuxième scrutin des officiers municipaux. Les citoyens Beaulieu et Genaudet sont réélus ». (Leur élection s'est sans doute terminée le 15. Les autres officiers municipaux sont indiqués dans le numéro du 20 décembre, p. 266 (cf. la rectification, p. 276).

(2) Le 5 janvier 1793, François Pitoy est choisi comme officier municipal en remplacement de Raybois, nommé commissaire de police. Le 8 mai 1793, Larcher et Botte, notables, remplacent en qualités d'officiers municipaux Gérardin et Pierson.

(3) *Journal de Nancy et des frontières, l. c.* « Le citoyen Villot, homme de loi, a été ballotté avec Malglaive, ci-devant officier municipal, pour procureur de la commune et il l'a emporté sur lui. » Cette élection eut sans doute lieu le 13 décembre.

(4) *Ibid.* « Saulnier, juge suppléant, et Thouvenin, homme de loi, ayant réuni le plus grand nombre de voix au premier scrutin fait pour l'élection du substitut, Saulnier a écrit à la municipalité qu'il ne pouvait accepter cette place; cependant il a été ballotté avec son concurrent qui l'a emporté de onze voix. Saulnier donnait pour motifs de refus sa jeunesse et son inexpérience; cette modestie a paru si déplacée dans un homme qu'on venait d'élire juge suppléant et qui avait accepté (cf. *supra*, p. 215), qu'on a généralement cru qu'il avait d'autres raisons de refuser la place de substitut. En ce cas il aurait très bien fait de les donner, si elles sont bonnes; car le public ne connaît rien de lui qui ne lui fit un devoir indispensable de céder au vœu de ses concitoyens. »

Joseph Zangiacomi père, rue Sidney;

Jean-Baptiste-Nicolas Bigelot, rue Saint-Jean;

Mathieu Croizier, rue Saint-Nicolas;

Joseph Henrion-Berthier, rue de la Constitution;

Jean-François Nicolas l'aîné, rue Callot;

Jean-Pierre Demange, rue Sidney;

Jean-Joseph Desrivages fils, rue de la Constitution;

Jean-Baptiste Robert le jeune, Grande-Rue Ville-Vieille;

Nicolas-Jean-Marie Larcher, rue de l'Opéra;

François Pitoy, rue de la Constitution;

Jean-Baptiste Febvé, rue d'Assas;

Nicolas-Martin Voisnier, rue des Maréchaux;

Jean-Claude Botte, rue Notre-Dame;

Pierre-François Nicolas, place de la Liberté;

Claude Malglaive père, rue Fénelon;

Jean-François Néret, rue Mirabeau;

Charles-Nicolas Mulnier, rue du Passage;

Jean-François Riot, rue de l'Égalité;

Charles Mathieu, place de la République;

David Bourgeois, *idem;*

Claude-Ambroise Regnier, rue Mirabeau;

Gorgon Suisse, rue Saint-Nicolas;

Jean-Nicolas Mariotte, rue Saint-François;

François Dufresne, rue Saint-Nicolas;

Jean-Baptiste Laffitte, *idem;*

César-Charles-Léopold Thomas, au Crosne;

Antoine Lebel, Grande-Rue-Ville-Vieille.

Trésorier

Joseph Zangiacomi, rue Sidney.

Secrétaire greffier

Alexandre-Louis Nozan, à la maison commune.

XXVII

ASSEMBLÉES COMMUNALES

Réunion des sections de Nancy
pour présenter des candidats à la municipalité

(25 août 1793)

Le 17 août 1793, le conseil général de la commune de Nancy décrétait l'arrestation de Pierre-Augustin Mauger, qui se disait commissaire du Comité exécutif provisoire et qui terrorisait la ville de Nancy depuis le début du mois d'août. Mais la Convention nationale prit fait et cause pour Mauger; elle décrétait le 24 août sa mise en liberté et l'arrestation de Villot, procureur de la commune, de Genaudet et Othenin, officiers municipaux, et destituait le conseil.

Déjà à cette date, à Nancy même, des mesures avaient été prises contre la municipalité. Le directoire du département qui venait d'être renouvelé le 23 août, sur l'avis des représentants en mission près l'armée de la Moselle, Richard, Ehrmann et Soubrany, installa le 24 août à l'hôtel de ville une commission municipale provisoire de huit membres. Ce furent :

Villiez;
Nicolaï;
Botte;
Thouvevin;
Beaulieu;
Bigelot;
Suisse;
Pierson, de Villers.

Lelan et Puissant furent nommés suppléants pour remplacer ceux qui ne pourraient pas accepter.

Le même jour, le directoire du département demanda aux huit sections de lui désigner les candidats à qui il pourrait remettre l'administration de la ville; les huit sections se réunirent le 25 août, et nous résumons ici leurs procès-verbaux qui ont été conservés.

Il faut noter que les huit sections ne sont plus les mêmes que précédemment; il y a eu un changement dans leur répartition topographique. Ces sections ainsi modifiées servirent de cadre aux assemblées primaires de fructidor an III (cf. *infra*, p. 244) et leur ressort fut exactement fixé par l'arrêté du département du 26 messidor an IV.

1re Section

Le 25 août 1793, l'an II de la République, 9 heures du matin, d'après l'invitation faite par le procureur général syndic du département aux sections de la ville de Nancy de se réunir pour présenter à l'administration une liste de candidats vraiment républicains entre les mains desquels elle puisse remettre avec sécurité les intérêts de la commune, la 1re section s'est réunie dans la salle de ses séances; mais, avant de commencer l'opération pour laquelle elle avait été convoquée, elle a remarqué que. dans l'adresse du procureur, il n'était pas question du nombre des candidats à inscrire sur la liste qui devait être présentée au département; aussi elle a envoyé quatre commissaires à l'administration du département pour la prier de s'expliquer sur cet objet. Les députés revenus à la section ont annoncé que le directoire n'était pas assemblé, mais que trois membres de l'administration présents leur ont dit que l'intention du directoire était que chaque section présentât six candidats, que cependant, pouvant arriver que plusieurs des candidats refuseraient d'accepter, ils invitaient les sections d'augmenter la liste de deux ou trois en qualité de suppléants.

La section a arrêté que cette liste serait faite au scrutin et à la pluralité des voix. Le scrutin est commencé et aussitôt dépouillé. Sur 146 votants. obtiennent :

Georges JAKEL, maréchal-ferrant, 79 voix ;
Pierre-Laurent REGNIER, ancien officier. 65 ;
François NICOLAS, vicaire épiscopal, 65 ;
Jean-Claude BEAUPRÉ, machiniste, 63 ;
René-François FRIMONT, vicaire épiscopal, 55 ;
Sébastien-Honoré VOYNANT, homme de loi, 52 ;
Hyacinthe JOBERT, ancien officier municipal, 46 ;
François THIÉBAUT fils, entrepreneur, 44 ;
Jacques-Stanislas BOUTFROY, entrepreneur. 43.

Les six premiers ont été désignés par la section pour être inscrits sur la liste des candidats à présenter au département, et les trois autres comme suppléants.

Signé : Frimont, président; Voynant, secrétaire par intérim; Marchal, Regnier, Trailin.

2e SECTION

Liste des candidats nommés par la 2e section pour remplacer les officiers municipaux et membres du conseil général de la commune.

1° GENETÉ. marchand de vin ;   2° ARNOULD, horloger ;

3º Mandel, apothicaire ;
4º Mourquin, marchand ;
5º Cocard dit Beller ;
6º Ménier, bijoutier ;
7º Saulnier, marchand ;
8º Croizier, *idem ;*
9º Marque, architecte ;
10º Zurn, marchand ;
11º Geoffroy, passementier ;
12º Baland, marchand de toile ;
13º Brice, juge de paix ;
14º Virthe, couliseur ;
15º Arsant, architecte ;
16º Lapérouse, marchand ;
17º Graux, apothicaire ;
18º Darly, miroitier ;
19º Foyeux, marchand ;
20º Husson, vitrier ;
21º Seguin, coutelier ;
22º Poirson, *idem ;*
23º Cropsal, ébéniste ;
24º Durupt, march. chapelier.

Arrêté en la salle ordinaire de la 2ᵉ section, le 25 août. Signé par Saulnier, président de la 2ᵉ section ; Arsant, secrétaire.

3ᵉ Section

Le 25 août 1793, les citoyens de la 3ᵉ section assemblés dans une salle de la Mission, lieu ordinaire de ses séances, en vertu d'une lettre du corps municipal du 23 août par laquelle le conseil général invitait le président de la section ou deux citoyens désignés par la section à se trouver à l'épreuve de la farine, en présence d'un boulanger, et sous la présidence d'un officier municipal, le président a invité l'assemblée à nommer ces deux citoyens. L'assemblée a fixé son choix sur les citoyens Pierre-Claude Fontaine et Henry Pierrot, tous deux connus par leur patriotisme et leurs connaissances sur ce sujet. L'assemblée a tout de suite demandé que l'on envoyât des commissaires dans les autres sections pour savoir s'il fallait, séance tenante, s'occuper du choix des individus qui devaient être indiqués au conseil général du département pour remplacer la municipalité. On a nommé comme commissaires Pierre-Claude Fontaine et Galand. Ces commissaires rapportent la lettre du procureur syndic du département invitant la section à faire ces élections tout de suite. Le président allègue que la faiblesse de son organe ne lui permet plus de présider la séance ; l'assemblée nomme alors président le citoyen Gouget. Augustin Thomassin, l'ancien président, accepte le poste de secrétaire ; et sont nommés scrutateurs Férreol Albert, Nicolas Maizière et François Flambau. Tous prêtent le serment voulu par la loi. On commence le scrutin pour l'élection de six citoyens à désigner au conseil général du département; mais le nombre des votants est très peu considérable et la séance est levée.

A 2 heures, le scrutin continue et il est fermé à 6 heures. Il y a 72 votants. Sur la représentation d'un membre, il est décidé que l'on enverra le scrutin par deux commissaires au département et que celui-ci le dépouillera lui-même.

Le 26 août, les commissaires Grison et Gouget rapportent que le département a donné ordre à la section de dépouiller elle-même son scrutin. Un citoyen a observé que le citoyen Regneault, juge de paix, était suspendu de ses fonctions d'après la dénonciation de quelques calomniateurs qui l'avaient accusé à faux. La section a protesté contre cette suspension, prête à donner à Regneault toutes les preuves de satisfaction qu'il pourrait désirer, que ses qualités, ses vertus politiques et son patriotisme ne pouvaient être révoqués en doute, que de tout temps il s'était montré le père et l'ami des pauvres, en les aidant de ses conseils et de sa bourse. On décide de lui envoyer un extrait du présent procès-verbal :

Sont présentés au directoire du département :

JACQUEMIN, paveur, 48 voix;
TOUSTAIN, de la loterie, 30;
GOUGET, homme de loi, 28;
LIÉBAULT, marchand, 24;
LECLERC, aubergiste, 22:
ALARD, chandelier, 19;
MONNIER, rentier, 16;
MARTIN, rentier, 15;

BLONDLOT, horloger, 14;
HAIZE, cultivateur, 13;
MOREAU, aubergiste, 12;
STÉREAUX, 11;
BERNARD, ex-municipal, 11;
FRADIN, boulanger, 10;
FLAMBAU, chandelier, 10.

4e Section dite des sans-culottes

Le 25 août 1793, a 9 heures du matin, les citoyens de la 4e section, assemblés au lieu ordinaire de leurs séances, au ci-devant couvent des Capucins, en vertu d'une convocation faite par le procureur général syndic du département, à l'effet de procéder à la liste des candidats qui doivent diriger le choix de l'administration pour former le conseil général de la commune, les citoyens qui ont obtenu le plus de voix, le nombre des bulletins étant de 103, sont :

PITOY, instituteur. 102;
THOUVENIN, substitut, 58;

PAIS, perruquier, 52;
BOTTE, officier municipal, 42;

BIGELOT, notaire, 40 ;

LAURENT, plâtrier, 28 ;

SUISSE, huilier, 28 ;

REGNEAULT, juge de paix. 25 ;

BEAULIEU, offic. municipal, 24 ;

MENET, entrepreneur, 24 ;

PETITJEAN, marchand, 24 ;

VILLAUME, peintre, 24 ;

BERNARD, offic. municipal, 23 ;

BERTRAND, perruquier, 23 ;

FALLOIS, rentier, 22 ;

VIRTHE, confiseur, 18 :

HOUOT, boucher, 17 ;

LAURENT, cordonnier, 17 ;

SOLLET, entrepreneur, 17 ;

SAUNIER, cordonnier, 15 ;

PIÉMONTOIS, 14 ;

DUCRET, charpentier, 13 ;

LEGAND, marchand, 13 ;

VIRIOT, du carrosse, 12 ;

DESRIVAGES fils, 10 ;

GEORGES, horloger, 10 ;

HERBÉ, cordonnier, 10 ;

JOURNET, marchand, 10 ;

NICOLAS, chimiste, 10 ,

SAIROT, 10 ;

ARSANT, entrepreneur, 9 ;

DESRIVAGES père, 8 ;

MANGEOT, plâtrier, 8 ;

BŒUF, 8 ;

BRISSE, 6 ;

Signé : J.-B. Regneault, *président ;*
Billois, *vice-président ;* Pitoy, *secrétaire.*

5e SECTION

(*Extrait du procès-verbal, 26 août 1793*)

Le président annonce qu'on va procéder au dépouillement du scrutin pour le remplacement du conseil général de la commune.

Le citoyen Lucion, secrétaire, n'étant pas présent, le citoyen Noël est choisi pour remplir les fonctions de secrétaire pendant cette séance. Les huit citoyens qui ont obtenu le plus de suffrages sont :

CHARET ;

LA ROCHE ;

REY ;

LUCION l'aîné ;

PERREZ fils, teinturier ;

LAPOINTE ;

ROUX ;

DES ROUSSE.

Le citoyen Mourquin, qui avait obtenu la pluralité des voix, a observé qu'il ne pouvait accepter la place à laquelle les suffrages de ses concitoyens venaient de le porter, et ses excuses parurent légitimes.

6e SECTION

Le 25 août 1793, la 6e section de la ville de Nancy ayant été invitée par le directoire du département à lui désigner des citoyens distingués par leur civisme et leurs lumières pour le mettre à même de former la commission qui doit remplacer la municipalité, les citoyens de la section ont été convoqués extraordinairement. Les votants se sont trouvés au nombre de 130. Le résultat du scrutin est consigné sur une feuille ci-jointe. Signé : Morelle, président ; Leroy, secrétaire ; Durand l'aîné, Pierre Morel, scrutateurs.

Plus de cent noms sont écrits sur la feuille ; beaucoup n'ont réuni qu'une voix, le plus grand nombre des voix s'est porté sur :

MORELLE, marchand, 72 ;
NOËL, rentier, 72
DURAND l'aîné, peintre, 47 ;
TISSERANT, cordonnier, 38 ;
ROYER l'aîné, recouvreur, 37 ;
LE ROY, peintre, 36 ;
CASTALBY, 28 ;
BERTRAND, confiseur, 20.

7ᶜ SECTION

Le 25 août 1793, les citoyens composant la 7ᶜ section se sont assemblés pour délibérer sur l'adresse du procureur général. La motion mise aux voix, il a été arrêté qu'il serait procédé à la désignation de candidats vraiment républicains par la voie du scrutin. Ce scrutin a été dépouillé dans la séance de l'après-midi. Les six citoyens qui ont obtenu le plus de voix sont :

LELAN, maître d'écriture, 95 ;
VACQUIER, boucher, 65 ;
VIOLE, chantre, 57 ;
GRANDJEAN, père, 41 ;
GILLET, marchand, 39 ;
ADAM, entrepreneur, 39 ;

Signé : Lelan, président ; Moucherel, secrétaire ; Lhuillier dit Barrois et Georges, scrutateurs.

8ᵉ SECTION

La section donne ses suffrages aux citoyens suivants :

LA MOTE, 99 voix ;
MOUROT, marchand, 90 ;
FABARY, à la citadelle, 88 ;
LAVOCAT, garde des bois, 77 ;
LHERMITE, commissaire, 47 ;
FLAIR, aubergiste, 40 ;
Hippolyte LAURENT, 38 ;
FIAT, 34.

Puis, en séance du 27, le citoyen Thomas, notable, se croyant déchu par le prononcé des députés de la Convention qui suspendait indistinctement tout le conseil général de la commune, et a section étant dans la même persuasion, jusqu'à ce qu'elle ait reçu une lettre du procureur général syndic disant que « l'exclu-

sion ne devait absolument porter que sur ceux qui avaient perdu
la confiance publique », cette lettre lui ayant été remise pour
ainsi dire à la clôture du scrutin, la dite section après avoir été
consultée, a unanimement certifié et déclaré que, si elle avait
été instruite plus tôt, elle aurait demandé le rétablissement dudit
citoyen, au moins qu'il soit inscrit sur la liste des candidats.

Signé : La Mote, président; Brochet fils, secrétaire; De
Cheulle, scrutateur.

(*Ces extraits aux A. D., L. 1521.*)

Le conseil général de la commune et le corps municipal jusqu'à l'application de la Constitution de l'an III

Le directoire du département choisit parmi les citoyens désignés la
nouvelle municipalité. Elle nomma maire :

Nicolas GÉHIN, vicaire épiscopal ;

procureur de la commune :

Nicolas SIMEN, agent de change ;

substitut du procureur :

Laurent-Léopold THOUVENIN.

Elle désigna en outre les officiers municipaux et les notables (1).

Officiers municipaux

PRIZUR, officier de santé.
GILBAULT, chandelier.
VIRIOT, du carrosse de Lunéville.
CROPSAL, ébéniste.
Jean-François LEFÈVRE.
KONTZ, tonnelier,
JOBART, ex-officier municipal.
WACHTER, musicien.
BARBILLAT, directeur de la réclusion.
BIGELOT, notaire.
GRANDJEAN, père, menuisier.
LELAN, maître d'école.
GEOFFROY passementier.
DARLY, miroitier.

Notables

LARÉNOUSE, marchand.
MARTIN, *dit* BOURGEOIS, fayencier.
LIEGÉ, aubergiste.
LAURENT, cordonnier.
VIRTHE, confiseur.
LA MOTE, instituteur aux Trois-Maisons.

(1) Sur les registres municipaux, la page qui devait contenir leurs noms, t. IX,
p. 263, a été laissée en blanc. Nous rétablissons la liste d'après A. D., L. 1521.

Mallarmé l'aîné.

L'Escalier cadet, marchand.

Jean Hasselot, greffier du juge de paix.

Febvé.

Nicolas, juge de paix.

Mathieu, apothicaire.

Riot.

Henrion-Berthier.

Lebel.

Zangiacomi.

Nicolaï.

Ducret, charpentier.

Desvoges, chapelier.

Gérard, commissaire national au tribunal du district.

Gérard, greffier du tribunal criminel.

Saulnier, arpenteur.

Lucion l'aîné.

Botta, marchand.

Forel, marchand.

Bureau, greffier du tribunal de commerce.

Bonfils père.

Thirion.

Arnould père, horloger.

Brisse.

Désormais, il n'y eut plus aucune élection municipale ; le directoire du département ou les représentants en mission désignaient le maire et les membres de la municipalité. Nicolas Géhin ayant donné sa démission le 15 septembre 1793, le directoire du département nomme maire Pierre Philip, et, sur son refus, l'acteur Glasson-Brisse que révoque le représentant Faure (21 octobre-1ᵉʳ décembre 1793). Faure désigne comme maire Mathieu Croizier fils, négociant (1ᵉʳ décembre 1793-14 février 1794) (1) ; mais les représentants Lacoste, Baudot et Bar réintègrent Glasson-Brisse le 26 pluviôse an II (14 février 1794).

(1) Proclamation. — Balthazard Faure, représentant du peuple à Nancy,

Considérant que Glasson-Brisse, maire de la commune de Nancy, n'a été élu que par les intrigues de Mauger et de ses partisans, traduits au tribunal révolutionnaire de Paris par les renseignements acquis sur leurs malversations ; et que ses intimes liaisons avec lui élèvent des doutes sur la pureté de sa conduite ; que, depuis l'arrestation de Mauger, Brisse n'a cessé de remuer les esprits inquiets afin de les disposer à quelques mouvements désordonnés ;

Considérant aussi que Brisse a occupé la place de maire contre le vœu de la grande majorité des vrais républicains de Nancy, qu'il n'a pas d'ailleurs acquitté les devoirs attachés à cette place, d'où est principalement résulté le défaut d'exécution de la loi qui fixe le *maximum* des denrées de première nécessité ;

Arrête que Brisse, maire, est destitué de ses fonctions et qu'il sera mis sur-le-champ en état d'arrestation jusqu'à la paix. Charge le comité de surveillance de la commune de Nancy, de l'exécution du présent arrêté ;

Et, sur la présentation qui lui a été faite par les autorités constituées de Nancy, de Nicolas Simien et Mathieu Croizier citoyens de cette commune, pour remplacer Brisse, et d'après le vœu de la société populaire, manifesté dans sa séance d'aujourd'hui en faveur de Mathieu Croizier ;

Le représentant du peuple a nommé maire de la commune de Nancy Mathieu Croizier qui sera tenu d'entrer en fonctions sans aucun retard.

Nancy, ce 11 frimaire, an second de la République française, une et indivisible.

(Affiche in-fol., de l'imprimerie nationale de Pierre Barbier).

Nous donnons ici la composition de la municipalité et du conseil général telle qu'ils l'établirent par leur arrêté.

ART. 2. La municipalité et le conseil général de Nancy seront composés de la façon suivante :

BAISSE, maire.
ARSANT, agent national.
LEFEBVRE, substitut.

Officiers municipaux

DESRIVAGES, coutelier.
LAFRANCE, perruquier.
BERTRAND.
CROPSAL.
POIROT-VALCOURT.
BAILY, marchand.
VACQUIER, boucher.
GRANDJEAN, loueur de carrosses.
BOTTA, marchand.
DORVASY, marchand de papier.
LAURENT, cordonnier.
RAY, officier.
Salomon-Moïse LÉVY, marchand.
COSSON, marchand.

Notables

FERVÉ l'aîné.
MANDEL, apothicaire.
DOMMARY, juge de paix.
CLAUDE, greffier du tribunal criminel.
THOUVENIN, chef de légion.
PIERROT, éperonnier.
GRIGNON, musicien.
MICHEL, marchand de vins.
MEUNIER, du Tapis-vert.
GUIVRARD fils.
ROCHEFORT.
COLLE, juge.
MONTROT, médecin.
RATBOIS, juge de paix.
LAFLEUR, canonnier.
DAUTREY, commis de Maulbon.
PLASSIART, rue des Michottes.
CLÉRET, juge.
FERVÉ, canonnier de Puttelange.
AUBERTIN, entrepreneur de bâtiments.
WACHTER, musicien.
PERNY, cordonnier.
GAVET, gantier.
MARTIN dit BOURGEOIS.
GIVERNE, directeur des postes.
BOURGEOIS, horloger.
ANDRÉ, marchand de vins.
BOUCHER, jardinier au Sauvoy.
TISSERAND, cordonnier.

Barrois, assesseur de juge de paix du Nord.

Besson, ancien sergent (*soit 31 membres au lieu de 30*).

Lelan et Maubon rempliront les fonctions de greffier et de trésorier.

Art. 3. — Attendu qu'il est nécessaire d'appeler aux fonctions publiques des patriotes purs et vigoureusement prononcés, qu'on les trouve particulièrement parmi les sans-culottes dénués de fortune et qui, en donnant leur temps à la chose publique, ne peuvent se livrer aux occupations qui les faisaient vivre, les citoyens Brisse, maire, Arsant, agent national, Lefebvre, substitut, Desrivages, coutelier, Lafrance, perruquier, Bertrand et Cropsal, officiers municipaux, recevront une indemnité de 2.000 livres par année.

Art. 9. — Le comité de surveillance sera composé des citoyens Reinhart, luthier et médecin; Duthé, comédien; Barillot, épinglier; Cayon, directeur de l'hôpital des filles; Pierrot, éperonnier; Meunier, du Tapis-Vert; Lafleur, canonnier; Aubertin, entrepreneur de bâtiments; Remy, cordonnier; Boucher, jardinier au ci-devant Montbail; Tisserand, cordonnier; Page, directeur de l'hôpital des Minimes; Cosson, mécanicien et Besson, perruquier (1).

Art. 10. — Le conseil général de la commune et le comité de surveillance dresseront sans délai une liste des détenus dans les maisons d'arrêt de la commune de Nancy, dans laquelle ils indiqueront les motifs de la détention et sa durée : ils la feront passer incontinent aux représentants du peuple, afin qu'ils puissent prononcer sur l'élargissement ou renvoyer aux tribunaux compétents ceux susceptibles d'être jugés.

Art. 11. — Le conseil général et le comité de surveillance de la commune de Nancy, rendront compte par écrit, dans vingt-quatre h   aux représentants du peuple des mandats d'arrêt qu'ils auront lancés, et des motifs qui les auront déterminés.

Art. 12. — Le conseil général de la commune de Nancy est chargé de prendre des mesures pour l'établissement et le maintien d'une bonne police dans les maisons d'arrêt, faire vivre les détenus en commun, de manière que la dépense du riche profite aux pauvres : ils feront passer aux représentants du peuple le règlement qu'ils sont chargés de faire à cet égard.

Art. 13. — Thouvenin-Fafet fera provisoirement les fonctions de chef de légion de la garde nationale de Nancy. Le conseil général de la commune fera passer aux représentants du peuple le tableau de l'État-major et des officiers de la garde nationale, avec les indications des qualités morales et politiques des individus, afin qu'ils puissent juger ceux susceptibles de conserver le commandement : ils indiqueront de même ceux qu'il conviendra de nommer en remplacement, s'il y a lieu.

La municipalité de Lacoste, Baudot et Bar n'eut qu'une courte durée. Le représentant Michaud renversa l'œuvre de ses devanciers; mais, comme il voulut s'appuyer sur le sentiment populaire, il réunit le 17 vendémiaire an III (8 octobre 1794) à la Comédie, les citoyens des huit sections : et le lendemain 18, il arrêta, de la façon suivante, la composition de la municipalité et du conseil général de Nancy :

----

(1) Le 18 vendémiaire an III, Michaud composa le comité de surveillance de la façon suivante : Mercier, de Rosières; Calet, de Bosserville; Bourgeois, Barbiche, Clair, des Trois-Maisons; Chatigny; Faivre, de Puttelange; Laurent, de Villers; Collière, de Varangéville; Lucot, de Frouard; Rollin, d'Amance; Philippot, de Port-sur-Moselle (Custines), membres du comité.

Maire

Joseph-François WULLIEZ, de Sarrebourg, conseiller au conseil supérieur de l'Inde.

Agent national

Dominique ARSANT.

Suppléant de l'agent national

Claude-François VIOLE, tailleur.

Premier officier municipal

LEFÈVRE.

Officiers municipaux

CROPSAL, BERTRAND, LAFRANCE, BOTTA, DORVASY, LAURENT, Moïse LÉVY, BOULAY, MILLOT, BUCKLIN, GOMIEN, MULLER (1), MARCOTT.

Notables

FERVÉ l'aîné, CLAUDE, MICHEL, COLLE, CLÉRET (2), WACHTER, CROIZIER, ANDRÉ, LHUILLIER dit BARROIS, BERSON, COSSON, PETIT, LACOUR, VOYNANT, PIERRE, GILLET, MOUTON, BEAULIEU, BARILLOT, ENTIER, LA MOTE, MANSUY, VAUTRIN, VOIRIN père, GODIN, ALISON, ETIENNE, DESCHIENS (2), CONDÉ, BOURDON, MANDEL, AERTS (3).

Nous donnons ici, d'après les registres municipaux, le procès-verbal de l'installation de la nouvelle municipalité :

Le représentant du peuple Michaud, ayant procédé le jour d'hier à la salle de la Comédie, où tous les citoyens étaient rassemblés, à l'élection du maire et des membres du conseil qui étaient à remplacer par les démissions qu'ils avaient données ou par leur option pour d'autres fonctions, le président, d'après les ordres du représentant, a convoqué pour aujourd'hui les membres nouvellement élus et les anciens qui se sont rendus à 4 heures dans le grand salon de la maison commune. Le citoyen Michaud a dit : « Citoyens, je viens pour installer les magistrats que vous avez appelés dans la séance d'hier à la salle de Comédie pour remplacer le maire, quelques officiers municipaux et notables ; c'est d'après vos vœux que je les ai proclamés vos magistrats. Je vous préviens que la calomnie s'attachera à leurs pas, que les malveillants viendront, après bien des peines et des travaux, leur enlever votre confiance ; mais soyez fermes, inébranlables dans votre opinion. Souvenez-vous que le moment actuel est critique ; souvenez-vous de la pénurie dans laquelle se trouve votre cité des denrées de première nécessité, pénurie qui n'est que factice, occasionnée par l'égoisme de quelques ennemis du peuple et que les magistrats que vous venez de nommer pour soutenir vos intérêts sauront découvrir, comme ils sauront punir leurs desseins perfides. Étant toujours d'accord avec eux, vous formerez un faisceau contre lequel viendront se briser les armes des ennemis du peuple. Vive la République! » A ce cri d'allégresse, les tribunes, d'un mouvement spontané, répé-

---

(1) Par arrêté du 15 brumaire, DESCHIENS remplace Müller.

(2) Par arrêté du 15 brumaire, Reinhart et Besson remplacèrent Cléret et Deschiens.

(3) Voir l'*arrêté* imprimé de Michaud, 3 pages in-4, de l'imprimerie P. Barbier. A noter que le chiffre des notables a été élevé à 3?.

tèrent mille fois : Vive la République, vive la Montagne, périssent tous les traitres sous qu'e masques ils soient !

Après ce discours, le citoyen Michaud a prononcé la formule de serment à prêter par les fonctionnaires publics qui est de jurer d'être fidèle à la République, de maintenir la liberté et l'égalité ou de mourir à son poste.

Le secrétaire a fait l'appel nominal des nouveaux membres du conseil général et chacun d'eux a prononcé : *Je le jure.*

Ceux-ci se sont approchés du bureau et les anciens se sont dépouillés de leurs insignes pour en décorer leurs successeurs.

Ensuite le nouveau maire a dit : « Citoyens, le calme vient encore une fois d'être rétabli dans votre commune. Des orages s'étaient élevés contre les patriotes. Le représentant du peuple Michaud les a dissipés ; il a puni et écarté les factieux, les ennemis du bien public qui avaient cherché à persécuter les défenseurs de la liberté, les vrais amis du peuple. Aujourd'hui cette cité présente un nouvel aspect ; nous avons une société populaire composée d'un nombre considérable de républicains choisis et énergiques qui sert de point de ralliement à tous les bons citoyens. Les autorités constituées ont été épurées et ne sont plus composées que de magistrats intègres qui ne sont animés que de l'amour de la patrie ; nous devons espérer que chacun marchera sur la ligne de son devoir et que nous ne verrons plus se renouveler des scènes de scandale qui ont perpétué les agitations dans nos murs. Quelques personnes pourraient croire peut-être que le grand nombre de détenus qui ont été mis en liberté pourraient encore susciter du trouble parmi nous ; mais tous les citoyens qui ont été mis en liberté ont appris à leur dépens que la liberté avait fixé invariablement son séjour parmi nous ; la victoire s'est rangée de notre côté ; les ennemis coalisés contre la France sont éloignés de nos frontières ; et les ennemis de l'intérieur savent qu'ils n'ont plus d'espoir de ce côté. Soyons donc tranquilles à cet égard ; surveillons ces hommes dont on a brisé les fers ; mais ne les craignons pas. Les patriotes sont trop forts et trop puissants pour désormais avoir rien à craindre de leur part. Je ne vois de toutes parts que des sujets de nous rassurer sur l'avenir ; réunissons-nous pour opérer le bonheur du peuple et ne doutons pas que dans peu nous verrons finir les agitations qui ont si longtemps affligé les bons citoyens de cette commune. »

L'installation s'est faite aux cris répétés par les tribunes de : Vive la République, vive la Convention et vive la Montagne (1).

Ce qu'avait fait un représentant du peuple, un autre représentant le devait bientôt faire. Le 24 frimaire an III (14 décembre 1794), le représentant Genevois convoquait à son tour les sections à la mairie, et de cette réunion devait sortir une nouvelle municipalité. Nous avons déjà publié les considérants et les trois premiers articles de son arrêté ; nous ajoutons ici l'article 4.

ART. 4. — L'article 3 de l'arrêté des représentants du peuple du 26 pluviôse de l'an II par lequel une indemnité de 2.000 livres par an était accordée à sept officiers municipaux cessera d'avoir son exécution ; en conséquence, les fonctions municipales seront exercées gratuitement, conformément aux lois de leur institution.

Et Genevois fixait de la manière suivante la composition de la municipalité :

Maire

Claude-Joseph MALLARMÉ, homme de loi.

(1) Registres de la municipalité, t. XII, pp. 366-368.

Officiers municipaux

LEFÈVRE, officier municipal ;
CRAMPEL, négociant ;
LALLEMAND, médecin ;
DESCHENS, notable ;
ALBERT, aubergiste ;
MARIN l'aîné, négociant ;
TARDIEU, idem ;

MILLOT, négociant ;
DACRAIGNE, idem ;
GORMAND, médecin ;
CHAILLON, cultivateur ;
BLACHIER, maître de poste ;
BOULAY, ex-avoué ;
BRIEY, négociant.

Notables

Benoist GROSJEAN, homme de loi ;
MATHIEU, apothicaire ;
MOURQUIN, négociant ;
POINCARÉ, ex-commandant de la garde nationale ;
LEJEUNE, des Grands-Moulins ;
MARTIN, homme de loi ;
CROIZIER, négociant ;
RAGOT, notaire ;
MAINBOURNEL, cordonnier ;
AUBERTIN, homme de loi ;
LARCHER, ex-municipal ;
DUFRESNE, ex-juge de paix ;
RAYBOIS père, juge de paix :
JACOB, négociant :
REGNIER, ex-président ;

DESRIVAGES fils, marchand ;
WACHTER, musicien ;
TISSERAND, cordonnier ;
LAFFITTE, médecin ;
NICOLAS le jeune, notaire ;
DEMANGE l'aîné, menuisier ;
MANDEL, apothicaire ;
NERET, ex-notable ;
SIBIEN, ex-agent national ;
DEMANGEOT l'aîné ;
PERSY l'aîné, cordonnier ;
COLLIN le jeune ;
NICOLAS l'aîné, notaire ;
THOMAS, dit CONDÉ ;
JEANROY, négociant.

Agent national

Claude MALGLAIVE père.

Substitut

Claude-François FERY, homme de loi.

Secrétaire-greffier

Nicolas-Brice ROLLIN, ex-administrateur.

Le 25 frimaire, le maire, l'agent national et son substitut, 12 officiers municipaux et 19 notables présents avec le secrétaire greffier ont pris séance. L'agent national près le district a fait un discours analogue à la circonstance et, après avoir reçu du maire l'accolade fraternelle, s'est retiré.

Cette municipalité fut la dernière établie d'après le régime de la Constitution de 1791. Elle subit quelques changements. Le 11 floréal an III (30 avril 1795), le corps municipal apprit que le maire Claude-Joseph Mallarmé avait été nommé par le représentant du peuple Mazade aux fonctions de procureur général syndic du département. Il était invité à réunir au plus vite le conseil général de la commune pour présenter trois candidats parmi lesquels le département choisirait le maire. Le conseil fut réuni le lendemain 12 floréal et désigna Lallemand, officier municipal, par 24 voix ; Thieriet, ex-maire, 21 ; Malglaive, agent national, 9. Le conseil général arrêta aussi qu'il serait fait une députation de trois de ses membres au citoyen Mallarmé, ex-maire,

pour lui témoigner les regrets qu'il avait de le perdre. Le département
se prononça le 13 floréal (2 mai) pour le citoyen THIERIET qui aussitôt
entra en fonctions. Le représentant Mazade approuva cette élection le
23 floréal.

Thieriet ne resta pas longtemps en place. Le 5ᵉ jour complémentaire
de l'an III (21 septembre 1795), la Convention vota, ainsi qu'il a été
dit, une loi excluant de toutes les fonctions publiques les parents ou
alliés d'émigrés. Or, Thieriet était beau-frère d'un membre de la famille
Forget-Barst portée sur la liste; il envoya sa démission le 9 vendémiaire an IV (1ᵉʳ octobre 1795). Le conseil général s'ajourna à primidi
prochain, pour procéder à son remplacement, selon le pouvoir que lui
donnait la loi du 5ᵉ jour complémentaire; il décida de procéder en
même temps au remplacement de Crampel, officier municipal, élu juge
de paix, Regnier, Mandel, Raybois, notables, atteints par la même loi.
Le 11 vendémiaire an IV (3 octobre 1795), le conseil général nommait
à l'unanimité comme maire :

François-Antoine LALLEMAND, médecin.

Cette place faisait vaquer une seconde place d'officier municipal et
le conseil général nomma officiers :

GROSJEAN, premier notable;
MATHIEU, second notable.

Cette élection fit vaquer cinq places de notables au lieu de trois. Ont
été nommés :

CRAMPEL, juge de paix, 21 voix;
VAUTRIN, trésorier, 16;
Honoré FRANÇOIS, architecte, 14;
GEOFFROY, passementier, 14;
CHARLOT, membre de la commission des subsistances, 12 (1).

Le 15 vendémiaire, Crampel, François et Geoffroy prennent séance;
mais Vautrin envoie sa démission, sous le prétexte qu'il est pensionné
du grand-duc de Toscane. Le conseil nomme à sa place :

LEFÈVRE l'aîné, pâtissier,

qui a obtenu le plus de voix dans le scrutin précédent. Charlot envoie
aussi sa démission, sous prétexte qu'il s'imagine n'avoir pas obtenu la
confiance de quelques membres; mais le conseil refuse cette démission. Lefèvre prend séance le 19 vendémiaire. A cette municipalité et
à ce conseil si nombreux, la Constitution de l'an III substituera sept
administrateurs élus, comme on le montrera plus loin.

_____

(1) Ce dernier a été élu au bénéfice de l'âge, Lefèvre l'aîné, pâtissier, ayant
aussi obtenu 12 voix.

XXVIII

ASSEMBLÉES PRIMAIRES

Nomination de Juges de paix

Les assemblées primaires avaient nommé en 1793 les juges de paix et les assesseurs; les procès-verbaux d'élection ne sont pas arrivés jusqu'à nous; mais nous savons qu'au début de vendémiaire an III (septembre 1794), ces fonctionnaires étaient les suivants :

TERRITOIRE DU NORD

Juge : Claude-François RAYBOIS.
Assesseurs : Alexandre THOMAS.
        Hippolyte LAURENT, marchand;
        François DUVAL, cultivateur;
        Oswald VACQUIER, employé aux armées de la République;
        LEBEL.
Greffier : Nicolas-Christophe LACOUR.

TERRITOIRE DU MIDI

Juge : Dominique DOMMARY.
Assesseurs : Jean-Nicolas FALLOIS, chirurgien dentiste;
        Christophe-Thomas MARTIN, rentier;
        Joseph JACQUEMIN, entrepreneur de pavés;
        Claude BEAUPRÉ, rentier;
        Gorgon SUISSE, négociant;
        Jean-François HOUARD, chaufournier et tuilier;
Greffier : Jean-Baptiste TISSERAND.

TERRITOIRE DU LEVANT

Juge : GRIGNON.
Assesseurs : Stanislas BOUTFROI, entrepreneur de bâtiment;
        François SUARD, pâtissier;
        Hubert SOYER, ancien marchand chandelier;
        Christophe PERRIN, marchand chandelier;
        François DRON, marchand;
        Pierre-Laurent REGNIER.
Greffier : Nicolas JACOB.

TERRITOIRE DU COUCHANT

Juge : François-Dieudonné GRANDJEAN, qui a donné sa démission.

Assesseurs : Jean-Joseph RECEVEUR, vétéran ;
Joseph-François BONFILS, chef de bureau au départe-
ment ;
Jean MARIOTTE père, rentier ;
Nicolas DUBOIS, fabricant d'étoffes ;
Henry NOIREL l'aîné, plâtrier ;

Charles JEANROY, nommé 6ᵉ assesseur et presque en même temps
juge au tribunal de commerce, avait opté pour cette dernière place.

Greffier : Jean HASSELOT.

TERRITOIRE EXTERNE

Juge : Pierre MENGIN.
Greffier : Jean-François THOUVENIN.

Assesseurs (9ᵉ section) :

Pour *Pixerécourt* : Joseph Ferry, Jean Georges, Nicolas Royer. Le
quatrième, Joseph Miller, était décédé ;

Pour *Malzéville* : Claude Miston, Jean-Hubert Rousselot, Léopold
Bidot, Claude Grandjean ;

Pour *Dommartemont* : Jean-Claude David, Jean-Claude Hussenot,
Pierre Siri, Claude Despré père ;

Pour *Mar-la-Montagne* (Saint-Mar) : Nicolas Boutqué, Fleury,
Jean-Claude David. Claude Houot était décédé.

Pour *Essey* : Hilaire Cézard, Georges Munier, François Isaï. Masson
a quitté Essey pour Richardménil ;

Pour *Tomblaine* : Nicolas Bertrand, François Renauld, Joseph Lhuillier, Pierre Pitot ;

Pour *Saulxures* : Jean-Baptiste Drapier, Claude Thiébaut, Jean-
Garo. Laurent Munier était décédé.

Pour *Pulnoy* : Joseph Urion, François Bazaguet, Jean-Baptiste
Ravoult et Nicolas Munier ;

Pour *Seichamps* : Pierre-François Laurent, Jean Dardenne, Jean
Pinglé, François Martin.

10ᵉ section :

Pour *Vandœuvre* : Nicolas Antoine, Charles Merle, Nicolas Barail,
Jean Thirion ;

Pour *Villers* : François Villard, Martin Barbezan, Claude Antoine,
Claude Jacquinet ;

Pour *Laxou* : Henry Virlas, Vincent Voirin, François Grosjean l'aîné,
Nicolas Collot ;

Pour *Maxéville* : Jean André, Joseph Lapique, Jean Messager,
Badel père ;

Pour *Jarville* : Charles Bigot, Didier Couchot, Louis Husson,
Antoine Léonard ;

Pour *Heillecourt* : Nicolas Berson, Claude Gaillot, Claude Gauvain,
Claude Sellier ;

Pour *Fléville* : Sigisbert Colnet, Claude Villaume, Claude Hogard
père, Hogard fils ;

Pour *Houdemont* : Joseph Hennequin, Nicolas Potier, François Goury, Nicolas Crempt (1).

Le représentant Michaud pour qui ces listes avaient été dressées, confirmait, le 18 vendémiaire (9 octobre 1794), les juges de paix des trois premiers territoires de Nancy, appelait Pierre Mengin au territoire du Couchant, et nommait Pierson pour le territoire *extra muros* (2).

Le 24 frimaire an III (14 décembre 1794), Genevois modifiait légèrement cette composition. Étaient maintenus, pour le territoire du Levant, Grignon, avec Jacob pour greffier; pour le territoire du Midi, Dosmary père, avec Tisserand pour greffier; pour le territoire du Nord, Raybois père, avec Lacour comme greffier; Schouller était nommé pour le territoire du Couchant, avec Fleury, comme greffier. Labaute l'aîné, horloger, était nommé greffier du tribunal correctionnel. Mais on se plaignait de l'incompétence de ces juges, et, le 26 floréal an III (15 mai 1795), le représentant du peuple Mazade prenait l'arrêté suivant :

Informé par l'accusateur public près le tribunal criminel du département de la Meurthe que la plupart des juges de paix du district de Nancy, quoique probes et patriotes, ne réunissent pas les autres qualités indispensables à l'officier de police de sûreté, qualités essentiellement exigées par la loi, puisque, n'ayant pas les connaissances de celles relatives à leur état, il est impossible qu'ils en remplissent le but ;

Par ces considérations, le représentant du peuple arrête que le directoire du district de Nancy procédera dans la décade à l'épuration des juges de paix du même district et qu'il fera passer au Comité de législation les changements qu'il aura été dans le cas de faire pour cette épuration; charge le procureur syndic du district de veiller à l'exécution du présent arrêté (3).

En conséquence de cet arrêté, dans sa séance du 4 prairial (4), le directoire du district procéda à l'épuration des juges de paix par la voix du scrutin individuel. Il nomma le citoyen Schouller, juge de paix actuel, et les citoyens Sirejean le jeune, Crampel et Harmand-Beurard, les deux premiers à l'unanimité, le troisième par 4 voix sur 5, le quatrième par 3. Mais le directoire qui regrettait les anciens juges, qui croyait qu'il ne fallait pas seulement considérer les lumières, mais encore le caractère et les vertus morales qui peuvent tendre à maintenir ou à ramener l'union entre les citoyens, décida que cet arrêté n'aurait d'effet qu'après la sanction du Comité de législation de la Convention; et, en effet, ce comité décréta le 29 messidor an III (7 juillet 1795) :

Le comité de législation, considérant que la probité et le patriotisme des juges de paix de Nancy ne sont pas équivoques et que tous leurs concitoyens avouent qu'ils possèdent ces qualités essentielles et les plus nécessaires à tout fonctionnaire public ;

. (1) Ces listes se trouvent A. D., L. 1518.

(2) Mengin demanda à revenir à ce poste où nous le retrouvons peu après.

(3) A. D., L. 1497.

(4) La question était déjà venue devant le directoire du district le 2 prairial ; on ajourna les nominations pour Nancy ville, afin de prendre tous les renseignements nécessaires; mais le directoire nomma tout de suite les juges de paix des campagnes. A l'unanimité des suffrages, il continua Mengin le jeune dans la place de juge de paix du territoire externe de Nancy (9e et 10e sections).

Considérant qu'à ces qualités indispensables les mêmes juges de paix réunissent l'expérience de cet état et qu'on ne cite aucun fait particulier ni même aucune erreur de leur part qui soient capables de motiver leur destitution ou même de laisser des doutes sur leur capacité ;

ARRÊTE que les citoyens Raybois, Grignon et Domnary qui, avant le 2 prairial, exerçaient les fonctions de juge de paix à Nancy continueront de les remplir et déclare non avenues les nominations de nouveaux juges faites le 4 prairial 3ᵉ année, dans la séance publique du directoire du district de Na..., lesquelles nominations ne pourront avoir aucun effet. La commission des administrations civiles, police et tribunaux est chargée de l'exécution du présent arrêté.

Raybois exerça ses fonctions jusqu'au 3 vendémiaire an IV (25 septembre 1795). Ce jour-là, il donna sa démission, puisqu'un de ses fils était parti ; ce fils, dit-il, ne voulait pas émigrer, « mais jouir de quelques lieues d'une prétendue liberté » ; néanmoins, Raybois croyait tomber sous le coup de la loi du 5ᵉ jour complémentaire de l'an III. Le 4 vendémiaire, le directoire du district accepta sa démission et le remplaça par le citoyen CRAMPEL. Le directoire du département approuva le même jour. Lorsque les juges furent réélus selon les principes de la Constitution de l'an III, nous retrouverons à peu près les mêmes noms des juges et des assesseurs.

XXIX

ASSEMBLÉES PRIMAIRES

Nomination des électeurs

(21-23 fructidor an III. — 7-9 septembre 1795)

La Convention nationale avait voté une première constitution, le 24 juin 1793. Elle fut soumise à la ratification des assemblées primaires et reconnue par elles. Mais cette constitution ne fut jamais appliquée. Après le régime de la Terreur, l'assemblée nomma, le 29 germinal an III, une commission de onze membres qui prépara un projet tout nouveau. Il fut discuté en messidor et thermidor ; et de la discussion sortit la constitution du 5 fructidor an III (22 août 1795).

Cette constitution du 5 fructidor fut complétée par un décret de même date sur « les moyens de terminer la Révolution ». Ce décret portait que les assemblées électorales devaient prendre les deux tiers des nouveaux députés parmi les anciens membres de la Convention nationale. Le 13 fructidor était réglée la manière dont ces deux tiers seraient élus.

L'acte constitutionnel fut soumis le 20 fructidor aux huit assemblées primaires de Nancy et aux deux assemblées du canton *extra muros*. Il fut adopté par elles ; on leur soumit aussi les décrets des 5 et 13 fructidor qui soulevèrent bien des protestations. Puis à partir du 21 fructidor les assemblées procédèrent au choix des électeurs qui devaient élire le nouveau Corps législatif. Avait droit de vote, dans ces assemblées primaires, tout Français âgé de vingt et un ans accomplis, inscrit sur le registre civique de son canton (garde nationale), qui a demeuré depuis un an sur le territoire de la République et payant une contribution directe quelconque, foncière ou personnelle. L'exercice de ce droit était suspendu par l'interdiction judiciaire, l'état de débiteur failli, l'état de domestique à gages. Sont appelés à voter, sans aucune condition de contribution, les Français qui auront fait une ou plusieurs campagnes pour l'établissement de la République.

Dans chaque canton, il devait y avoir au moins une assemblée primaire. Lorsqu'il y en a plusieurs, chacune est composée de 450 citoyens au moins, 900 au plus; ces nombres s'entendent des citoyens présents ou absents ayant droit de vote. Ces assemblées sont chargées de nommer les membres de l'assemblée électorale, à raison de 1 électeur pour 200 citoyens ayant droit de vote à l'assemblée, 2 de 300 à 500, 3 de 500 à 700, 4 de 700 à 900. Le nombre des électeurs était donc moins grand que sous le régime de la constitution de 1791. Ces électeurs sont nommés chaque année et ne peuvent être réélus qu'après un intervalle d'un an. Pour être choisi comme électeur, il faut être âgé de vingt-cinq ans et dans les communes au-dessus de 6.000 âmes, comme à Nancy, être propriétaire ou usufruitier d'un bien évalué à un revenu égal à la valeur locale de 200 journées de travail ou être locataire, soit d'une habitation évaluée à un revenu égal à la valeur locale de 150 journées de travail, soit d'un bien rural évalué à 200 journées de travail.

Aux termes de la constitution, il ne devait plus y avoir qu'une assemblée primaire et une assemblée électorale par année. L'assemblée primaire devait se réunir de plein droit le 1er germinal de chaque année, pour désigner les électeurs et faire les élections qui relevaient d'elle. L'assemblée électorale du département devait se réunir le 20 germinal de chaque année et terminer, en une seule session de dix jours au plus et sans pouvoir s'ajourner, les élections qui relevaient d'elle. On évitait ainsi les assemblées électorales trop nombreuses, et on dérangeait moins souvent les citoyens pour remplir leurs devoirs civiques. Mais, comme on était pressé de faire entrer en vigueur la nouvelle constitution, on décida qu'exceptionnellement les assemblées primaires seraient convoquées immédiatement pour approuver l'acte constitutionnel et nommer les électeurs. La Convention nationale devait ensuite convoquer les assemblées électorales, dès qu'elle aurait entendu le rapport sur les suffrages des assemblées primaires. Ces assemblées primaires et électorales étaient ainsi convoquées par anticipation, en fructidor an III et vendémiaire an IV, au lieu du 1er et 20 germinal an IV ; les représentants et administrateurs qu'elles choisiraient devaient rester en place sans modifications jusqu'au 1er germinal an V; à cette date seulement, au bout de dix-huit mois, devaient avoir lieu de nouvelles élections.

L'acte constitutionnel du 5 fructidor an III arriva à Nancy et fut lu dans la séance du directoire du département le 13 fructidor. Le 14, les assemblées primaires étaient convoquées pour la nomination des électeurs.

Les administrateurs et procureur général syndic aux citoyens du département de la Meurthe.

Citoyens! Vous êtes appelés par les représentants du peuple français à l'acte le plus important de la souveraineté, l'acceptation d'une constitution qui doit être désormais la règle de vos droits, de vos devoirs, la garantie de votre liberté.

Que l'intérêt de la patrie, bien plus encore que celui personnel de chacun de vous, dirige le jugement solennel que vous allez prononcer sur ce grand ouvrage. Que la liberté surtout, que la liberté la plus entière règne dans l'examen que vous allez faire, dans le vœu que vous allez émettre.

L'affreuse terreur non plus que la basse adulation ne doivent contraindre ou entraîner votre opinion. C'est quand vous vous donnez des lois que vous devez être pénétrés du sentiment de votre indépendance.

Après avoir émis votre vœu sur la constitution qui vous est proposée, vous aurez à choisir ceux qui doivent en votre nom exercer l'autorité.

Dans l'impuissance de faire ce choix par vous-mêmes, vous allez déléguer cet important pouvoir.

Écartez de vous, dans ce second acte de souveraineté, toutes les impressions que peuvent faire l'ambition et l'intrigue, la haine et l'affection ; ne considérez que la patrie et rappelez-vous sans cesse cette grande vérité, proclamée par vos représentants, que c'est de la sagesse des choix dans les assemblées primaires et électorales que dépendent principalement la durée, la conservation et la prospérité de la République.

Assurer son salut par la loi fondamentale, par une élection aussi sage que la loi même, telle est, citoyens, la tâche glorieuse et satisfaisante que vous donne à remplir le décret du 5 de ce mois.

En exécution de ce décret, les administrateurs et procureur général syndic convoquent tous les citoyens du département de la Meurthe qui sont admis par la loi, et les invitent à se réunir en assemblées primaires le 20 fructidor présent mois, à 8 heures du matin, dans les lieux où se sont tenues les dernières assemblées à l'effet d'exprimer leur vœu sur l'acte constitutionnel proposé par la Convention nationale au peuple français et nommer des électeurs, le tout conformément au décret du 5 de ce mois.

Sera la convocation présente envoyée à la diligence du procureur général syndic, par l'intermédiaire des procureurs syndics des districts, à toutes les municipalités de l'arrondissement pour être publiée et affichée, dans le jour de sa réception, en la manière ordinaire, ce dont les agents nationaux des communes certifieront les procureurs syndics des districts et ceux-ci le directoire du département, dans la décade.

Signé : Vigneron, Collière, Saladin, Harlant, Saulnier, Mandel, Thirion, administrateurs ; Mallarmé l'aîné, procureur syndic ; Brandon, secrétaire général.

La ville de Nancy fut divisée en huit sections comme en août 1793 ; les limites de ces sections sont consignées dans l'arrêté départemental du 26 messidor an IV, dont on trouvera le texte plus loin.

1re Section

Le 21 fructidor, à 3 heures de relevée, le président Nicolaÿ a annoncé que la section étant composée de 887 individus, a droit à quatre électeurs. Il est donné lecture de la loi du 5 de ce mois et de celle du 13 concernant le vote des deux tiers des membres de la Convention. Le contenu de ces lois est accepté à la grande majorité. On procède à la nomination des électeurs par scrutin de liste. Le 22 au matin, on continue le scrutin qui, dépouillé à

11 heures, ne donne aucun résultat. L'après-midi, il est procédé à un second tour.

Sur 93 votants, est élu :

CHARPENTIER l'aîné, secrétaire de la section, 47 voix.

Au second tour qui a lieu le 23 fructidor, il y a 108 votants. Sont élus à la majorité des suffrages :

ANDRÉ, accusateur public ;
Valentin NICOLAI, directeur des diligences ;
OTHENIN, administrateur du district (1).

2e Section

L'assemblée est réunie le 22 fructidor, au matin, dans la grande salle de la maison commune. Président, Claude-Ambroise Regnier ; secrétaire, François Dufresne ; scrutateurs, Jean-Baptiste Lafitte, François Mandel et Christophe Dacraigne. Il s'établit une discussion sur les lois des 5 et 13 courant ; elle sont acceptées à une forte majorité ; procès-verbal est envoyé au comité des décrets de la Convention nationale, un autre aux officiers municipaux. On décide ensuite de nommer quatre électeurs, conformément à la population de la section qui est de 702 citoyens, non compris les défenseurs de la patrie. On arrête que l'élection se ferait à la pluralité des suffrages. Réunit cette pluralité des suffrages :

Claude-Ambroise REGNIER, président, 110 voix.

Dans la séance de l'après-midi, sont nommés électeurs :

Jean-Baptiste LAFFITTE, 80 voix ;
François DUFRESNE, 77.

Le 23 fructidor est nommé :

Christophe DACRAIGNE. 63 (2).

3e Section

L'assemblée, réunie au collège le 22 fructidor, à 3 heures de relevée, a droit à trois électeurs. Il y a 49 votants. Sont élus :

VILLOT, administrateur du district, 27 voix ;

---

(1) Le procès-verbal est signé par le président, Nicolaÿ ; secrétaire, Charpentier ; André, Brugnon, Demange, scrutateurs.
(2) Le procès-verbal est signé par Regnier, président ; Dufresne, secrétaire : Lafitte, Mandel, Dacraigne, scrutateurs.

Lionnois, brasseur, 24 voix ;

Monnier dit Bellerose.

Monnier dit Bellerose obtient le même nombre de voix que Marchand, moins âgé (1).

4e Section

Le 22 fructidor, à 5 heures de relevée, au local des ci-devant Carmélites, les citoyens de la 4e section se sont rassemblés. Le bureau a fait la clôture du paquet, l'a fait porter à la poste et en a prévenu l'agent national de la commune. Les citoyens de la 4e section étant au nombre de 662, non compris les défenseurs de la patrie en activité de service, ce qui porte leur nombre à 767, la section a droit à quatre électeurs. Le scrutin est ouvert jusqu'à 7 heures.

Il se continue dans la séance du 23 fructidor au matin. Le dépouillement a lieu dans la séance de l'après-midi. Sur 95 votants, sont élus :

Jean-Baptiste Regneault, 52 voix ;

Plassiart, 50.

Un second tour de scrutin est ouvert et fermé à 5 heures. Sur 62 votants est élu :

Charlot, 38 voix.

On procède à un troisième tour qui doit avoir lieu entre les citoyens Messein et Henry. Le dépouillement a lieu le 24 fructidor ; sur 56 votants, est élu :

Henry, 31 voix,

contre 23 à Messein et 2 voix perdues (2).

5e Section

L'assemblée se constitue le 20 fructidor à 8 heures du matin. Les citoyens Nicolas Martin, plus ancien d'âge, faisant provisoirement les fonctions de président, Bella celles de secrétaire, Mariotte, Rey et Durupt celles de scrutateurs, on procède à la formation du bureau définitif. Sont nommés : président Joseph Rey, marchand à Nancy ; secrétaire Jean-François-Charles Grandjean, ex-administrateur du département ; scrutateurs Claude-Joseph Mallarmé l'aîné, Jean Mariotte, Claude Malglaive père. L'après-

_____

(1) Les procès-verbaux sont signés de C. Martin l'aîné, président; Gouget, secrétaire suppléant; Charles David, Flambau, Tellier, scrutateurs.
(2) Les procès-verbaux sont signés de Jean-Baptiste Regneault, président ; Messein, secrétaire ; Plassiart, Charlot, Gœury, scrutateurs.

midi, à l'assemblée constituée est donnée lecture des droits et devoirs de l'homme et du citoyen, de l'acte constitutionnel, de l'adresse au peuple français décrétée le 6 du présent mois, de la loi du 5 sur les moyens de terminer la révolution, de celle du 13 concernant le mode de réélection des deux tiers de la Convention nationale, enfin de l'adresse aux Français dont la Convention nationale a décrété ledit jour 13 fructidor l'envoi aux assemblées primaires de la République.

Le 21 fructidor, matin et soir, l'assemblée reçoit les vœux des citoyens sur l'ensemble de l'acte constitutionnel ; 162 membres sur 163 qui se présentent déclarent l'admettre.

Le 22 fructidor, l'assemblée examine les décrets des 5 et 13 fructidor.

« L'assemblée, considérant qu'aux assemblées primaires seules appartenait le droit de régler l'étendue des pouvoirs qu'elles délèguent aux citoyens qu'elles élisent pour procéder en leur nom aux choix des représentants du peuple et autres fonctionnaires publics, qu'en cela consistait essentiellement l'exercice de leur souveraineté, lequel ne pouvait être limité que par les règles qu'elles se seraient prescrites à elles-mêmes par la constitution qu'elles auraient librement acceptée : que, considérés sous ce point de vue, les décrets dont il s'agit pourraient être regardés comme attentatoires aux droits de la nation et comme une entreprise de pouvoir de la part de la Convention ; mais que, par son adresse du 13, elle avait formellement reconnu le droit des assemblées primaires en soumettant ces mêmes décrets à leur acceptation ; qu'ainsi cette souveraineté, qu'elles doivent être si jalouses de conserver ou de défendre et sans laquelle la Convention elle-même ne serait rien, restait intacte ;

Qu'il ne s'agissait donc plus que d'examiner si la mesure proposée par les décrets des 5 et 13 de ce mois devait être admise ou non, et l'assemblée, après en avoir mûrement délibéré, après avoir pesé les circonstances critiques où la France se trouve en ce moment et persuadée qu'il était de la plus haute importance et de la plus absolue nécessité de saisir tous les moyens de maintenir la constitution qu'elle vient d'accepter, a arrêté à l'unanimité que les électeurs qu'elle allait choisir seraient tenus de se conformer aux dispositions des décrets du 5 et 13 fructidor. »

Ce procès-verbal est immédiatement envoyé au comité des décrets de la Convention nationale ; et il est procédé au choix des électeurs. 750 citoyens ayant le droit de vote, on peut nommer 4 électeurs. Sont élus au premier tour :

MALLARMÉ l'aîné, procureur général syndic ;
SALADIN, administrateur du département.

Deuxième tour, l'après-midi. Sont élus :

Jean-François-Charles GRANDJEAN, ex-administrateur du département ;

MALGLAIVE père, procureur syndic de la commune.

Le 23 fructidor, on adopte les procès-verbaux d'élection, ceux relatifs à l'acceptation de l'acte constitutionnel et des décrets des 5 et 13 fructidor.

6e SECTION

Les citoyens se réunissent le 22 fructidor dans la chapelle des ci-devant frères des écoles chrétiennes. Le président annonce que le procès-verbal portant acceptation de l'acte constitutionnel a été mis à la poste. L'assemblée, après discussion, adopte les lois des 5 et 13 fructidor. L'après-midi, l'assemblée commence le vote pour la nomination de quatre électeurs. Au premier tour (124 votants), nul candidat ne réunit la pluralité des suffrages. Le 23 fructidor, on procède à un second tour, qui réunit 108 votants. Sont élus :

Antoine-François LALLEMAND, officier de santé, 73 voix ;
Jean-Baptiste MORELLE, 57.

Au troisième tour, qui a lieu l'après-midi, se présentent 73 votants. Sont élus :

André CHIPEL, homme de loi, 40 votants ;
Antoine MATHIEU-MOULON, 28 (1).

7e SECTION (réunie au tribunal de commerce)

21 fructidor, 2 heures de l'après-midi. La section compte 790 citoyens ayant droit de vote ; elle peut par suite nommer quatre électeurs. Sur la proposition d'un membre, on décide de laisser le scrutin ouvert jusqu'à 7 heures du soir. Le 22, le scrutin est dépouillé ; il y a 131 votants. Est élu :

VIGNERON, président de l'assemblée, 79 voix.

On procède aussitôt à un second tour qui doit être fermé à midi. Le scrutin est dépouillé l'après-midi. Il y a 104 votants ; mais personne ne réunit la majorité absolue. On procède à un troisième tour qui doit être fermé à 6 heures. Il y a 93 votants. Sont nommés électeurs :

THIERIET, maire de Nancy, 61 voix ;
GÉHIN, 58 ;
PAYONNE, 40 (2).

----

(1) Les procès-verbaux sont signés de Morelle, président ; Lallemand, secrétaire ; Leclerc, Deschiens, Moulon, scrutateurs.
(2) Les extraits des procès-verbaux sont signés par le président, Vigneron ; Thieriet, secrétaire ; Avril, Moucherel et Géhin, scrutateurs.

8ᵉ Section

21 fructidor. L'acte d'acceptation de la constitution vient d'être envoyé. Le matin le nombre des votants n'est pas assez grand, on décide de continuer le scrutin l'après-midi et on ne le ferme qu'à 5 heures. Il y a 95 votants sur 720 citoyens ayant droit de vote. Est nommé électeur :

Nicolas, chimiste, par 53 voix.

On procède au second tour, le 22 fructidor. Est nommé :

Thomas, juge assesseur au tribunal de paix, par 47 voix sur 79 votants.

Un troisième tour a lieu l'après-midi, et, sur 80 votants, sont nommés :

Antoine Lebel, juge assesseur au tribunal de paix, 53 voix ;
Harlaut, administrateur du département. 41 (1).

9ᵉ Section

L'assemblée, réunie le 20 fructidor au temple de la commune d'Essey, est présidée par Joseph Dron, de Tomblaine ; François-Xavier Masson, d'Essey, est secrétaire ; Terrier Camelly, de Saint-Max, François Fleury, dudit lieu, François Florentin, maire de Malzéville, sont scrutateurs. L'assemblée décide à l'unanimité qu'il sera enjoint aux électeurs de choisir plutôt ceux des membres actuels de la Convention les plus dignes de la confiance du peuple et que, s'il ne s'en trouvait pas un nombre suffisant pour former les deux tiers voulus, ils pourraient les choisir en dehors de la Convention. 635 citoyens ont droit de vote ; il se présente 23 votants. Est élu au premier tour :

Beauchamp, de Saint-Max, 16 voix.

Le second tour, avec 24 votants, ne donne pas de résultat ; au troisième tour sont nommés sur 24 votants :

Florentin, maire de Malzéville, 15 voix ;
Claude-Barthélemy-Simon Simonet, de Malzéville, 9 voix.

---

(1) Les procès-verbaux sont signés de Thomas, président ; Lebel, secrétaire ; Nicolas, Chaillon, Lugny, scrutateurs.

10ᵉ SECTION

20 fructidor. 632 citoyens ont droit de vote ; on doit nommer en conséquence trois électeurs. Le bureau est formé de Christophe Poirot, président ; Pierre Mengin, secrétaire ; Jean-François Harnepont, François Villard et Charles Bastien, scrutateurs ; toutes les communes sont appelées successivement pour donner leurs suffrages. Il y a 47 votants ; on décide de choisir les électeurs à la pluralité relative des suffrages. Sont élus :

Dieudonné-François-Joseph PIERSON, de Villers, 19 voix ;
Joseph-François VILLIEZ, de Jarville, 14 voix ;
Christophe POIROT, de Vandœuvre, 13 voix.

« Un des votants a dit qu'il lui semblait que l'article 2 de la loi du 5 fructidor blessait les droits du peuple dans l'exercice de sa souveraineté, en décidant que les deux tiers des membres actuels seraient conservés ; que les électeurs ne devaient point être gênés par cette loi ; et que leur choix devait se porter indistinctement sur tous les Français dignes de les représenter. En conséquence, l'assemblée consultée, a prononcé d'une voix unanime que les électeurs, sans aucun égard à la loi ci-dessus citée, choisiraient d'après leur conscience tous ceux des citoyens français qu'ils croiraient dignes de les représenter, en leur recommandant néanmoins de conserver ceux des membres de la Convention qu'ils croiraient en état de concourir au bonheur de tous. »

(*Extraits des procès-verbaux. A. D., L. 204, quelques-uns en double exemplaire.*)

XXX

ASSEMBLÉE ÉLECTORALE DU DÉPARTEMENT

Élection des députés au Corps législatif, d'un haut juré, des administrateurs du département, des président, accusateur public et greffier du tribunal criminel, des membres du tribunal civil et de leurs suppléants.

(20-27 vendémiaire an IV. — 12-19 octobre 1795)

Le 1er vendémiaire an IV (23 septembre 1795), la Convention nationale, ayant reçu les procès-verbaux des assemblées primaires, convoqua les assemblées électorales pour le 20 vendémiaire. Dans le département de la Meurthe, cette assemblée devait être tenue au chef-lieu du département, soit à Nancy.

L'assemblée électorale devait avant tout élire les députés du Corps législatif. Le Corps législatif était composé d'un conseil des Anciens et d'un conseil des Cinq-Cents. Le premier comprenait 250 membres, le second 500. Pour être élu au premier, il faut être âgé, à partir de l'an VII, de trente ans accomplis, jusqu'à cette date, de vingt-cinq ans, avoir résidé sur le territoire de la République pendant les dix années précédentes; pour être élu au conseil des Anciens, il faut avoir quarante ans d'âge, quinze ans de résidence, être marié ou veuf. L'un et l'autre conseil se renouvelle par tiers chaque année. Les Cinq-Cents ont seuls l'initiative des lois; les Anciens peuvent seulement approuver ou rejeter les *résolutions* des Cinq-Cents. Les résolutions adoptées par le conseil des Anciens s'appellent des *lois*. Le pouvoir exécutif est confié à un directoire de cinq membres dont un sort tous les ans. Ces directeurs sont élus par le Corps législatif; les Cinq-Cents dressent une liste de candidats contenant dix noms par directeur à nommer et les Anciens choisissent parmi ceux qui sont présentés. L'ouverture des séances du Corps législatif est fixé au 15 brumaire.

Mais, pour la première élection, la Convention, ainsi qu'il a été dit, ne voulut pas laisser pleine liberté aux électeurs. Elle avait décrété, le 5 fructidor an III, que les assemblées électorales devaient choisir au moins les deux tiers des députés du Corps législatif parmi ses membres. Elle ne laissa choix indépendant que pour un tiers. Cette disposition causa un vif mécontentement et nous avons vu que quelques assemblées primaires du canton de Nancy protestèrent contre elle. Le 13 fructidor (30 août 1795), la Convention décide comment seront nommés les deux tiers des conventionnels. Chaque assemblée électorale nomme d'abord les deux tiers des membres de la Convention que chacune doit fournir pour le Corps législatif et les choisit soit dans la députation actuelle du département, soit parmi tous les autres membres de la Convention; puis elle doit dresser une liste supplémentaire triple de la première et composée de membres également pris dans la totalité

de la Convention. La Meurthe qui doit élire huit membres, désignera
d'abord six conventionnels, ensuite sur une liste supplémentaire dix-huit
autres. Puis seulement elle pourra faire l'élection « du nouveau tiers ».
Si des conventionnels étaient élus dans différents départements, on com-
pléterait la députation à l'aide des listes supplémentaires; et si même
ainsi 500 membres de la Convention n'étaient pas réélus, le nombre
devait être complété par des députés de la Convention réélus. Pour les
premières élections, les électeurs ne devaient pas se soucier si le député serait envoyé aux Cinq-Cents ou aux Anciens. L'assemblée des
députés élus devait se charger de la répartition.

La haute cour de justice continua de subsister suivant le type créé
par la Constituante. Elle devait juger les accusations admises par le
Corps législatif, soit contre ses propres membres, soit contre ceux du
Directoire exécutif. Elle était composée de cinq juges et de deux accusateurs nationaux tirés du tribunal de cassation et de 83 hauts jurés,
nommés tous les ans, à raison d'un par assemblée électorale de département au lieu de deux, comme il avait été décidé par la Constitution
de 1791.

L'organisation administrative était profondément modifiée. D'abord
le district fut supprimé : la Constituante avait créé trop de rouages et
occupait un personnel trop nombreux. Puis l'administration départementale était simplifiée. Comme le Directoire exécutif, elle ne devait
plus être composée que de cinq membres; elle est renouvelable par
cinquième tous les ans et les membres doivent être choisis par l'assemblée électorale. Ils sont rééligibles une première fois; mais la
seconde fois ils ne peuvent être réélus qu'après un intervalle de deux
ans. Si, dans le courant de l'année, l'administration départementale
perd un ou plusieurs de ses membres par mort, démission ou autrement, les administrateurs restants s'adjoindront, en remplacement, des
administrateurs temporaires, qui exercent en cette qualité jusqu'aux
élections suivantes. L'assemblée électorale ne se réunira ainsi plus
qu'une fois par an. Les citoyens ne passeront plus tout leur temps à
voter comme sous la Constituante. Contrairement à ce qui a été stipulé
pour le Directoire exécutif, l'administration départementale choisit annuellement un président parmi ses membres. Le Directoire exécutif
nomme auprès d'elle un commissaire qu'il révoque, lorsqu'il le juge
convenable. Ainsi, le gouvernement est représenté par un agent près
du département (1).

La constitution de l'an III changea peu la condition du tribunal criminel. Il devait toujours être composé d'un président, d'un accusateur
public et d'un greffier élus par l'assemblée électorale; mais le nombre
des juges pris dans le tribunal civil était porté à quatre. Un commissaire du pouvoir exécutif était attaché à ce tribunal.

La justice civile subit des atteintes plus profondes. Avec le district,
disparut le tribunal du district; il ne restait qu'un tribunal civil par
département. Ce tribunal devait être composé de vingt juges au moins,
élus par l'assemblée électorale. Ces juges étaient élus pour cinq ans et
toujours rééligibles. En même temps que les juges, l'assemblée devait
choisir cinq suppléants, dont trois au moins parmi les citoyens résidant
dans la commune où siégeait le tribunal. Pour être juge, il fallait être
âgé de trente ans accomplis : la loi n'exigeait d'autre garantie : on ne

---

(1) Les administrateurs ont comme traitement à Nancy 1.000 myriagrammes
de froment; le commissaire touche un tiers en sus.

stipule pas que le juge doit avoir un grade ou un certain nombre d'années d'exercice de jurisprudence. Le tribunal civil devait se diviser en sections d'au moins cinq juges. Les juges du tribunal nommaient, entre eux, au scrutin secret, le président de chaque section.

Au moment même où l'assemblée électorale était réunie, la Convention nationale, par une loi du 19 vendémiaire, décréta que l'assemblée administrative du département serait fixée à Nancy, le tribunal civil et le tribunal criminel à Lunéville. Mais, comme nous le verrons, cette loi ne fut pas exécutée.

Le 20 vendémiaire au IV, les électeurs du département de la Meurthe se réunissent à 8 heures du matin à Nancy, au lieu indiqué par le procureur général syndic du département (1). Le citoyen Nicolas-Joseph Renaud, de Saint-Nicolas, le plus âgé des électeurs présents, occupe le fauteuil de président; Nicolas-Georges Thiriat, de Rozelieures, le plus jeune, remplit les fonctions de secrétaire.

On donne lecture de la loi du 1er vendémiaire sur la convocation des assemblées électorales (2), du titre IV de la Constitution, du décret du 13 fructidor et de diverses pièces. Puis l'assemblée procède à la vérification des pouvoirs des électeurs. Un électeur de chaque ancien district est chargé de vérifier les pouvoirs de ses collègues. Sont nommés Perrin, de Nomeny, pour le district de Pont-à-Mousson; Bathelot, de Blâmont; Quesnel, de Château-Salins; Malglaive, de Nancy; Boulligny, de Bainville, district de Toul; Antoine, de Colombey, district de Vézelise; Hun, de Dieuze; Saintignon, de Sarrebourg; Bailly, de Lunéville. Ces électeurs prennent place au bureau, et les procès-verbaux de leurs districts respectifs leur sont remis.

Les procès-verbaux du district de Blâmont sont trouvés conformes à la loi, sauf ceux de Leintrey et d'Ogéviller qui n'ont

____

(1) Ce lieu fut la salle occupée précédemment à l'hôtel de ville par la société populaire de Nancy. Didier-Joseph-François Melin, ingénieur adjoint au corps du génie militaire, et Claude-Antoine Marc, architecte, furent chargés de mettre la salle en état. Ils proposèrent d'enlever le bureau et les gradins en amphithéâtre, travail qu'accomplit sans rétribution le charpentier Richard. On prit des mesures pour assurer la subsistance des électeurs. Les administrateurs départementaux invitèrent le préposé aux étapes à faire, à partir du 20 vendémiaire, la délivrance au domicile de chaque électeur des quantités de viande et de pain qui leur sont attribuées par la loi du 1er vendémiaire et de faire la délivrance de deux en deux jours, en ayant soin que ces subsistances n'éprouvent aucune avarie. A part quelques exceptions indiquées dans la loi, les assemblées électorales devaient se tenir au chef-lieu du département; il n'y eut donc plus de roulement entre les principales villes.

(2) Cette loi portait que les assemblées électorales finiraient le 29 au plus tard. Elle fournissait un modèle pour le procès-verbal des assemblées électorales. Un exemplaire de la loi est joint au dossier.

pas été déposés sur le bureau; il en est de même des procès-verbaux du district de Château-Salins, sauf ceux des cantons de Bioncourt et Moyenvic qui n'ont pas été déposés, et celui du canton d'Arracourt, qui porte que le nombre des citoyens du canton est de 500, par suite le canton n'avait droit qu'à deux électeurs; le troisième élu, Marcel, est invité à s'abstenir de voter.

Pour le district de Dieuze, manquent les procès-verbaux de Fénétrange, d'Albestroff et d'Insming. Tous les procès-verbaux des districts de Lunéville et Nancy sont en ordre. Pour le district de Pont-à-Mousson, les procès-verbaux des trois sections du chef-lieu n'ont pas été présentés. Pour le district de Toul, tout est bien; pour celui de Sarrebourg, il manque le procès-verbal de Lixheim; pour le district de Vézelise, ceux des cantons de Vaudéville et de Neuviller.

Dans la séance de l'après-midi, sont déposés les procès-verbaux en retard qui sont reconnus exacts. L'assemblée décide que les trois électeurs les plus âgés feront l'office de scrutateurs provisoires. Puis on procède à la nomination du président, du secrétaire et des scrutateurs définitifs. Il y a 309 votants; Mallarmé l'aîné, réunissant 155 voix, est nommé président; Henry le jeune, 141, secrétaire; Saladin, 129; Regnier, 92; Bailly, 57, scrutateurs (1).

Le 21 vendémiaire, il est proposé et adopté que l'on nommerait un secrétaire et trois scrutateurs adjoints. On nomme ceux qui, la veille, avaient obtenu le plus de voix après les élus, à savoir les citoyens Horrer, Petitjean, Pagnot et André.

Le président a annoncé que, conformément au décret de la Convention nationale sur la réélection des deux tiers, il allait être procédé à la nomination de six députés à prendre soit dans la députation actuelle du département, soit parmi tous les membres de la Convention. 315 votants se présentent et du scrutin dépouillé dans la séance de l'après-midi, il résulte qu'ont réuni la majorité absolue et sont élus :

Joseph ZANGIACOMI, fils, du département de la Meurthe, 237 voix;

____

(1) Le bureau est formé par un seul scrutin de liste et à la pluralité relative; le citoyen qui a réuni le plus de voix est nommé président, le suivant est secrétaire, et les trois autres scrutateurs (art. 4 du titre II du décret du 25 fructidor an III).

Etienne Mollevaut, *idem*, 234 (1).

Ils sont proclamés députés, aux applaudissements de l'assemblée.

On procède à un second tour qui ne réunit plus que 292 votants. Obtiennent la pluralité des suffrages et sont proclamés élus :

François-Antoine Boissy d'Anglas, du département de l'Ardèche, 163 voix ;

Pierre Michel, du département de la Meurthe, 153 (2).

Le troisième tour de scrutin a lieu le 22 vendémiaire. Il y a 294 votants ; sont élus :

Jean-Denis Lanjuinais, du département d'Ille-et-Vilaine ;

Louis-Benoît Genevois, du département de l'Isère (3),

réunissant l'un la pluralité absolue, l'autre la pluralité relative des suffrages (4).

En exécution de l'article 3 de la loi du 13 fructidor, il est procédé à la formation d'une liste supplémentaire d' 8 membres actuellement en activité à la Convention nationale. 294 membres prennent part au scrutin, dont le dépouillement se poursuit dans la séance de l'après-midi. Sont nommés :

Henry Larivière (Calvados) ;

Jean-Jacques-Régis Cambacérès (Hérault) ;

Pierre-Toussaint Durand-Maillane (Bouches-du-Rhône) ;

Jacques Defermon (Ille-et-Vilaine) ;

Denis-Toussaint Lesage (Eure-et-Loir) ;

Pierre-Charles-Louis Baudin (Ardennes) ;

(1) Le nombre des membres de l'assemblée étant supérieur à 200, l'assemblée s'est partagée en deux bureaux ; et l'on a conservé au : A. D. les deux registres de dépouillement. Les totaux résultent des voix additionnées. Ont obtenu ensuite : Lanjuinais, 162 ; Pierre Michel, 136 ; Boissy d'Anglas, 131 ; Collombel, de la Meurthe, 114 ; Genevois, 86. L'évêque constitutionnel Lalande n'obtint que 73 voix.

(2) Les deux registres précédents servirent à inscrire le second tour de scrutin. Lanjuinais obtint 136 voix ; Genevois, 70 ; Lalande 21.

(3) Il faut noter que ces élections sont tout à fait anti-jacobines. On désigne Genevois qui, représentant du peuple, s'est distingué à Nancy par sa modération. On nommera de même, dans la liste supplémentaire, Balthazar Faure et Pflieger.

(4) La liste des élus de cette assemblée a été imprimée sur 3 feuilles in-fol. *Élections faites par l'assemblée électorale du département de la Meurthe dans sa session de vendémiaire an IV.* Collationnée conforme aux procès-verbaux dont copie est déposée aux archives du département de la Meurthe par le secrétaire général dudit département. Signé Brandon.

Antoine-Claire THIBAUDEAU (Vienne);

Henry GRÉGOIRE (Loir-et-Cher);

Maximin ISNARD (Var);

Pierre-Claude-François DAUNOU (Pas-de-Calais).

Ces dix députés obtiennent la pluralité absolue des suffrages et sont inscrits sur la liste supplémentaire. On procède à un second tour pour compléter cette liste; 233 votants se présentent, et après le dépouillement, continué le 23 vendémiaire au matin, sont proclamés élus à la pluralité absolue :

Jean-Baptiste-Michel SALADIN (Somme);

Jean DUSSAULX (Paris);

Louis-Marie LA REVELLIÈRE-LÉPEAUX (Maine-et-Loire);

Louis-Honoré LE TOURNEUR (Manche);

Balthazar FAURE (Haute-Loire).

Un troisième tour de scrutin est nécessaire pour compléter la liste; il se présente 275 votants. Sont désignés :

Alexandre BESSON (Doubs), pluralité absolue;

Jean-Adam PFLIEGER (Haut-Rhin), *idem*;

Joseph ESCHASSERIAUX aîné (Charente-Inférieure), pluralité relative.

L'assemblée décide de passer sans désemparer à l'élection de deux députés à choisir, soit dans le sein de la Convention, soit au dehors; mais elle émet le vœu que le scrutin reste ouvert l'après-midi de 2 heures à 3 heures. 295 citoyens prennent part à l'élection et, à la pluralité absolue des suffrages, est élu :

Claude-Joseph MALLARMÉ l'aîné, procureur général syndic du département.

Un second tour de scrutin est aussitôt ouvert pour la deuxième place; il y a 277 votants et la majorité absolue est acquise à :

Claude-Ambroise REGNIER, ex-constituant.

Sans désemparer, l'assemblée procède à l'élection d'un juré pour la haute cour de justice. Il y a 237 votants. Est élu à la pluralité absolue :

François-Louis LEJEUNE, président de l'administration du district de Lunéville.

Le 24 vendémiaire, il est procédé à l'élection des cinq administrateurs du département. Le premier tour auquel prennent part 304 électeurs ne donne aucun résultat. Le second tour, dépouillé dans la séance de l'après-midi (293 votants), donne la majorité absolue à :

> Joseph-André HORNER, ex-administrateur du district de Sarrebourg ;
>
> Charles BALLAND, secrétaire de l'administration du district de Toul.

Le troisième tour (290 votants) assure la victoire à :

> Charles REGNEAULT, procureur syndic du district de Lunéville, pluralité absolue ;
>
> MOURER, procureur syndic du district de Sarrebourg, pluralité relative.
>
> Charles-Antoine SALADIN, administrateur du département, *idem*.

On passe à l'élection du président du tribunal criminel. Il y a 260 votants ; est élu à la pluralité absolue des suffrages :

> Pierre-Joseph ANDRÉ, ex-accusateur public du département.

Le 25 vendémiaire, on passe à l'élection de l'accusateur public du département. Un premier tour de scrutin où prennent part 268 votants ne donne aucun résultat ; il en est de même du second tour (243 votants). Au troisième (272 votants) est nommé :

> Antoine BOULAY, président du tribunal du district de Nancy.

On passe à l'élection du greffier du tribunal criminel (247 votants). Est élu :

> Charles GÉRARD, greffier actuel du tribunal criminel.

Dans la séance de l'après-midi, l'assemblée procède à l'élection de vingt juges pour composer le tribunal du département (306 votants) [1]. Sont nommés :

> Claude-Antoine VIGNERON, ex-administrateur du département ;
>
> Joseph-Arnould HENRY, *idem ;*

---

(1) Le président donne lecture d'une lettre de Nicolas Arnould, natif de Nancy, âgé de quarante-quatre ans, qui expose qu'il a été treize ans juge au ci-devant bailliage de Bar-sur-Ornain, qu'il a été pendant deux ans membre du bureau de conciliation du district de Lunéville, et ensuite juge au tribunal de celui de Nancy ; mais, nommé par le représentant Faure, il a été arraché de ce poste, pour être conduit à Strasbourg. Il sollicite une place de juge dans le tribunal civil, car, étant infirme, il ne peut remplir aucune autre tâche. L'assemblée décide de passer à l'ordre du jour.

Joseph Larocal, juge du tribunal du district de Lunéville ;

Augustin Hyn, commissaire national du tribunal du district de Dieuze ;

Charles-Henri-Louis Laplante, juge du tribunal du district de Blâmont ;

Jean-Baptiste-Augustin Bouchon, commissaire national du tribunal du district de Toul ;

Jean-Charles-Antoine Morel, procureur syndic du district de Dieuze ;

Jean Plassiart, ex-juge au tribunal du district de Nancy ;

Laurent-Nicolas Lesecre, ex-juge de paix du canton de Marsal ;

François Lelorrain, ex-procureur général syndic du département ;

Claude-François Pagnon l'aîné, administrateur du district de Vézelise ;

Jean-Baptiste Regneauld, juge au tribunal du district de Nancy.

Ces douze citoyens réunissent la pluralité absolue des suffrages et sont proclamés élus.

Le 26 vendémiaire, on procède à un second tour de scrutin pour les huit places non conférées (293 votants) ; mais personne ne réunit la pluralité absolue ; un troisième tour s'ouvre l'après-midi (268 votants) et amène l'élection de :

François Dufresne, juge au tribunal du district de Nancy, 140 voix ;

Nicolas-François Henry, de Phalsbourg, administrateur forestier, 120 ;

Antoine Maxmle dit Moulon, électeur de Nancy, 108 ;

François-Antoine Laurent, procureur syndic du district de Château-Salins, 106 ;

Claude-Antoine Lesecre, procureur syndic du district de Pont-à-Mousson, 105 ;

Mengin, procureur de la commune de Lunéville, 85 ;

Nicolas Gérardin, électeur de Nomeny, 83 ;

Nicolas Doyen, électeur de Vic, 79.

Le premier est élu à la pluralité absolue, les autres à la pluralité relative.

Le président annonce que la loi du 10 vendémiaire ordonne

aux députés élus de se rendre à leur poste aussitôt après leur nomination; il est, par suite dans l'impossibilité, ainsi que le citoyen Regnier, scrutateur, de continuer ses fonctions. L'assemblée arrête que le secrétaire fera fonction de président et que le citoyen Regnier sera remplacé par le premier scrutateur adjoint (1).

Le 27 vendémiaire, le scrutin s'ouvrit, sous la présidence de Henry le jeune, secrétaire, Saladin, premier scrutateur, faisant fonction de secrétaire; on passe à la nomination de cinq juges suppléants au tribunal du département. 245 votants se présentent; mais personne n'obtient la majorité au premier tour de scrutin. Au second tour (171 votants), sont nommés :

Étienne-André CHIPEL, homme de loi à Nancy;
Joseph-Louis CHARLOT, *idem.*

L'après-midi, le troisième tour de scrutin a lieu (169 votants). Sont élus :

Pierre-François COLNEL le jeune, employé au district de Nancy, 82 voix;
Alexis PETITJEAN père, président du tribunal du district de Vézelise, 74;
Louis CUNY, juge au tribunal du district de Lunéville, 63.

à la pluralité relative des suffrages.

Un des membres proteste contre la nomination comme juge de Mathieu dit Moulon, alléguant qu'en vertu de l'article 11 du titre II de la Constitution (2) il devait être exclu; mais l'assemblée passe à l'ordre du jour, attendu qu'une telle protestation aurait dû être faite devant l'assemblée primaire qui a élu Moulon électeur, sauf le recours au tribunal civil du département. Le citoyen Regneault déclare qu'il ne peut être juge dans le même tribunal que le citoyen Joseph-Arnould Henry, à cause du degré de parenté qui les unit. L'assemblée se demande si elle doit élire un nouveau juge ou si Regneault doit être remplacé par le pre-

---

(1) Le 25 vendémiaire, la commune de Nancy avait écrit aux électeurs du département : « Citoyens, vous êtes invités de vous trouver demain, 3 heures précises de relevée, en la grande salle de la maison commune, pour assister à la proclamation de la constitution de la République française. Salut et fraternité. Lallemand, maire. »

(2) Cet article concerne les débiteurs faillis ou les héritiers immédiats détenteurs à titre gratuit de tout ou de partie de la succession d'un failli.

mier suppléant ; elle se décide pour la première solution et le scrutin est ouvert pour la nomination d'un vingtième juge ; le premier tour (65 votants) ne donne aucun résultat ; au deuxième tour (49 votants) est nommé à la pluralité absolue :

> Alexis PETITJEAN père, président au tribunal du district de Vézelise.

Une place de suppléant devient de la sorte vacante ; est élu au premier tour (46 votants) :

> Jean-Christophe ÉBY, commissaire national près le district de Lunéville (1).

L'assemblée vote des remerciements aux autorités constituées de Nancy pour l'accueil qu'elle a reçu d'elles et elle est déclarée close.

(Copie certifiée par le commissaire provisoire du pouvoir exécutif, Saulnier le jeune. **A. D., L.** *265.)*

La députation de la Meurthe de l'an IV à prairial an V

Malgré les précautions prises par la Convention, 379 seulement de ses membres furent désignés par les assemblées électorales pour entrer au Corps législatif, au lieu de 500. Les députés de la Convention réélus se réunirent le 4 brumaire an IV, et ils nommèrent 105 d'entre eux, qui, joints aux députés des colonies, devaient compléter le chiffre de 500. Le 5 brumaire, les citoyens appelés à composer le Corps législatif se réunirent au palais national, dans le lieu des séances de la ci-devant Convention ; et on désigna par la voie du tirage au sort ceux qui, remplissant les conditions voulues, devaient faire partie du Conseil des Anciens. Mollevaut, Lanjuinais, Michel et Regnier sont désignés pour le Conseil des Anciens ; Boissy-d'Anglas, Genevois, Mallarmé et Zangiacomi pour le Conseil des Cinq-Cents. Mais se considérèrent surtout comme représentants de la Meurthe Mollevaut, Michel et Regnier aux Anciens ; et aux Cinq-Cents, Zangiacomi, Mallarmé, avec Grégoire et Faure, élus sur la liste supplémentaire, puis l'ancien évêque Lalande qui avait été élu dans l'Eure. Le 20 nivôse an V (9 janvier 1797), on

---

(1) Un très grand nombre de ces juges élus donnèrent leur démission ou n'exercèrent pas leurs fonctions pour un motif ou un autre. Les suppléants ne suffirent pas pour les remplacer. En vertu de la loi du 22 frimaire an IV (13 décembre 1795), le Directoire exécutif nomma provisoirement, jusqu'aux élections de l'an V, un certain nombre de juges, en faisant son choix parmi les citoyens qui, sur la nomination du peuple, avaient déjà rempli quelque fonction publique. L'*Almanach du citoyen de l'an V* donne ainsi la composition du tribunal de la Meurthe : présidents, Joseph-Arnould Henry et Claude Malglaive ; juges, Laroche, Laplante, Morel, Paquot, Dufresne, Nicolas-François Henry, Laurent, Leseure, Gérardin, Charlot, Cognel, Cuny, élus en l'an IV ; Cléret, Crétoille, Mandel et Othenin, choisis par le Directoire exécutif (ces quatre derniers, ainsi que le président Malglaive, sortiront aux élections de l'an V) ; Jean-Augustin Marin était commissaire du Directoire exécutif, Jean-Pierre Demange, suppléant, Nicolas-François Pierndonné, greffier en chef.

décréta que sur 154 conventionnels à ce moment encore présents aux Anciens, 71 devaient sortir au 1ᵉʳ prairial ; sur 312 aux Cinq-Cents, 145 devaient sortir. Les assemblées électorales étaient convoquées pour élire 250 députés, en remplacement de ces 216 et des postes vacants. Elles choisiront cette fois ceux qui devront figurer aux Anciens et ceux qui devront siéger aux Cinq-Cents. Comme le nombre des départements avait augmenté depuis l'an IV et que le chiffre des membres du Corps législatif restait constant — 750 — on diminua le chiffre des représentants de certains départements : la Meurthe devait avoir deux représentants aux Anciens, cinq aux Cinq-Cents (loi du 27 pluviôse). On désigna le nombre des députés que chaque département devait élire pendant une série de dix années, à partir de germinal an V, de manière à ce que chacun d'eux eût, aux deux conseils, le nombre de représentants voulu. En l'an V, la Meurthe ne devait élire aucun représentant aux Anciens, mais deux aux Cinq-Cents. Le 14 ventôse an V, on tira au sort le nom des députés, anciens conventionnels, qui devaient sortir au 1ᵉʳ prairial an V. Furent désignés aux Anciens Michel et Lanjuinais ; aux Cinq-Cents Boissy d'Anglas. Devaient sortir au 1ᵉʳ prairial an VI : aux Anciens, Mollevaut ; aux Cinq-Cents : Genevois, Zangiacomi, Faure, Grégoire et Lalande. Mallarmé et Regnier, représentant le nouveau tiers, devaient rester en place jusqu'au 1ᵉʳ prairial an VII (1).

L'administration départementale de l'an IV à germinal an V

Le 29 vendémiaire an IV (21 octobre 1795), l'administration du département se réunit sous la présidence du citoyen Horrer, le plus ancien d'âge ; on passe aussitôt à l'élection du secrétaire, et le citoyen Brandon, secrétaire général de l'ancienne administration, réunit l'unanimité des voix. On procède ensuite à l'élection du président. Au second tour de scrutin, Saladin obtient 3 voix sur 4 votants et est déclaré élu (Mourer est absent). En vertu de l'article 35 de la loi du 19 vendémiaire, il appartient à l'assemblée de désigner provisoirement le citoyen qui exercera les fonctions de commissaire du Directoire exécutif auprès d'elle ; à l'unanimité, elle choisit le citoyen Saulnier le jeune, ex-administrateur du département. Le président l'installe en disant que, pour fixer son choix, l'assemblée a recherché les talents, la fermeté, la probité, un vrai patriotisme. Saulnier remercie et promet tout son concours. L'assemblée désigne ensuite comme commissaire provisoire près le tribunal du département Aubertin, commissaire près le tribunal du district de Nancy, et comme substitut provisoire Jean-Baptiste Regneault, ex-juge au même tribunal. Le 13 brumaire (4 novembre), on donne lecture des lettres de Mourer, procureur syndic du district de Sarrebourg, par lesquelles il annonce ne pouvoir accepter la place d'administrateur départemental ; conformément à l'article 188 de la Constitution, l'administration procède à son remplacement et nomme le citoyen Jean-Denis SALLE, ex-administrateur du département. Salle est prévenu et déclare accepter avec reconnaissance. Jean-Baptiste Regneault ayant envoyé sa démission de substitut provisoire du commissaire près le tribunal civil du département, est remplacé par Jean-Pierre Demange, procureur syndic du district de Nancy. L'administration nomme les commissaires provi-

(1) Cf. KUSCINSKI. *Les députés au Corps législatif de l'an IV à l'an VII.* Paris, 1905.

soires du Directoire exécutif près les tribunaux de police correctionnelle et les administrations municipales du département ; elle désigne
pour le tribunal de police correctionnelle de Nancy, Jean-Baptiste
Regneault, ex-juge du tribunal du district (1); pour la commune de
Nancy, Malglaive père, procureur de la commune, et pour le canton
rural, Le Temple, secrétaire du district. Le 14 brumaire, les cinq
administrateurs font la déclaration exigée par l'article 6 de la loi du
3 brumaire, qu'ils n'ont provoqué ni signé aucun arrêté séditieux et
contraire aux lois et qu'ils ne sont parents ni alliés d'émigrés au
degré déterminé par l'article 2 de cette loi. Seul Horrer ne peut signer
cette déclaration. Les administrateurs votent une adresse au Corps
législatif pour que l'établissement de l'administration du département,
des tribunaux civil et criminel soit fixé à Nancy. Dans la séance du
27 frimaire (18 décembre), on procède au remplacement de Horrer et
l'on nomme MALGLAIVE père, ancien procureur de la commune de Nancy.
Le 1er nivôse an IV (22 décembre), le citoyen Harlaut dépose sur le
bureau de l'administration l'arrêté du Directoire exécutif du 12 frimaire
précédent, qui le nomme commissaire près de l'administration du
département. Ce même jour, Malglaive vint prendre séance. Dans la
séance du 3 floréal an IV (22 avril 1796), le président annonça que Malglaive venait d'être nommé juge par le Directoire exécutif, et qu'en
conséquence il avait donné sa démission de la place d'administrateur.
L'assemblée arrêta de faire mention au procès-verbal de l'estime et de
l'attachement que ce citoyen s'était conciliés de la part de ses collègues
par ses principes et sa conduite, et le remplaça comme administrateur par
le citoyen VARINOT, membre de l'administration municipale de Nancy.
Ce même jour, J.-D. Salle avait envoyé sa démission ; mais ses collègues
avaient sursis à statuer à ce sujet. Le 4 floréal, Varinot est installé, fait
le serment et la déclaration voulus par la loi. La démission de S   finit
par être acceptée et, le 11 floréal (30 avril), après les complimu...s d'u-
sage à un administrateur sortant, il fut remplacé comme administrateur
temporaire par le citoyen POINCLOUX, membre de l'administration municipale de Toul et qui est installé le 13. Dans cette même séance, le citoyen Charles Regneault expose qu'une maladie grave dont sa femme est
attaquée, et qui tous les jours devient de plus en plus dangereuse, le
force à donner sa démission d'administrateur ; l'administration, après
les regrets d'usage, procède aussitôt à son remplacement et nomme le
citoyen BENOIST, ancien secrétaire du district de Lunéville, qui vient
prendre séance le 21 floréal. L'administration du département ne subit
plus d'autre modification jusqu'aux élections de germinal an V. Aux
termes de la Constitution, l'un des cinq administrateurs élus, que le sort
aurait désigné, devait être renouvelé ; mais, des élus de vendémiaire
restent seulement Saladin et Balland ; Varinot, qui a remplacé en
définitive Horrer, qui tient sa place, est censé avoir été élu par le
peuple ; deux membres, Poincloux et Benoist, ont été, au cours de la
session, nommés administrateurs temporaires ; leurs fonctions cessent
avec les nouvelles élections. Benoist seul est réélu par l'assemblée

(1) L'ancien député à la Convention Levasseur s'indigna de ce choix. Il écrivit
au directeur exécutif en charge : « Celui qu'on a nommé commissaire près le
tribunal de police correctionnelle est un ancien procureur du roi, abhorré dès
l'ancien régime pour ses vexations. Si de pareils hommes sont présentés au
Directoire par le département de la Meurthe... je déplore d'avance le sort de ce
pays. » Cité par HENRY POULET dans La Révolution française, t. LII (1907), p. 51.

électorale ; nous verrons comment, le 15 floréal an V, fut installé le
nouvel élu et commença la deuxième année du régime de la Constitution de l'an III (1).

Nous avons dit qu'en vertu de la loi du 19 vendémiaire an IV, le
tribunal civil et le tribunal criminel devaient être installés à Lunéville ;
néanmoins ces deux tribunaux furent installés à Nancy le 2 brumaire
(24 octobre 1795). Le conseil général de la commune de Lunéville protesta aussitôt et ses plaintes furent écoutées : ordre fut donné aux
juges de se transporter à Lunéville. Mais le conseil général de la commune de Nancy fit de son côté des démarches pour faire fixer à Nancy
le siège des tribunaux. Tous les chefs-lieux des anciens districts, moins
Blâmont et Sarrebourg, se montrèrent favorables à sa cause.

Dans la nuit du 3 au 4 frimaire (24-25 novembre 1795), six détenus
se sauvèrent de la maison d'arrêt de Lunéville ; on reconnut que Lunéville n'avait point de local suffisant pour les tribunaux et les prisons,
tandis que de pareils locaux se trouvaient à Nancy, et, le 6 ventôse
an IV (25 février 1796), les Anciens convertirent en loi une résolution
des Anciens portant que le siège des tribunaux civil et criminel de la
Meurthe était fixé à Nancy et transféré dans l'ancien palais de justice.
Mais, pour dédommager Lunéville, et aussi pour punir le modérantisme
de l'administration départementale, la loi portait que cette administration serait transférée à Lunéville.

Nancy protesta vivement ; elle envoya une série de pétitions aux
Cinq-Cents qui furent écartées par l'ordre du jour, le 26 ventôse
(16 mars), le 11 germinal (31 mars).

Le Directoire exécutif, frappé des arguments que Nancy donnait,
invita le 14 thermidor (1er avril) les Cinq-Cents à étudier de nouveau
la question. Une commission fut nommée, dont Daunou fut le rappor-
teur, et finalement par la loi du 10 nivôse an V (30 décembre 1796),
Nancy garda l'administration centrale, — avec les tribunaux du département.

<hr/>

XXXI

ASSEMBLÉES PRIMAIRES

Élection des juges de paix, de leurs assesseurs et des administrateurs municipaux

(10-17 brumaire an IV. — 1-8 novembre 1795)

Pour les élections de l'an IV on était allé au plus pressé ; les assemblées primaires avaient désigné en fructidor an III les électeurs ; les

<hr/>

(1) L'*Almanach du citoyen pour le département de la Meurthe an V* donne
de la façon suivante la composition de l'administration départementale : Saladin,
président ; Balland, Varinot, Poincloux, Benoist, administrateurs ; Haviaut, commissaire du Directoire exécutif ; Brandon, secrétaire en chef.

assemblées électorales avaient choisi en vendémiaire an IV les députés, les administrateurs et les juges du département; mais les assemblées primaires devaient encore nommer les juges de paix et les assesseurs (les bureaux ? conciliation sont supprimés), l'administration municipale à Nancy, le président de l'assemblée municipale du canton *extra muros*. Elles furent convoquées pour le 10 brumaire.

Deux sections de Nancy se réunissent pour choisir un juge de paix et six assesseurs, chargés de l'assister. Ces juges pouvaient être choisis parmi tous les citoyens âgés de trente ans. Les juges de paix et les assesseurs sont élus pour deux ans; ils peuvent être immédiatement et indéfiniment réélus. La nouvelle Constitution allant entrer en vigueur, il fallait nommer à nouveau les juges et les assesseurs, les pouvoirs des anciens juges étaient considérés comme périmés.

Toute commune au-dessus de 5.000 âmes devait avoir une administration municipale propre, composée de cinq officiers municipaux, dans celles qui avaient de 5.000 à 10.000 habitants; de sept, dans celles de 10.000 à 50.000. Nancy rentrait dans cette catégorie. Ces officiers municipaux devaient être désignés par les assemblées primaires. Ils étaient nommés pour deux ans et renouvelés chaque année par moitié ou par partie la plus approximative de la moitié et alternativement par la fraction la plus forte et par la fraction la plus faible. Ainsi, à Nancy quatre administrateurs désignés par le sort devaient sortir la première année, puis les trois autres la seconde; et ainsi successivement on nommerait chaque année quatre, puis trois administrateurs. Les administrateurs étaient rééligibles une fois; mais, après deux élections, ils n'étaient rééligibles qu'après un intervalle de deux ans. En cas de mort et de démission, les administrateurs restants nomment un ou plusieurs administrateurs temporaires jusqu'aux nouvelles élections. On ne convoquera qu'une fois dans l'année les assemblées primaires qui se tiendront, à partir de l'an V, le 1ᵉʳ germinal, nommeront de nouveaux électeurs, pourvoieront aux remplacements à faire d'après la loi et aux places qui, au cours de l'année, n'auraient été que temporairement occupées. Il était entendu que, contrairement à ce qui avait eu lieu en l'an IV, toutes ces élections se feraient à l'avenir en une seule session. L'administration municipale nomme chaque année un président. Ainsi, il n'y a plus de maire élu par l'ensemble de la population; le président est choisi par ses six collègues. Le Directoire exécutif nomme près de l'assemblée un commissaire qu'il peut révoquer.

Dans les communes qui ne possèdent pas 5.000 habitants, ainsi dans les communes *extra muros* du canton de Nancy, il devait y avoir un agent municipal et un adjoint, élus pour deux ans par les habitants de la commune dans des assemblées de commune. Chaque année on renouvelait alternativement l'agent ou l'adjoint. Ces fonctionnaires pouvaient être élus deux fois de suite; mais n'étaient plus rééligibles qu'au bout de deux ans. La réunion des agents municipaux formait la municipalité du canton; à sa tête était un président élu pour deux ans par l'assemblée primaire du canton et rééligible une fois.

JUGES DE PAIX ET ASSESSEURS

1ʳᵉ ET 2ᵉ SECTIONS

Le 10 brumaire an IV, les citoyens composant la première assemblée primaire se réunissent à 8 heures du matin. Le plus âgé préside l'assemblée; les trois plus âgés après lui sont nommés scrutateurs, le plus jeune secrétaire. On procède en un seul vote à la nomination du bureau définitif. Sont nommés : président Cognel le jeune ; secrétaire Demange ; scrutateurs Krantz, Voynant et Grosjean le jeune.

L'assemblée procède par un scrutin individuel à la nomination d'un juge de paix qui sera élu concurremment avec la seconde section. Le scrutin pour lequel se présentent 93 votants est dépouillé l'après-midi. Le dépouillement est porté à la maison commune par le citoyen Voynant, commissaire, pour assister au recensement général.

La deuxième section se réunit le 10 brumaire dans l'une des salles de la maison commune. Le bureau d'âge s'installe et l'on nomme le bureau définitif. Sont élus : président, Mandel, officier de santé ; secrétaire, Genaudet, administrateur du district ; scrutateurs, Durand, administrateur des forêts, Henry André, homme de loi, et Dufresne, juge du tribunal. L'après-midi, il est procédé au scrutin pour l'élection d'un juge de paix. Il y a 154 votants. Le scrutin est dépouillé et le procès-verbal est porté au corps municipal par André, nommé commissaire.

Le 11 brumaire, à 8 heures du matin, par devers le corps municipal, il est procédé au recensement général ; d'où il résulte que le nombre des votants est de 247 ; majorité absolue 124. Aucun citoyen ne réunit ce chiffre de voix. Crampel, ex-juge de paix, qui en a le plus, en compte 63. Un deuxième tour est nécessaire. Il a lieu dans la 1re et la 2e section à 9 heures du matin et est aussitôt dépouillé. Dans la 2e section, le citoyen Genaudet observe qu'il a accepté avec reconnaissance les fonctions du secrétariat, mais qu'il ne pouvait les concilier avec celles d'administrateur du district qui l'occupaient sans interruption ; l'assemblée nomme en conséquence secrétaire Durand et comme troisième scrutateur Souplet, qui a réuni le plus grand nombre de voix lors de la formation du bureau. Le scrutin d'ensemble est recensé à la maison commune le 11 brumaire, à midi. Il y a 185 votants ; mais aucun citoyen ne réunit la majorité.

Le même jour à 3 heures de l'après-midi a lieu le troisième tour de scrutin dans les deux sections et il est continué le 12 brumaire au matin. Ce tour doit prononcer entre les citoyens Crampel et Grignon qui ont obtenu le plus de voix au second tour. Le recensement général est fait à la maison commune le

12 brumaire à 10 heures du matin. Est nommé et proclamé juge de paix du canton du Levant :

Jean-Augustin CRAMPEL, 129 voix sur 214 votants.

Le même jour, 12 brumaire, matin et soir, dans la 1re et la 2e section, il est procédé par scrutin de liste simple à la nomination de six assesseurs. Il est procédé au recensement général par devant le corps municipal à 6 heures du soir. Le total des votants est de 106; mais aucun des citoyens n'obtient la majorité absolue.

Le 13 brumaire, on procède à un second tour de scrutin dans les deux sections. Le recensement général se fait devant le corps municipal à 2 heures de relevée; il y a en tout 93 votants. Sont élus :

GENAUDET, administrateur du district, 66 voix ;
MANDEL, 61 ;
OTHENIN, 57 ;
PLASSIART-COGNEL, 52.

Un troisième tour de scrutin est nécessaire, lequel a lieu dans les deux sections le même jour à 3 heures. Le recensement se fait devant le corps municipal, à 6h 30. Le nombre des votants était de 63. Sont élus :

Henry ANDRÉ, 26 voix ;
GROSJEAN, homme de loi, 18.

3e ET 4e SECTIONS

Le 10 brumaire an IV, à 9 heures, la troisième section se réunit dans le ci-devant collège. Le bureau d'âge est formé de Loiseau, président ; Albert, Barthelet père, Delmont, scrutateurs; Monnier fils, le plus jeune, secrétaire. On procède à l'élection du bureau définitif (31 votants) ; sont nommés Gouget président; Tisserant secrétaire; Ferréol Albert, Loiseau et Fradin scrutateurs. Ceux qui ont obtenu ensuite le plus de voix sont nommés scrutateurs adjoints. A 2 heures, on passe au vote pour l'élection d'un juge de paix du canton du Midi. Le scrutin est fermé à 5 heures et porté devant le corps municipal par Trélin et Albert, nommés commissaires.

Le même jour, à la même heure, la quatrième section se réunit à la maison des ci-devant Carmélites. Le bureau d'âge est formé de Fallois, président ; Lionnois, Menez et Vuillaume, scrutateurs ;

Bernard, le plus jeune, secrétaire. On procède à l'élection du bureau définitif qui est ainsi composé : Jean-Baptiste Regneault, président ; Fallois, vice-président ; Gœury, secrétaire ; Joseph Lionnois, Nicolas Menez et Dommary, juge de paix, scrutateurs. Le scrutin pour la nomination du juge de paix est ouvert ; il est continué l'après-midi et clos à 4ʰ 30. Le dépouillement est fait et porté au corps municipal par Thouvenel et Vuillaume, nommés commissaires pour le recensement général. Le nombre des votants dans les deux sections est de 92. Est élu :

DOMMARY, juge de paix, 57 voix. (1)

Le 11 brumaire, à 9 heures, il est procédé dans les deux sections à l'élection de 6 assesseurs. Le scrutin est continué l'après-midi et dépouillé. Le recensement général a lieu devant le corps municipal à 6 heures. Le nombre des votants est de 74. Est élu :

GOUGET, homme de loi, 41 voix.

Le 12 brumaire, à 9 heures, les deux sections procèdent au second tour pour l'élection de cinq assesseurs. Le scrutin se continue et est dépouillé dans l'après-midi. Le recensement général a lieu devant la unicipalité à 6 heures du soir. Il en résulte que sont élus sur 58 votants :

FALLOIS, dentiste. 46 voix ;
Gorgon SUISSE, assesseur, 46 ;
BARBILLAT, 40 ;
HOUARD, de la tuilerie, 38.

Un troisième tour de scrutin est nécessaire pour le sixième assesseur.

Il a lieu le 13 brumaire, à 9 heures du matin, dans la 3ᵉ et la 4ᵉ section, et a été aussitôt dépouillé. Le recensement général est fait par devant le corps municipal à 3 heures après-midi. Il y a 34 votants. Est élu :

SIBIEN, marchand, 31 voix.

5ᵉ ET 6ᵉ SECTIONS

Le 10 brumaire la 5ᵉ section se réunit en la ci-devant église de Saint-Sébastien. Elle a comme bureau d'âge Bryse, président ;

_____

(1) L'*Almanach du citoyen pour l'an V* donne à tort comme juge de paix du territoire du Midi Villiez.

Paturaux, Receveur. Grandjean l'aîné, scrutateurs; Richard, homme de loi, le plus jeune, secrétaire. On forme le bureau définitif (59 votants). Est nommé président Bryse père, marchand (43 voix); secrétaire Receveur, militaire vétéran (37); scrutateurs Richard (31), Paturaux (22), Grandjean l'aîné (19). On donne lecture d'une lettre du procureur de la commune portant invitation aux citoyens de suivre un mode uniforme d'élection, d'une seconde annonçant l'envoi d'un exemplaire de l'acte constitutionnel. L'après-midi, est ouvert le scrutin pour l'élection d'un juge de paix du canton du Couchant. Il est fermé à 4ʰ 30 et dépouillé. Les citoyens Richard et Pierre Ferry, huissier, sont nommés commissaires pour porter le résultat à la maison commune et assister au recensement général.

Le même jour, la 6ᵉ section se réunit en assemblée primaire dans la ci-devant chapelle des écoles Saint-Jean, lieu indiqué par la municipalité. Le bureau d'âge est formé de Jean-Baptiste Sirejean, président; Mathieu Moulon, Louis Masson, Pelet-Bonneville scrutateurs; Antoine Boulay, accusateur près le tribunal criminel, le plus jeune, secrétaire. Il est procédé à l'élection du bureau définitif (48 votants). Est nommé président Sirejean; secrétaire Boulay; scrutateurs Mathieu Moulon, Leclerc, charpentier, Léopold-Sigisbert Berment, notaire. Un citoyen fait observer que Mathieu Moulon, ayant éprouvé une difficulté dans le corps électoral du département au sujet de son prétendu état de faillite, il fallait que la section statuât; mais Moulon se justifie et l'assemblée passe à l'ordre du jour.

L'après-midi a lieu le scrutin dont le dépouillement est remis au lendemain 11 brumaire à 8 heures du matin. Les citoyens Boulay et Leclerc sont nommés commissaires pour porter le résultat au corps municipal. Le recensement général, fait le 11 à 9 heures du matin, accuse 189 votants; aucun citoyen n'obtient la majorité absolue.

A 10 heures, un second tour de scrutin a lieu dans les deux sections et se poursuit, dans la 5ᵉ, l'après-midi. Le recensement général a lieu à 6ʰ 30. Il y a 251 votants. Est élu:

Elie Schouller, juge de paix actuel, 148 voix.

Le 12 brumaire, le scrutin est ouvert dans les deux sections pour l'élection de six assesseurs et est dépouillé. Le recensement général a lieu à 3 heures. Le nombre des votants est de 113, majorité 57. Sont élus :

> SIREJEAN l'aîné, 64 voix ;
> BONFILS père, 62.

Le second tour de scrutin est encore ouvert la même journée dans les deux sections. Il est dépouillé le lendemain matin 13 et le recensement général est fait à midi à la maison commune. Il y a en tout 92 votants et personne n'obtient la majorité absolue.

Il est procédé, à 2 heures, au troisième tour de scrutin dans les deux sections. Le recensement général fait à 6 heures du soir accuse 103 votants. Sont élus :

> NOËL, ex-greffier, 82 voix ;
> RECEVEUR, 63 ;
> JACQUEMIN fils. 53 ;
> BARBIER. avoué, 44.

7ᵉ ET 8ᵉ SECTIONS

Le 10 brumaire, la 7ᵉ section s'est assemblée à 8 heures en la maison de commerce Le bureau d'âge est formé de Louis-Alexis Moucherel, président : Nicolas-Louis Fingault, Claude-François Raybois, Louis Dejean, scrutateurs ; Voirin fils, le plus jeune, secrétaire. On passe à l'élection du bureau définitif (57 votants). Sont nommés Raybois, président (48 voix); Moucherel, secrétaire (26); Charles Payonne, Fingault, Jean-Joseph-Antoine Grapani, scrutateurs. L'après-midi il est procédé à la nomination de juge de paix du canton nord. Le dépouillement est fait et Grapani nommé commissaire pour assister au recensement général.

Les citoyens de la 8ᵉ section se réunissent à la même heure en la salle du réfectoire des ci-devant Cordeliers. Le bureau d'âge est formé de François Thirion père, président ; Pierre-François Nicolas, François Mourot, Hippolyte Laurent, scrutateurs; Charles-Léopold Thomas, le plus jeune, secrétaire. On procède à l'élection du bureau définitif (68 votants). Sont nommés Thomas, assesseur, président (60 voix); Nicolas, chimiste (41), secrétaire; Hippolyte Laurent (40), Lebel assesseur (38), Lacour, greffier (26), scrutateur. L'après-midi, on procède au scrutin et au dépouillement. Le président et Fraizier sont chargés de porter le résultat à la commune. Le recensement général, fait à 6 heures, accuse 204 votants. Est élu :

Claude-François RAYBOIS, ex-juge de paix, 146 voix (1).

Le 11 brumaire, les deux sections procèdent par la voie du scrutin de liste à l'élection des six assesseurs. Le dépouillement a lieu l'après-midi. Le recensement général devant le corps municipal accuse 152 votants ; majorité 77. Sont élus :

Hippolyte LAURENT, 106 voix ;
THOMAS, assesseur, 100 ;
PAYONNE, confiseur, 82.

Le 12 brumaire, les deux sections procèdent à un second tour de scrutin qui est dépouillé l'après-midi. Le recensement général accuse 99 votants ; majorité absolue, 50. Est élu :

LEBEL, ancien assesseur, 50 voix.

Le 13 brumaire, a lieu le troisième tour de scrutin sans aucun incident. Il y a en tout 76 votants. Sont élus :

NICOLAS, chimiste, 42 voix ;
LHUILLIER dit BARROIS, 39.

Élection de sept administrateurs municipaux

Le 14 brumaire an IV à 9 heures du matin, il est procédé dans les huit sections au premier scrutin pour l'élection de sept officiers municipaux. Chaque section dresse procès-verbal du dépouillement du scrutin et envoie un commissaire pour assister au recensement général à la mairie. Ce recensement, fait à 7 heures du soir, accuse 482 votants ; la majorité est de 142. Est élu :

François-Antoine LALLEMAND, rue Franklin, 261, 263 suffrages.

Le 15 brumaire a lieu le second tour de scrutin dans les huit sections ; le dépouillement fait dans chaque section est porté au corps municipal ; on constate qu'il y a 458 votants ; majorité absolue 230. Est proclamé élu :

Hyacinthe BOUTEILLER, 237 voix.

---

(1) L'Almanach du citoyen de l'an VI donne comme juge de paix C. Thomas, qui avait été élu assesseur en brumaire an IV.

Le 17 brumaire a lieu le troisième tour de scrutin ; le dépouillement est fait à 6 heures du soir par le corps municipal, en présence des commissaires de chaque section. Il y a 407 votants. Ont obtenu :

> Jean-Nicolas LA RUELLE, liquoriste, rue de la Fédération, 148, 246 voix ;
>
> Claude-Joseph-François-Guerrier DUMAST, ex-commissaire des guerres, 242 ;
>
> BOULET, ex-commissaire des poudres, 212 ;
>
> Jean-Baptiste GENAUDET, administrateur du district, rue de la Hache, 59, 187 ;
>
> Jean-Michel CHARPENTIER, dit PETITJEAN, faubourg de la Meurthe, 170, 133.

En conséquence ils ont été nommés officiers municipaux dans l'ordre ci-dessus. Ont ensuite obtenu le plus de voix :

> ALBERT, ancien officier municipal ;
>
> GROSJEAN.

(Originaux pour l'élection des juges de paix, A. M., I. 3 ; pour l'élection des administrateurs municipaux, registres des délibérations, t. XV, p. 72)

CANTON DE NANCY (*extra muros*)

1ᵉ et 2 ASSEMBLÉES

Nous savons que les deux assemblées du canton de Nancy *extra muros* se réunirent le 10 brumaire, l'une à Essey sous le nom d'assemblée primaire de la rive droite de la Meurthe et comprenant les communes de Dommartemont, Essey, Malzéville, Pixerécourt, Pulnoy, Saint-Max, Saulxures, Seichamps et Tomblaine ; l'autre à Vandœuvre, sous le nom d'assemblée primaire de la rive gauche de la Meurthe et comprenant les communes de Fléville, Heillecourt, Houdemont, Jarville, Laxou, Maxéville, Vandœuvre et Villers. Nous n'avons pas retrouvé les procès-verbaux d'élection ; mais nous savons que MENGIN fut réélu juge et qu'il prit comme greffier Masson : nous savons aussi que fut élu président de la municipalité du canton :

> Dieudonné-François-Joseph PIERSON, de Villers.

Le 15 brumaire les dix-sept communes du canton nommèrent chacune son agent national et un adjoint. Nous n'avons pas retrouvé la liste des élus ; certainement beaucoup donnèrent leur démission, parce qu'ils ne voulaient pas quitter leur village pour assister au loin aux séances de l'assemblée communale du canton. L'administration du département nomma comme commissaire provisoire du Directoire exécutif auprès de l'administration municipale du canton le sieur Le Temple, qui fut confirmé plus tard dans le titre de commissaire par le Directoire. L'administration municipale du canton fut installée le 21 brumaire (12 novembre 1795) à Malzéville, chef-lieu provisoirement désigné, en la salle ordinaire des séances du conseil de la commune. La séance fut présidée par Pierson et onze agents ou adjoints étaient présents. Le 24 brumaire Guérin, de Malzéville, fut nommé secrétaire. Bientôt l'assemblée décida qu'elle tiendrait ses séances à Nancy dans l'ancien local du secrétariat du district (*Palais du Gouvernement*). Cette municipalité cantonale siégea jusqu'au 14 floréal an VIII (4 mai 1800) et nous avons conservé les registres de ses délibérations **A. D., L. 2880-2883**. Nous verrons les changements qu'elle subit aux élections de l'an V, VI et VII.

L'administration municipale de brumaire an IV à germinal an V

Dans sa séance du 19 brumaire, l'ancien conseil général de la commune entendit lecture d'une lettre du citoyen Bouteiller, par laquelle il refusa la place d'officier municipal à lui confiée par l'assemblée des sections, et il motiva ce refus sur la disposition de l'article 2 de la loi du 3 courant(1). Le conseil arrêta que le citoyen Albert sera appelé pour occuper cette place comme ayant réuni le plus de suffrages après les sept citoyens élus. On fixa l'installation au 20 brumaire. Mais, ce jour, se présentent seuls les citoyens La Ruelle, Genaudet et Charpentier; les autres membres hésitaient à accepter. On décida par suite de renvoyer l'installation au 23 brumaire; ce jour au matin, on reçut une lettre de Boulet qui refusait définitivement. On décida de le remplacer par Grosjean qui était le neuvième de la liste par le nombre des suffrages. Le citoyen Malglaive, procureur de la commune, donna lecture d'un arrêté de l'administration du département, en date du 13 courant, qui le commettait pour exercer les fonctions de commissaire provisoire du Directoire exécutif près de l'administration municipale de Nancy et, ces formalités remplies, les administrateurs municipaux furent installés dans une nouvelle séance de l'après-midi.

Dumast présida en qualité de doyen d'âge et prononça le discours suivant :

Citoyens, élevés par les suffrages du peuple de cette commune aux fonctions honorables de ses magistrats, nos soins les plus importants et les plus précieux sont de justifier sa confiance en nous occupant sans réserve de ses intérêts. A la suite des orages inséparables d'une grande révolution, nous allons jouir d'une constitution dont les bases sont fondées sur la justice : elle sera notre boussole, notre guide et notre moyen de régénération. Ne nous en écartons pas, et livrons-nous à la douce espérance que nos efforts et notre sollicitude concourront au bonheur de nos concitoyens. Les temps difficiles où nous nous trouvons, loin de nous paraître des obstacles, doivent être un motif de plus pour exciter notre zèle. Pénétrés de nos devoirs et de nos obligations, nous évitons toute affection personnelle, pour ne nous occuper que de l'exécution des lois, du respect et de l'obéissance qu'elles exigent et des grands intérêts des citoyens de cette commune : c'est une tâche précieuse à remplir et dont la récompense se trouve dans le cœur de l'homme de bien.

Citoyens qui nous avez précédés dans la pénible carrière que nous embras-

---

(1) Il était parent d'émigré a un degré déterminé par cette loi.

sons, la commune vous doit un tribut de reconnaissance pour les soins et les sollicitudes qui ont accompagné votre administration. Nous aurons besoin des lumières de votre expérience et nous comptons que vous voudrez bien nous aider des renseignements qui nous seront utiles, comme vous pouvez compter sur notre reconnaissance.

Il fallait, en vertu de l'article 9 de la loi du 21 fructidor, nommer un président par la voie du scrutin secret. Est élu :

Claude-Joseph-François-Guerrier Dumast, 4 voix,

contre 3 données à Lallemand, médecin, qui est proclamé vice-président. Le citoyen Rollin, greffier de l'ancienne municipalité, a été nommé à l'unanimité secrétaire en chef de l'administration municipale. Le 1ᵉʳ nivôse an IV (22 décembre 1795) Saulnier le jeune, ex-administrateur, se présenta à la séance et déposa sur le bureau un arrêté du Directoire exécutif du 12 frimaire dernier, qui le nommait commissaire du pouvoir exécutif près de l'administration municipale et immédiatement il entra en fonctions. Dans la séance du 4 ventôse an IV (23 février 1796), on donna lecture d'une lettre de Dumast, annonçant que ses infirmités ne lui permettaient plus de continuer ses fonctions d'administrateur et demandant qu'il fût pourvu à son remplacement. « L'administration municipale, considérant que les circonstances sont encore de nature à rendre infiniment pénible la perte d'un collaborateur aussi intéressant, et que la difficulté de lui trouver un successeur exige de mûres et sérieuses réflexions, invite le citoyen Dumast à retirer sa démission jusqu'à des temps plus prospères. » Mais Dumast persista dans sa résolution, et le 14 germinal an IV (3 avril 1796) l'administration municipale ne put que donner acte de cette démission, « considérant que l'étendue du travail et le petit nombre d'administrateurs ne permettent pas de laisser plus longtemps cette place vacante ». Puis, conformément à l'article 188 de l'acte constitutionnel, elle procéda au remplacement du démissionnaire et désigna le citoyen Varisot père, homme de loi. Varinot fut installé le 19 germinal.

Deux jours après que Dumast eut envoyé sa démission, le 6 ventôse an IV, Grosjean adressa la sienne. L'administration municipale n'insista pas ; mais elle nomma Grosjean aux fonctions de receveur des contributions que, par arrêté du département du 28 pluviôse précédent, elle était autorisée à établir ; et le 26 ventôse elle nomma à sa place, conformément à l'article 188 de l'acte constitutionnel, Thiéry, homme de loi. Celui-ci accepta dans la séance du 29 ventôse, déclara n'avoir provoqué ni signé aucun arrêté séditieux et contraire aux lois et n'être parent ni allié d'émigrés aux degrés déterminés par l'article 2 de la loi du 3 brumaire dernier, et il fut installé.

D'autres changements devaient suivre. Le 4 floréal an IV (23 avril 1796), il fallut procéder au remplacement de Varinot, nommé administrateur du département, et à celui d'Albert, que son état de santé empêchait de continuer ses fonctions (1). On nomma en leur place, Simen, marchand,

---

(1) « L'administration municipale, considérant, que, depuis le commencement de la Révolution, le citoyen Albert a constamment sacrifié tout son temps à la chose publique, en remplissant des fonctions purement gratuites, qu'il a acquitté cette dette honorable avec autant de zèle que de persévérance, que le courage et la franchise qu'il a déployés dans les temps les plus difficiles annoncent assez que son abdication est fondée sur l'impossibilité où il est de continuer le même sacrifice », déclare accepter cette démission.

276 LES ASSEMBLÉES ÉLECTORALES

et LAHAUSSE, homme de loi. Puis, sur le refus de ceux-ci d'accepter les fonctions, on élut, le 8 floréal, Nicolas LECLERC, entrepreneur des bâtiments, et DESCOLIN, homme de loi. Leclerc accepta et prêta, le 9 floréal, le serment de haine à la royauté. Mais Descolin refusa le 26 floréal; l'administration municipale le remplaça d'abord, le 29 floréal, par Marc BRIZY, négociant, puis, sur le refus de celui-ci, par Jean-Baptiste REGNEAULT, homme de loi (2 prairial-21 mai 1796). Il fut installé et prêta le serment le 4.

Dans cette même séance (23 mai 1796), l'administration se trouvant enfin complète, on décida de nommer un nouveau président. Genaudet fut élu par 5 suffrages et Lallemand continua de remplir les fonctions de vice-président.

Le 4 messidor an IV (22 juin 1796), Théry, nommé à une place d'inspecteur des fourrages, incompatible avec celle d'officier municipal, donna sa démission et il fut remplacé le 4 thermidor par Jacques-Michel COLLENOT, résidant à Nancy près de la porte de Toul. Collenot fut reçu et prêta serment dans la séance du 14 thermidor (1).

Aux termes de la Constitution, l'administration municipale devait être renouvelée en partie par les assemblées primaires convoquées pour le 1er germinal an V. Le sort devait désigner les quatre administrateurs qu'il fallait renouveler. Mais les citoyens Leclerc, Regneault et Collenot, admis temporairement pour exercer les fonctions municipales en place de trois démissionnaires, sortaient de plein droit; il n'y avait donc qu'un quatrième membre à renouveler et le tirage au sort ne devait avoir lieu qu'entre les citoyens Genaudet, Lallemand, La Ruelle et Charpentier, nommés par le peuple en brumaire de l'an IV. Le tirage au sort eut lieu le 24 ventôse (14 mars 1797), et La Ruelle tira de l'urne le billet qui portait le mot : *sortant*. Genaudet, Lallemand et Charpentier devaient encore rester dans le conseil une année, jusqu'au 1er germinal an VI. Mais le 29 ventôse, Genaudet, président, envoya sa démission à l'administration municipale qui l'accepta, et décida de prévenir les huit assemblées primaires, afin qu'il fût procédé à son remplacement. On devait nommer un cinquième administrateur pour le temps qu'il lui restait à demeurer en place. C'était donc cinq administrateurs sur sept qu'il fallait élire aux nouvelles élections.

---

(1) L'*Almanach du citoyen de l'an V* donne la composition suivante de la municipalité : président, Genaudet; administrateurs, Lallemand, Laruelle, Charpentier, Leclerc, Jean-Baptiste Regneault, Collenot; commissaires du Directoire exécutif, Saulnier le jeune; secrétaire, Nicolas-Brice Rollin.

XXXII

ASSEMBLÉE SPÉCIALE

Élection des membres du tribunal de commerce

(15-16 brumaire an IV. — 6-7 novembre 1795)

La loi du 19 vendémiaire an IV (11 octobre 1795) revint pour les tribunaux de commerce aux dispositions de la loi du 16-24 août 1790 (Cf. *supra*, p. 88). Le tribunal devait être composé de cinq juges, élus par l'assemblée des négociants, banquiers, marchands, manufacturiers. On renonça par suite à faire élire ces juges par les assemblées populaires ; aussi bien les assemblées du district qui les avaient choisis précédemment (Cf. *supra*, p. 212) avaient disparu.

Le 15 brumaire an IV, à 9 heures, les négociants, banquiers, marchands, manufacturiers, etc. de la commune de Nancy, réunis en assemblée dans la salle au-dessous de celle des séances ordinaires du tribunal de commerce, sur la convocation des membres de ce tribunal (1), annoncée par affiches et à cri public, le 6 du présent mois, à l'effet de procéder à l'élection des juges, conformément aux dispositions de l'art. 15, titre III de la loi du 19 vendémiaire dernier, il a été arrêté par l'assemblée, à la pluralité des voix et par acclamation, qu'on n'admettrait pour votants que les négociants, banquiers, marchands et manufacturiers pourvus de patentes, en exécution de l'art. 1 de la loi du 4 thermidor dernier (2).

Le bureau d'âge est formé d'Alexandre Jeanroy, président ; Jean-Baptiste-Joseph Jacob, Léopold Fabert et François Marin cadet, scrutateurs ; Joseph Huin, secrétaire. On procède au scrutin pour le bureau définitif. Il y a 23 votants. Sont élus : Alexandre Jeanroy, président (21 voix) ; Jacob, secrétaire (20) ; Croizier (18), Joseph Huin (12) et Gérardin (9), scrutateurs.

L'après-midi on procède à l'élection d'un président du tribunal du commerce par la voie du scrutin individuel ; ce président doit

_____

(1) Ce sont ceux qui avaient été élus précédemment par l'assemblée de district.
(2) Voici le texte de cet article : « Nul ne pourra exercer un commerce, négoce quelconque, et de quelque genre que ce puisse être, en gros ou en détail, sans être pourvu d'une patente qui indiquera la nature de son commerce. »

être âgé de trente-cinq ans, avoir exercé le commerce pendant dix ans, conformément à l'art. 9, titre XII de la loi du 24 août 1790 ; il y a 42 votants. Est élu :

> Jean-Baptiste-Joseph JACOB, 25 voix (cinquante ans, exerçant le commerce depuis vingt-cinq ans.)

On passe à l'élection des quatre autres juges du même tribunal. Ces quatre juges doivent être âgés de trente ans et avoir exercé pendant cinq ans le commerce dans cette commune. On vote par scrutin individuel pour le second juge. Il y a 34 votants. Est élu :

> Mathieu CROIZIER, 25 voix (trente-six ans, exerçant le commerce depuis douze ans.)

On procède à l'élection pour le troisième juge (22 votants). Est élu :

> Charles-Alexandre JEANROY, 17 voix (cinquante-deux ans, exerçant le commerce depuis vingt-neuf ans.)

Le 16 brumaire, à 8 heures du matin, on procède au scrutin pour l'élection du quatrième juge. Nombre des votants, 25. Est élu :

> GÉRARDIN, 16 voix (trente-six ans, exerçant le commerce depuis dix ans).

Pour la cinquième place, est élu sur 18 votants :

> Georges MAYEN l'aîné, 16 voix (trente-huit ans, exerçant le commerce depuis neuf ans).

Le président fait observer qu'il lui paraissait utile de procéder à la nomination de quatre suppléants, telle qu'elle avait été faite par l'assemblée électorale du ci-devant district de Nancy, consignée dans son procès-verbal du 29 novembre 1792 (v. st.), en conformité de l'art. 10 de la loi du 19 octobre précédent ; il a été décidé qu'il y serait procédé dans la même forme qui a été observée pour l'élection des juges du tribunal.

Pour le premier suppléant, le premier tour de scrutin (19 votants) ne donne aucun résultat, non plus que le second. Le troisième tour de scrutin a lieu entre les citoyens Fabert le jeune et Huin qui ont eu le plus de voix au second tour. Est élu sur 32 votants :

> Léopold FABERT le jeune, 22 voix.

Pour la seconde place est élu, au premier tour (30 votants) :

Joseph HUIN, 22 voix.

Pour la troisième place est élu, au second tour (30 votants) :

Dieudonné MARMON l'aîné, 17 voix.

Pour la quatrième place (32 votants) :

Remy AUBERT, 17 voix.

L'installation des juges et suppléants dénommés fut faite publiquement dans la salle des séances ordinaires du tribunal du commerce le 19 brumaire, à 3 heures de relevée, suivant le mode prescrit par les articles 39 et 40 de la loi du 19 vendémiaire dernier.

Ils ont tous déclaré qu'ils n'ont point provoqué ni signé aucun arrêté séditieux et contraire aux lois et qu'ils ne sont point parents ou alliés d'émigrés.

Le tribunal, aussitôt après l'installation, se réunit dans la chambre du conseil et nomme greffier le citoyen Jean-François Bureau, qui occupait déjà ce poste d'après la nomination de l'assemblée électorale du ci-devant district du mois de novembre 1792. Jean-Claude Gourier est autorisé à continuer ses fonctions d'huissier audiencier (1).

(*Original* A. M. F. 3.)

XXXIII

ASSEMBLÉES PRIMAIRES

Nomination des électeurs, d'assesseurs des juges de paix et d'administrateurs municipaux

(1er-8 germinal an V. — 21-28 mars 1797)

Pour les élections du 1er germinal an V, on suivit le décret rendu par la Convention le 25 fructidor an III (11 septembre 1795). D'après cette loi, toute assemblée publique se forme sous la présidence provi-

---

(1) Tous ces noms se retrouvent dans l'*Almanach du citoyen pour l'an V*. Rien ne fut changé au tribunal de commerce en l'an V et l'on retrouve les mêmes noms dans l'*Almanach de l'an VI*.

soire du plus ancien d'âge ; les plus âgés après lu. remplissent provisoirement les fonctions de scrutateur et le plus jeune celles de secrétaire ; les uns et les autres doivent savoir lire et écrire. Immédiatement après ou procède à l'élection d'un président, d'un secrétaire et de trois scrutateurs définitifs par un seul scrutin de liste et à la pluralité relative. Celui des citoyens qui obtient le plus de suffrages est président, le suivant est secrétaire et les trois autres scrutateurs. Le bureau une fois constitué ne doit plus être renouvelé durant la même session. Si une assemblée est composée de plus de 200 membres, elle se divise par le sort en bureaux particuliers, chacun comprenant 100 votants au moins. Le bureau général fait office de bureau particulier pour l'une des sections de l'assemblée. Désormais aussi, pour que les voix ne se dispersent pas trop, les citoyens sont obligés de se faire inscrire eux-mêmes ou de faire inscrire ceux de leurs concitoyens qu'ils jugent à propos sur la liste des candidats ; ces inscriptions sont reçues à la municipalité pendant le mois de nivôse, et publiées par ses soins, pour les candidats dont la nomination appartient aux assemblées primaires, pendant les cinq premiers jours de pluviôse. L'administration du département publie, du 20 au 25 pluviôse, la liste des candidats pour les fonctions auxquelles doivent nommer les assemblées électorales. Ces listes sont affichées dans les assemblées aussitôt après la formation des bureaux. On peut d'ailleurs donner des suffrages à des citoyens non inscrits sur ces listes. On procède à un premier tour de scrutin soit individuel, soit de liste, s'il faut nommer plusieurs fonctionnaires du même genre. Ceux qui obtiennent la majorité absolue sont élus. Si un nombre suffisant de candidats n'a pas obtenu cette majorité absolue, on forme, avec les candidats qui ont obtenu le plus de voix, une liste décuple du nombre des fonctionnaires qu'il reste à élire ; on ne peut donner de voix, au second tour, qu'aux candidats portés sur cette liste. Chaque votant dépose à la fois, pour ce second et dernier scrutin, en deux votes différents, deux bulletins, l'un de nomination, l'autre de réduction. Sur le premier il inscrit autant de noms qu'il y a de fonctionnaires à élire ; sur le second, il inscrit les noms des citoyens qu'il entend retrancher de la liste des concurrents. Le second billet peut ne contenir aucun nom ou un nombre indéterminé de noms, mais toujours au-dessous de la moitié du nombre décuple. On dépouille d'abord les billets de réduction ; les candidats inscrits sur ces billets par la majorité des votants ne peuvent être élus ; on dépouille ensuite les billets de nomination et sont élus les candidats qui ont la pluralité relative, à l'exception de ceux qui ont été écartés par le scrutin de réduction (1).

L'administration départementale avait définitivement réglé pour ces élections la circonscription des sections par un arrêt du 26 messidor an IV (14 juillet 1796). Nous publions ici la partie de l'arrêté qui concerne Nancy :

L'administration du département, procédant en exécution de l'article 1 de la loi du 29 vendémiaire dernier et conformément à l'article 19 de la Constitution et aux dispositions des articles 2, 3 et 4 de la loi du 25 fructidor an III à la division en assemblée primaire des citoyens ayant droit de voter dans l'étendue de son arrondissement, après avoir pris les renseignements nécessaires des administrations municipales tant sur la population de leurs cantons respectifs que sur

_____
(1) DUVERGIER, t. VIII, p. 333.

e nombre des citoyens ayant les qualités requises pour voter dans les assemblées primaires, le lieu le plus central pour tenir ces assemblées et le local le plus convenable pour la tenue de leurs séances, arrête la division ainsi qu'il suit :

CANTON INTERNE DE NANCY

Suivant les états fournis par l'administration municipale, la population moyenne des trois dernières années s'élevait à 28.648 habitants : le nombre de ceux ayant droit de voter dans les assemblées primaires est de 7.100.

Il y aura en conséquence huit assemblées primaires qui se tiendront dans les lieux ci-après désignés :

1re Section

Composée de 900 individus, se réuniront en la maison commune, salle dite du concert.

Cette section commence au café de la Terrasse et allant sur la place du Peuple, la rue des États-Unis à gauche et toujours en suivant la rue Montesquieu, celle des Orphelines, celle de Voltaire, ci-devant Saint-Nicolas, jusqu'au mur de la ville près de la Réclusion : elle comprend toutes les maisons contenues dans cet espace.

En dehors, elle s'étend depuis le coin du mur de la Pépinière où est le canal des casernes qui va à la rivière jusqu'au cimetière de la ci-devant paroisse Saint-Nicolas, c'est-à-dire qu'elle comprend le faubourg des Tanneries, les Grands-Moulins, le pont d'Essey et le faubourg de la Meurthe jusqu'au cimetière exclusivement.

2e Section

Composée de 900 hommes, s'assembleront à la maison commune, au grand salon (1).

La seconde section comprend toutes les maisons renfermées depuis le coin de la Pépinière, à droite en suivant la place du Peuple, la rue des États-Unis, la rue Montesquieu, celle des Orphelines, de Voltaire, ci-devant Saint-Nicolas, toujours à droite, la rue Sidney jusqu'à celle de la Constitution, et celle-ci jusque sur l'Esplanade, au coin de la maison du citoyen Courtois, confiseur, la maison commune et tout le derrière d'icelle compris.

3e Section

900 individus qui se réuniront au ci-devant collège près la porte de la Constitution (2).

Cette section comprend tout le faubourg de la Constitution, depuis le cimetière ci-devant Saint-Nicolas jusqu'à l'étang dit Saint-Jean, dont le ruisseau la sépare de la 6e section, c'est-à-dire toutes les maisons en allant sur le chemin de la Prairie et à la porte de la Meurthe jusque vis-à-vis le cimetière inclusivement, toute la rue de Bonsecours à droite et à gauche, Nabécor et toutes les maisons sur la route de Neufchâteau, jusqu'à la tuilerie inclusivement.

---

(1) Après observation de la municipalité, on décida, le 9 pluviôse an V (28 janvier 1797), que cette section se réunirait en la salle de médecine, pavillon de la Comédie, ancien local.

(2) Le 9 pluviôse an V, le lieu assigné à la section fut la salle au rez-de-chaussée à gauche en entrant dans la maison dite la ci-devant Mission, faubourg de la Constitution.

4ᵉ Section

Composée de 850 individus, s'assembleront en la maison dite les ci-devant Grandes-Carmélites (1).

Elle comprend toutes les maisons renfermées par la rue Descartes, ci-devant faubourg Saint-Nicolas, à gauche depuis le mur de la ville jusqu'à la fontaine dite de Saint-Nicolas et la rue de la Hache, en montant toujours à gauche jusqu'au mur de la ville.

5ᵉ Section

900 hommes qui se réuniront aux ci-devant Grandes-Carmélites (2).

Elle renferme la rue de la Hache à droite en montant jusqu'au mur de la ville, celle de la Constitution jusqu'à la rue de la Douane, ci-devant Saint-Jean, à gauche en montant jusqu'à la porte de la Cavalerie.

6ᵉ Section

850 hommes qui s'assembleront dans la ci-devant chapelle des écoles Saint-Jean (3).

La 6ᵉ section, tout ce qui est renfermé entre la rue de la Douane, ci-devant Saint-Jean, à droite en montant, celle de la Constitution à gauche jusqu'à l'Esplanade, et depuis cette dernière en remontant des deux côtés, y compris la maison du citoyen Ducret, charpentier, place de la Liberté, et celle du citoyen Melin, architecte, ainsi que la rue de la Vénerie en gagnant la porte de Toul.

Et à l'extérieur tout ce qui est entre l'étang de Saint-Jean et depuis le derrière de la Vénerie, en gagnant la maison du citoyen Beurard et montant le chemin qui passe derrière le parc de Buthegnémont à gauche jusqu'à la maison dite Beauregard au-dessus de Laxou.

7ᵉ Section

Composée de 900 individus qui se réuniront en la maison du tribunal de commerce.

Elle comprend toute la partie de la Ville-Vieille, à commencer à la Porte du peuple, la maison de justice jusqu'aux bâtiments du pavillon exclusivement, la rue de la Loi, ci-devant Saint-Michel à gauche en montant ; elle coupe en deux le cours de la Liberté ; tout ce qui est à gauche de cette partie jusqu'à l'hospice des enfants de la patrie inclusivement.

8ᵉ Section

900 hommes qui s'assembleront au réfectoire des ci-devant Cordeliers.

Elle est composée de toute la partie de la Ville-Vieille depuis le pavillon, la rue de la Loi, ci-devant Saint-Michel en montant et la partie au nord du cours de la Liberté jusqu'à la porte de ce nom, la citadelle, la rue et le quartier de l'Opéra.

---

(1) A la même date, on assigna comme lieu d'assemblée à la 4ᵉ section le grand réfectoire prenant jour sur le jardin de la maison du ci-devant collège, près la porte de la Constitution.

(2) La maison des Grandes-Carmélites ayant été vendue, le lieu de réunion devint, le 9 pluviôse an V, la salle n° 3 de la maison des ci-devant Bénédictins, en entrant par l'impasse Fénelon.

(3) Le lieu de réunion devint, le 9 pluviôse an V, le réfectoire de la maison des ci-devant Petites-Carmélites.

Et à l'extérieur elle comprend tout le faubourg de la République depuis le canal des casernes qui va à la rivière, le Crosne, la maison du citoyen Gabriel près le Sauvoy, tout le vallon de Boudonville, séparé de la 6ᵉ section par le chemin qui passe derrière le parc de Buthegnémont ; toutes les maisons à droite, en montant ce chemin, appartiennent à cette section.

CANTON EXTERNE DE NANCY

Suivant les états fournis par l'administration municipale, la population moyenne des trois dernières années est de 6.081 individus, le nombre des citoyens ayant droit de voter dans les assemblées primaires est de 1.298.

Il y aura en conséquence deux assemblées primaires composées de 649 citoyens chacune.

La première se tiendra à Essey dans le local du Temple ; elle se nommera première assemblée primaire du canton externe de Nancy, son arrondissement sera composé des communes de Dommartemont, Essey, Malzéville, Pixérécourt, Pulnoy, Saulxures, Seichamps, Saint-Max et Tomblaine.

La 2ᵉ se tiendra dans la commune de Vandœuvre dans le local du temple, elle se nommera deuxième assemblée primaire du canton externe de Nancy ; son arrondissement sera composé des communes de Fléville, Heillecourt, Houdemont, Jarville, Laxou, Maxéville, Vandœuvre et Villers-lès-Nancy.

(*L'arrêté est reproduit dans les registres de l'administration du département. L. 40, fᵒ 46 et suiv. Copie L. 205*).

Le 1ᵉʳ germinal an V, l'assemblée s'ouvre à 11 heures dans le local indiqué par l'administration municipale. Charpentier, administrateur municipal, s'approche du bureau, y dépose la liste des citoyens ayant le droit de voter dans les assemblées primaires du canton de Nancy (*intra muros*)(1), un exemplaire de la Constitution française, la loi du 25 fructidor an III sur les élections, l'instruction sur les assemblées primaires, communales et électorales.

Il dépose également la liste des électeurs pour l'an IV, celle des candidats et enfin le tirage au sort des administrateurs municipaux de ce canton qui a réglé l'ordre de leur sortie ; après quoi se forme le bureau provisoire : René-François Joly, le plus âgé, est président ; François Bana, Alexandre Lattier, Claude-François-Gabriel Dumast, les plus anciens après Joly, sont scruta-teurs ; Joseph-Brune Rousselot-Morville, le plus jeune, secrétaire.

---

(1) Cette liste a été imprimée. *État général des Citoyens de la Commune de Nancy* (intra muros) *qui, aux termes de la Constitution de l'an III, ont droit d'élire et d'être élus* (sic) *dans les Assemblées primaires de l'an V.* Série de feuilles in-fol. non numérotées. Dans la 1ʳᵉ section sont inscrits 248 noms ; dans la 2ᵉ, 482 ; dans la 3ᵉ, 288 ; dans la 4ᵉ, 224 ; dans la 5ᵉ, 317 ; dans la 6ᵉ, 303 ; dans la 7ᵉ, 248 et dans la 8ᵉ, 381. Une note à la fin porte : « Tous les citoyens qui, au terme de la Constitution, ont le droit d'élire et d'être élus et qui ne se trouveraient pas portés sur la liste générale, sont invités à se présenter à leur section respec-tive, pour s'y faire reconnaître et inscrire à la suite par ordre alphabétique. »

On procède ensuite par scrutin de liste au vote du bureau définitif. Cognel, juge au tribunal civil, réunit 37 voix ; André, président du tribunal criminel, 30 ; Dumast, ex-commissaire ordinateur des guerres, 28 ; Hyacinthe Bouteiller, 23 ; Dumesnil père, homme de loi, 21 ; le premier est nommé président, le second secrétaire, les trois autres scrutateurs.

A 2 heures de l'après-midi, Cognel a pris la présidence et déclaré que, dans la session de l'assemblée, il ne mettrait aux voix aucune proposition étrangère aux objets pour lesquels elle était convoquée, ou qui fût contraire à la Constitution ou à une loi quelconque. Le citoyen André, secrétaire, a déclaré qu'il ne consignerait dans le procès-verbal aucune motion, discussion ou délibération qui aurait le même vice. On donne lecture du titre III de la Constitution, des indications données par l'administration municipale sur le renouvellement de cette administration et de la liste des candidats.

Plusieurs citoyens se présentent et réclament contre leur omission sur la liste de ceux qui ont droit de vote; leurs noms sont ajoutés à la liste. D'autres se plaignent de n'avoir pas été mis sur la liste des éligibles et l'assemblée fait droit à leurs réclamations.

Il est donné lecture de l'article 376 de la Constitution qui, inscrit sur un carton en gros caractères, est placé dans l'endroit le plus visible de la salle (1).

L'assemblée n'étant pas composée de plus de 200 personnes, est formée en un seul bureau.

On procède au scrutin de liste à la nomination des quatre électeurs; il y a 97 votants, mais personne ne réunit la majorité absolue; on dresse en conséquence une liste décuple de 40 individus éligibles qui ont obtenu le plus de voix.

Le 2 germinal, on procède au second tour de scrutin dans la forme indiquée par la loi du 25 fructidor an III. En conséquence chacun forme deux billets, l'un d'élection et l'autre de réduction ; le premier doit contenir 4 noms pris dans la liste des 40; le second ne doit contenir que 19 noms frappés de la réduction.

_____

(1) Voici le texte de cet article : « Les citoyens se rappelleront sans cesse que c'est de la sagesse du choix dans les Assemblées primaires et électorales que dépend principalement la durée, la conservation et la prospérité de la République. »

Le nombre des votants est de 122 ; la majorité absolue de 62. On procède au dépouillement des bulletins de réduction, mais aucun citoyen n'est frappé de réduction par la majorité des votants. On dépouille ensuite le scrutin de nomination. Sont nommés électeurs :

> Pierre-François COGNEL le jeune, juge du tribunal civil ;
> Hyacinthe BOUTEILLER, rentier ;
> Charles-François DUMESNIL père, homme de loi ;
> Louis DEMANGEOT l'aîné, directeur de la poste aux lettres (1).

Le citoyen Sébastien-François Mandel, juge au tribunal civil, avait obtenu autant de voix que Louis Demangeot ; mais celui-ci fut élu au bénéfice de l'âge.

Dans la séance de l'après-midi, le président donne lecture de la lettre de l'administration municipale par laquelle on lui annonce qu'il s'agit de procéder à la nomination de deux assesseurs du juge de paix de l'arrondissement du Levant, vacantes par l'empêchement des citoyens Genaudet et Othenin, promus à d'autres fonctions ; cette nomination doit se faire concurremment avec la 2ᵉ section. On a donné une nouvelle lecture de la liste des candidats et on a procédé au vote par scrutin de liste. Le nombre des votants est de 64. Le scrutin dépouillé est remis aux citoyens Bouteiller et Dumast, scrutateurs, pour se rendre à l'administration municipale et dépouiller, avec les scrutateurs de la 2ᵉ section, les deux scrutins.

Le 4 germinal, à 3 heures de relevée, le président annonce que personne n'a réuni la majorité absolue pour les postes d'assesseur (2) et annonce qu'il va être procédé à un second scrutin double, dont l'un de nomination et l'autre de réduction. On donne lecture des noms des vingt candidats qui ont réuni le plus de voix au premier tour. Il y a 36 votants ; aucun nom n'est inscrit sur les bulletins de réduction. Le scrutin dépouillé est porté à l'administration municipale par les citoyens Dumast et Dumesnil.

Le 5 germinal, à 9 heures du matin, le président annonce

_____

(1) Cf. *Tableau des électeurs nommés en germinal, 5ᵉ année, par les assemblées primaires du département de la Meurthe*. A Nancy, de l'imprimerie de Pierre Barbier, an V, 25 pages in-4°.

(2) Le nombre total des votants était de 174

qu'ont été nommés, à la majorité, assesseurs du juge de paix.
sur 90 votants :

Sigisbert-Antoine ROLLAND, rentier, 52 voix ;
François-Léopold CHEMINOT, 37 (1).

Le président a ensuite annoncé qu'il s'agissait de procéder au
renouvellement des administrateurs municipaux de la commune
que le sort avait fait sortir de l'administration, ainsi que de
celui qui avait donné sa démission. La liste des votants et des
démissionnaires, ainsi que celle des candidats, est affichée dans
l'endroit le plus visible de la salle. Il y a 88 votants. Le procès-
verbal de recensement est remis aux citoyens Dumast et Bouteiller qui vont procéder, à l'administration municipale, au
recensement général avec les autres sections.

Le 6 germinal, à 9 heures du matin, le président annonce
qu'ont été nommés administrateurs municipaux à la majorité
des suffrages :

Jean-Baptiste REGNEAULT, administrateur sortant, rue de la
Constitution ;
Jacques-Michel COLLENOT, ex-administrateur, faubourg de
Toul ;
Jean-Nicolas LECLERC, administrateur sortant, rue de
l'Esplanade.

Il faut procéder à un second tour de scrutin pour la quatrième
place d'administrateur ; le scrutin sera double par liste simple
de nomination et par liste de réduction qui doit être inférieure
à la moitié du nombre porté en la liste décuple. Le recensement
général doit être fait à l'administration municipale. Il y a
68 votants.

Le 7 germinal, à 9 heures du matin, le président annonce
qu'a été nommé quatrième administrateur municipal :

Claude OLIVIER, rentier, rue des Ponts.

Le président annonce ensuite que, par suite de la démission
du citoyen Genaudet, il vaquait une cinquième place d'administrateur municipal. Il est procédé au vote dont le résultat est

_____

(1) Le recensement général de ce scrutin se trouve A. M., I. 3. Le juge de
paix reste encore, pour une année, J.-A. Crampel, rue Jean-Jacques Rousseau, 94
avec J.-N. Jacquot comme greffier et S.-C. Barthélemy comme huissier.

porté à l'administration municipale pour le recensement d'ensemble. Il y a 58 votants.

Le 8 germinal, à 9 heures du matin, le président annonce qu'a été nommé, à la majorité des suffrages :

Marc BRIEY, négociant, rue de la Constitution (1).

Les opérations électorales étant terminées, l'assemblée est déclarée dissoute.

2ᵉ SECTION

Le 1ᵉʳ germinal an V, les citoyens se réunissent dans une des salles de la société de santé. Le bureau d'âge est installé et il est procédé au vote pour le bureau définitif. Sont nommés : président, Crampel (51 voix); secrétaire, Mandel (50); scrutateurs, Dufresne (39), Lelan (39), Geoffroy (38).

Le nombre des votants n'étant que de 167, on n'a formé qu'un seul bureau. On ajoute quelques noms à la liste des citoyens admis à voter. Il a été également donné lecture de l'inscription faite à la municipalité par le citoyen Arnould, ancien juge, membre de la section, par laquelle il se déclare apte à toutes les places.

Le 2 germinal, on fait droit à la réclamation de Jean-Baptiste Martin, tailleur, qui a servi comme volontaire : il est admis à voter. Le citoyen Cropsal est rappelé à l'ordre pour s'être permis un propos injurieux pour l'assemblée. On vote pour les quatre électeurs ; le dépouillement est renvoyé à l'après-midi. Il y a 290 votants. Obtiennent la majorité absolue et sont élus électeurs :

Joseph JACOB, négociant à Nancy, 150 voix ;
Henry ANDRÉ, homme de loi, 148.

Viennent ensuite La Ruelle, marchand (145), Mayer, marchand de fer (136), Crampel, juge de paix (68), Geoffroy, passementier (82), et un grand nombre de voix se dispersent.

Le 3 germinal, à propos du procès-verbal, le citoyen Cropsal proteste contre son rappel à l'ordre ; il a simplement déclaré qu'il était odieux que l'assemblée ôtât aux citoyens leurs droits,

---

(1) Rappelons que les deux membres restant en fonctions furent : F.-A. Lallemand, rue Franklin, et J.-M. Charpentier, faubourg de la Meurthe. On s'habitua en ce temps à donner aux administrateurs municipaux le nom d'*agents*. *Almanach du citoyen pour l'an VI*, p. 100.

le président ayant déclaré ne pouvoir admettre les bulletins de deux citoyens, non inscrits sur la liste municipale, qui s'étaient présentés après l'appel nominal. On passe à l'élection de deux électeurs et on ouvre deux urnes, l'une pour recevoir les bulletins de réduction, l'autre ceux de nomination. Le scrutin est dépouillé l'après-midi. Il y a 243 votants; mais 25 billets sont annulés; restent 218 et la majorité est de 110 voix. Sont déclarés inéligibles (1) pour cette opération les citoyens Geoffroy, passementier (119 voix); Gloxin, marchand (116); Lelan, instituteur (124); Marc, architecte (123).

Ont été nommés :

Jean-Nicolas LA RUELLE, négociant, 158 voix ;

MAYER l'aîné, négociant, 150.

Il a été nommé une députation de deux membres, pour annoncer au président de la première section, que la deuxième procéderait le lendemain à la nomination des assesseurs.

Les deux scrutins pour la nomination des assesseurs ont eu lieu le 4 germinal, séances du matin et du soir (2).

Le 5 germinal il est procédé à l'élection des quatre administrateurs municipaux; il y a 198 votants. Le 6, le président, empêché, se fait remplacer par le secrétaire Mandel, qui lui-même est remplacé par le scrutateur Dufresne. On procède au second tour de scrutin pour l'élection de l'administrateur (166 votants). Le 7, on vote pour un administrateur municipal en remplacement.

3e SECTION

Le 1er germinal, le section se réunit au ci-devant presbytère de Saint-Pierre. Le citoyen Belhomme, doyen d'âge, préside; Monnier père, Flambau le jeune, et Ferréol Albert père, les plus âgés après lui, sont scrutateurs; Viriot, le plus jeune, est secrétaire. On nomme le bureau définitif; il y a 37 votants; Gouget, assesseur, qui a obtenu le plus de voix est président; Tisserand, greffier, secrétaire, les citoyens Villiez, Blaise et Trailin sont proclamés scrutateurs. Blaise refuse ce poste, sous prétexte que beaucoup de bulletins portaient Blaise sans dési-

---

(1) Les passions paraissent avoir été assez vives dans cette section.

(2) Cette partie du procès-verbal a disparu elle a été mise sans doute dans un autre dossier.

gnation et que, la section renfermant plusieurs citoyens de ce nom, il n'est pas certain que ces bulletins lui doivent être attribués. En conséquence Houard, assesseur, le sixième de la liste, est déclaré scrutateur.

Le président et le secrétaire font les déclarations exigées par la loi et la séance est renvoyée à l'après-midi. Le scrutin est ouvert pour l'élection de quatre électeurs. On donne lecture des lois et de la liste des candidats envoyés par l'administration municipale. Il y a 54 votants. Un seul membre obtient la majorité relative :

Goucet, assesseur de la justice de paix président, 29 voix.

Il reste trois électeurs à nommer ; aussi, on dresse une liste des 30 citoyens qui ont obtenu la majorité relative ; on est obligé d'y inscrire les deux plus anciens de ceux qui n'avaient obtenu qu'une voix, Flambau, chandelier, Martin, ingénieur.

Le 2 germinal, on procède au second tour ; les citoyens, au nombre de 57, déposent un bulletin dans le vase de réduction et un autre dans celui de nomination ; aucun citoyen ne s'est trouvé exclu par la majorité absolue ; ont été nommés électeurs :

Blaise, cultivateur, 27 voix ;
Tisserand, greffier de la justice de paix, 27 ;
Trailin, cultivateur, 17.

Trailin est élu au bénéfice de l'âge, Marton fils, ancien capitaine, ayant aussi obtenu 17 voix.

Le 5 germinal à 9 heures du matin, l'assemblée se réunit de nouveau pour l'élection des quatre administrateurs municipaux sortants. Le scrutin est dépouillé l'après-midi. Il y a 41 votants. Le 6 germinal, il est procédé au second tour pour la nomination du quatrième administrateur. Comme le citoyen Villiez, ex-juge de paix, se trouve sur la liste décuple, l'administration municipale observe à la suite du procès-verbal qu'il ne réside point dans le canton de Nancy *intra muros* depuis un an, et soumet à l'assemblée cette difficulté. L'assemblée arrête que le citoyen Harmand Beurard le remplacerait sur la liste décuple et que le citoyen Albert, scrutateur suppléant, le remplacerait comme scrutateur définitif. Villiez écrit du reste qu'il n'est pas candidat ; Bouteiller fait la même déclaration. Le scrutin est dépouillé l'après-midi. Le 7 germinal, il est procédé à l'élection d'un administrateur en remplacement du citoyen Genaudet.

4ᵉ Section

Le 1ᵉʳ germinal, les citoyens se sont réunis en une des salles de l'ambulance. Le bureau provisoire est formé par les citoyens Fallois, président ; Dommary fils, secrétaire ; Jacquemin, Menez et Rolin, scrutateurs. Pour le bureau définitif, sur 83 votants, le citoyen Jean-Baptiste Regneault, administrateur municipal, réunit 39 voix et est nommé président ; Charlot (38), secrétaire ; Messein (31), Jacqueminot (31) et Rolin (29), scrutateurs.

L'après-midi, le président donne lecture des documents, fait placer l'article 376 de la Constitution dans l'endroit le plus visible de la salle, fait l'appel nominal des citoyens qui déposent le bulletin dans l'urne ; l'appel achevé, il reçoit les diverses réclamations des citoyens omis sur la liste, les accueille ou les rejette après avoir consulté le bureau ; il fait publier à son de caisse dans toute l'étendue de la section une invitation aux citoyens qui n'ont pas voté de se rendre à l'assemblée, fait un second appel ; puis on procède au dépouillement des billets, qui sont au nombre de 119. Sont nommés électeurs :

Jean-Ignace JACQUEMINOT, homme de loi, 73 voix ;
Nicolas-François, MESSEIN, homme de loi, 64 ;
Pierre-Ignace ROLLIN, homme de loi, 61.

Reste à nommer un quatrième électeur au nombre des 10 citoyens qui ont obtenu le plus de voix après les trois élus.

Le 2 germinal, la liste de ces 10 citoyens est affichée dans l'endroit le plus apparent de la salle. Les citoyens présents sont invités à faire deux bulletins, l'un de réduction, l'autre de nomination. Après le premier appel nominal, le président fait publier à son de caisse dans toute l'étendue de la section une invitation aux citoyens qui n'avaient pas voté de se rendre au scrutin ; il fait un second appel nominal et on constate que 120 citoyens ont voté. Personne n'est exclu par la majorité des suffrages ; est élu quatrième électeur :

Nicolas-Marie-Gabriel DE LAHAUSSE, homme de loi, 65 voix.

Le 5 germinal, dans l'assemblée réunie à 9 heures du matin, lecture est donnée de la séance de la municipalité du 24 ventôse, portant qu'en vertu de la loi du 5 de ce mois, il sera procédé au tirage par le sort des membres de l'administration municipale

qui sont à renouveler, que le citoyen La Ruelle s'est trouvé avoir
tiré le billet qui porte le nom de *sortant*, d'où il résulte que les
quatre membres de l'administration municipale qui doivent être
renouvelés sont les citoyens La Ruelle, Leclerc, Regneault et
Collenot ; lecture a aussi été donnée de la délibération de l'administration municipale en date du 29 ventôse dernier, portant que
le citoyen Genaudet, l'un de ses membres, donne sa démission ;
lecture est donnée de la liste des candidats ; on passe à l'élection
des quatre administrateurs sortants. Le dépouillement a lieu
dans l'après-midi. Il y a 113 votants. Le 6 germinal, le président
annonce que le recensement général a eu lieu, et que trois
administrateurs ont été élus. On passe au second tour de scrutin
pour la nomination du quatrième administrateur ; le scrutin est
dépouillé l'après-midi. Le 7 germinal, il est procédé à l'élection
d'un cinquième administrateur en place et lieu du citoyen
Genaudet. Le 8 germinal, il est donné connaissance du résultat
du recensement général.

5ᵉ SECTION

Le 1ᵉʳ germinal, les citoyens de cette section se réunissent en
assemblée primaire. Nicolas Desrivages père, est président
d'âge ; Jean-Joseph Rey père, Jean Mariotte et Jean Vander,
scrutateurs ; Charles-François Mallarmé, le plus jeune, secrétaire. Le citoyen Lallemand, commissaire de l'administration
municipale, dépose sur le bureau les pièces nécessaires. On
passe à l'élection du bureau définitif ; après l'appel et le contre-
appel, sont portés sur la liste des votants un certain nombre de
citoyens, parmi lesquels Mathieu Lang, Jean Vander, Antoine
Simon. Il y a 64 votants. Charles-Antoine Saladin qui a obtenu
le plus de voix est président ; François-Joseph Noël, secrétaire ;
Claude Malglaive, Jean-Pierre Gœury l'aîné, Joseph Mourquin,
scrutateurs. Les cinq citoyens qui ont obtenu le plus de voix
après eux sont appelés à les suppléer le cas échéant.

L'après-midi, le bureau définitif est installé ; le président et
le secrétaire font les déclarations prescrites par la loi ; le secrétaire donne lecture des pièces officielles et l'on affiche l'article 376 de la Constitution. L'assemblée décide que toute
marque d'approbation ou d'improbation est interdite. Appel
nominal des citoyens inscrits est fait, et l'assemblée ajoute à la

liste trois citoyens qui réclament et font valoir leurs droits. Elle écarte la prétention de Dominique-Laurent Maire, né à Moriville, canton de Châtel (Vosges), officier retraité, qui n'habitait pas le temps voulu dans le canton. Le scrutin est fermé; il y a 88 votants. Le citoyen qui obtient le plus de voix, Joseph Mourquin, n'en a que 30; aucun candidat ne réunissant la majorité absolue, on renvoie le second tour au lendemain.

Le 2 germinal, le président fait connaître la liste des quarante noms ayant obtenu au premier tour le plus grand nombre de voix et sur laquelle doivent être pris les quatre électeurs. Un certain nombre de citoyens non inscrits sur la liste, se présentent pour voter et sont admis. Une députation est venue au nom de la 4ᵉ section inviter l'assemblée de lui faire connaître si, l'élection de ses quatre électeurs terminée, elle procéderait de suite à la nomination des officiers municipaux. Le président a répondu que, lorsque les électeurs seraient nommés, l'administration municipale en serait prévenue, et que l'on prendrait près d'elle les renseignements nécessaires pour procéder de concert avec les autres sections de la commune à la nomination des officiers municipaux. A midi, le scrutin est déclaré clos

Il est dépouillé l'après-midi. 111 bulletins sont trouvés dans le vase de réduction et autant dans celui de nomination. Aucun individu n'est exclu par la majorité absolue. Sont nommés électeurs :

Joseph MOURQUIN, négociant, 67 voix ;
François-Joseph NOËL, ex-greffier, 60 ;
Jean-Pierre GOZURY l'aîné, 46 ;
Charles JEANROY, négociant, 44.

L'assemblée prévient l'administration municipale de cette élection, et lui demande quand elle devrait procéder à celle des officiers municipaux.

Le 5 germinal, après la lecture de plusieurs documents, il est procédé à l'élection de quatre administrateurs municipaux. L'assemblée admet à voter Claude Moujard, rentier ; Gabriel Serrière père et Jacques-Nicolas Serrière fils, charpentier, non inscrits sur les listes municipales. Le scrutin est fermé à 4 heures de l'après-midi et dépouillé (90 votants). Le 6 germinal, il est procédé au second tour. L'administration municipale prévient que Villiez et Bouteiller ne sont pas candidats; ils sont remplacés sur la liste décuple par Harmand Beurard et Nicolas

Escalier cadet. On admet au vote Georges Capelin, cordonnier, et Nicolas Barroyer, marchand, non inscrits sur la liste municipale. Les scrutins de réduction et de nomination sont dépouillés l'après-midi (93 votants). Le 7 germinal, le recensement général est proclamé et l'on vote pour la cinquième place d'administrateur, vacante par la démission de M. Genaudet. Le 8 germinal, il est donné connaissance à l'assemblée de l'élection de Marc Briey.

6ᵉ SECTION

Le 1ᵉʳ germinal, les citoyens de cette section se réunissent à 11 heures du matin au local ordinaire de leurs séances. Le bureau d'âge est formé du citoyen Maizières, président; Sirejean l'aîné, Pelet l'aîné et Mathieu Moulon, scrutateurs; Gouvenoux, le plus jeune, secrétaire. Le citoyen Genaudet, président de l'administration municipale, dépose sur le bureau les pièces nécessaires et l'on procède à la constitution du bureau définitif. Genaudet est proclamé président; Saulnier le jeune, secrétaire; Sirejean l'aîné, Boulay et Leclerc, scrutateurs.

L'après-midi, le bureau définitif s'installe; le président et le secrétaire font les déclarations prescrites; l'assemblée ne comptant pas 200 membres, il n'y a pas lieu à la division en bureaux. On procède à l'élection des quatre électeurs. Il y a 123 votants. Sont élus :

> Jean-Baptiste GENAUDET, ex-président de l'administration municipale, 81 voix;
>
> Pierre-Dieudonné-Louis SAULNIER le jeune, commissaire du Directoire exécutif près de cette administration, 79.

Le 2 germinal, on donne lecture d'une délibération de l'administration municipale du 25 ventôse par laquelle elle annonce que son président, le citoyen Génaudet, a donné sa démission, qu'il faudra, par conséquent, procéder à son remplacement.

On vote pour les deux derniers électeurs qui doivent être pris parmi les vingt citoyens ayant obtenu le plus de voix au premier tour de scrutin; chaque citoyen dépose deux billets l'un de nomination, l'autre de réduction. Le dépouillement a lieu dans la séance de l'après-midi. Aucun citoyen n'est exclu. Sont nommés électeurs, sur 157 votants :

> Antoine-Jacques-Claude BOULAY, accusateur public près le tribunal criminel, 96 voix;

Jean-Baptiste Simejean l'aîné, assesseur de la justice de
paix, 71.

L'assemblée, devant procéder à la nomination de cinq administrateurs municipaux, considérant que les autres assemblées
primaires n'ont pas nommé leurs électeurs et qu'aux termes
des lois et instructions, le recensement général pour la nomination de ces fonctionnaires doit se faire à l'administration
municipale, il a été arrêté que l'on attendrait que les autres
assemblées primaires eussent nommé leurs électeurs et assesseurs pour celles qui en ont à élire, que l'on procéderait ensuite
aux nominations dont il s'agit.

Le 5 germinal, à 9 heures, l'assemblée se réunit de nouveau
pour la nomination de quatre administrateurs municipaux sortants. Le scrutin est dépouillé l'après-midi. Le 6 germinal, il est
procédé au second tour pour l'élection du quatrième administrateur; le 7 germinal, on procède à l'élection de l'administrateur
qui doit remplacer le citoyen Genandet. Le résultat est proclamé dans la séance du 8 au matin.

7ᵉ Section

Le 1ᵉʳ germinal, l'assemblée se réunit sous la présidence provisoire du citoyen Vidampierre. Sont scrutateurs provisoires,
Moucherel, Bellegarde, Durand aîné ; secrétaire, Pixerécourt
fils. On forme le bureau définitif. Il y a 84 votants. Sont nommés
président, Vigneron (39 voix); secrétaire, Thiriet (31); scrutateurs, Vidampierre (28), Paybois (20), Coriolis (20).

Thiriet refuse ses fonctions, sous prétexte qu'un autre Thiriet
se trouve dans la section, qui pourrait revendiquer les voix à ce
nom; en conséquence, Vidampierre est proclamé secrétaire et
Lallement fils (17 voix) est nommé troisième scrutateur.

L'après-midi, le bureau définitif est installé. Le président
donne lecture des pièces officielles; il fait part à l'assemblée
des réclamations de divers citoyens domiciliés dans la section et
omis sur la liste dressée par la municipalité ; l'assemblée les
admet à voter par liste supplémentaire. Sur la proposition d'un
membre, elle arrête de demander à la municipalité la liste des
candidats présentés pour occuper les fonctions publiques.

Le 2 germinal, l'assemblée ajoute à la liste des citoyens ayant
droit de vote vingt-deux noms, et on procède au scrutin pour

l'élection des quatre électeurs. Elle passe à l'ordre du jour sur la pétition du citoyen Moucherel qui réclame la qualité d'éligible. Il est donné lecture d'un extrait des registres des délibérations de l'administration municipale qui retient la démission du citoyen Genaudet, l'un de ses membres. Le scrutin pour l'élection est fermé à midi et le dépouillement renvoyé à 3 heures.

L'après-midi, l'assemblée passe à l'ordre du jour sur la réclamation du citoyen Messimieux qui réclame la qualité d'éligible et procède au dépouillement du scrutin ; il y a 173 votants ; personne ne réunit la majorité absolue. On arrête le tableau des quarante citoyens qui ont obtenu le plus de voix et le vote est renvoyé au lendemain.

Le 3 germinal, l'assemblée accueille les réclamations d'un certain nombre de citoyens non portés sur les listes et les admet à voter, repoussant seulement la demande du citoyen Contrisson qui ne réside pas dans la section depuis un an. Elle reçoit une députation de la 8ᵉ section qui lui fait part que Nicolas, assesseur du juge de paix du territoire du Nord, donnait sa démission, cette place étant incompatible avec celle de professeur à l'École centrale. L'assemblée arrête qu'il sera procédé à son remplacement, en même temps qu'à celui du citoyen Hippolyte Laurent. La 8ᵉ section fait annoncer qu'elle a terminé et cacheté son scrutin relatif à l'élection des deux assesseurs et qu'elle attendait, pour le dépouillement, que la 7ᵉ section eût terminé la même besogne.

À midi, le scrutin pour les électeurs est terminé et l'assemblée s'ajourne à 3 heures pour le dépouillement.

Il y a eu 179 votants. Aucun citoyen n'est exclu ; sont nommés électeurs :

> François-Charles-Hubert CARDON-VIDAMPIERRE, rentier, 97 voix ;
> Nicolas-Mathieu LALLEMENT fils, inspecteur des transports militaires, 88 ;
> Charles-Joseph-Hyacinthe BOUVIER, rentier, 86 ;
> Jean-Baptiste ALEXANDRE, rentier, 83.

L'assemblée s'ajourne au lendemain, pour procéder à l'élection de deux assesseurs.

Le 4 germinal, à 8 heures, l'assemblée se réunit et procède à la nomination de deux assesseurs du juge de paix du territoire nord ; elle décide de fermer le scrutin à 11 heures et d'en avertir la 8ᵉ section ; celle-ci arrête que son scrutin serait dépouillé au même instant. A 3 heures, l'assemblée accueille favorablement les demandes des citoyens Messimieux et Montmort qui réclament la qualité d'éligibles. Elle porte sur la liste des votants le citoyen Sébastien Didelot fils. Il est donné lecture du recensement général du scrutin de la 7ᵉ et 8ᵉ section, d'où il résulte qu'aucun candidat n'a obtenu la majorité absolue (1). On proclame les noms des vingt candidats qui ont obtenu le plus de suffrages et l'on procède à leur sujet au double vote de réduction et de nomination (64 votants).

Le recensement général fait à 7 heures par devers l'administration municipale ne donne l'exclusion à personne. Est élu, sur 124 votants :

L'HERMITTE père, 42 voix.

Moucherel, homme de loi, réunit 41 voix ; mais, comme il n'est porté sur aucun rôle de contribution directe, l'administration municipale renvoie la difficulté à la 7ᵉ section. Après Moucherel, Chaillon, rentier, ex-officier municipal, a obtenu 39 voix.

Le 5 germinal, l'assemblée de la section entend la proclamation du recensement général et arrête que le citoyen Moucherel ne sera plus admis comme votant dans la section la présente année, et proclame élu :

CHAILLON, ex-municipal (2).

On commence le scrutin pour la nomination de quatre administrateurs municipaux. Le scrutin est dépouillé dans l'après-midi. Le 6, il est procédé au second tour pour l'élection du quatrième administrateur. M. Bayli, cloutier, est admis à voter. Le 7, on vote pour un cinquième administrateur, en remplacement de Genaudet. Le résultat est proclamé dans la séance du 8.

8ᵉ SECTION

Le 1ᵉʳ germinal, les citoyens se réunissent dans la salle du réfectoire des ci-devant Cordeliers. Le bureau d'âge est formé

---

(1) Il y a eu en tout dans les deux sections 163 votants. Le recensement général se trouve aux A. M., I. 3.

(2) M. C. Thomas, faubourg de Metz, reste juge du territoire du Nord avec Lacour comme greffier et Génin comme huissier.

du citoyen Nicolas-François Guyot, président ; Archibal Magdonel, rentier, Charles-François Fussey, rentier, et Nicolas-François Thirion, cordonnier, scrutateurs ; Nicolas Brulfer fils, toiseur, le plus jeune secrétaire. Le citoyen Saulnier, commissaire du pouvoir exécutif, dépose sur le bureau les pièces nécessaires, et l'assemblée procède à la constitution du bureau définitif. Sont nommés, Nicolas Lhermitte, officier retiré (50 voix), président ; Nicolas-Christophe Lacour, greffier de la justice de paix (43), secrétaire ; Nicolas Brulfer, fils (34), Claude-François Coilin, officier (29), Louis Boissier, marchand (24), scrutateurs ; les trois citoyens ayant ensuite obtenu le plus de voix sont nommés scrutateurs adjoints.

L'après-midi, il est procédé à la nomination des 4 électeurs ; il y a 105 votants ; mais aucun citoyen ne réunit la majorité absolue. La liste des 40 citoyens ayant obtenu le plus de suffrages est dressée et affichée.

Le second tour de scrutin a lieu le 2 germinal. Plusieurs citoyens ont observé que les citoyens qui ont obtenu le plus de voix pour être électeurs devaient justifier de cette éligibilité ; les citoyens Brulfer fils, Lacour, greffier, et Lhermitte fils, officier retiré, font cette justification. Il y a 86 votants ; l'exclusion n'est prononcée contre personne et sont nommés électeurs :

> Claude-François COLLIN, officier retiré, 45 voix ;
> Nicolas-Christophe LACOUR, greffier de la justice de paix, 33 ;
> Nicolas LHERMITTE fils, officier retiré, 30 ;
> Honoré FRANÇOIS, architecte, 27.

Le 3 germinal, après la proclamation des quatre électeurs, il est donné lecture d'une lettre d'invitation de l'administration municipale pour nommer, au lieu et place du citoyen Hippolyte Laurent, décédé, un autre assesseur du juge de paix du territoire nord ; d'une lettre du citoyen Nicolas, professeur de chimie, qui remercie ses concitoyens des marques d'estime qu'ils lui ont données, mais prie de le remplacer comme assesseur de juge de paix, ces fonctions n'étant pas compatibles avec celles de professeur. On procède donc à l'élection de deux assesseurs. Il y a 73 votants. Le dépouillement est renvoyé au lendemain, au moment où la 7e section aura terminé son vote. Il est fait le 4 germinal à 11 heures. Comme le vote d'ensemble n'a donné aucun résultat, on recommence l'après-midi. Le 5, le résultat est proclamé et l'on procède au scrutin pour l'élection de quatre administrateurs municipaux. Le 6, il est procédé à un second tour pour le quatrième administrateur. Le 7, on vote pour un cinquième administrateur en remplacement de Genaudet (1) et, le 8, est proclamé le citoyen Marc Briey.

(Procès-verbaux originaux : A. M., K. 1 et J. 3. Des expéditions en forme pour la nomination des électeurs A. D., L. 207).

CANTON DE NANCY *EXTRA-MUROS*

1re ASSEMBLÉE

Les citoyens des 9 communes composant la 1re assemblée primaire du canton de Nancy *extra muros* se réunissent le 1er germinal à 11 heures, dans la maison commune d'Essey. Le bureau d'âge est formé de François Fleury, de Saint-Max, président; Jean-Hubert Rousselot, de Malzéville, Jean-Philippe Paquin, de Dommartemont, François Florentin, de Malzéville, scrutateurs; Jean-Baptiste Jacques, dit Bernard, de Malzéville, secrétaire. On procède à l'élection du bureau définitif. Il y a 37 votants. François Fleury est nommé président (24 voix); François-Xaxier Masson, d'Essey, secrétaire (21); Jean-Philippe Paquin (14), Joseph Jacques, d'Essey (13), François Florentin (12), secrétaires. On donne lecture des pièces nécessaires et l'on procède à l'élection de trois électeurs et de quatre assesseurs (pour Saint-Max, Essey, Pulnoy et Saulxures [2]). Il est donné lecture de l'article 375 de la Constitution.

47 citoyens prennent part au vote, mais aucun candidat ne réunit la majorité absolue. Il est formé une liste des 30 candidats qui ont obtenu le plus de voix et l'on procède à un deuxième tour de scrutin. Aucun citoyen n'est exclu; sont nommés électeurs, sur 47 votants :

BRACARD, agent municipal à Malzéville, 27 voix;

François BEAU, d'Essey, 14;

DUPONT, de Malzéville, 13.

---

(1) Les procès-verbaux des 5, 6 et 7 germinal ont disparu du dossier. On y trouve seulement des feuilles où sont pointés les divers scrutins pour la section.

(2) Les citoyens Gézard, d'Essey, et Fleury, de Saint-Max, avaient donné leur démission : les citoyens Urion, de Pulnoy, et Garo, de Saulxures, étaient décédés.

Il est procédé à l'élection des quatre assesseurs par scrutin de liste simple (1). Il y a 20 votants ; sont nommés à l'unanimité :

Michel MONCEL, de Saint-Max ;
Laurent RACADOT, d'Essey ;
Laurent BEAUDINET, de Pulnoy ;
Sébastien CHARBONNIER, de Saulxures.

Paquin et Florentin sont chargés de porter le résultat de ce dernier scrutin pour en faire le recensement à l'administration municipale avec le résultat de l'assemblée primaire de Vandœuvre. Le 3 germinal à 4 heures ils reviennent à l'assemblée pour y apporter le résultat du recensement général. L'assemblée, après avoir proclamé les assesseurs, s'ajourne aussitôt.

Élection d'agents et d'adjoints dans les assemblées communales

Dommartemont, 10 germinal, adjoint, Dominique POIRIER, au deuxième tour par 12 voix sur 16 ;

Essey, 10 germinal, adjoint, Jean-François RENAULD, au deuxième tour, 3 voix sur 9 votants ;

Malzéville, 15 germinal, agent, Pierre-François BRACARD, ex-agent, à la presque unanimité ;

Pixerécourt, 10 germinal, agent, Jean-François LIONNOIS, 12 voix sur 16 ; adjoint, HURIOT, 10 voix ;

Pulnoy, 13 germinal, adjoint, François BAZAGUET, au second tour, 6 voix sur 10 votants ;

Saint-Max, 13 germinal, élection d'un adjoint. L'agent national attend pendant près de deux heures sans qu'aucun habitant se présente pour voter ;

Saulxures. 10 germinal, agent, Adrien GARO, au deuxième tour, 8 suffrages, pas de voix d'exclusion contre lui ;

Seichamps, 10 germinal, agent, au deuxième tour, Jean PINGLÉ, 7 voix sur 7. (Bastien Ferry a obtenu 7 voix d'exclusion.)

Tomblaine, 10 germinal, agent, Pierre GARDEL, au second

(1) Mengin restait juge de paix encore pour une année, avec Masson comme greffier.

tour, au bénéfice de l'âge, 6 voix sur 18 votants ; adjoint
Joseph Dron, père, 11 voix sur 18 ;

(*Procès-verbaux originaux*, **A. D.**, *L.* 2887).

2ᵉ ASSEMBLÉE

Les citoyens des huit communes de la 2ᵉ section se réunissent
le 1ᵉʳ germinal en assemblée primaire au temple de la commune
de Vandœuvre. Le bureau d'âge est formé de François Noirel,
de Vandœuvre, président ; Jean-François Harnepont, de Vandœuvre, Nicolas Godelin, de Jarville, Joseph-François Coster,
de Maxéville, scrutateurs ; François Houard, de Villers, le plus
jeune, secrétaire. On procède à la constitution du bureau définitif. 617 citoyens sont portés sur les listes. Le scrutin fermé,
sont proclamés : Dieudonné-François-Joseph Pierson, de Villers,
président ; Pierre Mengin, de Vandœuvre, secrétaire ; Christophe Poirot, de Vandœuvre, Joseph-François Coster et Nicolas
Simon, de Villers, scrutateurs. On donne lecture de l'article 376
de la Constitution et des instructions relatives à l'assemblée. Il
est procédé à l'élection de trois électeurs. Sur 88 votants est
nommé seul :

> Pierre Mengin, juge de paix, résidant à Vandœuvre,
> 59 voix.

On donne la liste des 20 candidats ayant obtenu le plus de
voix et on procède à un second tour de scrutin. Aucun candidat
n'est exclu ; sont nommés électeurs sur 81 votants :

> Nicolas Simon, agent municipal de Villers, 40 voix ;
> Joseph-François Coster, de Maxéville, 31.

On procède ensuite par liste simple à la nomination de quatre
assesseurs de juges de paix. Sébastien Charbonnier, de Saulxures,
Laurent Racadot, d'Essey, Michel Moncel, de Saint-Max, Laurent Beaudinet, de Pulnoy, obtiennent la majorité des suffrages.

Pierson et Coster sont chargés de se transporter le 2 germinal
à 10 heures à l'administration municipale du canton et de faire
le recensement de ce dernier scrutin avec celui de la 1ʳᵉ section,
puis de revenir à l'assemblée le 3 pour rendre compte du recensement général.

Le 3 germinal, au temple de Vandœuvre, sont proclamés en
assemblée les quatre assesseurs ; à la même heure, ils sont proclamés à la maison commune d'Essey.

Élection d'agents et d'adjoints dans les assemblées communales

Fléville, 10 germinal, adjoint, Jean-Baptiste Cézard, 10 suffrages sur 17 ;

Heillecourt, 13 germinal, agent, Nicolas Berson, 13 suffrages sur 25 ; adjoint, Jean-François Gaud, 15 suffrages ;

Houdemont, 10 germinal, agent, Léopold Verlot ;

Jarville, 10 germinal, adjoint, Dominique Hogard, adjoint sortant, 12 voix sur 16 ;

Laxou, 10 germinal, agent, Nicolas Collot au deuxième tour, à la pluralité des voix ;

Maxéville, 13 germinal, agent, Laurent-Dominique Badel, au second tour ;

Vandœuvre, 10 germinal, adjoint, Michel Gerbaux, instituteur, majorité absolue sur 22 votants ;

Villers, 10 germinal, adjoint, Claude Martin, 13 voix sur 25 votants.

(*Procès-verbaux originaux*, **A. D.**, L. 2887).

L'administration municipale de germinal an V à prairial an VI

Le 9 germinal an V (29 mars 1797), à 10 heures, les nouveaux membres de la municipalité sont installés. Les cinq nouveaux élus : Jean-Baptiste Regneault, Jacques-Michel Collenot, Jean-Nicolas Leclerc, Claude Olivier et Marc Briey, sont présents à la séance qui est ouverte par un long discours de l'ancien président Genaudet. Celui-ci présente à chacun de ces cinq élus une écharpe dont ils se sont revêtus. A 11 heures, après le départ de Genaudet et de La Ruelle, une nouvelle séance s'ouvre sous la présidence de Lallemand, doyen d'âge. Discours de Lallemand et du commissaire du Directoire exécutif Saulnier. Les cinq élus déclarent individuellement n'avoir provoqué ni signé aucun arrêté séditieux et contraire aux lois, et n'être parent ni allié d'un émigré. Puis ils prêtent le serment de haine à la royauté et à l'anarchie, d'attachement et de fidélité à la République et à la Constitution de l'an III. On passe à l'élection du président ; 4 suffrages sont donnés à Regneault qui est proclamé élu, contre 3 à Lallemand qui est continué comme vice-président. Le citoyen Rollin est maintenu à l'unanimité dans les fonctions de secrétaire en chef. Cette municipalité resta en fonctions sans changement jusqu'au 2 brumaire an VI (23 octobre 1797). A cette date, le Directoire exécutif prononça la destitution des membres de l'assemblée municipale comme de ceux de l'administration centrale du département, parce que ces deux assemblées « n'avaient pas développé, dans les circonstances actuelles, la fermeté et l'énergie qui seules auraient pu en imposer à la foule des prêtres réfractaires et des émigrés réfugiés dans ce département et qu'il importait d'y ramener l'esprit public et d'y assurer l'exécution des lois républicaines ». Le Directoire nomma directement en remplacement de l'ancienne municipalité (1) :

GORMAND, médecin.
JEANROY, négociant.
BOTTA, *idem*.
CROIZIER, *idem*.
BRIEY, administrateur restant.
LALLEMAND, *idem*.
SAULNIER, commissaire du directoire exécutif.

Le citoyen Richard, homme de loi, greffier du conseil de guerre de la 4ᵉ division militaire, remplaçait le citoyen Saulnier dans ses fonctions de commissaire.

Les nouveaux membres — à l'exception de Jeanroy et Croizier absents — furent installés le 9 brumaire an VI (30 octobre 1797). prêtèrent le serment et firent les déclarations voulues. Dans une seconde séance de ce jour, ils élurent comme président Saulnier, comme vice-président Lallemand. Les citoyens Jeanroy et Croizier se présentent à la séance du lendemain et sont installés après les formalités d'usage. La municipalité resta ainsi constituée jusqu'au 19 nivôse an VI (8 janvier 1798). A la séance de ce jour, le président Saulnier annonça que l'état de sa fortune ne lui permettait plus de continuer ses fonctions d'administrateur municipal ; en conséquence il déclara donner sa démission, en témoignant avec sensibilité les regrets qu'il éprouvait de quitter ses collègues. L'administration municipale ne put que donner acte de cette démission et déclara qu'elle s'adjoindrait un nouveau membre à la prochaine séance et à cet effet, le 24 nivôse, elle élut le citoyen MANDEL, ex-juge au tribunal civil de la Meurthe, qui fut installé, après les formalités d'usage le 26 nivôse. Le même jour, elle choisit comme président à la majorité absolue, le citoyen Lallemand et elle appela le citoyen Mandel à la vice-présidence. Mais, trois jours après, le 29 nivôse, Mandel annonça qu'il venait d'être rappelé par le Directoire exécutif aux fonctions judiciaires ; en conséquence, il donna sa démission, et, le 6 pluviôse an VI (25 janvier 1798), l'administration municipale le remplaça par Valentin NICOLAÏ, ex-directeur des messageries nationales. Ce dernier est installé le 8 pluviôse et nommé, le même jour, vice-président.

Il n'y eut plus aucun changement jusqu'au 1ᵉʳ germinal an VI où les citoyens durent renouveler toute l'administration municipale, puisque

_____

(1) La constitution de l'an III permettait au Directoire exécutif de suspendre ou destituer immédiatement les administrateurs soit de département soit de canton. L'article 198 porte : « Lorsque les cinq membres d'une administration départementale sont destitués, le Directoire exécutif pourvoit à leur remplacement jusqu'à l'élection suivante : mais il ne peut choisir leurs suppléants provisoires que parmi les anciens administrateurs du département. » Une loi du 22 ventôse an V (12 mars 1797) lui donna le droit de nommer provisoirement les membres des administrations municipales dans les communes de plus de 5.000 âmes, lorsque tous les anciens administrateurs auraient été destitués.

les membres ne tiraient point leurs pouvoirs de l'élection, mais d'une nomination directe de l'administration centrale.

En vertu de la loi du 28 germinal an V, cette administration municipale resta en place jusqu'au 1er prairial an VI. Le 19 germinal an VI, le citoyen Croizier, l'un des administrateurs, d'ailleurs non réélu, annonça qu'étant appelé aux fonctions de juge du tribunal de commerce, il donnait sa démission d'officier municipal.

XXXIV

ASSEMBLÉE ÉLECTORALE DU DÉPARTEMENT

Élection de deux députés au Conseil des Cinq-Cents, d'un haut juré, de deux administrateurs du département, d'un accusateur public, de quatre juges au tribunal civil et de cinq suppléants.

(20-27 germinal an V. — 9-16 avril 1797)

Le 20 germinal an V de la République, à 11 heures du matin, les électeurs du département de la Meurthe se sont réunis à Nancy, en vertu de l'article 36 de l'acte constitutionnel et de la loi du 20 ventôse, en l'une des salles de la maison commune, local indiqué par l'administration centrale. Le citoyen le plus âgé est Cardon-Vidampierre qui devient président provisoire ; les plus âgés après lui, les citoyens Gaper, Pichon et Coster, sont nommés scrutateurs ; le plus jeune, Colson, prend place au bureau en qualité de secrétaire.

On procède à l'appel nominal des électeurs et chaque électeur se présentant prononce à haute et intelligible voix la promesse d'attachement et de fidélité à la République et à la Constitution de l'an III et l'engagement de la défendre de tout son pouvoir contre les attaques de la royauté et de l'anarchie, et de suite il dépose dans les urnes préparées à cet effet, savoir dans l'une son propre nom et dans l'autre une liste de cinq citoyens par lui destinée à former le bureau. A 1 heure l'assemblée s'ajourne et les opérations continuent à 3 heures. On fait le rappel de ceux qui ne se sont pas présentés. 328 électeurs ont ainsi voté : c'est l'unanimité, moins 8. Le citoyen Jacqueminot réunit 189 voix, Bouteiller 149, Boulay 126, Mourer 104 et Benoist le jeune 94 : le premier est nommé président, le second secrétaire et les trois autres scrutateurs.

Le 21 germinal, à 9 heures du matin, la séance est ouverte. Les citoyens Ginès, Blaise, Mengin et Thomassin, cantons de Frouard, Neuviller, Nancy 3e section *intra* et 2e *extra muros* qui ne s'étaient point trouvés à l'appel de leur nom la veille, sont reconnus membres de l'assemblée, après avoir prononcé la déclaration prescrite par la loi du 30 ventôse.

Le président donne lecture de l'article 7 du titre I de la loi du 25 fructidor an III et prononce la déclaration que, durant la session de l'assemblée, il ne mettrait aux voix aucune proposition étrangère aux objets pour lesquels elle est convoquée. Le secrétaire de son côté déclare qu'il ne consignerait sur les procès-verbaux aucune motion pareille. Puis on procède à la vérification des pouvoirs des électeurs. L'ancien des électeurs de chaque canton dépose les procès-verbaux d'élection ; ces procès-verbaux, au nombre de 103, sont répartis entre dix bureaux.

A 3 heures, l'assemblée, réunie de nouveau, entend les rapports des bureaux sur les élections, qui sont presque toutes reconnues à l'abri de toute critique. Les doutes sur la régularité des procès-verbaux de Frouard, Pagny, Fontenoy, Belleau, Blâmont 2e section, sont soumis à l'assemblée, qui décide de passer outre, attendu que les irrégularités signalées sont de pure forme. Les citoyens du canton de Blénod se sont réunis d'abord en assemblée primaire le 1er germinal et ont nommé trois électeurs ; puis, jugeant qu'ils avaient droit à un plus grand nombre d'électeurs, ils se sont réunis de nouveau le 6 et ont nommé deux nouveaux électeurs ; mais l'assemblée déclare cette seconde réunion illégale et contraire à la Constitution ; elle invite en conséquence les derniers élus, Claude Burguet et Léopold Claude, à se retirer. L'assemblée du canton de Sarrebourg a nommé cinq électeurs, sous prétexte que le nombre des citoyens y ayant droit de vote excédait 900 ; mais nulle assemblée primaire ne doit comprendre plus de 900 votants : il aurait fallu sectionner le canton, ce qui pourrait être réparé lors de la nouvelle circonscription à faire en l'an VII ; en attendant, le citoyen Joseph Holz, cinquième électeur, est exclu de l'assemblée électorale. L'assemblée passe, du reste, outre aux protestations élevées par plusieurs citoyens de

Sarrebourg contre les opérations de l'assemblée primaire dudit canton. On décide de demander des indemnités pour les citoyens qui, se croyant élus, étaient venus à l'assemblée de Nancy.

Le 22 germinal, le président fait observer que, l'assemblée comprenant 329 membres présents, il fallait la diviser en deux bureaux. On tire au sort le nom d'un député ; ce nom correspond au n° 238 ; les députés suivant le dit numéro jusqu'au nombre de 200, y compris les 5 membres du bureau, constitueront le premier bureau ; les autres formeront le second (1). Les deux sections se réunissent pourtant à 3 heures de l'après-midi, pour recevoir le citoyen Gabriel Florentin, électeur, qui se trouvait en retard, et pour entendre lecture de l'article 376 de la constitution et de la liste des candidats adressée par l'administration centrale. Puis la 1re section procède au scrutin à la nomination de deux membres du Corps législatif. Le scrutin est aussitôt dépouillé.

Le 23 germinal, il résulte du recensement général des scrutins que l'ensemble des votants est de 329. Est élu à la majorité :

> Jean-Ignace JACQUEMINOT, homme de loi à Nancy, 173
> voix (2).

Les citoyens Boulay, Bouteiller, Benoist et Mourer réunissent ensuite 141, 125, 79 et 66 voix. Il reste à élire un député au Corps législatif ; on forme une liste décuple des noms des citoyens Boulay, Bouteiller, Benoist, Mourer, Collombel, Saladin, Coster, Henry et Genaudet, qui ont obtenu le plus de suffrages, et, comme aucun autre candidat n'avait obtenu plus d'une voix, le citoyen Guillaume, député du canton de Pont-à-Mousson, le plus ancien d'entre eux, est ajouté à cette liste pour compléter le nombre de dix. Cette liste est affichée dans les deux salles et chaque section procède à part au scrutin d'exclusion et au scrutin

---

(1) A partir de ce moment, nous avons une double série de procès-verbaux, l'un du premier, l'autre du deuxième bureau. Le deuxième bureau tient ses séances au grand salon de la maison commune et il se constitue. Il installe d'abord un bureau d'âge, Michelant président ; Go, Lallement et Marcol, scrutateurs ; Marcott le plus jeune, secrétaire. Puis il procède à l'élection du bureau définitif. Est nommé président, Genaudet ; secrétaire, Lacretelle ; scrutateurs, Mourot, d'Haussonville, Goury et Germain, de Toul. On nomme suppléants cinq autres électeurs ayant obtenu le plus de voix après eux.

(2) Voir le *Tableau des élections faites par l'assemblée électorale du département de la Meurthe, dans sa session de germinal an V de la République*. Il est reproduit dans l'*Almanach du citoyen pour le département de la Meurthe, an VI*, p. 66.

de nomination (Votants 328). Est exclu au premier tour, par 197 voix, le citoyen Mourer ; mais aucun autre nom n'atteint la majorité. On procède au dépouillement du scrutin de nomination ; est élu :

Antoine-Jacques-Claude-Joseph BOULAY, accusateur public près le tribunal criminel du département, 126 voix.

Venaient après lui, Bouteiller, 117 ; Benoist, 78. Quelques voix ont été perdues (1).

A 3 heures, on procède à l'élection d'un haut juré ; le scrutin est dépouillé dans la 1re section ; mais le résultat d'ensemble n'est proclamé que le lendemain 24 germinal. Sur 310 votants, le sieur Coster, professeur d'histoire à l'école centrale, réunit 136 suffrages ; Mangin et Charvet, 78 ; aucun candidat ne réunit la majorité absolue. On dresse et on affiche dans les deux salles la liste décuple ; les électeurs de chaque section déposent, dans deux vases préparés, un billet d'exclusion et un billet de nomination ; aucun citoyen ne réunit la majorité pour l'exclusion ; mais est élu sur 277 votants :

Joseph COSTER, professeur d'histoire à l'école centrale du département, 194 voix.

Le président annonce qu'il va être procédé à la nomination de deux administrateurs du département. Les bureaux se séparent et votent à part. Le recensement général donne 308 votants, majorité absolue 155 ; est élu :

Dieudonné-Léopold BENOIST, administrateur actuel, 219 voix.

Bouteiller n'en réunit que 150 ; Mourer, 42 ; Lachasse, 40, etc. On procède dans chaque bureau à un second tour, après que la liste des dix candidats qui avaient obtenu le plus de voix eut été affichée dans les deux salles. Il y a dans l'assemblée 302 votants ; aucun citoyen n'est exclu. Est élu administrateur sur 302 votants :

Jean-Hyacinthe BOUTEILLER, demeurant à Nancy, 195 voix.

_____

(1) Ces élections eurent un caractère nettement réactionnaire. Voir la lettre très curieuse qu'écrivit Marin, commissaire du pouvoir exécutif près les tribunaux civil et militaire : « Les patriotes, aidés de quelques royalistes modérés, nous ont donné le citoyen Boulay, accusateur public, qui a de l'énergie et qui est sincèrement attaché à la Constitution ; mais l'autre, le citoyen Jacqueminot, n'a jamais passé pour patriote. »

L'après-midi à 3 heures, le président donne lecture d'une nouvelle indication adressée par l'administration centrale, portant qu'en conséquence de l'acceptation faite par le citoyen Boulay des fonctions de député au corps législatif, il fallait nommer un accusateur public pour le restant du temps qui avait été assigné au dit citoyen. Les bureaux décident de procéder séparément à cette élection. Un premier tour de scrutin ne donne aucun résultat.

Le 25 germinal, les électeurs procèdent à un second tour portant sur les dix citoyens qui avaient obtenu le plus de voix au premier tour. Il y a 304 votants ; aucun citoyen n'est exclu. Est nommé :

> Joseph MENGIN, de Lunéville, homme de loi à Nancy, 211 voix.

Le citoyen Aubertin en obtient 83.

On procède à la nomination de quatre juges du tribunal civil. Il y a en tout dans les deux bureaux, 309 votants. Majorité absolue, 155. Est élu :

> Jean-Joseph MOUROT, demeurant à Haussonville, 188 voix.

Pour les trois autres places, un second tour de scrutin est nécessaire, ce qui a lieu dans la séance de l'après-midi. On affiche la liste des trente candidats pour lesquels on peut voter. Le scrutin d'exclusion ne donne aucun résultat ; le scrutin de nomination porte sur :

> Nicolas LACRETELLE, demeurant à Pont-à-Mousson, 114 voix ;
> Pierre-Ignace ROLLIN, demeurant à Nancy, 111 ;
> Pierre-Louis OTHENIN, *idem*, 98.

Viennent ensuite Lachasse (86), Germain (83), etc.

Le 26 germinal, on procède à l'élection de cinq suppléants dont trois doivent être choisis parmi les citoyens résidant dans la commune où le tribunal tient ses séances. On vote dans chaque bureau ; le recensement général donne 303 votants (183 dans le premier bureau ; 120 dans le second). Majorité : 152. Sont élus :

> Jean-Baptiste GENAUDET, ex-administrateur municipal à Nancy, 178 voix ;
> Jean-Baptiste GŒURY, homme de loi à Nancy, 157.

On passe à un second tour de scrutin qui doit porter sur les

trente citoyens qui ont réuni le plus de suffrages au premier tour,
mais en observant de ne pas y comprendre le citoyen Gœury
l'aîné, frère du dernier élu. Il y a 299 votants : aucun citoyen ne
réunit la majorité d'exclusion. Le scrutin de nomination est dépouillé dans la séance de l'après-midi. Sont élus :

> Jean-Baptiste SIREJEAN l'aîné, assesseur de la justice de
>   paix de Nancy, 179 voix ;
> Pierre-Nicolas-Hyacinthe GERMAIN fils, administrateur mu-
>   nicipal à Toul, 129.
> René AUBERTIN, homme de loi à Nancy, 110.

Le citoyen Cognel, de Vic, vient ensuite avec 109 voix.

Le 27 germinal, les électeurs se réunissent une dernière fois ;
le président proclame le résultat du dernier scrutin et il est
donné lecture du précédent procès-verbal. On rédige celui de la
séance en cours, qui est adopté. Puis le président déclare l'assemblée dissoute. Les membres se sont séparés avec des témoignages d'estime réciproque et en se félicitant de la tranquillité
qui a signalé le cours de cette session, comme d'un présage
heureux de la réunion prochaine de tous les Français sous les
seules enseignes de l'intérêt public et de la Constitution.

(A. D., L. 207.)

La députation de la Meurthe de l'an V à prairial an VI

Du 30 germinal an V au 1er prairial an VI, la députation du département de la Meurthe resta composée, aux Cinq-Cents, de Zangiacomi, Mallarmé, Jacqueminot, Boulay. Lalande fut considéré comme
le cinquième député du département; aux Anciens, la Meurthe était
représentée par de Mollevaut et Regnier. Devaient sortir au 1er prairial
an VI, Lalande, Zangiacomi et Mollevaut. Jacqueminot et Boulay repré-
sentaient le nouveau tiers (1).

L'administration départementale de l'an V à floréal an VI

Le 28 germinal an V, l'administration du département reçut le
procès-verbal de l'assemblée électorale et ordonna qu'il serait déposé
dans ses archives. Les nouveaux élus, Léopold Benoist et Hyacinthe
Bouteiller, se sont présentés à la séance du 15 floréal (4 mai 1797) [2].

---

(1) *Almanach du citoyen pour le département de la Meurthe, an VI,*
p. 45.

(2) La loi du 28 germinal an V (17 avril 1797) portait que désormais les
membres des administrations centrales, les membres des tribunaux civils de

Ils ont fait la déclaration et le serment exigés par la loi. Les nouveaux administrateurs ayant pris place au bureau, le président dit : « L'installation qui vient de se faire, en donnant aux administrateurs un nouveau collègue laborieux et éclairé, leur en fait perdre un estimable qui a justifié le choix de l'administration. » Il confirme au citoyen Poincloux les sentiments d'estime et d'attachement que lui ont mérités ses principes et sa conduite. Le citoyen Poincloux répond qu'à défaut de connaissances supérieures, il a rempli ses fonctions avec zèle.

On procède à l'élection du président. Saladin est réélu par 4 voix sur 5. Le 26 messidor an V (14 juillet 1797), le citoyen Horrer, nommé administrateur par l'assemblée électorale de l'an IV et obligé de suspendre l'exercice de ses fonctions par la loi du 3 brumaire de cette année, se présente à la séance pour les reprendre en vertu de la loi du 9 messidor courant (1) ; il prête le serment de haine à la royauté et à l'anarchie, d'attachement et de fidélité à la République et à la Constitution de l'an III. Cette rentrée oblige le citoyen Varinot à se retirer ; le président lui exprime les regrets des administrateurs. Horrer ne devait pas faire longtemps partie de l'administration du département. La loi du 19 fructidor an V (20 septembre 1797), au lendemain du coup d'État, rétablit celle du 3 brumaire an IV (2) ; à la séance du 23 fructidor, Horrer dut, en conséquence, donner sa démission et exprima à ses collègues le regret qu'il éprouvait à les quitter. Le citoyen DEMANGEOT, directeur de la poste, ancien administrateur du département, fut nommé provisoirement pour le remplacer, dans la séance du 27 fructidor (3), et il vint prendre séance le cinquième jour complémentaire de l'an IV. Mais le 2 brumaire an V (23 octobre 1797), le Directoire exécutif, qui reprochait à l'administration du département comme à l'administration municipale sa mollesse, en destitua les membres et nomma à leur place :

> HARLAUT, commissaire du Directoire exécutif près de cette administration ;
> PRUGNEAUX, commissaire du Directoire exécutif près de l'administration municipale de Bicqueley ;
> VIARD, de Pont-à-Mousson, ex-constituant ;
> VILLOT, ex-procureur de la commune de Nancy ;
> BALLAND, administrateur actuel.

Pour remplacer Harlaut dans ses fonctions de commissaire du Directoire exécutif, était nommé :

> MOURER, notaire à Sarrebourg.

---

départements, les présidents des tribunaux criminels, les accusateurs publics et les greffiers près ces tribunaux, entreront en exercice de leurs fonctions, dans toute l'étendue de la République, le 15 floréal. DUVERGIER, t. IX, p. 391.

(1) Cf. DUVERGIER, t. IX, p. 437. Cette loi abrogeait celle du 3 brumaire an IV en ce qui concernait l'exclusion des fonctions publiques. L'article 4 porte : « Les membres du Corps législatif et tous les fonctionnaires suspendus par cette loi exerceront leurs fonctions ; et ceux qui s'en sont abstenus les reprendront, nonobstant les prohibitions qu'elles contiennent, s'il n'y a pas d'autre empêchement. »

(2) Articles 8 et 9 de cette loi. DUVERGIER, t. X, p. 43. C'est la fameuse loi qui déclarait illégitimes et nulles les opérations des assemblées primaires, communales et électorales d'un grand nombre de départements. La Meurthe ne fut pas touchée immédiatement par le coup d'État du 18 fructidor.

(3) Voir au début de l'*Almanach du citoyen de l'an VI*, les « changements survenus depuis l'impression ».

Le 9 brumaire, les anciens administrateurs se réunirent une dernière fois, après avoir envoyé au Directoire exécutif une adresse sur la paix de Campo-Formio qui venait d'être signée, et, le 11, la nouvelle administration s'installait sous la présidence de Villot, plus ancien d'âge. Les membres Harlaut, Balland, Villot, Viard font le serment et la déclaration voulus par la loi; le 12, Prugneaux se présente et prend séance; le 23, se présente le nouveau commissaire Mourer, et l'assemblée se constitue. Elle nomme comme président, à la majorité des suffrages, le citoyen Balland, comme suppléant du commissaire Villot; elle invite Brandon à continuer ses fonctions de secrétaire. Le plus ancien d'âge doit remplir, en cas d'absence du président, les fonctions de vice-président. Cette administration, nommée par le Directoire, demeura en place jusqu'aux élections de l'an VI; tous les membres devaient être renouvelés, le premier élu pour cinq ans, le deuxième pour quatre ans, les autres pour trois, deux et un an, et le sort devait décider entre eux pour la durée de leurs fonctions. Le 15 floréal (4 mai 1798), furent installés les nouveaux élus.

XXXV

ASSEMBLÉES PRIMAIRES

Élection des électeurs, de juges de paix et de leurs assesseurs, des sept administrateurs municipaux

(1-13 germinal an VI. — 21 mars-2 avril 1798)

Les élections de l'an VI se firent d'après d'autres principes que celles de l'an IV et de l'an V. Une loi du 28 pluviôse an VI (16 février 1798) supprima en effet le scrutin de réduction ou de rejet. Toute élection devait se faire à la majorité absolue ou relative, par la voie des scrutins individuels ou de liste, conformément à la loi du 22 décembre-janvier 1790. On en revenait donc à la première manière de voter, avec trois tours de scrutin, le troisième à la majorité relative et ne pouvant porter que sur les deux noms ayant réuni le plus de voix au second tour. Une loi du 18 ventôse an VI (8 mars 1798) contient une longue instruction sur la manière de tenir les assemblées primaires. Elles se tiendront le 1er germinal chaque année; et la veille, en vertu d'une loi du 13 pluviôse précédent, une grande fête, celle de la souveraineté du peuple, doit être célébrée dans toutes les communes. L'assemblée primaire s'ouvre sous la présidence provisoire du plus ancien d'âge, assisté de trois scrutateurs, les plus âgés après lui, d'un secrétaire, le plus jeune de l'assemblée; tous doivent savoir lire et écrire. Puis un membre de l'administration municipale s'approche du bureau et y dépose la liste des citoyens ayant droit de vote. On passe à l'élection du bureau définitif : le président et le secrétaire sont de nouveau nommés par scrutin individuel; chaque membre dépose son bulletin de vote dans le vase du scrutin; il dépose en même temps dans un carton ouvert un autre billet contenant son nom. Il vote à l'appel de son nom fait par le secrétaire provisoire; cet appel doit toujours être suivi d'un réappel. Président et secrétaire prêtent le serment individuel de haine à la royauté et à l'anarchie, de fidélité et d'attachement à la République et à la Constitution de l'an III; puis on passe à l'élection des trois scrutateurs par un seul scrutin de liste simple. Chaque membre, appelé par le secrétaire définitif, prête, avant de voter, le serment de haine à la royauté et à l'anarchie, dont la formule est affichée en caractères lisibles. Les scrutateurs étant élus, le président lit l'article 7 du titre I de la loi du 15 fructidor : « Les président, secrétaire, scrutateurs sont personnellement responsables de tout ce qui se ferait, dans les assemblées primaires, d'étranger à l'objet de leur convocation et de contraire à la Constitution. » Le président déclare qu'il ne mettra aux voix aucune proposition étrangère aux objets pour lesquels l'assemblée est convoquée, et le secrétaire déclare qu'il ne consignera aucune proposition de ce genre dans les procès-verbaux. Si l'assemblée est composée de plus de 200 membres présents, elle se divisera en bureaux particuliers; dans chaque bureau il doit y avoir 100 votants au moins, 200 au plus (1). Aucune candidature ne devait plus être posée à l'avance.

1re SECTION

Le 1er germinal an VI (2), à 9 heures du matin, les citoyens de la 1re section de Nancy se réunissent en assemblée primaire dans une des salles de la maison commune, conformément à l'article 20 de la Constitution de l'an III et en vertu de la convocation du corps municipal. Le bureau d'âge est formé d'Alexandre Maucourt, président; François-Michel Lecreulx, Alexandre Voynant, François Bana, scrutateurs; Joseph George, le plus jeune, secrétaire. Un membre de l'administration municipale dépose sur le bureau un paquet renfermant la liste des citoyens ayant le droit de vote, les lois, indications et instructions relatives à la convocation de l'assemblée, qui en reçoit les lectures essentielles.

On procède au scrutin pour la nomination du bureau définitif. Chaque membre dépose son bulletin de vote dans le vase du scrutin et, dans un carton ouvert, un autre billet contenant son nom. On fait un réappel. Le scrutin est fermé à midi et il est

---

(1) DUVERGIER, t. X, p. 244.

(2) L'administration communale fit publier de nouveau la liste des électeurs. *État général des Citoyens du Canton de Nancy intra muros, qui, aux termes de la Constitution de l'an III, ont droit d'élire et d'être élu* (sic) *dans les Assemblées primaires de l'an VI.* Cet état contient pour les huit sections, 228, 485, 268, 232, 315, 269, 252 et 414 noms.

reconnu que, sur 125 votants, le citoyen Louis Saulnier obtient 76 suffrages et il est nommé président. A 2 heures, on passe à l'élection du secrétaire. Sur 139 votants, Jean-Baptiste Demontzey obtient 75 voix et est proclamé élu. Président et secrétaire prêtent individuellement le serment de haine à la royauté et à l'anarchie, de fidélité et d'attachement à la République et à la Constitution de l'an III. On procède par scrutin de liste simple à la nomination des trois scrutateurs. Chaque membre, avant de voter, prête individuellement à haute voix le serment de haine à la royauté dont la formule est affichée en gros caractères. L'appel et le réappel faits, le scrutin est déclaré fermé et, sur 135 votants, Thomassin, huilier, réunit 78 voix ; Limonier, serrurier, 63 ; Nicolas Florentin, sellier, 59 ; ils sont déclarés élus(1). Les citoyens Cognel, Othenin, Voynant fils, qui ont ensuite obtenu le plus de voix, sont nommés scrutateurs adjoints.

Le 2 germinal, les membres élus et proclamés pour former le bureau sont installés. Le président lit l'article 7 du titre I de la loi du 25 fructidor, et déclare que, durant la session de l'assemblée, il ne mettra aux voix aucune proposition étrangère aux objets pour lesquels elle est convoquée; le secrétaire déclare qu'il ne consignera au procès-verbal aucune proposition de ce genre. Le président communique une lettre de l'administration d'où il résulte que c'est à tort que le citoyen Pierre-Joseph André a été tiré de la liste, sous le faux prétexte qu'il était parent d'émigré. L'assemblée le rétablit sur la liste. Même décision est prise pour Jean Boussard, rentier, et Jean-Nicolas Raybois, tanneur. Il est donné lecture d'une lettre de l'administration municipale établissant que l'assemblée doit procéder à l'élection : 1° de quatre électeurs ; 2° d'un juge de paix de canton et de ses assesseurs qui, aux termes de l'article 212 de la Constitution, ont complété deux années d'exercice ; 3° de sept administrateurs municipaux, attendu que ceux actuels n'en exercent les fonctions que temporairement, en vertu d'un arrêt du Directoire exécutif, raison pour laquelle ils peuvent être réélus. Le secrétaire donne lecture de l'adresse du Directoire exécutif aux Français, relative aux assemblées primaires de l'an VI, du 9 ventôse. On donne lecture de l'article 376 de la Constitution qui est placé dans l'endroit le

(1) Les trois derniers scrutateurs sont nommés à la majorité relative; dans d'autres sections, comme la 2ᵉ et la 6ᵉ, on aura recours à deux ou trois tours de scrutin, si la majorité absolue n'est pas atteinte au premier ou au second tour.

plus visible de la salle. On procède au vote pour la nomination des quatre électeurs.

Dans la séance de l'après-midi on fait le réappel des citoyens qui n'ont pas encore voté. Il y a 178 votants. Est nommé :

Louis SAULNIER, rentier à Nancy, 100 voix (1).

Les citoyens qui ont obtenu ensuite le plus de voix sont : Jean-Baptiste Demontzey, Limonier, François Thomassin, Othenin, etc.

Le 3 germinal, l'assemblée procède au second tour de scrutin. Il y a 168 votants ; sont nommés :

Jean-Baptiste DEMONTZEY, fabricant, 114 voix ;
François-Joseph THOMASSIN, huilier, 113 ;
Jean-Baptiste LIMONIER, serrurier, 109 (2).

Venaient ensuite André-Thomassin, homme de loi ; Othenin, Florentin, sellier, etc.

On décide d'ajourner l'élection du juge de paix jusqu'au moment où la 2ᵉ section aurait terminé la nomination des électeurs.

Le 5 germinal, après-midi, la séance est reprise ; le secrétaire donne lecture des procès-verbaux des deux séances du 2 et de celle du 3. On donne lecture d'une lettre de la municipalité informant l'assemblée que Jean-Blaise Clément, militaire retiré, avait été omis par erreur sur la liste principale des votants ; il est admis à voter. On fait l'appel et le réappel. Il y a 155 votants. Les citoyens Limonier et Thomassin sont chargés de porter le recensement à l'administration municipale devant laquelle doit avoir

(1) Cf. *Tableau des électeurs nommés en germinal de l'an VI par les assemblées primaires du département de la Meurthe*. A Nancy, Pierre Barbier, 25 pages in-4°.

(2) On trouve la liste des membres de l'assemblée électorale dans le *Patriote de la Meurthe*, journal de Thiébaut, numéro du 6 germinal an VI. Les divers numéros de ce journal de cette époque contiennent des exhortations aux électeurs de faire de bons choix. « Après les crises révolutionnaires étouffées par le besoin du repos constitutionnel, après les guerres désastreuses et sanglantes entre les hommes libres et les tyrans, couronnées par le triomphe de la Révolution et par la gloire des défenseurs de la liberté et de l'égalité, enfin après l'organisation de la Constitution de l'an III et l'immortelle journée du 18 fructidor, la Patrie a espéré que ses vrais enfants feraient des choix dignes d'elle, pour remplir les emplois que le peuple souverain distribue pour la législation et l'administration de la République. Vous êtes occupés de ces choix, citoyens, et vous ne tromperez pas l'espérance de la Patrie. » Ce journal, d'après Noël, *Catalogue*, p. 631, a commencé en l'an IV ; mais les numéros des années IV et V n'ont pas été retrouvés.

lieu le recensement général. Ce recensement a lieu le 6, à 10 heures du matin. Il y a en tout 375 votants. Obtient la majorité absolue et est élu :

CHAMPEL, juge de paix actuel, 208 voix.

Le 6 germinal, à 10h 15, l'assemblée procède à l'élection de six assesseurs par scrutin de liste. Le réappel est fait dans la séance de l'après-midi. Il y a 113 votants. Louis Saulnier et Limonier sont chargés de porter le résultat à l'administration municipale où doit avoir lieu le recensement général avec celui de la 2e section. Ce recensement est proclamé le soir ; il y a dans l'ensemble 232 votants. Sont élus :

GEOFFROY, passementier, 140 voix ;
PERRIN, chandelier, 139.

Le 7 germinal, au matin, on procède au second tour de scrutin pour l'élection des quatre assesseurs qui restent à nommer. Il y a 78 votants. Le résultat est porté à l'administration municipale où doit avoir lieu le recensement des deux sections. Le nombre total des votants est de 185. Obtient la majorité et est élu :

DESVOGES père, chapelier, 124 voix.

Dans l'après-midi, il est procédé au troisième tour du scrutin. Il y a 60 votants. Le recensement général, fait devant l'administration municipale, accuse en tout 156 votants ; sont élus à la majorité absolue ou relative :

COLINY, général, 100 voix ;
VOYNANT fils, 71 ;
PLASSIART, assesseur, 68.

Recensement général pour l'élection de la municipalité

8 germinal. Premier tour de scrutin. Votants 897.

Élus : JEANROY, marchand, 706 voix ;
LALLEMAND, médecin, 686 ;
GORMAND, médecin, 544.

9 germinal. Deuxième tour. Votants 868.

Élus : COLINY, ex-général, 636 voix ;
ROUSSEAU aîné, 611 ;
COLLIN, ex-capitaine, 499.

10 germinal. Troisième tour. Votants 626.

Élu : BOTTA, administrateur municipal, 316 voix (1).

Le 11 germinal, à 9 heures, le président annonce le résultat du troisième tour de scrutin pour l'élection des administrateurs municipaux. Le secrétaire communique une lettre de l'administration municipale par laquelle elle prévient l'assemblée que les citoyens Coliny, général, et Collin, capitaine, ayant opté pour les fonctions municipales, les 1re, 2e, 7e et 8e sections ont à pourvoir à leur remplacement comme assesseurs; dans ces circonstances, l'assemblée pense que les autres sections ne doivent terminer leurs sessions qu'une fois le résultat définitif proclamé. En conséquence on procède à l'élection d'un assesseur en remplacement de M. Coliny. Il y a 40 votants. Le recensement général des deux sections a lieu à midi et demi. Il y a en tout 89 votants; mais aucun citoyen ne réunit la majorité absolue.

L'après-midi, il est procédé à un second tour de scrutin. Il y a 67 votants. Le recensement général des deux sections a lieu à 5 heures. Sur 153 suffrages exprimés, est élu :

THOMASSIN, huilier, juge de paix, 79 voix,

qui est nommé assesseur en place du citoyen Coliny.

2e SECTION

Le 1er germinal, les citoyens de la 2e section, convoqués au son de la cloche et au bruit du tambour, s'assemblent dans la salle de médecine. Le bureau d'âge est formé de Deranton, président; Mansuy, Gilbeau, Dufresne, scrutateurs; Bellaire le jeune, secrétaire. Un officier municipal présente la liste imprimée des citoyens actifs de la 2e section et dépose sur le bureau la loi du 18 ventôse ainsi que toutes celles qui y sont rappelées. On a observé que les administrateurs municipaux avaient fait placarder la liste de tous les citoyens de la commune, ainsi que celle de ceux qui étaient empêchés par les lois, de même que celle de ceux qui avaient été élus électeurs en l'an V et qui, aux termes de la loi, ne pouvaient être choisis en la présente année.

On procède à l'élection du bureau définitif. Les deux premiers tours pour l'élection d'un président ne donnent aucun résultat.

(1) Cf. *Le Patriote de la Meurthe*, numéro du 12 germinal an VI.

Au troisième tour, qui a lieu entre les citoyens Dufresne et Lelan, le premier obtient, sur 232 votants, 118 voix, le second 111 et il y a 3 voix perdues. Le citoyen Dufresne est proclamé président et prête le serment de haine à la royauté.

L'après-midi on procède à l'élection du secrétaire : sur 162 votants, Lelan obtient 108 voix et est proclamé élu. Dufresne renouvelle le serment rappelé ci-dessus que prête aussi Lelan. On procède au vote pour l'élection des scrutateurs ; sur 182 votants, aucun citoyen n'obtient la majorité absolue. Le citoyen Jean Boussard, rentier, âgé de soixante-sept ans, a été porté par erreur sur la liste des ex-nobles. Il est admis à voter.

Le 3 germinal, il est procédé à un second tour pour l'élection des scrutateurs. Tout citoyen, en déposant son bulletin dans l'urne, prête à haute et intelligible voix, comme dans la séance précédente (1), le serment de haine à la royauté. Il y a en tout 205 votants, plus 12 voix perdues. Sont élus à la majorité absolue les citoyens Crampel, Aubertin et Geoffroy.

L'après-midi du tridi (2), les procès-verbaux précédents sont adoptés. On prête le serment voulu par le paragraphe 3 du chapitre II de la loi du 18 ventôse an VI, et, l'assemblée excédant le chiffre de 200, on procède à la formation d'un deuxième bureau. Le premier bureau se retire pour céder le local aux citoyens devant former le second.

Le quartidi, on procède à l'élection des quatre électeurs. Il a été reconnu que le premier bureau a 91 votants, le second 123 ; mais aucun citoyen ne réunit la majorité absolue.

A 3 heures de l'après-midi, il est procédé au second tour de scrutin : il y a 88 votants dans le premier bureau, 122 dans le second, total 210. Sont nommés électeurs :

Augustin CRAMPEL, juge de paix à Nancy, 130 voix ;
François DUFRESNE, juge au tribunal civil, 106.

Le quintidi, 5 germinal, à 8 heures, on procède au troisième tour de scrutin, qui réunit 229 votants. Sont nommés électeurs :

René AUBERTIN, président du tribunal criminel, 127 voix ;
François GEOFFROY, passementier à Nancy, 107.

(1) Le secrétaire avait négligé de mentionner ce détail.
(2) Lelan, maître d'école, secrétaire, affectera désormais d'employer ces termes.

L'après-midi, après entente avec la 1ʳᵉ section, il est procédé dans les deux bureaux à la nomination du juge de paix du canton de Levant. Il y a en tout 220 votants. Le scrutin dépouillé est porté, par les citoyens Geoffroy et Coliny, à l'administration municipale, où a lieu, le lendemain, le recensement général.

Le sextidi, il est procédé à l'élection de six assesseurs. Le scrutin continué l'après-midi est dépouillé (129 votants), et le résultat porté à l'administration municipale pour le recensement général.

Le septidi, au matin, deuxième tour de scrutin (139 votants); au soir a lieu le troisième tour (93 votants).

L'octidi, après proclamation du dernier scrutin sur les assesseurs, on ouvre le scrutin pour la nomination des administrateurs municipaux : le scrutin est continué et dépouillé l'après-midi (200 votants). Les citoyens Aubertin et Jacob sont nommés commissaires pour porter le résultat à l'administration municipale et assister au recensement général.

Le nonidi, au matin, il est procédé à un second tour pour les quatre administrateurs restant à nommer; le scrutin est continué et dépouillé l'après-midi (176 votants).

Le décadi, au matin, il est procédé à un troisième tour pour le septième administrateur restant à nommer. Le scrutin est aussitôt dépouillé (126 votants).

Le primidi, 11 germinal, on donne lecture d'une lettre de l'administration municipale annonçant que, Coliny acceptant le poste d'officier municipal, il fallait le remplacer comme assesseur du juge de paix. On procède aussitôt au scrutin pour le remplacer (49 votants).

L'après-midi il est procédé au second tour de scrutin (86 votants).

Le 13 germinal, à 10 heures du matin, il est donné avis de l'élection du citoyen Thomassin. On lit ensuite une lettre de l'administration municipale de Nancy, annonçant que toutes les assemblées primaires de son canton ayant terminé leurs opérations, elles pouvaient et devaient se dissoudre. Le président prononce la dissolution de l'assemblée.

3ᵉ Section

Le 1ᵉʳ germinal, la 3ᵉ section se réunit dans le lieu indiqué par l'administration municipale. Le citoyen Jeanroy, administrateur, dépose sur le bureau les lois et documents relatifs aux élections. Le bureau d'âge est formé de Claude Fauchon, président ; Charles Daouse, Ferréol Albert et Henry Barthelet, scrutateurs ; Jean Robaine, le plus jeune, secrétaire. On passe à l'élection du président définitif. Il y a 91 votants ; mais aucun citoyen ne réunit la majorité absolue. Le citoyen Huin, non inscrit sur la liste et qui se présente pour voter, n'est pas admis. Au second tour, sur 95 votants, Gouget réunit 53 voix et est proclamé président.

L'après-midi, on procède à l'élection du secrétaire. Il y a 108 votants, mais aucune majorité absolue. Au second tour, sur 93 votants, le citoyen Marton fils réunit 48 voix et est proclamé élu. Président et secrétaire prêtent le serment de haine à la royauté, etc. On procède au scrutin pour l'élection des trois scrutateurs. Chaque citoyen prononce le serment prescrit. Sur 77 votants, la majorité relative est acquise à Morot, brasseur, Bournique, rentier, et Tisserand, greffier. Les citoyens Daouse, aubergiste, Darchinal, fruitier, et Albert, instituteur, qui ont ensuite obtenu le plus de voix, sont nommés suppléants. Le président donne lecture de l'article 7 du titre I de la loi du 25 fructidor, et fait, ainsi que le secrétaire, la déclaration d'usage.

Le 2 germinal, le président annonce qu'on va procéder à la nomination des quatre électeurs ; il donne lecture de la lettre du ministre de la police générale et de la proclamation du Directoire exécutif concernant les assemblées primaires; tous les citoyens applaudissent aux mesures salutaires prises. Le citoyen Huin présente une délibération de l'administration municipale lui donnant la faculté de voter ; un des membres prétend que Huin avait été anobli par la place qu'il occupait et par les titres qu'il prenait de seigneur d'Andilly et de Bricy, qu'il avait été compris sur l'état des citoyens à dénommer comme nobles. L'assemblée statue que Huin ne serait pas admis à voter qu'il n'ait au préalable exhibé de sa non-noblesse. Il y a 122 votants.

L'après-midi, on dépouille le scrutin. Est élu : Marton fils, officier retiré, par 63 voix.

Le 3 germinal, on procède au second tour pour lequel il y a 102 votants. Personne n'a réuni la majorité absolue, et il est procédé à un troisième tour. Les citoyens Morot, brasseur, Bagard, vannier, et Bournique, rentier, ayant obtenu le plus de suffrages, sont proclamés électeurs. La 4e section n'ayant pas terminé ses opérations, l'assemblée s'ajourne jusqu'à nouvel ordre.

Le 4 germinal, l'assemblée se réunit extraordinairement pour répondre à deux demandes du tribunal civil concernant les citoyens Huin et Febvé. Le président charge son bureau de la réponse. D'après les observations faites, plusieurs citoyens réclament contre la nomination des citoyens Marion fils et Morot, prétendant qu'ils ne pouvaient être élus. L'assemblée donne aux prévenus toute latitude pour prouver leur résidence et leurs qualités requises. L'assemblée reconnaît que Marton était en règle ; mais que Morot n'avait pas une année de résidence et qu'il ne devait pas voter.

L'après-midi, il est décidé qu'on recommencerait les élections pour les trois scrutateurs et le restant des opérations. Sur 84 votants, sont élus scrutateurs, à la majorité absolue : Bournique, Tisserand et Flambau ; les citoyens Rollin, Collot et Flambau, chandelier, ont été nommés suppléants. On a procédé à l'élection des quatre électeurs ; il y a 108 votants. Est élu :

Pierre BOURNIQUE, rentier à Nancy, 63 voix.

Le 5 germinal, à 8 heures du matin, il est procédé au second tour de scrutin, il y a 106 votants. Sont nommés :

Joseph BAGARD, officier retiré, 62 voix ;
Marc-Antoine MARTON, officier retiré, 67 ;
Sylvestre COLLAUD, ex-général, 59 (1).

L'après-midi, il est procédé à l'élection du juge de paix qui doit être faite conjointement avec la 4ᵉ section. Il y a 113 votants. Le résultat du scrutin est porté à l'administration municipale par Tisserand et Bournique, pour être recensé avec celui de la 4ᵉ section. Du recensement général, il résulte qu'il y a en tout 217 votants, et qu'est nommé :

DOMMARY, juge de paix actuel, 146 voix.

Le 6 germinal (2), l'assemblée procède à la nomination des six assesseurs. Il y a 65 votants. Le recensement général avec la 4ᵉ section a lieu devant l'administration municipale à 3 heures. Il y a au total 138 votants. Sont élus :

SUISSE, assesseur, ancien d'âge, 76 voix ;

_____

(1) Sur la liste imprimée, on a mis par erreur le nom de Morot, brasseur, au lieu de celui de Collaud.

(2) Les procès-verbaux des séances des 6 et 7 sont en déficit : nous y suppléons avec ceux du recensement général. A. M., I. 3. Au dossier sont jointes les feuilles de scrutin dans la 3ᵉ et la 4ᵉ section.

Gouan, assesseur, 76 (1).

Un second tour a lieu à 3ʰ 15 dans les sections 3 et 4. Le recensement général a lieu à 8 heures du soir. Il y a en tout 127 votants (64 dans la 3ᵉ section, 63 dans la 4ᵉ). Personne ne réunit la majorité absolue (2).

Le 7 germinal, un troisième tour de scrutin a lieu dans les sections 3 et 4. Le recensement général est fait à 3 heures. Il y a 110 votants (42 dans la 3ᵉ section, 68 dans la 4ᵉ). Sont élus :

Sibien, agent de change, 55 voix ;
Bournique, rentier, 46 ;
Barbillat, 45 ;
Fallois, dentiste, 41.

Les 8, 9 et 10 germinal, il est procédé à l'élection des sept administrateurs. Le 13, l'assemblée se réunit ; on lui annonce que toutes les opérations électorales sont terminées, et le président la déclare dissoute.

4ᵉ Section

Le 1ᵉʳ germinal, les citoyens composant la 4ᵉ section se réunissent en assemblée primaire dans l'une des salles du ci-devant collège. Le bureau d'âge est formé de Jean-Nicolas Fallois, président ; Nicolas Menez, Jean-Joseph Hantz, Joseph Lionnet, scrutateurs ; Bachot, le plus jeune, secrétaire. On procède à l'élection du bureau définitif. Les bulletins sont déposés dans le vase du scrutin, et chaque citoyen met dans un carton ouvert à côté un bulletin contenant son propre nom. Il y a 122 votants ; mais personne n'obtient la majorité absolue. On procède à un second tour qui est continué et dépouillé dans la séance de l'après-midi (149 votants). Il ne donne de même aucun résultat. Le troisième tour a lieu entre Henry, juge au tribunal, et Claude Thiébaut, marchand. Sur 149 votants, Thiébaut réunit 75 voix et Henry 70 ; il y a 4 voix perdues. Thiébaut est proclamé président et prête le serment de haine à la royauté, etc. Le premier tour de scrutin pour la nomination du secrétaire ne donne aucun résultat.

Le 2 germinal, on procède au second tour (129 votants) qui ne donne aucun résultat. Le troisième tour doit avoir lieu entre

---

(1) Viennent ensuite Barbillat, 51 voix ; Sibien, 51 ; Fallois, 49, etc.
(2) Sibien, 44 voix ; Barbillat 44 ; Bournique, 40 ; Flamban, 39, etc.

les citoyens Bachot et Rollin. Sur 154 votants, Bachot obtient
85 voix et est nommé secrétaire ; il prête le serment voulu. L'après-
midi, on passe à l'élection des scrutateurs. Chaque membre,
avant de voter, prête le serment prescrit et dont la formule est
écrite en gros caractères sur un carton. Sur 118 bulletins, Thouvenin Fallois en réunit 64, soit la pluralité ; mais, comme le
bulletin des résolutions du conseil des Cinq-Cents sous le n° 277
portait que l'élection des scrutateurs se faisait à la pluralité relative, sont encore nommés scrutateurs, Laurent, cordonnier
(59 voix), et Sébastien Desrivages (56). Les citoyens Regneault,
Michel, régisseur, et Rollin, qui ont ensuite obtenu le plus de
voix, sont nommés suppléants. Les trois scrutateurs prêtent le
serment exigé. Le président donne lecture de l'article 7 de la
loi du 25 fructidor et fait, ainsi que le secrétaire, la déclaration
voulue.

Le 3 germinal, un citoyen fait observer que l'on s'était trompé
dans l'application du mode de scrutin pour l'élection des deux
derniers scrutateurs ; l'assemblée décide de recommencer ce
scrutin. Plusieurs citoyens qui ne sont pas inscrits sur la liste
principale se présentent pour en faire l'observation ; mais, comme
leurs noms se trouvent sur le registre supplémentaire, il est décidé
qu'ils seront appelés après les autres. Il est donné lecture de
l'article 376 de la Constitution. Le scrutin est commencé. Un
réappel est fait dans la séance de l'après-midi. Sur 142 votants,
Sébastien Lelong, dit Desrivages, obtient 78 voix ; Laurent, cordonnier, 74, et ils sont déclarés élus. Ils prêtent le serment voulu
par la loi. Le président et le secrétaire font chacun les déclarations d'usage. Les citoyens Balthasar et Petinger sont admis à
voter. On procède au vote pour la nomination des électeurs ;
chaque citoyen prête, avant de déposer son bulletin, le serment
de haine à la royauté. Il y a 141 votants. Sont élus :

> Laurent-Léopold THOUVENIN-FALLOIS, homme de loi,
> 75 voix ;
> Sébastien LELONG, dit DESRIVAGES, coutelier, 71.

Le 4 germinal, il est procédé au second tour. Sur 97 votants,
sont nommés :

> Nicolas LAURENT, marchand-cordonnier, 52 voix ;
> Claude THIÉBAUT, journaliste et marchand, 51.

L'assemblée décide, sur la demande du citoyen Dommary père,

que son fils, étant en activité de service à l'armée, n'avait pas le droit de vote. Toutes les voix données à Dommary doivent donc être attribuées au père. Puis l'assemblée, après s'être entendue avec la 3ᵉ section, s'ajourne pour l'élection du juge de paix.

A 4 heures, les citoyens sont convoqués au son de caisse et de la cloche pour continuer leurs opérations. Mais l'assemblée est ajournée, la 3ᵉ section n'ayant pas fini la nomination des électeurs.

Le 5 germinal, à 2 heures, l'assemblée se réunit de nouveau et vote pour la nomination d'un juge de paix. Il y a 104 votants. Le résultat du scrutin est porté à l'administration municipale par Desrivages et Laurent pour le recensement général.

Le 6 germinal, l'élection de Dommary est proclamée et le scrutin est ouvert pour l'élection des six assesseurs. Il y a 73 votants. Un second tour a lieu l'après-midi. Le citoyen Desrivages, scrutateur, remplace le secrétaire absent, et Michel, suppléant, remplit les fonctions de scrutateur. Il y a 63 votants. Le 7 germinal a lieu le troisième tour de scrutin avec 68 votants.

Le 8, les derniers assesseurs nommés sont proclamés, et on procède à l'élection de sept officiers municipaux de la commune. On décide, sur la demande de la municipalité, de faire le recensement par ordre alphabétique. L'après-midi, on fait le réappel et on dépouille le scrutin (99 votants); deux scrutateurs sont chargés de le porter à la maison commune.

Le 9, le président annonce le résultat du premier tour, et l'on procède au second tour pour la nomination des quatre administrateurs qu'il reste à élire. Un réappel est fait l'après-midi et le scrutin est dépouillé (81 votants).

Le troisième et dernier tour pour la nomination du septième administrateur a lieu le 10 germinal au matin (53 votants). Le 13 germinal, à 8 heures, a lieu une courte séance de clôture.

5ᵉ SECTION

Les citoyens de la 5ᵉ section se réunissent en assemblée primaire. Un membre de l'administration municipale dépose sur le bureau les instructions propres à diriger les opérations de l'assemblée (Suit l'énumération de ces pièces au nombre de 21). Le bureau d'âge est formé de Nicolas Martin, rentier, président ; Desrivages père, Joseph Rey père et Jean Rolin, scrutateurs ; François Mallarmé, le plus jeune, secrétaire. On procède aux élections pour l'élection du président et du secrétaire ; le premier tour (105 votants) ne donne aucun résultat.

L'après-midi, un membre observe que la nomination du président et du secrétaire doit se faire par scrutin séparé, en vertu de l'instruction du 18 ventôse dernier. On annule donc le vote du matin et on commence le scrutin pour l'élection du président. Au dépouillement, on trouve dans le vase d'élection 145 bulletins, dans le carton ouvert il y en a 149 ; d'après la liste servant à faire l'appel nominal, 144 ont répondu à l'appel. A cause de cette divergence, le scrutin est annulé.

Le 2 germinal, on procède à un nouveau scrutin. Il y a 148 votants ; Bonfils père est élu par 80 voix. L'après-midi, on passe à l'élection du secrétaire. Le premier tour de scrutin (160 votants) ne donne aucun résultat. Au deuxième tour (149 votants), Rey fils, ancien militaire, est élu par 110 voix.

Le 3 germinal, président et secrétaire sont installés et prêtent le serment de haine à la royauté, etc. Puis on procède à la nomination des trois scrutateurs à la pluralité relative. Chaque votant prête le serment requis. Sur 165 votants, Lucion l'aîné obtient 62 voix ; Pierron, commis à l'enregistrement, 50 ; Receveur, assesseur, 37. Ils sont proclamés scrutateurs, le dernier au bénéfice de l'âge, Prévôt, marchand de vin, ayant aussi obtenu 37 voix. Sont déclarés suppléants : Prévôt, Rey père et Saladin qui ont obtenu ensuite le plus grand nombre de suffrages.

L'après-midi, le citoyen Jean-Baptiste Simon, huissier au tribunal civil, réclame contre sa non-inscription sur la liste des citoyens ayant droit de vote ; sa réclamation n'est pas acceptée, sauf à lui de se pourvoir au tribunal civil. Les trois scrutateurs définitifs prennent place au bureau. Président et secrétaire font les déclarations exigées par la loi. On passe à la nomination des électeurs ; le choix peut porter sur tous les citoyens remplissant les conditions d'éligibilité, à l'exception des électeurs nommés en l'an V. Les citoyens n'ayant pas encore prêté le serment le prêtent au moment du vote. Il y a 176 votants. Est élu :

Joseph-François Bonfils, chef de bureau à l'administration centrale du département, 133 voix.

Aucun autre citoyen n'obtient la majorité absolue.

Le 4 germinal, on passe au second tour de scrutin. Il y a 146 votants. Sont élus :

Jean-Baptiste REY, fils aîné, 96 voix ;

Jean-Joseph RECEVEUR, vétéran, 81.

L'après-midi, a lieu le troisième tour de scrutin. Il y a 150 votants. Est élu :

Claude LUCION l'aîné, 98 voix.

On s'ajourne au lendemain, pour procéder, concurremment avec la 6e section, à l'élection d'un juge de paix du territoire du Couchant.

Le 5 germinal, cette élection a lieu. Il y a 158 votants. Le scrutin est dépouillé et le résultat porté à la municipalité par les commissaires Receveur et Lucion. Le recensement général accuse 281 votants. Est élu :

SCHOULLER, juge de paix actuel, 235 voix (1).

L'après-midi, il est procédé à l'élection des six assesseurs. Il y a 98 votants. Le scrutin est dépouillé et le résultat porté à la maison commune. Le recensement général, fait le 6 germinal à 7 heures, accuse 190 votants. Ont été élus :

BONFILS père, 154 voix ;

RECEVEUR, 123 ;

JACQUEMIN fils, homme de loi, 100 ;

NOËL, ancien greffier, 99.

Le même jour 6 germinal au matin, à 9 heures, il est procédé à un second tour. Il y a 97 votants. Le scrutin est dépouillé et le résultat porté, sous enveloppe, à la maison commune. Le recensement général accuse 172 votants. Ont obtenu :

LUCION l'aîné, 121 voix

FACHOT, bibliothécaire, 107.

Le 8 germinal, à 8 heures du matin, l'assemblée, interrompue depuis le 6 à midi, les autres sections n'ayant pas terminé l'élection des assesseurs, a procédé à l'élection des sept administra-

---

(1) Le 8 thermidor an VIII (27 juin 1800), les assesseurs de la justice de paix du territoire du Couchant, convoqués par le premier d'entre eux, se réunissent au greffe du tribunal, et le greffier leur donne lecture d'une lettre du citoyen Schouller, par laquelle il annonce qu'ayant été nommé par le premier consul à une des places de juge du tribunal d'appel de la Meurthe, il opte pour cette place et donne sa démission de juge de paix. Les assesseurs, au nombre de six, procèdent en conséquence à l'élection de l'un d'entre eux comme juge. Noël est nommé par 5 voix.

teurs municipaux. Le scrutin est terminé à midi et il est procédé sur-le-champ à son dépouillement. Il y a 163 votants. Le résultat est porté à la municipalité par les citoyens Pierron et Lucion pour le recensement général.

Le 9 germinal, à 9 heures, l'assemblée entend la proclamation des trois premiers administrateurs élus ; elle procède au second tour de scrutin qui est continué l'après-midi. Le scrutin est fermé à 4 heures, douze citoyens seulement se sont présentés dans l'après-midi. Il y a 110 votants. Le recensement général est porté à la maison commune.

Le 10 germinal, à 2 heures, le président annonce l'élection des 4e, 5e et 6e administrateurs municipaux et aussitôt il est procédé à un troisième tour de scrutin pour la nomination du 7e administrateur. Il y a 97 votants. Le scrutin est dépouillé et porté à la municipalité pour le recensement général.

Le 13 germinal, à 10 heures, le président annonce l'élection du citoyen Botta, comme 7e administrateur et déclare l'assemblée dissoute. Cependant elle ne s'est rompue qu'après une nouvelle invocation à la Liberté, par le chant de la strophe : *Amour sacré de la patrie,* auquel ont participé tous les citoyens présents, ainsi qu'au cri répété de : Vive la République !

6e Section

Le 1er germinal, les citoyens composant la sixième assemblée primaire de la commune de Nancy se sont réunis de plein droit en exécution de l'article 27 de l'acte constitutionnel dans une des salles de la maison dite celle de l'Université.

Le citoyen Botta, administrateur municipal, dépose sur le bureau les documents nécessaires. Le bureau d'âge est formé de Munier, receveur de l'enregistrement, président ; Maizière, Noël et Norbert Chardard, scrutateurs ; Saulnier le jeune, secrétaire. On passe à l'élection du président définitif. Chaque votant dépose dans le vase de scrutin le billet d'élection et dans un autre vase un billet contenant son nom. Après le réappel, le scrutin est déclaré fermé. Le scrutin qui réunit 126 votants ne donne aucun résultat.

L'après-midi, le second tour de scrutin, avec le même chiffre de 126 votants, ne donne aucun résultat. Le troisième tour doit décider entre les citoyens Lallemand et Villiez qui ont obtenu le plus de voix au second tour. Sur 94 votants, Lallemand réunit 60 voix et est proclamé élu. Pour la fonction de secrétaire, Saulnier le jeune est élu par 68 suffrages sur 93 votants.

Le 2 germinal, le président et le secrétaire prêtent le serment prescrit. On passe à l'élection des scrutateurs. Chaque votant prête individuellement le serment exigé par la loi. Sur 117(1) votants, Tisserand réunit 68 suffrages.

L'après-midi, au second tour, Thiboust est élu scrutateur par 63 voix sur 116 votants. On passe à un troisième tour pour lequel les suffrages des votants peuvent se porter librement sur tous les citoyens (2). Il y a 88 votants ; Deschiens est proclamé élu, ayant obtenu 59 voix.

Le 3 germinal, à 8 heures, le bureau définitif est installé. Le président et le secrétaire font les déclarations exigées. Il est donné lecture des lois et des indications données par l'administration municipale. L'assemblée n'étant pas composée de plus de 200 membres, il n'y a pas lieu de la diviser en deux bureaux particuliers ; il est donné lecture de l'article 376 de la Constitution. On procède à l'élection des quatre électeurs. Il y a 139 votants. Sont élus :

> François-Antoine LALLEMAND, président de l'administration municipale, 93 voix ;
> Jean-Baptiste TISSERAND, cordonnier, 81.

L'après-midi, on passe au second tour qui réunit 129 votants. Sont élus :

> Charles DESCHIENS, marchand de planches, 98 voix ;
> Joseph THIBOUST, huissier, 81.

L'assemblée s'est ajournée jusqu'à ce que la 5ᵉ section eût terminé la nomination des électeurs.

Le 5 germinal, à 8 heures, on procède à l'élection du juge de paix du territoire du Couchant. Il y a 123 votants. Le résultat est porté à la municipalité par deux scrutateurs pour le recensement général des deux sections. L'après-midi, on passe à la nomination des six assesseurs. Il y a 92 votants. Le recensement général a lieu à la maison commune.

_____

(1) Le procès-verbal porte par erreur 177.
(2) Quand l'élection s'est faite au scrutin de liste, les suffrages des électeurs peuvent se porter au troisième tour librement sur tous les citoyens, et l'élection est déterminée par la pluralité relative. Loi du 18 ventôse an VI, chapitre II, § 2.

Le 6 germinal, on annonce l'élection de quatre assesseurs ; il est procédé à un second tour de scrutin pour la nomination des 5ᵉ et 6ᵉ (75 votants). Le recensement est porté à l'administration municipale pour le recensement général.

Le 8 germinal, scrutin pour les sept administrateurs municipaux ; il est dépouillé dans l'après-midi (votants 103). Le 9 germinal, deuxième tour, dépouillé l'après-midi (98 votants). Le 10 germinal, à 2 heures, troisième tour (87 votants). Le 13 germinal, à 9 heures, on annonce l'élection du citoyen Botta. Le président déclare que l'objet de la convocation étant rempli, l'assemblée est dissoute.

7ᵉ Section

Le 1ᵉʳ germinal, les citoyens de la 7ᵉ section se réunissent en la salle du tribunal du commerce. L'un des administrateurs municipaux dépose sur le bureau un paquet contenant les lois, proclamations et instructions relatives à la tenue des assemblées primaires. Le bureau d'âge est formé de Viard, président ; Durand l'aîné, Pierre Estienne et Fingault, scrutateurs ; Drouinot fils, le plus jeune, secrétaire. On passe à l'élection du président définitif ; le premier tour, qui réunit 114 votants, ne donne aucun résultat. Au second tour, sur 74 votants, Guivard, imprimeur, est élu par 55 voix.

L'après-midi, au premier tour, sur 119 votants, Viole, ancien tailleur, est élu secrétaire par 73 voix. Président et secrétaire prêtent individuellement le serment de haine à la royauté, etc. On passe à l'élection des trois scrutateurs, et chaque votant prête individuellement le serment précité. Sur 101 votants sont élus Bourgeois, horloger, 69 voix, Vacquier, boucher, 59. Au second tour, sur 58 votants, Grandjean père est élu par 46 voix. On nomme scrutateurs adjoints Fingault et Grapain qui ont obtenu ensuite le plus de voix.

Le 2 germinal, au matin, les trois scrutateurs prennent place au bureau et prêtent le serment de haine à la royauté, etc. Le président et le secrétaire font les déclarations exigées ; le secrétaire donne lecture du titre III de la Constitution et de l'article 376 qui est affiché en gros caractères. Un très grand nombre de citoyens, omis sur les listes, sont admis à voter, après qu'on eut consulté le commissaire de police sur les contributions payées

par eux, et le sergent-major tenant le rôle de la garde nationale
sédentaire. D'autres, quoique non imposés au rôle des contributions, sont admis, parce que, n'étant plus attachés à aucun
corps d'armée, ils avaient fait une ou plusieurs campagnes pour
l'établissement de la République. On repousse le citoyen Bazoche
qui est domestique à gages, le citoyen Caïn, inspecteur de la
gendarmerie nationale, comme militaire en exercice. (L'art. 275
de la Constitution porte : *La force publique est essentiellement
obéissante*.) Les citoyens qui n'avaient pas voté dans la séance
d'hier prêtent le serment prescrit. Le réappel est fait dans la
séance de l'après-midi. Sur 180 votants, sont élus :

> David Bourgeois, horloger, 118 voix ;
> François Guivard, imprimeur, 114 ;
> Osvald Vacquier, boucher, 109 ;
> Charles Grandjean père, ancien menuisier, 107.

L'assemblée s'ajourne jusqu'à ce que la 8ᵉ section eût terminé
la nomination des électeurs.

Le 3 germinal, à 2 heures, l'assemblée procède à l'élection du
juge de paix. Ceux qui n'avaient pas encore prêté le serment de
haine à la royauté le prêtent. L'appel fini, plusieurs citoyens se
présentent pour voter ; l'assemblée les admet, après avoir
entendu le commissaire de police et le sergent-major de la garde
nationale sédentaire. On fait ensuite le réappel et le président
renvoie au lendemain le dépouillement du scrutin.

Le 4 germinal, au matin, ce dépouillement a lieu (175 votants).
Le résultat est porté à la maison commune par Bourgeois et
Vacquier pour le recensement général. Ce recensement, qui a
lieu à midi, ne donne aucun résultat(1). L'après-midi, a lieu le
second tour de scrutin. L'assemblée admet encore à voter plusieurs citoyens, non inscrits sur les listes. Il y a 192 votants. Le
résultat du scrutin dépouillé est porté à l'administration municipale. Le dépouillement fait le lendemain, à 10 heures du matin,
accuse 341 votants. Est élu :

> Cléret, assesseur, 177 voix (2).

Le même jour, 5 germinal, à 2 heures, après proclamation du

---

(1) Il y a 319 votants : Voynant fils obtient 113 voix, Cléret 94, et il y a beaucoup de voix disséminées.
(2) Voynant fils obtint 133 voix.

citoyen Cléret, il est procédé à la nomination de six assesseurs. Pendant le vote, le citoyen Cléret se présente à l'assemblée et la remercie. Il demande à l'assemblée qu'elle voulût bien lui donner comme collaborateurs les citoyens Thomas, actuellement juge de paix, et Payonne, actuellement assesseur, pour l'aider de leurs lumières dans la carrière pénible qu'il allait parcourir. Après quoi il s'est retiré. L'assemblée n'a pu sans étonnement entendre cette proposition. Plusieurs membres ont manifesté l'indignation qu'elle leur avait inspirée, attendu qu'elle tendait à influencer la liberté des suffrages. La discussion s'est élevée et l'on a demandé si ce n'était point le cas de l'application de l'article 32 de la Constitution.

L'assemblée, considérant que le citoyen Cléret n'a vendu ni acheté aucun suffrage en sa faveur, puisqu'il ne s'agissait pas de sa personne, qu'il n'a fait qu'inviter les citoyens à lui adjoindre deux collaborateurs éclairés; considérant cependant que cette proposition pouvait influencer les suffrages, a formellement improuvé la conduite du citoyen Cléret, et en a arrêté la mention au procès-verbal, et sur le reste a passé à l'ordre du jour.

Trois citoyens qui réclament leur inscription sur la liste sont admis au vote. Le scrutin, qui réunit 130 votants, est dépouillé et le résultat est remis à Bourgeois et Vacquier pour le recensement général.

Le recensement général, fait le 6 germinal à 11 heures du matin, accuse 268 votants. Obtiennent la majorité absolue et sont élus :

> BARROIS, rentier, 141 voix ;
> BOURGEOIS, horloger, 139 (1).

Le même jour, à 2 heures, il est procédé au second tour de scrutin qui réunit 125 votants. Le citoyen Claude Lamy, fondeur, qui réclame le droit de voter est admis. Le dépouillement du scrutin a lieu. Le recensement général a lieu à la maison commune le 7 germinal au matin. Sur 227 votants est élu :

> Osvald VACQUIER, 115 voix (2).

Le même jour, 7 germinal, à 2 heures, a lieu le troisième

---

(1) Venaient ensuite Vacquier, 132 ; Mauvais, 112 ; Grandjean père, 108 ; Chaillon, 81, etc.

(2) Venaient ensuite Grandjean père, 108 ; Colin, 102 ; Mauvais, 91, etc.

scrutin pour la nomination des trois assesseurs qu'il reste à choisir. L'assemblée admet à voter le citoyen Christophe Louvion, marchand épicier, place de l'Union. Le scrutin, qui réunit 125 votants, est dépouillé et le résultat porté à la maison commune où a lieu, le même soir, le recensement général. Le nombre des votants étant de 203, sont élus :

GRANDJEAN père, 129 voix ;
COLLIN, capitaine 128 ;
MAUVAIS, marchand de fer, 112.

Le 8 germinal, à 9 heures, après proclamation des trois derniers assesseurs, il est procédé à la nomination des sept administrateurs municipaux. Le réappel est fait dans la séance de l'après-midi et l'assemblée admet à voter le citoyen Henry Marlet, artiste. Le nombre des votants est de 117 ; le résultat est remis aux citoyens Bourgeois et Vacquier pour le recensement général avec les sept autres sections.

Le 9 germinal, à 9 heures, après proclamation des trois élus, il est procédé à un second tour pour les quatre derniers officiers municipaux. Le réappel est fait dans la séance de l'après-midi. Il y a 128 votants, Vacquier et Bourgeois sont chargés d'assister au recensement général.

Le 10 germinal, à 2 heures, les trois nouveaux élus sont proclamés. L'assemblée procède au troisième tour de scrutin pour le septième administrateur. Elle admet au vote le citoyen François Épin, tourneur, rue des Maréchaux ; on dépouille le scrutin dont le résultat est porté à la maison commune.

Le 11 germinal, à 2 heures, Botta est proclamé administrateur. Le président donne lecture d'une lettre de l'administration municipale qui prévient l'assemblée que le citoyen Collin, ancien capitaine, a opté pour les fonctions d'administrateur municipal et qu'il faut le remplacer comme assesseur. On procède à l'élection d'un nouvel assesseur. Il y a 66 votants. Le recensement général fait à la maison commune ne donne aucun résultat.

Le 12 germinal, à 9 heures, deuxième tour de scrutin. Il y a 44 votants. Le recensement général accuse 98 votants. Est nommé :

GUIVARD, imprimeur, 64 voix.

Le 13 germinal au matin, ce résultat est proclamé et le président déclare l'assemblée dissoute.

8ᵉ Section

Le 1ᵉʳ germinal, les citoyens se sont réunis dans une des salles des ci-devant Cordeliers. L'assemblée a été ouverte par le citoyen Nicolaÿ, officier municipal, qui déposa sur le bureau les lois et instructions relatives à la tenue des assemblées primaires. Le bureau d'âge est formé du citoyen Belgarde, ancien officier, président ; des citoyens François Lhermitte, François Mouro et Bernard Beuse, scrutateurs ; de Louis Mathieu, le plus jeune, secrétaire. On fait l'appel nominal des citoyens inscrits, puis le réappel et l'on procède à l'élection du président et du secrétaire. Est élu, au troisième tour, président le citoyen Mauvais et secrétaire Brulfer fils. Ils prêtent le serment individuel exigé par la loi. La séance est levée.

Le 2 germinal au matin, il est procédé par un seul scrutin de liste simple à la nomination de trois scrutateurs. Chaque membre appelé prête individuellement le serment prescrit par l'article 11 de la loi du 19 fructidor : sont nommés les citoyens Collin, officier ; Gérard, chapelier, et Lhermitte, officier. Sont nommés scrutateurs suppléants, Harlaut, administrateur du département, Lhermitte père, assesseur, et Lacour, greffier. Le président et le secrétaire font les déclarations prescrites.

A 2 heures, le président donne lecture de l'article 376 de la Constitution et ouvre le scrutin pour l'élection de quatre électeurs : les citoyens qui n'avaient point prêté le serment prescrit dans la séance du matin le prêtent. Le réappel terminé, le scrutin est déclaré fermé. Il y a 148 votants ; est élu :

Nicolas Brulfer fils, toiseur à Nancy, 75 voix.

Le 3 germinal, il est procédé à l'élection des trois autres électeurs ; il y a 137 votants. Sont élus :

Jacques Harlaut, administrateur du département, 113 voix ;
Pierre Gérard, chapelier, 93.

Aucun autre citoyen n'atteint la majorité absolue. Le troisième tour a lieu l'après-midi et est élu, sur 100 votants, à la pluralité relative :

Jacques-Augustin Marin, commissaire du Directoire exécutif près les tribunaux civil et criminel (1).

---

(1) *Le Patriote de la Meurthe* du 6 germinal se félicite des choix faits : « On remarque avec plaisir le fruit que le peuple a recueilli des proclamations du Corps

On procède immédiatement à l'élection d'un juge de paix ; mais, pour marcher conjointement avec la 7ᵉ section, on renvoie au lendemain le réappel.

Le 4 germinal, le réappel est fait. Il y a 144 votants. Le recensement est fait et cacheté et déposé entre les mains des scrutateurs Collin et Lhermitte, chargés de faire le recensement général avec la 7ᵉ section. A 2 heures, il est procédé à un second tour de scrutin qui réunit 149 votants. Les bulletins sont remis aux deux scrutateurs désignés plus haut.

Le 5 germinal, à 2 heures de relevée, on proclame la nomination du citoyen Cléret. On procède immédiatement à l'élection des six assesseurs de la justice de paix. Les billets, au nombre de 138, sont remis entre les mains des citoyens Colin et Brulfer fils, chargés de faire le recensement général avec la 7ᵉ section.

Le 6 germinal, à 2 heures, le président communique une lettre de l'administration municipale qui annonce que sont nommés assesseurs Barrois et Bourgeois : il faut procéder à un second tour de scrutin pour nommer les quatre derniers assesseurs. Il y a 92 votants : les bulletins comptés sont remis à Collin et Brulfer pour le recensement général.

Le 7 germinal, à 2 heures, le président annonce qu'est nommé troisième assesseur le citoyen Osvald Vacquier. On procède au troisième tour de scrutin pour les trois derniers assesseurs.

Le 8 germinal, à 9 heures, le président annonce que sont nommés assesseurs Grandjean père, Collin et Mauvais. On procède à l'élection des officiers municipaux. L'appel et le réappel terminés, le scrutin est déclaré fermé. Il y a 60 billets ; le recensement fait est remis aux citoyens Collin et Gérard, scrutateurs, chargés par l'assemblée d'assister au recensement général conjointement avec les sept autres assemblées primaires.

Le 9 germinal, à 9 heures, il est procédé à un second tour de scrutin pour nommer les quatre derniers officiers municipaux. Il y a 83 votants : le recensement est remis aux mêmes citoyens que précédemment.

---

législatif et du Directoire exécutif sur les élections : car à Nancy surtout, les électeurs nommés sont du nombre des patriotes qui, l'an dernier et l'an précédent, ont mérité de la part des royalistes les honneurs du scrutin de rejet et les invectives les plus grossières. C'est ainsi que le peuple, libre dans l'exercice de ses droits, sait prouver aux républicains prononcés sa confiance que les royalistes s'étaient efforcés de leur ravir. »

Le 10 germinal, à 2 heures, le président annonce que sont nommés officiers municipaux Coligny, Rousseau l'aîné et Collin. Reste à élire le septième officier. On procède au scrutin; il y a 57 votants.

Le 11 germinal, à 2 heures, après la proclamation du citoyen Botta, l'administration municipale fait savoir que le citoyen Collin, ayant opté pour les fonctions municipales, la septième et la huitième assemblée primaire ont à pourvoir à son remplacement comme assesseur du juge de paix. On vote aussitôt pour cette place d'assesseur. Il y a 57 bulletins qui sont remis entre les mains des citoyens Collin et Gérard.

Le 12 germinal, deuxième tour de scrutin. Le chiffre des votants est de 54.

Le 13 germinal, le président, après avoir annoncé l'élection de Guivard, prononce la dissolution de l'assemblée. Tous les procès-verbaux doivent être remis à l'administration municipale.

(Procès-verbaux originaux, A. M., K, 1. Les procès-verbaux de quelques séances font parfois défaut; mais il est aisé d'y suppléer. Pour la nomination des électeurs, on trouve copie authentiquée des procès-verbaux. A. D., L. 208. Pour celle des juges et des assesseurs, on trouve soit l'original, soit un duplicata. A. M., I, 3.)

L'administration municipale du 1er floréal an VI au 1er floréal an VII

Les sept officiers municipaux élus les 8, 9 et 10 germinal, se réunirent le 1er floréal an VI (1). Ceux qui avaient fait partie de l'ancienne assemblée, Jeanroy, Lallemand, Gormand. Botta, installèrent les nouveaux élus, Coliny, Rousseau l'aîné et Colin. Le président Lallemand présenta à chacun d'eux une écharpe dont ils se revêtirent. Tous les sept font la déclaration et le serment exigés par la loi. Le président Lallemand exposa dans un long discours la situation générale. Puis on procède à l'élection du président; Lallemand est élu par 6 voix, contre 1 à Gormand. Pour la vice-présidence, Gormand est élu par 4 voix contre 2 à Colin et 1 à Jeanroy. On réélit secrétaire, à l'unanimité, le citoyen Rollin. Durant toute l'année de son mandat, l'assemblée municipale ne subit pas de modification. Les trois membres qui, aux dernières élections, avaient le plus de voix, Jeanroy, Lallemand et Gormand, devaient rester en charge deux années; il fallait au contraire pourvoir, le 1er germinal an VII, au remplacement des citoyens Coliny,

(1) La loi du 28 germinal an V avait déterminé que, dans toute l'étendue de la République, les officiers municipaux, les présidents des administrations municipales des cantons, les agents des communes et leurs adjoints, les juges de paix et leurs assesseurs entreront annuellement en exercice le 1er floréal. Duvergier, t. IX, p. 391. Cette loi n'était pas encore promulguée quand, en l'an V, la municipalité de Nancy fut installée le 9 germinal. Cf. supra, p. 301 et p. 308, n° 2.

Rousseau, Colin et Botta. Le 1ᵉʳ germinal an VII, au moment où les assemblées primaires se réunissaient, un coup de théâtre éclata. On donna lecture à l'administration municipale extraordinairement convoquée, d'un arrêté du Directoire exécutif portant révocation du citoyen Richard comme commissaire du pouvoir exécutif (1); on invitait l'administration à pourvoir provisoirement à son remplacement; elle désigna l'un de ses membres, le citoyen Coliny. Le 9 germinal, le citoyen Géhin se présente à la séance et dépose sur le bureau l'ampliation d'un arrêté du Directoire exécutif du 2 courant, qui le nomme commissaire près de l'administration municipale de Nancy. Il était auparavant commissaire à Royaumeix. Il est aussitôt installé, fait le serment et la déclaration exigés. Le président lui présente une écharpe, lui donne le baiser fraternel ainsi que tous les membres de l'assemblée. Ensuite le citoyen Géhin fait un discours, où il développe les sentiments dont il est pénétré, tant pour l'exécution des lois que pour le bien public.

CANTON DE NANCY *EXTRA MUROS*

1ʳᵉ Section

Le 1ᵉʳ germinal an VI, les citoyens se réunissent en assemblée primaire dans la commune d'Essey et dans le local du temple. Le bureau d'âge est formé de Philippe Terrier, dit Camelly, président; Philippe Paquin, de Dommartemont, François Florentin et Claude Michel, de Malzéville, scrutateurs; Claude-Barthélemy-Simon Simonet, le plus jeune, de Malzéville, secrétaire. On procède à l'élection du président définitif; sur 42 votants, Philippe Terrier est élu par 24 voix. Comme secrétaire est élu Simonet, par 32 voix sur 45 votants. Président et secrétaire prêtent le serment de haine à la royauté, etc. On procède à l'élection des scrutateurs; chaque votant prête le serment ordonné. Sont élus à la majorité absolue, Florentin, Paquin et Claude Miston. Le président et le secrétaire font les déclarations ordonnées; puis le secrétaire lit le titre III de la Constitution et les indications données par l'administration municipale du canton. On procède à l'élection des électeurs; un premier tour de scrutin ne donne aucun résultat; au second tour de scrutin sont élus, sur 51 votants :

Claude Miston, aubergiste à Malzéville, 33 voix;

---

(1) L'administration municipale donna ce certificat à Richard : « L'administration municipale du canton de Nancy *intra muros* atteste à tous qu'il appartiendra que, pendant tout le temps que le citoyen Richard a exercé près d'elle les fonctions de commissaire du Directoire exécutif, il s'en est acquitté avec zèle et exactitude, qu'il a donné constamment des preuves de son attachement et de soumission aux lois de la République et s'est comporté en vrai républicain. »

Nicolas Le Temple, employé à l'administration centrale du département, 28 ;

Jean-Baptiste Drapier, cultivateur à Saulxures, 27.

L'assemblée remet sa séance à 3 heures.

A 3 heures, le citoyen Vaultrin soulève un incident ; il a entendu dire que des parents d'émigrés ont voté et même recueilli des suffrages à la séance du matin ; il signale Joseph Jacques, agent d'Essey, et François Beau, du même village. L'assemblée décide de passer outre, sauf recours au tribunal civil du département.

A 4 heures, il est procédé à l'élection du juge de paix du canton. Le citoyen Mengin, juge de paix actuel. réunit 37 voix sur 40 votants. Ces résultats doivent être réunis à ceux de la deuxième assemblée. On passe à l'élection des assesseurs. Sont élus à l'unanimité de 41 voix (1) :

Pour Dommartemont : François Thouvenel, Jean-Philippe Paquin, Jean-Claude David, Jean-Baptiste Desprès ;

Pour Essey : François Marc, François Isaÿ, Jean-Baptiste Voinier, Colot l'aîné ;

Pour Malzéville : Léopold Bidot, Grandjean l'aîné, Rousselot et Claude Miston ;

Pour Pixerécourt : Joseph Fery, meunier, Nicolas Royer, Jean Ulrion, Jean Georges ;

Pour Pulnoy : Laurent Baudinet, Jean-Baptiste Ravaux. Claude Pinglé, Louis Marchal ;

Pour Saulxures : Jean Drapier, Sébastien Charbonnier, Jean-Nicolas Berlinet, André Chaux-Couillon ;

Pour Seichamps : Pierre-François Laurent, François Martin, Jean Dardenne, Jean Pinglé le jeune ;

Pour Saint-Max : Philippe Terrier dit Camelly, Sigisbert Houot, Moncel et Tabourin ;

Pour Tomblaine : Dron père, François Renauld père, Dominique Bertrand. Joseph L'huillier.

On passe à l'élection du président de l'administration municipale. Sur 35 votants, le citoyen Pierson, président actuel, réunit

---

(1) Les assesseurs furent nommés par les deux assemblées du canton *extra muros*. Mais, dans l'une et dans l'autre, les noms dont l'on était convenu à l'avance passèrent à l'unanimité.

3o suffrages. On additionnera ces voix avec celles de la deuxième assemblée. L'assemblée est dissoute.

(Procès-verbal original, A. ?, L. 2887. Copie collationnée pour l'élection des électeurs. L. 208.)

Dans des assemblées communales, furent ensuite nommés des agents et adjoints (1). Ont été élus :

Dommartemont, 10 germinal. Agent, Jean-Claude David, 9 voix sur 14 ; adjoint, Jean-Philippe Paquin, 10 voix (2) ;

Essey, 10 germinal. Agent, Joseph Jacques, agent actuel, 21 voix sur 23 ; adjoint, Jean André, adjoint actuel, 28 voix sur 3o ;

Malzéville, 10 germinal. Adjoint, Etienne Hayen, à la pluralité des suffrages :

Pixerécourt (Le procès-verbal fait défaut : peut-être n'y a-t-il plus eu d'élection dans cette petite commune).

Pulnoy, le 1er décadi de germinal. Agent, Jean-Baptiste Ravoux, 6 voix sur 9 votants (3) ;

Saint-Max, 10 germinal. Agent, Charles Ganeille par 10 voix sur 13 votants ; adjoint, Michel Moncel par 9 voix sur 12 ;

Saulxures, 10 germinal. Agent, Drapier, 13 voix sur 25 votants ; adjoint, Rimbault, au second tour, 12 voix.

Seichamps, 10 germinal. Agent, Jean-Nicolas Pinglé, 9 voix sur 16 votants ;

Tomblaine. 10 germinal. Agent. Pierre Gardel par 9 voix sur 17 votants ; adjoint, Joseph Drox par 15 voix sur 17.

2ᵉ Section

Le 1er germinal, à 9 heures, les citoyens des huit communes composant la deuxième assemblée primaire du canton Nancy *extra muros,* se sont réunis au temple de Vandœuvre. Le bureau

---

(1) Les agents et adjoints qui avaient été nommés en l'an IV venaient au terme de leur mandat et il était nécessaire de les renouveler. Ces agents et adjoints pouvaient être réélus une première fois ; mais nul ne pouvait être agent municipal ni adjoint pendant plus de quatre années consécutives.

(2) Le nombre des votants n'était pas toujours très élevé. A Dommartemont 25 citoyens avaient droit de vote ; à Saulxures, 31 ; à Seichamps, 63 ; à Saint-Max, 27 ; à Tomblaine. 57. Il semble que dans certaines communes il y eu une abstention systématique.

(3) Il envoie sa démission le 19 germinal, ayant six enfants à élever.

d'âge est formé de Claude Jacquinet, de Villers, président ;
Nicolas Berson, de Heillecourt, Jean Harnepont, de Vandœuvre,
et Charles Bigot, de Jarville, scrutateurs ; Nicolas Tarillon, de
Fléville, le plus jeune, secrétaire. On procède par un seul scrutin
à la nomination des président et secrétaire définitifs. Sur
46 votants, Pierson, de Villers, est élu président par 37 voix, et
Guérin, de Vandœuvre, secrétaire, par 28. Ils prêtent le serment
de haine à la royauté, etc. On procède au vote pour les scrutateurs et chaque votant prête le serment. Sont nommés à la majorité : Poirot, de Vandœuvre ; Simon, de Villers, et Mengin, de
Vandœuvre. Président et secrétaire font la déclaration prescrite.
Un premier tour de scrutin pour la nomination de trois électeurs
ne donne aucun résultat (97 votants). Au second tour, sur
94 votants, sont élus :

> Christophe Poirot, ' : er à Vandœuvre, 70 voix ;
> Dieudonné-François-Joseph Pierson, président de l'admi-
>   nistration municipale, 62.

Au troisième tour qui réunit 75 votants, est élu à la majorité
relative :

> François Villard, cultivateur à Villers.

A 3 heures, on procède à l'élection d'un juge de paix. Mengin,
juge de paix actuel, réunit 71 voix sur 87 votants. On passe
ensuite à l'élection des assesseurs (1). Sont nommés :

Pour Fléville : Joseph Royer, Jean-Joseph Mienville, Michel
Tarillon et Nicolas Mathis ;

Pour Houdemont : Joseph Gérard, Joseph Hennequin, Nicolas
Potier et François Toussaint ;

Pour Heillecourt : Jean-François Gaud, Nicolas Berson, Claude
Sellier et Nicolas Joly ;

Pour Jarville : Jean-Baptiste Eulriet, Pierre George, Dominique Hogard et François-Pascal Lefebvre ;

Pour Laxou : Henry Virlas, Philippe Questant, François Grosjean l'aîné et Vincent Voirin ;

Pour Maxéville : Laurent-Dominique Badel, Hyacinthe Ladou-
cette, Adrien Glaudel et Joseph Lapique l'aîné ;

Pour Vandœuvre : Nicolas Antoine, Christophe Poirot, Charles
Merle et Antoine Dubois ;

_____

(1) Cf. *supra*, p. 335, n. 1.

Pour Villers : Claude Martin, François Villard, Claude-Antoine Maçon et Nicolas Laurent.

On procède au scrutin à l'élection de l'administration municipale. Sur 70 votants, Pierson, de Villers, président de l'administration actuelle, obtient 69 voix. Ce résultat doit être réuni à celui de la première assemblée primaire.

(*Procès-verbal original, **A. D.**, L. 2887. Copie collationnée pour la nomination des électeurs, L. 208.*)

Les diverses communes procédèrent ensuite dans des assemblées communales à l'élection des agents nationaux ou des adjoints. Ont été nommés :

Fléville, 10 germinal. Agent, Nicolas Tarillon, 22 voix ;

Heillecourt, 12 germinal. Agent, François Job, 16 voix sur 22 ; adjoint, Jean-François Gaud, 18 voix ;

Houdemont, 10 germinal. Adjoint, Joseph Gérard, à la pluralité ;

Jarville, 12 germinal. Agent, Pascal Lefebvre, au troisième tour de scrutin, par 21 voix contre 18 ;

Laxou, 10 germinal. Agent, Jean-Claude Cagny, 36 voix, au second tour (1) ;

Maxéville, 10 germinal. Adjoint, François Mathieu, 9 voix sur 16 votants ;

Vandœuvre, 10 germinal. Agent, Charles Bastien, au deuxième tour, par 23 voix sur 41 votants ;

Villers, 10 germinal, Agent, Nicolas Simon, agent actuel, 31 voix sur 35 votants ; adjoint, François Houard, 20 voix sur 32 votants.

---

(1) Cagny, dans un billet d'une orthographe fantaisiste, déclare refuser ce poste.

XXXVI

ASSEMBLÉE SPÉCIALE

Élection du tribunal de commerce

(15 germinal an VI. — 4 avril 1798)

Le 15 germinal, ces élections ont eu lieu; nous n'en avons pas trouvé les procès-verbaux. Le 19 germinal an VI, les nouveaux membres ont été installés. Le président a donné lecture de la loi du 3 brumaire an IV, et il a invité ceux qui n'ont pas donné la déclaration voulue par l'article 6 de cette loi de vouloir bien y satisfaire. A l'instant, le citoyen Demangeot, l'un des suppléants, nouvellement élu, a déclaré que jamais il n'a provoqué ni signé aucun arrêté séditieux et contraire aux lois, et qu'il n'est point parent ni allié d'émigré au degré déterminé par l'article 2 de la loi précitée.

Le 21 germinal, Léopold Fabert le jeune, et Antoine-Benoît-Dieudonné Marmod l'aîné, le premier juge, le deuxième suppléant au même tribunal, déclarent que Thérèse Fabert, leur nièce et belle-sœur, femme de Frédéric Durand, homme de loi à Bitche, n'a pas encore obtenu sa radiation, ce qu'ils ignoraient jusqu'à présent; en conséquence, ils s'abstiennent jusqu'à nouvel ordre des fonctions de juge et de suppléant.

A la suite de ces élections et de ces démissions, le tribunal de commerce fut composé de la façon suivante pendant l'an VI et l'an VII :

Président : Jacob, rue de la Fédération.
Juges : Gérardin, rue de la Douane.
Mayer, rue Voltaire.
Croizier, rue Voltaire.
Aubert, rue de la Révolution.
Suppléants : Huin, rue de la Fédération.
Demangeot, rue du Faubourg.
Greffier : Bureau, rue Jean-Jacques Rousseau.
Huissiers : Gourier, rue Voltaire.
Ragot, rue Voltaire (1).

---

(1) *Annuaire du citoyen pour le département de la Meurthe, an VII,* p. 90. Aubert, premier suppléant, était passé au rang des juges après qu'eut été acceptée la démission de Fabert le jeune.

XXXVII

ASSEMBLÉE ÉLECTORALE DU DÉPARTEMENT

Élection de trois membres du Corps législatif (un du Conseil des Anciens, deux du Conseil des Cinq-Cents), d'un haut juré, des cinq membres de l'administration du département, des président, accusateur public et greffier du tribunal criminel.

(20-27 germinal an VI. — 9-16 avril 1798)

Le 20 germinal an VI, les citoyens nommés par les assemblées primaires du département se sont réunis comme électeurs en la commune de Nancy, désignée par la loi du 20 nivôse an V (1), en une salle de la maison commune, préparée par l'administration centrale du département.

Le bureau d'âge est formé de Joseph-Alexis Dauphin, président; Claude Barthélemé l'aîné, Charles Lallemant et Joseph Crouvezier, scrutateurs; Joseph-Anselme Jordy, le plus jeune, secrétaire.

Les plus âgés des électeurs de chaque canton déposent sur le bureau l'état des électeurs nommés dans leurs cantons respectifs. On passe à l'élection du bureau définitif. L'élection du président et du secrétaire doit se faire au scrutin individuel et à la majorité absolue des suffrages, celle des scrutateurs au scrutin de liste. On procède à l'appel nominal des électeurs, puis on fait un réappel. Il y a 296 votants. Est élu président, Pierre Collombel, de Pont-à-Mousson, par 181 suffrages. Il est aussitôt installé, prête le serment de haine à la royauté et à l'anarchie, de fidélité et attachement à la République et à la Constitution de l'an III. Pour la nomination du secrétaire, il y a 293 votants; est élu, Joseph-Anselme Jordy, de Sarrebourg, par 147 suffrages. Il prête le même serment que le président définitif entre les mains de ce dernier. La séance a été levée à 7 heures.

Le 21 germinal, à 9 heures du matin, on procède à la nomi-

_____

(1) Cf. *supra*, p. 265. Le procès-verbal porte par erreur 20 ventôse.

nation des trois scrutateurs(1). Il y a 303 votants; le citoyen René Aubertin, de Nancy, réunit seul la majorité absolue de 173 suffrages; le second tour est renvoyé à l'après-midi; sur 320 votants, le citoyen Balland, de Toul, obtient la majorité absolue de 193 suffrages; on procède à un troisième tour qui donne la pluralité relative de 92 voix sur 246 votants au citoyen Jacques Harlaut.

Le 22 germinal, les trois scrutateurs installés prêtent individuellement le serment prescrit par l'article 11 de la loi du 19 fructidor an V. Le président déclare l'assemblée constituée; il annonce qu'il ne mettrait aux voix aucune proposition contraire à la Constitution ou étrangère aux opérations de l'assemblée. Le secrétaire déclare qu'il ne consignerait au procès-verbal aucune proposition de ce genre.

On procède à la vérification des pouvoirs des électeurs. L'assemblée décide que les procès-verbaux seraient renvoyés à sept commissions, composées chacune de dix membres et formées par les plus âgés des électeurs de chaque canton (le département contenait 72 cantons(2) et il y avait en 103 assemblées primaires).

La première commission devait vérifier les pouvoirs des électeurs des cantons dénommés dans la liste de la deuxième commission; la deuxième, ceux dénommés dans la liste de la troisième, etc.

A 3 heures, le travail des commissaires est terminé, et, sur leurs rapports, l'assemblée décide : 1° elle n'admettra pas les électeurs nommés par la 2e section du canton d'Azerailles, parce que le procès-verbal ne mentionne pas qu'a été prêté le serment prescrit par l'article 11 de la loi du 19 fructidor; 2° les procès-verbaux des assemblées primaires du canton de Baccarat ne sont fournis que par extraits sommaires, qui ne donnent pas la certitude que les formalités exigées par la loi ont été remplies. Les électeurs ne seront admis qu'en présentant des procès-verbaux en bonne forme; 3° l'assemblée admet le citoyen Louis Vaultrin,

(1) Au dossier est jointe une lettre de Pierre Barail, natif de Nancy, âgé de soixante-trois ans, sourd d'une blessure qu'il a reçue à la tête en 1769 en la guerre de l'île de Corse, admis alors à l'hôtel national des Invalides, puis envoyé dans les compagnies de vétérans militaires invalides où il a servi pendant quinze ans en qualité de lieutenant; en 1791, il a pris la pension qu'a bien voulu lui accorder la nation souveraine; mais, n'étant plus logé, il demande au président de lui faire accorder une collecte des électeurs de l'assemblée électorale.

(2) On ne nomma à ces commissions aucun représentant des cantons de Vaudémont et de Vic.

du canton de Frouard : on a prétendu qu'il était frappé par la loi
du 3 brumaire comme parent d'émigré, mais il a prouvé qu'il
est compris dans les exceptions portées par l'article 4 de cette
loi ; 4° dans le canton de Blainville, l'assemblée du 4 germinal
s'est ouverte trop tôt, à 8 heures du matin ; elle a, en conséquence,
justement cassé l'élection faite à ce moment du troisième électeur et recommencé l'élection. Nicolas Gœury, élu en second
lieu, est admis ; 5° dans la 4e section de Lunéville, l'assemblée a
d'abord nommé électeurs Adam, commissaire du Directoire exécutif, Pergaux et Parmentier fils ; puis un membre du bureau
ayant été reconnu être dans le cas de l'exclusion d'après la loi
du 3 brumaire, les opérations ont été annulées et recommencées ;
après nomination d'un nouveau bureau, ont été nommés électeurs : Adam, Joseph André et Étienne André. L'assemblée
électorale, considérant que le bureau une fois formé ne doit pas
être renouvelé, admet les premiers électeurs nommés ; 6° dans
le canton de Saint-Nicolas, 1re section, une partie des citoyens
ont quitté la maison commune, lieu désigné par l'administration
centrale, et ont opéré au temple. L'assemblée électorale déclare
valables seules les opérations qui ont lieu à la maison commune,
elle reconnaît comme électeurs les citoyens Pitoux et Jaser, et
invite Basile Prud'homme et Nicolas Bertrand à se retirer (1) ;
7° Contal, un des électeurs de la 1re section, du canton de Vèze-
lise, a donné sa démission, parce qu'il se trouvait dans un des
cas d'exclusion ; Grandjean, électeur désigné par le canton de
Lenoncourt, ex-noble, ne s'est pas présenté.

Le 23 germinal, l'assemblée arrête définitivement la liste de
ses membres qui est reconnue être de 335. L'assemblée doit par
suite se diviser en deux bureaux pour procéder aux élections.
Mais auparavant, il est procédé à l'appel nominal et au réappel.
Chaque électeur présent s'approche du bureau devant lequel est
affiché un carton portant en gros caractères la formule du serment prescrit par l'article 11 de la loi du 19 fructidor an V ;
chacun l'a individuellement fait et prêté à haute voix. On tire au
sort un nom d'électeur ; c'est celui de Nicolas Chenot. Les

---

(1) *Le Patriote de la Meurthe* du 24 germinal an VI rend compte des incidents soulevés à l'assemblée électorale par la nomination des électeurs de Saint-
Nicolas et de Lunéville et ajoute : « Le corps législatif aura à se prononcer sur
a validité des élections des cantons de Saint-Nicolas et de Lunéville, parce
qu'il doit seul juger de la morale et politique des citoyens votants, dans tous les
cantons de la République. »

193 noms suivants, dans l'ordre alphabétique, plus les cinq membres du bureau, constituent le premier bureau ; les autres, depuis le citoyen Pergaux jusqu'à Nicolas Chenin, le deuxième bureau. Le deuxième bureau, se retirant dans la salle qui lui est affectée, nomme comme président Villot, comme secrétaire Schmitt, comme scrutateurs Thiéry, Carez et Bonfils.

Après quoi, tous les électeurs se réunissent en assemblée générale ; le secrétaire donne lecture du titre IV de la Constitution et des articles du titre III déclarés communs aux assemblées électorales des indications fournies par l'administration centrale du département sur les choix auxquels l'assemblée devra procéder en la présente année.

Le président donne lecture de l'article 376 de la Constitution, qui a été placé en gros caractères dans l'endroit le plus visible, et on a procédé à l'élection d'un membre du Corps législatif pour le Conseil des Anciens. L'assemblée se divise en deux bureaux, et le recensement général est fait en assemblée plénière. Il y a 300 votants. Est élu :

> Pierre COLLOMBEL, de Pont-à-Mousson, ex-législateur (1), 193 voix.

Des applaudissements universels et les cris de : Vive la République ! ont retenti dans la salle. Le citoyen Collombel, en exprimant à l'assemblée sa reconnaissance, a dit qu'il sentait combien la tâche qu'on lui donnait était grande et combien elle était importante dans les circonstances actuelles ; que, dans la carrière qu'il avait déjà parcourue, il croyait avoir prouvé son attachement à la République, son amour pour ses devoirs ; qu'il prenait, entre les mains de l'assemblée, l'engagement d'en donner de nouvelles preuves encore, et qu'il sacrifierait sa vie, s'il le fallait, pour le maintien de la Constitution, pour le service de sa patrie et pour le bonheur de ses concitoyens.

La joie des membres de l'assemblée a éclaté par de nouveaux applaudissements et par de nouvelles acclamations. Un hymne patriotique a été chanté. La séance est levée à 7 heures.

Le 24 germinal, les électeurs du canton de Baccarat présentent

---

(1) Les noms de tous les élus ont été imprimés sur une feuille in-folio : *Pour extrait conforme au procès-verbal de l'Assemblée électorale, déposé aux archives de l'Administration centrale du Département de la Meurthe.* Signé, Balland, président, Brandon, secrétaire en chef. A Nancy, de l'imprimerie de P. Barbier.

en bonne forme les procès-verbaux de leur nomination, et ils sont admis. En exécution de la loi du 28 pluviôse dernier sur le renouvellement du Corps législatif, l'assemblée procède à la nomination de deux membres du Corps législatif pour le Conseil des Cinq-Cents, au scrutin individuel pour chacun et à la majorité absolue des suffrages. L'assemblée se partage pour le vote en bureaux, et le recensement est fait en assemblée plénière. Il y a 322 votants. Est élu:

> Victor-Nicolas MOURER, de Sarrebourg, commissaire du Directoire exécutif près l'administration centrale du département de la Meurthe, 228 voix.

Il lui a été donné connaissance de sa nomination sur-le-champ, et il a écrit à l'assemblée pour lui dire qu'il acceptait. Il renouvelle, dans sa lettre, le serment de haine à la royauté et à l'anarchie, de fidélité et d'attachement à la République et à la Constitution de l'an III.

De vifs applaudissements et les acclamations de : Vive la République ! ont suivi la lecture de cette lettre.

Le même jour, à 3 heures, est ouvert le scrutin pour la nomination du second membre du Conseil des Cinq-Cents. On vote par bureaux séparés. Au recensement général, il résulte que personne n'a obtenu la majorité absolue. On procède dans la même forme à un second tour de scrutin, qui ne donne pas davantage de résultat. Le président annonce que les deux citoyens qui ont obtenu le plus de suffrages sont Mollevaut, président actuel du Conseil des Anciens, et Carez, de Toul, ex-membre de l'Assemblée législative; qu'il fallait choisir entre ces deux noms au troisième tour de scrutin. Il est procédé au troisième tour; sur 313 votants est élu :

> Étienne MOLLEVAUT, membre actuel du Conseil des Anciens, 188 voix (1).

On a chanté le couplet : *Amour sacré de la patrie.*

---

(1) En rendant compte du choix de ces trois députés, le *Patriote de la Meurthe* du 26 germinal s'écrie : « Qu'elle a été frappante la différence des choix de cette année, de ceux de l'an IV et de l'an V ! L'allégresse générale des républicains, les cris de *Vive la République*, les chants patriotiques, les promenades civiques dans lesquelles on est allé, aux pieds de l'arbre de la liberté, rendre hommage au génie tutélaire de la République, l'empressement des bons citoyens à illuminer es rues et à joindre leurs cris de *bravo* aux accents de la musique guerrière qui célébrait le patriotisme des électeurs, tout a présagé le bonheur de la France, dont les destinées sont confiées à des députés républicains prononcés. »

Le 25 germinal, l'assemblée se sépare en bureaux pour l'élection d'un haut juré. Personne ne réunit la pluralité absolue au premier tour. Il en est de même au second tour, et le président annonce que les deux citoyens qui ont obtenu le plus de voix sont Pierre Michel, de Vic, et Prugneaux, administrateur du département. Le troisième tour ne peut porter que sur eux. Est élu à ce troisième tour, à la majorité plurative et absolue :

Hubert PRUGNEAUX, administrateur du département.

L'après-midi, il est procédé à l'élection des membres de l'administration centrale du département.

Le président a observé à l'assemblée qu'elle doit remplacer ces administrateurs par des élections distinctes, d'abord le cinquième sortant, ensuite celui à qui il faut conférer en remplacement une mission de quatre ans, enfin ceux dont la mission doit être d'une durée de trois ans, sauf le tirage au sort entre eux.

On procède au vote par bureaux séparés et le recensement est fait en assemblée générale. Sur 312 votants est élu :

Charles BALLAND, président actuel, 200 voix.

Il est proclamé administrateur avec une mission de cinq ans.

On procède avec les mêmes formalités à la nomination d'un administrateur avec mission de quatre ans. Les deux premiers tours ne donnent aucun résultat. Le troisième tour a lieu entre le citoyen Thiéry, de Pont-à-Mousson, et le citoyen Jordy, de Sarrebourg. Est élu :

Joseph-François-Hubert THIÉRY, administrateur forestier à Pont-à-Mousson.

On a chanté le couplet : *Amour sacré de la patrie.*

Le 26 germinal, il est procédé à l'élection de trois membres de l'administration du département avec mission de trois ans, le tirage au sort devant décider celui qui sortirait la première année et celui qui sortirait la seconde. Le recensement général accuse 312 votants. Sont élus :

Quirin-Joseph ADAM, commissaire du Directoire exécutif, près l'administration municipale de Lunéville, 194 voix.
Pierre-Dieudonné-Louis SAULNIER le jeune, de Nancy, 157.

On procède, pour le troisième administrateur, à un second tour de scrutin qui ne donne aucun résultat.

Dans la séance de l'après-midi, il est procédé à un troisième tour qui doit avoir lieu à la pluralité relative, les suffrages peuvent encore se porter librement sur tous les citoyens éligibles. Est élu :

Toussaint VILLOT, administrateur actuel, 157 voix.

On procède à la nomination du président, de l'accusateur public et du greffier du tribunal criminel par scrutin individuel, à la majorité absolue des suffrages.

On vote par bureaux séparés et le recensement est fait en assemblée plénière. Sont élus, président, sur 231 votants :

René AUBERTIN, président actuel, 208 voix ;

Accusateur public, sur 240 votants :

Pierre-Joseph ANDRÉ, ci-devant président du tribunal criminel, 164 suffrages.

Le 27 germinal, on nomme de la même façon le greffier du tribunal criminel. Est élu sur 273 votants :

Charles GÉRARD, greffier actuel, 273 voix (1).

Il est donné lecture du procès-verbal de la présente séance et l'assemblée est levée aux cris de : Vive la République ! et au chant : *Amour sacré de la patrie* (2).

(*Original. A. D., L. 208.*)

La députation du département de l'an VI à l'an VII

Les représentants aux Anciens étaient Regnier et Collombel ; aux Cinq-Cents, Mallarmé, Jacqueminot, Boulay, Mourer et Mollevaut. Le 1er prairial an VI devaient sortir Regnier et Mallarmé, les deux élus de vendémiaire an IV.

---

(1) Le résultat est annoncé dans le *Patriote de la Meurthe* du 28 germinal.
(2) Le *Patriote de la Meurthe* du 30 germinal, en annonçant la dissolution de l'assemblée électorale, ajoute : « Elle a passé à l'ordre du jour sur la question de savoir si elle nommerait les juges du tribunal civil. » L'assemblée, ne nommant plus les juges de ce tribunal, laissa au Directoire exécutif le soin de les choisir. Au début de l'an VII, le tribunal civil de la Meurthe était composé : *Présidents*, J.-A. Henry et J.-J. Mourot ; *Juges*, J. Laroche, C.-H.-L. Laplante, J.-C.-A. Morel, C.-F. Pagnot, F. Dufresne, P.-L. Othenin, J.-L. Charlot, J.-B. Genaudet, J.-B. Sirejean, N.-H. Germain ; D. Vosgien, S.-F. Mandel. N.-F. Henry, F.-A. Laurent, C.-A. Lescure, N. Gérardin, P.-F. Cognel, L. Cuny, N. Lacretelle, P.-I. Rollin. (Le tribunal se compose désormais de 22 membres ; presque tous ont été élus l'an IV ou l'an V ; Vosgien et Mandel ont été désignés par le Directoire exécutif.) J.-A. Marin est commissaire du Directoire exécutif ; J.-P. Demange et H. Aubertin sont substituts. On a nommé suppléants : Doyen, de Vic ; Salle, de Pont-à-Mousson ; Levasseur, de Sarrebourg ; Cléret, de Nancy ; Coliny, de Malzéville. Le greffier en chef est C. Malglaive.

L'administration du département du 15 floréal an VI
au 15 floréal an VII

Le 15 floréal an VI, à 10 heures du matin, les administrateurs du département réunis au lieu ordinaire de leurs séances, le commissaire du Directoire exécutif a requis la lecture du procès-verbal de l'assemblée électorale, en ce qui concerne les élections des administrateurs de ce département et a invité l'administration à procéder ensuite à leur installation, conformément à la loi du 28 germinal an V, qui détermine l'époque de l'entrée en exercice des fonctionnaires publics nommés par le peuple. Il en est ainsi fait; les citoyens Balland, Thiéry, Adam, Saulnier le jeune et Villot, présents à la séance, sont installés et se constituent provisoirement sous la présidence de Villot, doyen d'âge. Le commissaire du Directoire exécutif prononce un discours où il expose la situation générale; puis est nommé président Villot, vice-président Saulnier le jeune, suppléant du commissaire du Directoire Balland; le citoyen Brandon est continué dans ses fonctions de secrétaire. Cependant, Mourer, élu membre du Conseil des Cinq-Cents, dut cesser ses fonctions de commissaire du Directoire, à partir du 16 floréal. Le 7 prairial (26 mai 1798), on donna lecture d'un arrêté du Directoire exécutif du 1er du mois, transmis par le ministre de l'Intérieur et portant nomination du citoyen SAULNIER le jeune, à la place de commissaire près l'administration municipale. Le citoyen Saulnier renouvelle la déclaration et le serment prescrits, et il est remplacé, séance tenante, par :

ANTHOINET, chef de bureau,

nommé administrateur temporaire. Rien ne fut changé à la composition de l'administration départementale jusqu'aux élections de l'an VII. Un seul administrateur devait sortir, l'administrateur temporaire Anthoinet; nous verrons qu'il fut réélu le 24 germinal.

XXXVIII

ASSEMBLÉES PRIMAIRES

Élection des électeurs, d'assesseurs de juge de paix
et de quatre administrateurs municipaux

CANTON DE NANCY *INTRA MUROS*
(1-8 germinal an VII. — 21-28 mars 1799)

1re SECTION

Le 1er germinal an VII, les citoyens se sont réunis à 9 heures du matin, dans l'une des salles de la maison commune (1). Le

---

(1) Pour les élections de l'an VII, l'administration municipale fit imprimer

bureau d'âge est formé de M. Lecreulx, président; Dumast père, commissaire des guerres, Vuillaume, peintre, et Pompey, menuisier, scrutateurs; Brandon, secrétaire en chef du département, le plus jeune, secrétaire. On fait l'appel des citoyens inscrits sur la liste municipale et l'on procède à la nomination du président définitif. On fait ensuite un réappel; il y a 49 votants en tout. Aucun citoyen ne réunit la majorité et l'on procède à un second tour. Sur 35 votants, Dumast réunit 18 voix et est proclamé élu. Pour l'élection du secrétaire, il n'y a aucun résultat au premier tour; au second tour, le citoyen Cognel, juge, est élu par 22 voix sur 35 votants. L'un et l'autre prêtent individuellement le serment de haine à la royauté et à l'anarchie, aux termes de l'article 11 de la loi du 19 fructidor an V. Au moment du vote pour les scrutateurs, chaque membre de l'assemblée prête individuellement le même serment. Sur 40 votants, sont nommés scrutateurs : Plassiart, assesseur du juge de paix (16 voix), Demangeot, ex-directeur de la poste (16), Othenin, juge (13). Sont nommés membres suppléants du bureau ceux qui ont obtenu ensuite le plus de voix : Charpentier, Masson, greffier du juge de paix, Voynant fils, Grosjean et Lecreulx.

L'après-midi, Demangeot et Plassiart, scrutateurs, prennent place au bureau; Charpentier remplace Othenin empêché. Il est donné lecture de l'article 7 du titre 1 de la loi du 25 fructidor; le président et le secrétaire font les déclarations conformes à la loi. Les citoyens François-Xavier Masson et Pierre Quenche sont, sur leur réclamation, ajoutés à la liste des votants. Le secrétaire donne lecture du titre III de la constitution, des différentes indications données par les administrateurs municipaux sur le nombre et le genre des élections auxquelles l'assemblée doit procéder (1); le président ordonne d'afficher les différentes listes

une liste nouvelle de ceux qui avaient droit d'élire et étaient éligibles : *État général des Citoyens du Canton de Nancy* (intra muros) *qui, aux termes de la Constitution de l'an III, ont droit d'élire ou d'être élu* (sic) *dans les Assemblées primaires de l'an VII.* Le chiffre est beaucoup plus considérable qu'en l'an VI. Il y a pour les huit sections 333, 629, 282, 233, 365, 260, 411 et 450 noms. Il résulte des procès-verbaux que d'autres noms furent ajoutés aux listes.

(1) Le 11 ventôse an VII, l'administration centrale du département envoya aux administrations municipales des cantons et aux commissaires du Directoire exécutif établis près d'elles, ses instructions. Le nombre des assemblées primaires devait être le même cette année qu'en l'an V et en l'an VI, ces fixations devant subsister pendant trois ans. Les édifices qui avaient servi à la tenue des assemblées devaient y servir encore, à moins qu'ils n'eussent été vendus. La munici-

qui lui ont été adressées et donne lecture de l'article 376 de la Constitution qui est affiché. On va procéder à l'élection de quatre électeurs; le président rappelle que le choix peut se porter sur tous les citoyens du canton, excepté sur les électeurs choisis l'an passé; on vote; les citoyens qui n'étaient pas présents le matin prononcent le serment exigé. Il y a 59 votants. Est élu :

> Pierre-François Cognel le jeune, juge au tribunal civil du département, 31 voix (1).

Le 2 germinal au matin, il est procédé au second tour de scrutin. Il y a 61 votants. Est élu :

> Louis Demangeot, commissionnaire à Nancy, 35 voix.

A 3 heures, il est procédé au troisième tour de scrutin. Il y a 56 votants. Sont élus :

> Claude-Louis Plassiart, assesseur de la justice de paix, 35 voix;
>
> Claude-François-Gabriel Dumast père, ex-commissaire des guerres, 23 voix.

Le président prévient l'assemblée qu'elle n'a plus qu'à s'occuper de la nomination de quatre administrateurs municipaux, à laquelle toutes les sections doivent concourir; il fallait attendre que les autres sections eussent terminé la nomination des électeurs et l'assemblée est ajournée.

Le 4 germinal an VII, à 3 heures, les citoyens convoqués au son de la cloche par l'administration municipale se réunissent. Le président avertit l'assemblée qu'elle doit s'occuper de la nomination de quatre administrateurs municipaux en place des citoyens Colin, Coliny, Botta et Rousseau, sortis par la loi et rééligibles; il prie les citoyens d'apporter la plus grande attention à cette nomination. On y procède par scrutin de liste; il y a 46 votants. Le dépouillement est fait et remis à Plassiart et Charpentier, scrutateurs, chargés d'assister au recensement général.

_____

palité est invitée à faire dresser un tableau des citoyens ayant droit de voter, à donner les indications sur le nombre et le genre de places à remplir. On dressera la liste des électeurs de l'an VI qui n'ont plus le droit d'être électeurs en l'an VII (circulaire imprimée).

(1) *Tableau des électeurs nommés en germinal de l'an VII par les assemblées primaires du département de la Meurthe.* A Nancy, Pierre Barbier, 25 pages, in-4°.

Le 6 germinal, les citoyens sont réunis au son de la cloche, à 9 heures ; Plassiart et Charpentier déposent sur le bureau le recensement général, d'où il résulte que sur les 422 votants a été seul nommé :

Rousseau l'aîné, officier municipal, 227 voix.

On procède au second tour de scrutin pour les trois autres administrateurs. Il y a 45 votants. Le dépouillement est porté à l'administration municipale.

Le 7 germinal, à 9 heures, les citoyens sont réunis au son de la cloche. Le président fait connaître que le second tour (74 votants) n'a donné aucun résultat. On procède à un troisième tour où il y a dans la section 45 votants.

Le 8 germinal, à 9 heures du matin, le président fait savoir qu'ont été élus, sur 113 votants, administrateurs municipaux :

François Coliny, administrateur actuel ;
Honoré François, architecte ;
Sibien, agent de change (1).
L'assemblée est déclarée dissoute.

2ᵉ Section

Le 1ᵉʳ germinal, les citoyens se réunissent dans la salle de médecine. Le bureau d'âge est formé de Jean-Hyacinthe Gilbault, président ; Remy Willemet, pharmacien, François Dufresne juge, Jean-Augustin Crampel, juge de paix, scrutateurs ; François-Désiré-Joseph Souplet, le plus jeune, secrétaire. On procède à la nomination du président définitif (87 votants) ; aucun citoyen ne réunit la majorité.

L'après-midi, on procède au second tour de scrutin (65 votants) ; aucun résultat. On procède à un troisième tour qui décidera entre les citoyens Crampel et Dufresne qui ont obtenu le plus de voix au second tour. Il y a 55 votants ; Crampel est élu par 42 voix. Pour l'élection du secrétaire, il n'y a plus que 42 votants ; Souplet est élu par 24 voix. Président et secrétaire prêtent le serment exigé. On passe à l'élection des scrutateurs et chaque membre prête, avant de déposer son bulletin dans l'urne, le serment de haine à la royauté et à l'anarchie. Il n'y a plus

(1) *Journal de la Meurthe.* du 10 germinal

que 38 votants; sont nommés scrutateurs François Dufresne
(23 voix), Jean-Baptiste-Joseph Jacob (15), Willemet (13). Sont
nommés suppléants des membres du bureau ceux qui ont ensuite
obtenu le plus de voix, François Jacquemin-Cupers, François
Geoffroy, Jean-Baptiste Lafitte, François Mandel, Henry-André
Cucq.

Le 2 germinal, les trois scrutateurs sont installés et prêtent le
serment exigé par la loi; président et secrétaire font la déclaration d'usage. On procède à l'élection des quatre électeurs; il y a
115 votants. Est élu :

Jean-Baptiste-Joseph JACOB, marchand à Nancy, 74 voix.

L'assemblée se rouvre à 2 heures pour le second tour de
scrutin; il y a 81 votants. Sont élus :

Remy WILLEMET, pharmacien à Nancy, 47 voix ;
Jean-Baptiste LAFFITTE, officier de santé, 47 ;
Charles-Joseph GORMAND, administrateur municipal, 45.

On prévient l'administration municipale et l'assemblée s'ajourne
jusqu'au moment où la municipalité la convoquerait pour l'élection des administrateurs municipaux.

Le 4 germinal, à 2 heures, l'assemblée est réunie au son de la
cloche. Elle admet comme citoyen actif et éligible Puiseur(1);
on procède à un premier scrutin pour l'élection de quatre administrateurs municipaux. Le 6 germinal, à 9 heures, second tour
de scrutin, Rousseau ayant été seul élu; le scrutin est dépouillé
l'après-midi. Le 7 germinal, on procède à un troisième tour, le
second n'ayant donné aucun résultat, ce tour est dépouillé
l'après-midi; le 8, on annonce l'élection de Coliny, François et
Sibien.

3e SECTION

Le 1er germinal, an VII, les citoyens de la 3e section se sont
réunis en une salle de la ci-devant Mission, faubourg de la
Constitution. Le citoyen Coliny, administrateur de la commune,
remet sur le bureau des extraits du registre civique des citoyens

(1) Claude-Louis Puiseur expose que c'est par erreur qu'il a été compté comme
ci-devant noble. Il n'a jamais ambitionné cette qualité qui lui a été trans-
mise par son père, mais dont il a été déchu par l'édit d'avril 1771. Cet édit
voulait que les descendants de ceux qui avaient acquis la noblesse depuis 1715
acquittassent en deux termes dans le cours de l'année la somme de 6 000 livres
et fissent enregistrer la quittance au greffe de leur ville. Or, Puiseur, n'ayant
point payé cette somme, n'était point noble.

composant la commune, une liste portant le nombre des électeurs et administrateurs municipaux à nommer, les diverses lois, une affiche désignant les différents locaux des sessions, etc. Le bureau d'âge est formé de Belhomme, président ; Ferréol Albert, Nicolas-François Blaise, Jean-François Houard, scrutateurs ; Nicolas Blaise, le plus jeune, secrétaire. On passe à l'élection du président. Est élu Coliny qui réunit la majorité des voix plus une. Le citoyen Nicolas Blaise, ayant réuni la majorité des voix plus une, est nommé secrétaire. Président et secrétaire prêtent le serment de haine à la royauté, etc.

L'après-midi, on passe au vote pour les scrutateurs. Chaque citoyen, en votant, prête le serment prescrit. Sont élus : Marton fils, Morot, Tisserand. Les citoyens Blaise, cultivateur, Belhomme, Houard l'aîné, qui ont ensuite obtenu le plus de voix, sont nommés suppléants.

Le 2 germinal, président et secrétaire font les déclarations prescrites et l'on passe à l'élection des électeurs. Les citoyens qui n'avaient pas assisté aux séances précédentes prêtent serment. Est élu :

François COLINY, administrateur municipal.

L'après-midi, le citoyen Blaise remplit les fonctions de président en l'absence de Coliny, Marton celles de secrétaire, Houard celles de troisième scrutateur ; on procède au second tour pour l'élection des électeurs (51 votants). Est élu :

Léopold MOUROT, brasseur.

Le 3 germinal, on procède au troisième tour (33 votants) Sont élus :

Jean-François LECLERC, aubergiste ;
Jean-Baptiste TISSERAND, marchand.

L'après-midi, sous la présidence de Blaise, il est procédé à l'élection de deux assesseurs du juge de paix du territoire du midi. Il y a 24 votants. Le résultat du scrutin dépouillé est remis aux citoyens Marton fils et Tisserand pour assister au recensement général avec les délégués de la 4e section. Ce recensement général constate qu'est élu :

HARMAND-BEURARD, 31 voix.

Le 4 germinal, au matin, après la proclamation de Beurard, on passe au second tour de scrutin pour l'élection du second

assesseur. Il n'y a plus que 22 votants. Le recensement général
ne donne aucun résultat. L'après-midi, il est procédé au troisième
tour de scrutin entre les citoyens Olivier et Nicolas-François
Blaise, cultivateur à Nabécor, qui avaient obtenu le plus de voix
au second tour. Il y a 25 votants. Le recensement général accuse
59 votants. Est élu :

OLIVIER, 33 voix.

On procède au scrutin pour l'élection de quatre officiers municipaux. Il y a 26 votants. Le dépouillement est fait et le résultat
porté à l'administration municipale par Marton fils et Morot.

Le 6 germinal, après la proclamation de Rousseau, on passe
au second tour de scrutin. Il y a 30 votants. Le scrutin est porté
à l'administration municipale. Aucun candidat n'ayant réuni la
majorité, on procède à un troisième tour (46 votants.)

Le 8 germinal, à 9 heures, le président fait connaître les
noms des trois élus. On donne lecture du procès-verbal de la
présente séance et le président déclare l'assemblée dissoute.

4ᵉ SECTION

Le 1ᵉʳ germinal, les citoyens composant la 4ᵉ section se
réunissent en une des salles du ci-devant collège. Un administrateur municipal dépose sur le bureau les pièces nécessaires.
Le bureau d'âge est formé de Nicolas Fallois, chirurgien, président ; Gorgon Suisse, marchand huilier, Charles Thibault, trai-
teur, Nicolas Boucheron, cordonnier, scrutateurs ; Léopold
Samson, le plus jeune, secrétaire. On passe au scrutin pour
l'élection du président définitif. Il y a 50 votants ; mais aucun
citoyen ne réunit la majorité absolue. On passe au second tour ;
sur 34 votants Jean-Baptiste Regneault est élu par 19 voix.

L'après-midi, le premier tour pour l'élection du secrétaire
(35 votants) ne donne aucun résultat ; au second tour, sur
44 votants, Joseph-Louis Charlot, juge au tribunal civil, est élu
par 33 voix. Président et secrétaire prêtent individuellement le
serment de haine à la royauté, etc. On passe à l'élection des
scrutateurs ; chaque votant, avant de mettre son bulletin dans
l'urne, prête le même serment. Il y a 34 votants ; sont élus :
Dommary, juge de paix, (20 voix) ; Olivier, rentier (15) ; Thouvenin-Fallois (10), ces deux derniers à la pluralité relative et
Thouvenin-Fallois au bénéfice de l'âge. Suisse, Deschamps,

Desrivasges, coutelier, et Fallois, chirurgien, ayant obtenu le plus de voix ensuite, sont nommés suppléants. Les scrutateurs prêtent le serment.

Le 2 germinal, à 9 heures, le président Regneault donne lecture des lois et indications nécessaires. On procède à la nomination des quatres électeurs. L'après-midi, il est fait un réappel. Il y a 63 votants. Sont nommés :

Jean-Baptiste REGNEAULT, homme de loi, 53 voix ;
Dominique DOMMARY, juge de paix, 47 ;
Joseph-Louis CHARLOT, juge au tribunal civil, 46.

Venaient ensuite Rollin, Olivier, Sibien, etc. A 3 heures, il est procédé au second tour pour l'élection du quatrième électeur. Il y a 57 votants ; mais personne ne réunit la pluralité absolue. Il est procédé à un troisième tour avec 40 votants. Est élu :

Ignace ROLLIN, juge au tribunal civil, 23 voix (1).

Le 3 germinal, à 3 heures, il est procédé à l'élection de deux assesseurs du juge de paix du territoire du Midi, en place des citoyens Gouget et Barbillat. Il y a 41 votants. L'assemblée nomme commissaires les citoyens Harmand et Sibien qui se réunissent à ceux de la 3ᵉ section pour le recensement.

Le 4 germinal, au matin, après la proclamation de Beurard, il est procédé à un second tour de scrutin. Il y a 42 votants. Le scrutin ne donne aucun résultat. On se réunit de nouveau à 3 heures pour le troisième tour. Il n'y a plus que 34 votants. On procède au scrutin pour l'élection de quatre officiers municipaux.

Le 6 germinal, au matin, a lieu le deuxième tour de scrutin, l'après-midi, le troisième. Le 8, à 9 heures, le président annonce l'élection de Coliny, François et Sibien, puis prononce la dissolution de l'assemblée.

5ᵉ SECTION

Le 1ᵉʳ germinal, les citoyens de la 5ᵉ section se réunissent à la salle nᵒ 3 de la maison des ci-devant Bénédictins, pour procéder aux élections voulues par l'acte constitutionnel. Le bureau d'âge est formé de Desrivages père, président ; Joseph Rey, Claude

---

(1) Ces résultats sont annoncés dans le *Journal de la Meurthe* (nouveau titre du *Patriote de la Meurthe*) du 4 germinal an VII. Les résultats des autres élections se trouvent dans le numéro du 6 germinal.

Malglaive, Jacques-Louis Mathieu, scrutateurs; Férréol Thirion,
le plus jeune, secrétaire. On procède à l'élection du président
définitif. Le scrutin, où se présentent 44 votants, ne donne aucun
résultat.

L'après-midi, le second tour, avec 61 votants, ne donne, de
même, nul résultat ; au troisième tour, sur 41 votants, Saladin
est nommé par 21 voix.

Le 2 germinal, au matin, 49 citoyens votent pour le secrétaire.
Le premier tour ne produit aucun résultat, de même que le
second (52 voix). L'après-midi, on procède au troisième tour qui
a lieu entre les citoyen Noël, assesseur, et Bonfils, chef de
bureau au département. Noël, sur 41 votants, réunit 27 voix.

L'après-midi, le président et le secrétaire prononcent le serment et l'on procède à l'élection des trois scrutateurs. Chaque
citoyen, en votant, prête le serment exigé. Le premier tour ne
donne aucun résultat; au second, sont nommés, sur 33 votants,
Bonfils père (25 voix), Rey père (21), Lucion l'aîné (20). Sont
nommés suppléants les citoyens Geury l'aîné, Mourquin et
Sellière.

Le 3 germinal, le président et le secrétaire font la déclaration
exigée. On donne lecture du titre III de la Constitution, de la
délibération prise par l'administration municipale, indiquant les
administrateurs municipaux qui doivent être remplacés et cesser
leurs fonctions en germinal, présent mois, de l'article 376 de la
Constitution. On donne lecture des lois réglant les élections.
Sont portés sur les listes, après réclamation, les citoyens Philippe
Noirtin, instituteur, Jean Michel, peintre, Samson Goudchaux,
laveur de cendres. On procède à l'élection des électeurs; sur 67
votants est élu :

> Charles-Antoine SALADIN, substitut du commissaire du
> Directoire exécutif près les tribunaux civil et criminel,
> 38 voix.

L'après-midi, on passe au second tour de scrutin. Les citoyens
Augustin-Clément Maugras, officier de santé, et Claude Debreux,
chapelier, sont admis à voter. Est élu sur 66 votants :

> François-Joseph NOËL, assesseur de la justice de paix,
> 45 voix.

Le 4 germinal, il est procédé au troisième tour de scrutin.

Salomon Schweitz, colporteur, Jean-Baptiste Saute, tondeur, sont admis à voter. Sont élus, sur 75 votants :

> Charles-François MALLARMÉ, chef de bureau à l'administration centrale du département, 34 voix ;
> Florentin SELLIÈRE, négociant, 33.

On procède, l'après-midi, au scrutin pour l'élection de quatre officiers municipaux. Le deuxième tour a lieu le 6 germinal, le matin, le troisième, l'après-midi. Le 8 germinal, le matin, il est décidé que l'ensemble des procès-verbaux sera déposé par le secrétaire au greffe de l'administration municipale et l'assemblée est déclarée dissoute.

6ᵉ SECTION

Le 1ᵉʳ germinal, à 8 heures, les citoyens de la section se réunissent de plein droit. Le bureau d'âge est formé de Jean Maizière, président ; Nicolas André, Jean Hasselot, Nicolas Temporelle, scrutateurs ; Dominique Paullet, officier de santé, le plus jeune, secrétaire. On passe à l'élection du président. Il y a 69 votants ; aucun citoyen ne réunit la majorité absolue. L'après-midi, au second tour, sur 51 votants, Saulnier le jeune est élu par 41 voix. Il prête le serment de haine à la royauté, etc. Sur 50 votants, Paullet est élu secrétaire par 33 voix. Il prête le même serment. On passe à l'élection des scrutateurs ; chaque votant, avant de déposer son billet, prête le même serment. Sur 54 votants est élu le citoyen Hasselot par 39 voix.

Le 2 germinal, a lieu le second tour de scrutin. Sont élus, sur 49 votants, Temporelle par 31 voix, et Fachot par 28. Les scrutateurs prêtent serment. Le président lit l'article 7 du titre I de la loi du 25 fructidor an III et fait, ainsi que le secrétaire, la déclaration exigée. Le nombre des votants n'excédant pas 200, il n'y a pas lieu à la division en deux bureaux. Pour l'élection des quatre électeurs, sur 81 votants, sont élus :

> Pierre-Dieudonné-Louis SAULNIER, commissaire du Directoire exécutif près l'administration centrale du département, 60 voix (1) ;

---

(1) Saulnier, nommé électeur, ne pouvait par suite remplir les fonctions qui lui étaient déléguées par l'article 43 de l'acte constitutionnel (informer le Directoire de l'ouverture et de la clôture des assemblées électorales, avec défense d'entrer dans le lieu des séances; l'informer aussi des infractions qui

Nicolas Hasselot, marchand commissionnaire, 55.

L'après-midi, a lieu le second tour de scrutin. Sur 82 votants, sont élus :

> Dominique Paullet, officier de santé, chirurgien de 1re classe, 64 voix ;
> Claude Fachot, homme de loi, 47.

Le 4 germinal, à 2 heures, est ouvert le scrutin pour l'élection de quatre administrateurs municipaux. Le scrutin est continué le 5, de 8 heures à 9 heures. Il est ensuite dépouillé. Les citoyens Hasselot l'aîné et Temporelle sont nommés commissaires pour le recensement général.

Le 6 germinal, il est procédé au second tour de scrutin. Le 7 germinal, il est procédé au troisième tour. Le 8 germinal, à 10 heures du matin, le président proclame le résultat de ce troisième tour et déclare que l'assemblée est dissoute.

7e SECTION

Le 1er germinal, à 9 heures, les membres de la 7e section se sont réunis dans la salle d'audience du tribunal du commerce. Le citoyen Botta, officier municipal, dépose sur le bureau les pièces nécessaires. Le bureau d'âge est formé de Pierre Estienne, président ; Nicolas-Louis Fingault, Nicolas Duplan et Antoine Payoz, scrutateurs ; Jorant fils, le plus jeune, secrétaire. On procède à l'élection du président définitif. Après l'appel et le réappel, le scrutin est déclaré fermé. Il y a 59 votants ; mais aucun citoyen ne réunit la majorité. Il est passé au second tour de scrutin.

L'après-midi, on fait le réappel pour ce second tour ; sur 52 votants est élu, par 27 suffrages, André-Thomassin. Pour l'élection du secrétaire, trois tours sont nécessaires (au premier, 51 votants ; au second, 36). Le troisième tour doit avoir lieu entre les citoyens Jorant et Cléret ; mais Jorant déclare que ses occupations ne lui permettent pas de remplir cette place, et l'assemblée décide qu'au second tour elle choisira entre Cléret et Viole, qui était troisième au second tour de scrutin. Cléret est

seraient faites à l'acte constitutionnel) : aussi, le 9 germinal, le Directoire exécutif décida qu'il serait remplacé dans cette partie de ses fonctions par le citoyen Balland, administrateur du département.

élu par 28 voix sur 49 votants. Le président et le secrétaire prononcent le serment de haine à la royauté, etc. Puis on procède à la nomination des scrutateurs, chaque votant prononçant le serment exigé. Il y a 48 votants ; sont nommés Anthoinet (21 voix), Nicolas, notaire (12), Dussert (10), ce dernier au bénéfice de l'âge contre Pagnot.

Le 2 germinal, le président et le secrétaire font la déclaration exigée. Le secrétaire donne lecture du titre III de la Constitution. L'assemblée reconnait droit de vote à Louis Payoz, François Fournier, François Claudin, horloger. Le président donne lecture de l'art. 376 de la Constitution et il est procédé au vote pour la nomination des quatre électeurs. Il y a 87 billets. Sont élus :

Charles-Victor ANTHOINET, administrateur du département, 57 voix ;

Pierre-Joseph ANDRÉ, accusateur public près le tribunal criminel, 53.

L'après-midi a lieu le second tour de scrutin. Il y a 64 votants. Sont élus :

Claude-François PAGNOT, juge au tribunal civil, 41 voix ;

Dominique-Antoine CLÉMENT, juge de paix, 39.

Le 4 germinal, à 2 heures, a lieu l'élection pour la nomination de quatre officiers municipaux qui sont à renouveler. Après appel et réappel, le scrutin est fermé ; il est dépouillé et les citoyens Dussert et Nicolas sont chargés d'assister au recensement général des huit sections.

Le 6 germinal, au matin, le président annonce l'élection de Rousseau et l'on passe au second tour de scrutin pour les trois autres officiers municipaux. Il y a 48 votants. Le 7 germinal, à 9 heures du matin, a lieu le troisième tour de scrutin. Il y a 49 votants. Le 8 germinal, à 9 heures, le président annonce l'élection de Coliny, François et Sibien. On donne lecture du procès-verbal de cette dernière séance, puis le président déclare l'assemblée dissoute. Les président, secrétaire et scrutateurs vont déposer les procès-verbaux aux archives de l'administration municipale.

8e SECTION

Le 1er germinal, les citoyens de la 8e section se sont réunis dans la salle des ci-devant Cordeliers, préparée par l'adminis-

tration municipale. Le bureau d'âge est formé de Jean Thiéry
l'aîné, président; Louis-François Bouty, Claude-François Collin
et François Descours, scrutateurs; Simon Didelot, le plus jeune,
secrétaire. Un membre de l'administration municipale dépose
sur le bureau les pièces nécessaires. On procède à l'élection du
président définitif. Après appel et réappel, on reconnaît qu'il y a
33 votants; personne n'obtient la majorité. Au second tour, sur
43 votants, Nicolas-Jacques Harlaut obtient 31 suffrages et est
déclaré élu. Il prête le serment de haine à la royauté, etc. Pour
l'élection du secrétaire, deux tours ne donnent aucun résultat.
Le troisième tour a lieu entre les citoyens Lacour et Didelot; sur
25 votants Lacour est élu par 15 suffrages et il prête le serment.

Le 2 germinal, on passe à l'élection des scrutateurs; chaque
votant prête le serment de haine à la royauté, etc. Sur 50 votants,
Claude-François Collin est élu au premier tour par 35 voix;
au second tour, sur 38 votants, Nicolas L'Hermitte fils est élu
par 24 voix; on passe à un troisième tour pour lequel les suffrages peuvent se porter sur tous les citoyens. Sur 37 votants,
Jacques-Augustin Marin obtient la majorité. Obtiennent ensuite
le plus de suffrages : François Bouty, Nicolas Mauvais et François L'Hermitte père. Le président et le secrétaire font les déclarations exigées.

Le 3 germinal au matin, le président invite les citoyens non
portés sur la liste et qui réclameraient le droit de vote, à se présenter; mais personne ne réclame la parole. Il n'y a pas lieu
de diviser l'assemblée en plusieurs bureaux. On donne lecture
des lois relatives aux élections, et des indications données par
l'assemblée municipale, de l'article 376 de la Constitution. On
passe à l'élection des quatre électeurs. Il y a 51 votants. Sont élus :

   Claude-François COLLIN, administrateur municipal à Nancy,
      47 voix ;
   Nicolas L'HERMITTE fils, officier retiré, 32 ;
   Nicolas-Christophe LACOUR, greffier de la justice de
      paix, 29.

On passe à un second tour de scrutin pour le quatrième électeur. Il y a 35 votants, le vote ne donne aucun résultat. Au
troisième tour où les suffrages peuvent se porter sur tous les
citoyens éligibles, est élu à la majorité relative :

   Nicolas MAUVAIS, marchand de fer.

Le 4 germinal, à 9 heures, le président annonce que les autres sections n'ont pas encore terminé leur vote pour les électeurs, qu'une autre procède à la nomination d'un assesseur; il propose en conséquence de suspendre l'assemblée, pour que toutes les sections puissent procéder simultanément à l'élection des administrateurs municipaux.

Le 4 germinal, à 2 heures, le scrutin est ouvert. Il y a 54 votants. Le scrutin est dépouillé et le résultat est remis aux citoyens Collin et L'Hermitte chargés d'assister au recensement général.

Le 6 germinal, à 9 heures, après proclamation de Rousseau, on procède au second tour de scrutin pour lequel se présentent 56 votants. Le 7 germinal, au matin, troisième tour de scrutin (90 votants). Le 8 germinal, le président annonce l'élection de Coliny, François et Sibien. Il déclare l'assemblée dissoute et elle s'est séparée aux acclamations répétées de : *Vive la République !*

(*Procès-verbaux originaux*, **A. M., K. 1.** *Extraits collationnés pour l'élection des électeurs.* **A. D., L. 216.**)

L'administration municipale de Nancy du 1ᵉʳ floréal an VII jusqu'à l'application de la Constitution de l'an VIII

Le 1ᵉʳ floréal an VII (20 avril 1799), en la salle ordinaire de ses séances, l'administration municipale procède à l'installation des nouveaux officiers municipaux élus par les assemblées primaires et communales du canton ; il est donné lecture des procès-verbaux de recensement des 5, 6 et 7 germinal, contenant nomination pour deux ans des citoyens Rousseau l'aîné, Coliny, François et Sibien. Le président présente une écharpe à chacun des nouveaux membres, et les nouveaux officiers déclarent n'avoir provoqué ni signé aucun acte séditieux et contraire aux lois, n'être parents ni alliés d'émigrés ; ils prêtent le serment de haine à la royauté et à l'anarchie. Le président en exercice prononce un discours dans lequel il développe avec précision le détail des travaux qui ont occupé l'administration dans sa dernière session et donne une analyse succincte de ce qui reste à faire dans le cours de celle qui s'ouvre. Après ce discours, les citoyens Colin et Botta, deux des administrateurs remplacés, ont déposé leur écharpe et se sont retirés, après que l'assemblée leur eut donné un sincère témoignage de ses justes regrets.

L'assemblée municipale passe à l'élection de son président ; le citoyen Lallemand est réélu par 5 suffrages contre 1 à Gormand et 1 à Jeanroy. Gormand est réélu ensuite comme vice-président, par 5 voix contre une à Jeanroy et une à Sibien. Gormand est maintenu dans la fonction d'officier public. Rollin est, à l'unanimité, réélu secrétaire. Nicolas Géhin demeure près de la municipalité commissaire du Directoire exécutif.

Le 3 floréal, le citoyen Coliny donna sa démission, parce qu'il était

sur le point d'être mis en activité comme chef de bataillon, en conséquence de la loi du 28 germinal dernier; le 6 floréal, l'administration
municipale accepta cette démission, et le 24 (13 mai 1799) elle nomma
en remplacement le citoyen JACQUEMIN-CUFFERS, négociant, en conformité de l'article 188 de l'acte constitutionnel. Jacquemin fut installé le
25 floréal, fit la déclaration et le serment exigés. C'était le vingt-qua-
trième jour de la permanence de l'administration municipale. Aucune
autre modification ne fut apportée à la composition du Conseil, jusqu'au 18 brumaire an VIII (9 novembre 1799). Le 22 brumaire, dans
la séance de l'administration municipale, il fut donné lecture de la loi
du 19, qui remplaçait le Directoire exécutif par une commission consulaire, composée de Sieyès, Roger Ducos et Bonaparte; d'un arrêté du
20, pris par les consuls et maintenant les fonctionnaires institués par
le Directoire exécutif et non révoqués. Tous les administrateurs de
Nancy ainsi que le commissaire du pouvoir exécutif restèrent en place
jusqu'au 18 floréal an VIII (8 mai 1800), alors que trois d'entre eux
auraient dû être renouvelés le 1er germinal. Bientôt entrait en fonctions
la nouvelle municipalité; mais celle-ci ne tirait plus ses pouvoirs de
l'élection. La municipalité devait être composée d'un maire, de deux
adjoints et d'un conseil municipal, les premiers nommés par le premier consul, le conseil par le préfet. Dès le 14 germinal (4 avril 1800),
un arrêté du premier consul appelait aux fonctions de maire François-
Antoine Lallemand, l'ancien président de l'administration municipale,
et lui donnait comme adjoints Jean-Hyacinthe Bouteiller, ancien conseiller au Parlement, et Jacques Coster, ancien premier commis des
finances. Peu après, le 18 floréal, le nouveau préfet Marquis, invita le
maire à lui désigner les citoyens les plus propres à composer le conseil
municipal, et le 29 prairial (18 juin 1800), il nommait :

Charles-Joseph GORMAND, officier de santé ;
Honoré FRANÇOIS, architecte ;
Nicolas SIMEN, ex-administrateur municipal ;
Charles JEANNOY, négociant, ex-administrateur municipal ;
MOURQUIN, négociant ;
Nicolas ALBERT, aubergiste ;
Nicolas-Remy AUBERT l'aîné, marchand de fer ;
ROUSSEAU, ex-administrateur municipal ;
Louis VIOU, père, négociant ;
Toussaint BRANDOS, ancien secrétaire en chef du département ;
Jean-Baptiste LAFFITTE, officier de santé ;
NICOLAS le jeune, notaire ;
BAGON, notaire ;
Louis-Bernard JACQUEMIN fils, assesseur du juge de paix ;
LACRETELLE, receveur de l'enregistrement ;
Charles-Alexis-Romain ROGUIER ;
Nicolas-François MESSEIN, homme de loi ;
MANESY, ancien maire ;
Jean-Nicolas MARMON cadet, fabricant ;
Barthélemy CHAILLON, ex-officier municipal ;
DUMAST père, ex-commissaire des guerres ;
BLACHIER, maître de la poste aux chevaux ;
Jean-Nicolas LA RUELLE, ex-administrateur municipal ;
DURAND, administrateur forestier ;
Joseph FOREL, négociant ;
Jean-François NÉRET père, administrateur forestier ;

Jean-Baptiste-Elzéar Corrois, fabricant de tabac ;

Bern-Isaac-Bern, négociant ;

François Nicolas, professeur ;

Bornecal l'aîné, propriétaire.

Le 14 messidor an VIII (30 juin 1800), de Manesy, non acceptant, fut remplacé par Michel Charpentier, ex-administrateur municipal ; le 15, Dumast père, non acceptant, et Sibien, appelé à d'autres fonctions, par Jean-Nicolas Mengin, ingénieur des ponts et chaussées, et Mathieu Jallement, et le 1er fructidor an VIII (19 août 1800), le nouveau conseil fut installé et nomma comme président le citoyen Durand et comme secrétaire le citoyen Brandon.

CANTON DE NANCY *EXTRA MUROS*

1re SECTION

Le 1er germinal, les citoyens de la 1re section se sont réunis à 9 heures du matin au temple décadaire de la commune d'Essey. Le bureau d'âge est formé de Pierre Roger, de Malzéville, président ; Lionnois, agent municipal, et Jean Georges, de Pixérécourt, Jean-Baptiste Paquin, adjoint de Dommartemont, scrutateurs ; Louis-François-Sigisbert Jeandel, le plus jeune, secrétaire. On fait l'appel nominal des votants : il s'en présente 36, et le citoyen Jeandel est élu président par 23 voix ; puis Pierre-François Bracard est élu secrétaire par 21 voix sur 31 votants. Ils prêtent le serment ordonné. On passe à l'élection des scrutateurs ; chaque votant prête serment. Sont élus Paquin, Lionnois, ci-dessus dénommés, et Joseph Dron, de Tomblaine. Président et secrétaire font la déclaration voulue ; lecture est donnée du titre III de la Constitution et de l'article 376. On passe à l'élection des trois électeurs. Un premier tour ne donne aucun résultat ; au second tour, est élu sur 33 votants :

Pierre-François Bracard, agent municipal de Malzéville, 17 voix.

Au troisième tour (33 votants) sont nommés :

Louis-François-Sigisbert Jeandel, manufacturier à Tomblaine, 16 voix ;

Jacques-François Charpentier, brasseur à Malzéville, 12.

On passe au vote pour un assesseur pour la commune de Jarville, le citoyen Pierre Georges ayant quitté le canton (1).

(1) Le remplaçant ne devait être élu que pour un an.

Charles Bigot obtient 33 voix ; et comme il en a 59 dans la
2ᵉ section, total 92, il sera déclaré élu.

Furent ensuite nommés dans les assemblées communales :

Dommartemont (le procès-verbal fait défaut) ;

Essey (*idem*) ;

Malzéville, 10 et 11 germinal. Agent, Dominique BEAUCOURT
le jeune, au troisième tour ;

Pixerécourt (le procès-verbal fait défaut) ;

Pulnoy, 11 germinal. Adjoint, Laurent BAUDINET, 6 voix sur
7 votants ;

Saint-Max (le procès-verbal fait défaut) ;

Saulxures, 12 germinal. Agent, Jean-Baptiste DRAPIER, agent
sortant, 29 voix sur 32 votants ;

Seichamps, germinal (1). Adjoint, Jean Pomoi, élu par 2 voix
sur 8 votants, comme le plus âgé de ceux qui ont obtenu 2 voix.
(Il n'y eut qu'un tour de scrutin) ;

Tomblaine (le procès-verbal fait défaut).

2ᵉ SECTION

Le 1ᵉʳ germinal, les citoyens composant la 2ᵉ section du canton de Nancy se sont réunis en assemblée primaire au temple
de la commune de Vandœuvre. Le bureau d'âge est formé de Bou-
logne, de Maxéville, président ; Poirot, Harnepont et Trélin, de
Vandœuvre, scrutateurs ; Charles Bastien, également de Vandœuvre, le plus jeune, secrétaire. On procède par un scrutin de
liste à l'élection du président et du secrétaire. Pierson, de Villers,
ayant obtenu 43 voix sur 78 votants, est nommé président ;
Pierre Mengin, de Vandœuvre, 41, est nommé secrétaire. L'un et
l'autre prêtent le serment de haine à la royauté etc. On procède
à l'élection des scrutateurs et chaque votant prête le même serment. Sont élus sur 81 votants : Nicolas Simon, de Villers (49),
Christophe Poirot, de Vandœuvre (47), Nicolas Antoine, de Vandœuvre (43). Le président et le secrétaire font les déclarations
exigées : il est donné lecture du titre III de la Constitution et de
l'article 376. Un premier tour de scrutin pour l'élection des élec-

_____

(1) Le jour n'est pas donné.

teurs ne donne aucun résultat ; au second tour, sur 87 votants, sont élus :

Nicolas ANTOINE, vigneron de Vandœuvre, 52 voix ;

Nicolas SIMON, agent municipal de Villers, 46 ;

Laurent-Dominique BADEL, agent municipal de Maxéville, 44.

On passe à la nomination d'un assesseur pour la commune de Jarville. Sur 64 voix Charles Bigot en réunit 59. L'assemblée a été déclarée alors dissoute.

(*Original* A. D., L. 2887 : *copie collationnée*, L. 210.)

Furent nommés ensuite dans les assemblées communales :

Fléville, 11 germinal. Adjoint. Joseph ROYER, au second tour, par 13 voix ;

Heillecourt (le procès-verbal fait défaut) ;

Houdemont, 10 germinal. Agent, en place de Léopold Verlot, sortant de droit, François TOUSSAINT, à la pluralité ;

Jarville, 11 germinal. Adjoint. en place de Dominique Hogard, sortant de droit, Pierre MOUCHOT, au second tour par 8 voix sur 14 ;

Laxou, 11 germinal. Agent, en place de Jean-Claude Pagny, sortant de droit, Joseph ANTOINE, 20 voix sur 37 votants (étant percepteur, il doit opter entre ces deux places) ;

Maxéville, 10 germinal. Agent, Laurent-Dominique BADEL. réélu par 37 voix sur 39 votants ;

Vandœuvre, 11 germinal. Adjoint, Michel GERBAUX, à l'unanimité de 12 votants ;

Villers (le procès-verbal fait défaut).

La municipalité cantonale jusqu'à l'application de la Constitution de l'an VIII

Le 27 thermidor an VIII (14 août 1799), Pierson, président de l'administration municipale du canton de Nancy, fut nommé administrateur du département (Cf. *infra*, p. 370). Le 28 thermidor, il annonça cette nomination à l'assemblée cantonale, et lui témoigna son regret de se voir dans l'obligation de se séparer d'elle. L'administration, par l'organe du commissaire, en félicitant le président de le voir appelé à une place éminente et qu'il ne peut que remplir avec honneur et distinction, lui a exprimé sa douleur de se voir privée de ses lumières. Elle l'a invité de l'honorer quelquefois encore de sa présence et de ses conseils, et surtout de lui accorder son appui auprès de l'administration centrale pour tout ce qui concernera à l'avenir l'intérêt de ses administrés, dont il s'est toujours montré le père et le soutien. L'ancien président a fait cette promesse. Le 29 thermidor, l'administration du canton nomme un président provisoire. Toutes les voix se réunissent sur le citoyen BADEL, agent de Maxéville et exerçant déjà les fonctions de vice-président. Il est installé comme tel aux applaudissements de l'assemblée. G.-P. TRAILIN continue d'être commissaire du Directoire exécutif, et C.-A. RAMPONT secrétaire greffier. Badel présida l'assemblée jusqu'à la suppression de la municipalité cantonale, le 14 floréal an VIII (4 mai 1800).

XXXIX

ASSEMBLÉE SPÉCIALE

Élection du tribunal du commerce

(16 germinal an VII. — 5 avril 1797)

Ces élections pour le renouvellement, par moitié, des juges du tribunal de commerce ont eu lieu le 16 germinal. Nous n'avons pas trouvé les procès-verbaux. Le 19, après l'installation des juges et suppléants nouvellement élus, les citoyens Jean-Nicolas La Ruelle et Jean-Claude-Nicolas Marmod le jeune déclarent qu'ils n'ont provoqué ni signé aucun arrêté séditieux et contraire aux lois et qu'ils ne sont point parents ni alliés d'émigrés. Après ces élections, le tribunal de commerce est composé de la manière suivante :

Président : J.-B.-J. JACOB.
Juges : M. CROIZIER.
    N.-R. AUBERT.
    L. DEMANGEOT l'aîné.
    G. MAYER.
Suppléants : J. HUIN.
    N. GÉRARDIN.
    J.-N. LARUELLE.
    N. MARMOD le jeune (1).

Le greffier et les huissiers sont les mêmes que précédemment.

---

(1) Sont sortis de charge Gérardin et Mayer : le premier a été élu suppléant et le second réélu juge. L. Demangeot, suppléant, a passé juge ; et on a élu deux suppléants nouveaux, Laruelle et Marmod.

XL

ASSEMBLÉE ÉLECTORALE DU DÉPARTEMENT

Élection de deux membres du Corps législatif (un pour le Conseil des Anciens, un pour le Conseil des Cinq-Cents), d'un haut juré et d'un administrateur du département.

(20-25 germinal an VII. — 9-14 avril 1799)

Les citoyens nommés par les assemblées primaires du département, se réunissent comme électeurs, le 20 germinal an VII. à 9 heures du matin, en la commune de Nancy désignée par la loi du 20 ventôse an V (1). en l'une des salles de la maison commune, préparée par l'administration centrale du département.

Le bureau d'âge est formé de Claude-François-Gabriel Dumast père, président ; de Nicolas Poincloux, électeur du canton de Toul, Nicolas François Mathieu (Lunéville, *extra muros*). François Rheine (Amance), scrutateurs ; et de Dominique Paullet (Nancy), le plus jeune, secrétaire. Le plus âgé des électeurs de chaque canton dépose sur le bureau la liste des électeurs nommés par son canton, certifiée par chacun d'eux et par l'administration municipale du canton. On procède à l'élection du bureau définitif. Après appel et réappel, chaque votant déposant dans le vase du scrutin son bulletin de vote et un billet contenant son nom dans un carton ouvert sur le bureau ; il est constaté que le nombre des votants s'élève à 325.

Le dépouillement du vote à lieu dans l'après-midi. Est élu le citoyen Dumast par 262 voix. Il est installé et prête le serment de haine à la royauté et à l'anarchie, de fidélité et attachement à la République et à la Constitution de l'an III. On procède dans les mêmes formes à l'élection du secrétaire. Est nommé Pierre Martin, commissaire du Directoire exécutif près le tribunal correctionnel de Toul, par 227 suffrages sur 325 votants.

Le 21 germinal, au matin, le citoyen Martin est installé comme secrétaire et prête entre les mains du président le ser-

---

(L) Erreur pour 20 nivôse. Cf. p. 340, n. 1.

ment de haine à la royauté et à l'anarchie. Sont élus scrutateurs par scrutin de ballottage ou de liste, sur 328 votants, Lachasse (269 suffrages), Régeot l'aîné (265), Paullet (223).

L'après-midi, les scrutateurs sont installés et prêtent individuellement le serment de haine à la royauté et à l'anarchie. Le président déclare l'assemblée constituée, donne lecture de l'article 7 du titre I de la loi du 25 fructidor et déclare qu'il ne mettrait aux voix aucune proposition contraire à la Constitution ou étrangère aux opérations de l'assemblée. Le secrétaire déclare qu'il ne consignerait au procès-verbal aucune proposition de ce genre.

On constitue dix commissions de sept membres pour vérifier les pouvoirs des électeurs. Il y a 72 cantons et il y a eu 104 assemblées primaires. Chaque commission, composée des électeurs les plus âgés de chaque canton, vérifierait les élections de 10 assemblées primaires (deux en vérifieraient onze et l'une douze). La première commission s'occupera des élections des cantons représentés dans la deuxième commission, la deuxième de ceux des cantons représentés dans la troisième, etc.

Le 22 germinal, on entend les rapports des commissions chargées de la vérification des pouvoirs. Quelques irrégularités sont signalées dans les procès-verbaux, mais ne paraissent pas en général d'importance, et les procès-verbaux sont maintenus. Dans la 4e section du canton de Lunéville, l'assemblée primaire avait recommencé les élections, sous prétexte que plusieurs citoyens, n'ayant pas les qualités requises, avaient voté lors de la première élection; mais l'assemblée électorale décide que les premières élections sont seules valables; dès que des citoyens avaient été admis à voter, le résultat restait acquis; s'il y avait contestation, elle devait être soumise aux tribunaux civils; en conséquence, sont admis Nicolas Didiot, commandant de la garde nationale; Jacques-Joseph-François Pouponot-Dallancourt, ancien gendarme, et Claude-François Marguisson, administrateur municipal. On dresse la liste alphabétique des électeurs qui est de 342; l'assemblée doit par suite se diviser en deux bureaux pour procéder aux élections. Mais auparavant il est donné lecture du titre IV de la Constitution, des articles du titre III déclarés communs aux assemblées électorales par l'article 40. Appel et réappel sont faits des électeurs, qui prêtent individuellement le serment de haine à la royauté et à l'anarchie. Le président donne connaissance à l'assemblée de la loi du 3 brumaire qui exclut

des fonctions publiques les provocateurs ou signataires de mesures séditieuses et contraires aux lois, de celle du 19 fructidor
an V, contenant des mesures de salut public prises relativement
à la conspiration royaliste, de celle du 9 frimaire an VI, qui
assimile les ci-devant nobles aux étrangers pour l'exercice des
droits des citoyens français, de celle du 12 pluviôse an VI, qui
détermine la manière de procéder à la vérification des pouvoirs
des députés nouvellement élus au Corps législatif, de celle du
5 ventôse suivant qui exclut des assemblées primaires les individus qui ont rempli des fonctions civiles ou militaires parmi les
rebelles, de celle du 6 germinal même année, contenant instruction sur la tenue des assemblées électorales, enfin de celle du
28 ventôse dernier contenant le tableau des députés à élire par
les assemblées électorales, au mois de germinal an VII.

L'assemblée se divise en deux bureaux; on tire au sort parmi
les noms des électeurs celui du citoyen Prévost, et il est décidé
que les 197 noms suivants, avec Martin secrétaire, Lachasse et
Paullet, scrutateurs, constitueront le premier bureau de 200 personnes; le second sera formé de 142 membres. Les membres du
second bureau se retirent dans la salle au-dessus de la Comédie,
qui leur a été préparée par l'administration centrale.

L'après-midi, l'assemblée du premier bureau attend jusqu'à
7 heures le résultat des opérations du second bureau (1).

Le 23 germinal, le premier bureau est informé que le deuxième bureau s'est constitué; il a nommé président le citoyen
Leseure, secrétaire Jeandidier, scrutateurs Larivière, Pagnot,
juge, et Lacretelle. Le secrétaire donne en assemblée plénière
lecture de l'article 376 de la Constitution; il annonce que l'assemblée doit élire deux députés au Corps législatif pour trois
ans chacun, l'un pour le Conseil des Anciens et l'autre pour le
Conseil des Cinq-Cents; que les membres sortants cette année
sont le citoyen Regnier, du Conseil des Anciens, et Mallarmé,
du Conseil des Cinq-Cents; qu'ils sont rééligibles aux termes de
l'article 54 de l'acte constitutionnel, que l'assemblée a à nommer
un haut juré pour un an à la place du citoyen Prugneaux, enfin
un administrateur du département pour cinq ans, en remplace-

---

(1) Le second bureau constitue pendant ce temps son bureau par liste simple
et à la pluralité relative. Sur 95 votants sont nommés président Leseure (49 voix);
secrétaire, Jeandidier (42); scrutateurs, Larivière (42), Pagnot, juge (31), Lacretelle, juge (26).

ment du citoyen Saulnier le jeune, remplacé temporairement par le citoyen Anthoinet.

L'assemblée se sépare en deux bureaux pour le vote. Le recensement général accuse 339 votants. Est élu membre du Corps législatif, Conseil des Anciens :

Regnier, député actuel du département, 280 voix (1).

L'après-midi, les deux bureaux séparés procèdent à l'élection d'un membre du Corps législatif, Conseil des Cinq-Cents. Le recensement général accuse 333 votants. Est élu :

Mallarmé, député actuel du département, 303 voix (2).

Le 24 germinal, il est procédé, dans les deux bureaux séparés, à l'élection d'un haut juré. Le recensement général accuse 320 votants. Est élu :

Charles Regneault, de Xermaménil, ex-constituant, 249 voix.

On procède, par bureaux séparés, à l'élection d'un administrateur au département.

Le réappel pour cette élection se continue dans la séance de l'après-midi. Le recensement général accuse 332 votants. Est élu :

Charles-Victor Anthoinet, membre actuel du département, 307 voix (3).

Le 25 germinal, à 9 heures du matin, l'assemblée plénière se réunit et adopte le procès-verbal de la séance précédente. Un membre a observé que le citoyen Antoine Didiot de Lunéville,

---

(1) Voir le *Tableau des élections faites par l'assemblée électorale du département de la Meurthe dans sa session de germinal an VII de la République*. 1 feuille in-folio. A Nancy, chez P. Barbier. Le *Journal de la Meurthe* du 24 germinal annonce cette nouvelle sans commentaire.

(2) Regnier et Mallarmé écrivirent de Paris, le 27 et le 28 germinal, aux administrateurs du département pour annoncer leur acceptation et pour exprimer leurs remerciements.
Par la loi du 12 floréal an VII (1er mai 1789), les opérations de l'assemblée électorale de la Meurthe relative à la nomination des députés au Corps législatif sont déclarées valables ; en conséquence, le citoyen Regnier sera admis, pour trois ans, le 1er prairial prochain, au Conseil des Anciens, et Mallarmé, au Conseil des Cinq-Cents, à la même date, pour la même période. Par ordre du Directoire, signé Barras, la loi fut publiée le 13 floréal.

(3) En annonçant ces élections, le *Journal de la Meurthe* du 26 germinal dit simplement : « Le calme qui a régné dans cette assemblée, l'unanimité des suffrages dans les élections, annoncent la satisfaction des citoyens de ce département de la conduite de ces élus. »

n'ayant point été admis (1), il paraissait juste qu'il lui fût accordé une indemnité, tant pour frais de voyage pour venir et retourner que pour les trois jours qu'il a été obligé de rester dans cette commune. Cette proposition est acceptée. Le président prononce la dissolution de l'assemblée, qui se sépare aux cris répétés de : Vive la République (2) !

(*Original.* **A. D.,** *L. 210.*

L'administration départementale du 15 floréal an VII au 28 ventôse an VIII

Par suite de l'élection d'Anthoinet, rien n'était changé à la composition de l'administration du département. Le 15 floréal an VII (4 mai 1799), le commissaire du Directoire exécutif requit la lecture du procès-verbal de l'assemblée électorale en ce qui concernait la nomination d'Anthoinet, et l'administration procéda à son installation. Il prêta le serment et fit la déclaration exigée par la loi. Villot est continué dans les fonctions de président, Anthoinet nommé vice-président et Balland suppléant du commissaire. Brandon demeure secrétaire. Balland décéda le 14 thermidor an VII (1er août 1799) [3], et dans sa séance du 27, l'administration centrale nomma à sa place, à l'unanimité, le citoyen :

PIERSON, président de l'administration municipale du canton de Nancy *extra muros.*

Il vint prendre séance le 28 thermidor.

Au 18 brumaire an VIII (9 novembre 1799), rien n'était changé à la composition de l'administration centrale. Celle-ci resta en place et continua ses fonctions comme si rien ne s'était passé. Bientôt la Constitution de l'an VIII était promulguée, et, le 12 ventôse (3 mars 1800), Bonaparte, premier consul, nommait préfet général du département de la Meurthe le citoyen Marquis, ex-constituant. Dans la séance du 28 ventôse (19 mars), Marquis est introduit ; il remet l'arrêté du premier consul qui le nomme préfet, l'arrêté relatif à l'établissement des préfectures, une lettre du ministre de l'Intérieur chargeant l'administration centrale du département de l'installer, de lui faire la remise des archives, de lui donner tous les renseignements administratifs et de le faire reconnaître par les administrations secondaires. Le ministre prévient que les administrateurs communaux et de canton doivent continuer

_____

(1) Il n'avait pas été élu au premier tour de scrutin, mais seulement au second à la place de Pouponnot-Dallancourt ; ce second tour fut annulé par l'assemblée électorale. Les deux autres électeurs avaient passé au premier et au second tour.

(2) L'assemblée de l'an VII ne nomma, pas plus que celle de l'an VI, de juges au tribunal civil. Au début de l'an VIII a disparu comme juge à ce tribunal J.-B. Sirejean ; il est remplacé par N. Doyen, ci-devant suppléant ; et Cléret est 23e juge. Les suppléants sont Coliny, de Malzéville ; Fondreton et Dumont. Saladin est substitut à la place de H. Aubertin.

(3) L'administration centrale décida, ce jour, d'assister à ses funérailles. Adam fut nommé suppléant du commissaire du Directoire exécutif.

leurs fonctions jusqu'à la nomination des sous-préfets. Le président Villot prend alors la parole et retrace l'œuvre accomplie par les administrateurs départementaux, remerciant tous les collaborateurs qui les ont aidés en leur tâche. Marquis remercie brièvement, se félicitant d'être appelé dans un département où le calme et la tranquillité ont toujours régné, où les lois s'exécutent sans contrainte et où les citoyens sont animés d'un bon esprit ; de succéder à une administration aussi sage que zélée, qui lui a aplani les difficultés de la carrière qu'il va parcourir et qui lui laissera des exemples qu'il s'honorera toujours d'imiter. L'administration centrale arrêta que le procès-verbal d'installation du citoyen Marquis et le compte sommaire des opérations administratives seront imprimés tant en cahiers qu'en placards, affichés dans les communes, envoyés aux consuls, au ministre de l'Intérieur, aux anciens députés de la Meurthe près le Corps législatif, aux administrations municipales et aux commissaires du gouvernement près elles. Et ainsi, le 28 ventôse, avec les signatures de Villot, Anthoinet, Pierson et Adam, finissent les registres de l'administration municipale (1). Au lieu d'un collège, un seul fut placé à la tête du département ; il tirait ses pouvoirs non de l'élection, mais de la nomination du premier Consul. On adjoindra plus tard au préfet un conseil général, mais tous les membres seront nommés par le premier Consul. Bientôt ce premier Consul, devenu Empereur, gouvernera seul la France.

---

(1) Les registres de l'administration centrale sous le régime de la Constitution de l'an III sont conservés aux A. D. Le premier compte rendu se trouve au milieu du registre L. 87, f° 105, le dernier à la fin de L. 94. Tous les renseignements que nous avons donnés sur les modifications de cette assemblée sont empruntés à ces registres.

ADDITIONS ET RECTIFICATIONS

Page 45, *n. 1*. — On a aussi imprimé, en 1790, un *État contenant le nom des Électeurs de tous les Cantons des neufs* (sic) *Districts, qui composent le Département DE LA MEURTHE, ainsi que les noms des Communautés de chaque Canton.* A Nancy, chez H. Haener, 47 pages in-4°.

Page 57. — Les deux adresses à l'Assemblée nationale et au Roi ont été imprimées. Pour copie collationnée. A Nancy, le 7 juin 1790. *Signé : Le Lorrain.* A Nancy, chez H. Haener, 17 pages in-4°.

Page 59, *n. 2.* — On a aussi imprimé un *Tableau des Membres de l'Assemblée du Département de la Meurthe, suivant l'ordre d'élection qui a été convenu provisoirement entre les neufs* (sic) *districts qui le composent.* Pour extrait du Procès-verbal de l'Assemblée des Électeurs du Département de la Meurthe, ouverte à Nancy. *Signé : Le Lorrain.* A Nancy, le 10 juin 1790, chez H. Haener, 4 pages in-4°.

Page 68. — On a imprimé le *TABLEAU des Membres des neufs* (sic) *Districts qui composent le Département de la MEURTHE.* On donne les prénoms des élus que nous rétablissons dans la table. A Nancy, chez H. Haener, 9 pages in-4°.

Page 78. — Sur les 14 officiers municipaux nommés en mars 1790, sept auraient dû sortir par le sort au mois de novembre de la même année ; six en effet furent désignés dans la séance du conseil général de la commune du 5 novembre. Mais il fallait aussi remplacer Mandel qui, élu notable au mois de mars, était devenu officier municipal à la suite de la démission du chanoine de Dombasle et de l'option faite par Mollevaut, premier notable, pour la place d'administrateur du département (30 juin 1790). Au dernier moment, Bellot et Fabert le jeune donnèrent leur démission et il fallut les remplacer ; Poirson avait démissionné de son côté le 14 novembre, et, quoique réélu le 21, il fallut pourvoir à son remplacement. Restaient simplement en fonctions de l'ancien corps municipal : Aubert, Malglaive, Saladin, Blaise et Rollin.

On finit par accepter, au nombre des notables, Collin et Coliny qui faisaient partie de la garde citoyenne ; on décida seulement qu'ils ne prendraient point part aux délibérations concernant cette garde (7 avril 1790). 15 notables auraient dû sortir par le sort en novembre 1790 ; mais, en réalité, neuf seulement furent désignés. Mollevaut, Collenel, Henry le jeune et Grandjean étaient devenus administrateurs du département ; Mandel, officier municipal ; l'abbé Anthoine avait envoyé sa démission. Un certain nombre d'anciens notables furent élus officiers municipaux : parmi les sortants, Demangeot, Oudin, Raybois, Labaute ; parmi les autres, de Jobart, des Bourbes, Bigelot et Nicolas. Mathieu de Moulon se décida aussi à ne plus se représenter. Il fallait donc nommer, au lieu de 15, 20 notables. Les notables restant en charge furent : André-Thomassin, Parisot, Lejeune, Marin l'aîné, Collin,

Masson, Michelant, Jean-Baptiste Regneault, Gœury, Jacquemin père. La nouvelle municipalité fut installée le 30 novembre 1790 par Poirson, président; il prononça une courte allocution : « Que ne doit espérer la cité du chef de cette magistrature dont la douceur de caractère, la pureté des mœurs, la sagacité et l'expérience lui ont constamment mérité l'estime de ses concitoyens; la nouvelle dignité qui vient couronner en lui tant de vertus, ne fait qu'ajouter aux preuves éclatantes qu'il en avait reçues. » Poirson, président, reçoit le serment des nouveaux élus : les officiers municipaux sortants se dépouillent de leur écharpe et chacun d'eux l'a présentée à son successeur. Le nouveau maire, Mollevaut, célèbre la Révolution; le procureur général Garnier fait l'éloge du maire et des officiers municipaux. Le 16 décembre 1790, Aubert, officier municipal, donne sa démission, et il est aussitôt remplacé, suivant l'ordre du tableau, par le premier notable, André-Thomassin.

Page 141. — Les quatre membres du corps municipal élu en mars 1790, Malglaive, Saladin, Blaise et Rollin, étant censés, en novembre 1791, avoir administré la ville pendant deux ans, sortaient de plein droit; il en était de même d'André-Thomassin, qui avait remplacé comme officier municipal Aubert. Labaute et Nicolas, les derniers élus au scrutin de novembre 1790, étaient censés remplacer Bellot et Fabert, démissionnaires, et ne devaient rester en fonctions que pour le temps qui restait encore à ces citoyens; leurs pouvoirs expiraient donc en novembre 1791. (Le conseil général de la commune adopta cette solution dans sa séance du 4 novembre 1791.) Demangeot venait d'être nommé administrateur du département. Des Bourbes et Bigelot donnèrent leur démission après la convocation des électeurs. Il y eut donc 10 officiers municipaux à élire, 8 pour deux ans, 2 pour un an. Parmi les notables, devaient sortir ceux qui étaient restés en charge en novembre 1791 : Parisot, Lejeune, Marin l'aîné, Collin, Masson, Michelant, Jean-Baptiste Regneault, Gœury, Jacquemin père. La place d'André-Thomassin, devenu officier municipal, était vacante. Les deux derniers, élus en novembre 1790, Renaud et Albert, étaient censés tenir la place de l'abbé Anthoine et de Mathieu de Moulon, démissionnaires, et sortaient de charge par suite en 1791. Villiez et Demange avec Albert furent nommés officiers municipaux en 1791. Donnèrent leur démission au dernier moment : Blaise, Martin, Henry, Poincaré, Foissey, Martin, Mathieu, si bien qu'il y eut en tout 21 notables à élire. Le 1er février 1792, Valentin Nicolaï, notable, est nommé officier municipal, en remplacement de Nicolas-François Oudin, démissionnaire.

Page 154. — Le 27 août 1792, la Législative revenait en partie sur son vote du 21. Elle déclare « qu'aucun citoyen ne doit être exclu des assemblées politiques pour cause de domesticité, *s'il n'est attaché au service habituel des personnes*; invite, en conséquence, les assemblées primaires à ne contester l'admission et le droit de suffrage d'aucun de ceux dont les travaux ordinaires s'appliquent à l'industrie, au commerce et à l'agriculture, si d'ailleurs ils réunissent les conditions exigées par la loi. » Mais déjà à Nancy les assemblées primaires s'étaient réunies le 26 août.

Page 179. — Il ne semble pas que l'adresse à la Convention nationale, votée le 22 septembre 1792 par l'assemblée électorale réunie à Lunéville, ait été imprimée. M. Baumont, dans son *Histoire de Luné-*

ville, page 324, en publie le début d'après les archives de cette ville, K. 2 : « Animés du saint amour de la liberté et de l'égalité, il est satisfaisant pour nous d'être, auprès de la Convention nationale, l'organe des sentiments et des vœux de la très grande majorité des citoyens de ce département. Le plus vif de leurs sentiments étant la haine de la tyrannie, le premier de leurs vœux doit être d'en être préservés pour jamais. La chute du tyran Louis XVI et de toute sa race est un des premiers moyens qui se présentent ; votre sagesse vous dictera les autres ; et quelle que puisse être votre résolution à cet égard, nous applaudissons d'avance à la loi constitutionnelle qui nous assurera l'anéantissement du despotisme. »

Page 202. — A la bibliothèque de Besançon, ms. n° 890, se trouve le cahier des arrêtés pris par le représentant Michaud lors de sa mission dans la Meurthe. Nous voyons que, avant de renouveler la municipalité de Nancy, les juges de paix, les membres du bureau de conciliation, ceux du tribunal de commerce, du tribunal du district, du tribunal criminel et du comité de surveillance, au 18 vendémiaire an III, il avait pris, le 12 vendémiaire précédent (3 octobre 1794), un arrêté très important que nous reproduisons :

« Le représentant du peuple, envoyé dans le département de la Meurthe, ayant été chargé par le Comité de sûreté générale, suivant sa lettre du 5 du courant, de prononcer définitivement sur le sort de plusieurs fonctionnaires publics contre lesquels il a été formé diverses accusations, après avoir examiné, avec l'intérêt qu'inspire une cause aussi importante à la tranquillité de cette grande commune, celle des citoyens Wulliez de Sarrebourg, administrateur du département ; Mouton, accusateur public près le tribunal criminel du département ; Colle, juge au tribunal du district de Nancy ; Brisse, maire ; Bertrand et Cropsal, officiers municipaux, et Arsant, agent national de la commune de Nancy ;

« Considérant à l'égard des citoyens Wulliez, Colle, Bertrand et Cropsal, officiers municipaux, qu'il n'existe aucune accusation directe et prouvée contre eux ; que les renseignements pris sur le citoyen Wulliez en particulier annoncent qu'il a l'estime de ses concitoyens et la confiance des patriotes dans le district de Sarrebourg ;

« Considérant que le citoyen Brisse s'est permis plusieurs propos qui, sans caractériser un homme incivique, sont au moins opposés à la décence et à l'impartialité que cette commune a droit d'attendre de son premier magistrat ; que l'intérêt public de Nancy exige d'ailleurs, dans ces circonstances difficiles, un maire dont la vie entière, publiquement connue de tous ses concitoyens, inspire la confiance générale et dont les talents puissent satisfaire à toutes les branches d'administration qui lui sont confiées ;

« Considérant que la moralité reconnue, les talents et le civisme de l'accusateur public doivent justement l'emporter sur le propos inconséquent qu'on lui attribue, lors de l'événement du 11 thermidor ;

« Considérant que le citoyen Arsant, à qui on ne reproche qu'une motion indiscrète, est reconnu pour apporter beaucoup de zèle dans l'exercice de ses fonctions ;

« Considérant enfin que, dans l'assemblée générale de tous les citoyens de Nancy invités à s'expliquer sur le compte des fonctionnaires publics, tous ceux qui avaient été accusés n'ont reçu que des témoignages de confiance,

« **Arrête en conséquence les dispositions suivantes :**

« **Art. 1.** — Il sera procédé à une nouvelle élection d'un maire de la commune de Nancy.

« **Art. 2.** — Les citoyens Bertrand et Cropsal, officiers municipaux ; Arsant, agent national de la commune ; Colle, juge au tribunal de Nancy : Mouton, accusateur public, et Wulliez, administrateur du département, sont conservés dans leurs fonctions respectives.

« **Art 3.** — Tous ces prévenus sont mis définitivement en liberté. »

L'arrêté du 18 vendémiaire appela Wulliez à la mairie de Nancy à la place de Brisse destitué, maintint Arsant comme agent national, Cropsal et Bertrand comme officiers municipaux (Voir *supra*, p. 237), Mouton comme accusateur public (p. 208-209) et Colle comme juge du tribunal de district (p. 223).

Page 219. — Nous publions, d'après le manuscrit de Besançon cité plus haut, l'arrêt de destitution pris contre Renault, Saucerotte et Jeandel, le 19 fructidor an II :

« Le représentant du peuple, envoyé dans le département de la Meurthe, ayant déterminé par mesure de salut public une nouvelle épuration des autorités constituées à Nancy, a fait convoquer une assemblée générale des citoyens de cette commune, et, l'administration du district de Nancy ayant été soumise à la censure populaire,

« Le citoyen Renault, président, a été accusé :

« 1° D'avoir accepté la commission qui avait pour but d'engager les départements voisins à se réunir à celui de Nancy par un acte de fédéralisme ;

« 2° D'avoir été exclu de la société populaire ;

« 3° D'avoir protégé la mère d'un émigré, son parent, à qui l'administration du district a fait en conséquence rendre la liberté et dont elle n'a point séquestré les biens, sans l'assujettir au rapport des certificats exigés par les lois pour prouver la non-émigration de son fils et sans l'intervention de l'administration supérieure qui devait prononcer définitivement sur cet objet ;

« Le citoyen Saucerotte, administrateur, a été accusé :

« 1° D'avoir provoqué ouvertement les citoyens contre le président de la société populaire et contre l'administration municipale, ainsi qu'il paraît résulter d'un procès-verbal d'information où plusieurs citoyens déclarent que ledit Saucerotte a dit publiquement, et en présence d'une foule de personnes assemblées, au président « qu'il y avait longtemps « que le peuple mangeait de mauvais pain et que cela était indigne, « tandis que ceux qui avaient l'administration du pain en avaient « du beau et du bon » ; qu'il s'est écrié ensuite : « Pauvre peuple ! « comme on t'a trompé ; tous les citoyens devraient se soulever en masse, « et aller au représentant du peuple » ; qu'il a tenu d'autres propos de « ce genre, répréhensibles dans un administrateur chargé de diriger le « peuple dans le sens des lois et de lui donner l'exemple de la justice » dans le sens de la modération » ;

« 2° De n'avoir pas des mœurs pures et d'être sujet à l'ivresse ;

« 3° D'avoir participé à la mise en liberté de la mère de Seillière, absent de la République, au lieu de le faire réputer émigré et d'en faire séquestrer les biens jusqu'à ce que la preuve de la non-émigration fût administrée.

« Les citoyens Oudinot et Billecard ont reçu des témoignages unanimes de la confiance publique.

« Le citoyen Jeandel, agent national, a été accusé :

« 1° D'avoir conseillé un débiteur d'émigré de payer à la mère de l'émigré, au lieu de liquider sa créance entre les mains du receveur de la nation, et l'on a remis à l'appui de cette assertion la déclaration signée d'un citoyen qui expose ce fait comme lui étant personnel;

« 2° De n'avoir pas requis l'arrestation de Poysot, commis de son administration, prévenu de propos contre-révolutionnaires, dont il s'est contenté de demander l'exclusion ;

« 3° D'avoir été exclu de la société populaire, exclusion motivée sur ce que ledit Jeandel n'avait pu se justifier d'avoir dit qu'il ferait cinq cents serments d'observer le maximum, sans qu'il les crût obligatoires; d'avoir lancé lui seul un mandat d'arrêt contre un citoyen qui s'est trouvé innocent;... d'avoir menacé Mandel, officier municipal de Nancy, de le faire arrêter chez lui, tandis que lui, agent national, avait cinquante mesures de vin dans sa cave qu'il prétendait ne pouvoir être forcé de vendre.....

« 4° D'avoir retardé la fête qui devait se célébrer pour le triomphe de la Convention nationale sur le tyran Robespierre les 9 et 10 thermidor et d'avoir annoncé publiquement qu'il fallait suspendre son opinion sur ces événements.....

« Le représentant du peuple, considérant que sur tous ces faits les citoyens accusés n'ont donné aucune réponse satisfaisante, qu'une grande partie des citoyens s'est élevée contre eux et a manifesté par là qu'ils n'avaient pas la confiance publique ;

« Considérant que, pour ramener le calme parmi les citoyens, il est nécessaire que les administrateurs qui ont en mains les mesures de sûreté publique réunissent l'assentiment général, et soient exempts de reproches soit dans leur vie privée, soit dans leur conduite politique,

« Arrête ce qui suit :

« 1° Les citoyens Renault, Saucerotte et Jeandel, agent national du district de Nancy, sont destitués de leurs fonctions ;

« 2° Les citoyens Marcel et Lerat, membres du conseil de l'administration, remplaceront provisoirement les citoyens Renault et Saucerotte dans le directoire du district ;

« 3° Pour que le travail de l'administration ne soit pas interrompu, le citoyen Billecard, suppléant de l'agent national et qui en exercera provisoirement les fonctions, préviendra par des courriers extraordinaires les citoyens Marcel et Lerat qu'ils aient à se rendre sans délai à leur poste;

« 4° Chacun des fonctionnaires publics destitués demeurera sous la surveillance de la municipalité de son domicile ;

« 5° Les citoyens Jeandel et Saucerotte s'abstiendront de reparaître à Nancy jusqu'à nouvel ordre ;

« 6° Les citoyens Oudinot et Billecard sont maintenus honorablement dans leurs fonctions; il est réservé à statuer sur le sort du citoyen Masson, administrateur absent. »

(Le 22 fructidor, un arrêté de Michaud destitue Brandon, secrétaire du département, coupable d'avoir donné un certificat de civisme à Charon, son beau-frère, homme d'un incivisme reconnu et signataire d'une pétition royaliste(1) ; Rampont, capitaine de gendarmerie, accusé

_____

(1) L'arrêt contre Brandon fut rapporté le 4e jour des sans-culottides an III, attendu que Charon avait été pourvu d'un certificat de civisme visé de toutes les autorités constituées.

d'avoir convoqué la force armée contre les patriotes du district de Sarrebourg réunis pour célébrer le 14 juillet 1792. Le même arrêté déclare que sera renouvelé le tribunal de commerce, excepté Tardieu, pour avoir voulu prendre sur la caisse du commerce qui appartient à la nation les frais d'envoi à Paris d'un missionnaire chargé de dénoncer les opérations de Lacoste et Baudot.)

Page 224. — Après les élections du 2 décembre 1792, les juges de paix de Nancy et leurs assesseurs furent les suivants :

Territoire du Levant. — Juge : DUFRESNE. Assesseurs : REGNIER, ancien officier ; BEAUPRÉ, machiniste ; MULSIER, orfèvre ; BOUTEROY ; GILMANT, chandelier ; SOYER, chandelier. Secrétaire-greffier : JACOB.

Territoire du Midi. — Juge : REGNEAULT. Assesseurs : PIVOY, professeur au collège ; SUISSE, rentier ; JACQUEMIN, entrepreneur des pavés ; BEAUPRÉ, rentier ; HOUARD, homme de loi ; BERNARD, homme de loi. Secrétaire-greffier : TISSERAND.

Territoire du Couchant. — Juge : MORIN. Assesseurs : RECEVEUR, BONFILS, MARIOTTE père, DUBOIS, NOIREL l'ainé, JEANROY. Secrétaire-greffier : HASSELOT.

Territoire du Nord. — Juge : NICOLAS, professeur de chimie en l'Université. Assesseurs : VOINIER, ancien pâtissier ; GÉNY, THOMAS, LHUILLIER, GILLET, LARCHER. Secrétaire-greffier : LACOUR.

9e et 10e sections. — Juge : MENGIN, homme de loi. Secrétaire-greffier : THOUVENIN. Ses assesseurs sont dans chacune des dix-sept municipalités de ces deux sections.

(*Annuaire du département de la Meurthe, année 1793, p. 49.*)

Page 230. — Malgré les protestations de la 3e section contre la destitution comme juge de paix de Jean-Baptiste Regneault, celui-ci fut arrêté peu de temps après et conduit en prison à Strasbourg. Il ne fut remis en liberté que par un arrêté du représentant Michaud du 3 fructidor an II (20 août 1794). « Vu la pétition présentée par Jean-Baptiste Regneault, juge de paix de la commune de Nancy ; l'extrait des procès-verbaux des sections assemblées de la commune qui rendent témoignage de son civisme et de son intégrité, d'un acte de la société populaire qui prouve que le sieur Regneault a signé l'acte d'adhésion aux journées du 31 mai et du 2 juin, du procès-verbal d'apposition et levée des scellés de ce citoyen chez lequel on n'a rien trouvé de suspect, le citoyen Regneault à qui Strasbourg a été donné comme prison, jouira provisoirement de sa liberté. »

Page 245. — Les conditions qu'il fallait réunir pour pouvoir voter dans les assemblées primaires aux termes de la Constitution de l'an III furent exigées aux élections de germinal an V ; mais, pour les élections des 21 et 22 fructidor an III, on n'eut pas le temps de dresser une liste nouvelle des citoyens admis à voter. Aussi tous les Français qui avaient été admis à voter dans les précédentes assemblées primaires le furent aussi à l'assemblée de fructidor an III. En somme les citoyens, pour voter sur la Constitution et nommer les électeurs, ne furent soumis à aucune condition de cens. Les électeurs furent désignés par le suffrage universel comme ceux qui avaient été chargés de nommer les députés de la Convention ; mais ces électeurs devaient remplir, dès cette première fois, les conditions d'âge et de cens fixées par la

Constitution et que nous avons indiquées. On suivit aussi, pour déterminer le nombre des électeurs, les indications de l'acte constitutionnel.

Page 247. — On a imprimé le *Tableau des citoyens nommés par les assemblées primaires du département de la Meurthe, pour procéder aux élections prescrites par les lois des 5 et 13 fructidor de l'an III, et 1er vendémiaire de l'an IV de la République française.* A Nancy, de l'imprimerie nationale de Pierre Barbier, an IV, 25 pages in-4°. Pour le district de Nancy, on donne, en général, le prénom des électeurs que nous ajoutons à la table.

Pages 277 et 339. — Il ne semble pas qu'il y ait eu de renouvellement du tribunal de commerce en l'an V, bien que la loi prescrivit le renouvellement annuel, par moitié, des juges. L'*Almanach du citoyen du département de la Meurthe pour l'an VI* indique les mêmes juges que ceux qui ont été élus les 15-16 brumaire an IV, et dans le même ordre. Sur le registre de délibérations du tribunal de commerce, on passe de la séance du 6 brumaire an IV à celle du 19 germinal an VI.

Page 329. — L'article 32 de la Constitution qu'on aurait voulu appliquer au citoyen Cléret porte : « Tout citoyen qui est légalement convaincu d'avoir vendu ou acheté un suffrage, est exclu des assemblées primaires et communales et de toute fonction publique pendant vingt ans ; en cas de récidive, il l'est pour toujours. »

Page 341. — L'article 11 de la loi du 19 fructidor an V est ainsi conçu : « Nul ne sera plus admis à voter dans les assemblées primaires et électorales, s'il n'a préalablement prêté devant l'assemblée dont il sera membre, entre les mains du président, le serment individuel de haine à la royauté et à l'anarchie, de fidélité et attachement à la République et à la Constitution de l'an III. » (Voir notre Introduction.)

Page 342, *ligne 3.* — L'article 4 de la loi du 3 brumaire an IV porte : « Sont exceptés des dispositions des articles 2 et 3 (*et par suite éligibles*) les citoyens qui ont été membres d'une des trois assemblées nationales, ceux qui, depuis l'époque de la Révolution, ont rempli sans interruption des fonctions publiques au choix du peuple, et ceux qui attendront leur radiation définitive ou celle de leurs parents ou alliés. »

TABLE ALPHABÉTIQUE

DES

CITOYENS ÉLUS PAR LES ASSEMBLÉES ÉLECTORALES

ET

des Fonctionnaires de Nancy pendant la Révolution

(1789-1799)

———

La table que nous publions ne renferme pas tous les noms propres qui sont mentionnés dans ce volume ; nous n'y relevons pas les noms de lieu ; nous n'y comprenons pas davantage les noms des hommes qui ont été présidents, secrétaires ou scrutateurs des assemblées électorales, non plus que ceux des hommes qui sont cités occasionnellement. Nous avons aussi laissé de côté dans la table les fonctionnaires des districts autres que celui de Nancy et dont nous avons tenu à donner la liste au cours du volume, aussi bien que les officiers municipaux, les agents et les adjoints des communes rurales du canton de Nancy. Notre table comprend : 1° les noms de tous les citoyens élus par les assemblées primaires et électorales dont nous avons publié les procès-verbaux, à l'exception des assesseurs des juges de paix dans les communes rurales(1) ; 2° les noms de tous ceux qui ont exercé quelque autorité dans la ville de Nancy, même quand ils ont été nommés par le pouvoir exécutif, commissaires près des tribunaux en 1790 et 1791, agents nationaux au temps de la Convention, autorités choisies par les représentants de la Convention en mission, commissaires du Directoire exécutif près du département, des tribunaux, de la municipalité de Nancy. Notre table permettra ainsi de connaître les personnages de la Révolution à Nancy ; elle indiquera les postes successifs qu'ils ont occupés et sera comme leur *curriculum vitæ* succinct pendant les années 1789 à 1799.

Voici les principales abréviations dont nous nous servons :

A. . . . . . Assesseurs du juge de paix.
A. D. . . . Administrateurs du département (membres du conseil du département sous le régime de la Constitution de 1790 ; puis les cinq administrateurs sous le régime de la Constitution de l'an III.)
A. Dis. . . Administrateurs du district (membres du conseil du district de Nancy, sous le régime de la Constitution de 1790).
A. M. . . . Administrateurs municipaux (les sept administrateurs sous le régime de la Constitution de l'an III).
A. P. . . . Accusateur public près du tribunal criminel.
B. de C. . . Membre du bureau de conciliation.
C.-C. . . . Conseil des Cinq-Cents.
C. M. . . . Conseiller municipal an VIII (1800).
D. D. . . . Membre du directoire du département (sous le régime de la Constitution de 1790).
D. Dis. . . Membre du directoire du district de Nancy (*idem*).
É. . . . . . Électeur.

———

(1) Nous n'avons pas relevé les noms de tous les candidats présentés par les huit sections de Nancy, le 25 août 1793, pour les fonctions d'officiers municipaux ou de notables, pages 227-233. Elle eût surchargé inutilement cette table.

G. T. C. . .   Greffier du tribunal criminel.
G. T. Dis. .   Greffier du tribunal du district de Nancy.
H. J. . . . .   Haut juré à la Haute-Cour.
J. D. . . . .   Juge du département ou suppléant (sous le régime de la Constitution de l'an III).
J. Dis. . . .   Juge du district de Nancy ou suppléant (sous le régime de la Constitution de 1790).
J. de P. . . .   Juge de paix.
N. . . . . .   Notable (sous le régime de la Constitution de 1790).
O. M. . . .   Officier municipal (idem).
Prés. T. C. .   Président du tribunal criminel.
R. C. . . . .   Membre de l'assemblée des représentants de la commune en 1789-1790.
S . . . . .   Suppléant ; Corps législatif S. : les suppléants nommés au Corps législatif en l'an IV.
T. de C. . .   Juge au tribunal du commerce ou suppléant.

Nous faisons suivre chaque mention d'une date 89, 90, 91, 92, 93 pour les années 1789, 1790, etc.; puis II. III. IV. V. VI. VII pour l'an II. III. IV, etc.

Nous avons contrôlé avec soin nos listes avec celles des divers almanachs ou annuaires de l'époque : *Almanach de Lorraine et Barrois*, 1790, à Nancy, chez C.-S. Lamort ; *Almanach des départements de la Meurthe, des Vosges, de la Meuse et de la Moselle qui se partagent les anciennes provinces de Lorraine et Barrois*, 1791, Nancy, *ibid* : *Almanach du département de la Meurthe*, 1792, Nancy, *ibid.*; même titre, 1793 (il n'existe aucun almanach sérieux pour l'an II. l'an III et l'an IV ; les *Annuaires* de Thiébaut ne fournissent aucun renseignement sur les fonctionnaires.; *Almanach du citoyen pour le département de la Meurthe*, an V, Nancy, J.-B. Vigneulle ; puis le même titre au VI. *Annuaire du Citoyen*, an VII et an VIII.

CHARLEMONT (Jean-Baptiste), capitaine de la garde nationale, É. 91, 120.

CHARLES (l'abbé), prieur de Froville, É. 90, 51.

CHARLOT (Joseph-Louis), greffier de juge de paix 91, 83; É. III, 248; N. IV, 240; J. D. IV, 261, 346 n. 2; É. VII, 354.

CHARON, chef de bureau, greffier de l'assemblée du district 93, 218, 377 et n.

CHARPENTIER (Jacques-François), brasseur à Malzéville, É. VII, 362.

CHARPENTIER (Jean-Michel), dit Petitjean, T. de C. 91, 89; É. III, 247; A. M. IV, 273, 274; C. M. VIII, 362.

CHARVET (de), avocat général, É. 90, 46.

CHATELIN (Pierre-François), chanoine de Saint-Gengoult, procureur de la commune de Toul, A. D. 90, 62; D. D. 90, 65; évêque de la Meurthe 91, 94-102, 105.

CHÂTILLON (baron de), v. RENAUT.

CHATRIAN, cultivateur à Soldatenthal, A. D. 93, 196.

CHEMINOT (François-Léopold), A. V, 286.

CHÉFERRIÈRE (Nicolas-Joseph), avocat et maire de Gerbéviller, A. D. 90, 59.

CHEVALIER (Jean-Joseph), avocat au Parlement, R. C. 89, 13 n., 14; É. 90, 51; A. Dis. 90, 69; D. Dis. 90, 70; suppléant proc. synd. 91, 140.

CHIPEL (Étienne-André), homme de loi, É. III, 250; J. D. IV, 261.

CLAUDE fils, G. T. C. II, 208; N. II, 235; N. III, 237.

CLÉRET (Dominique-Antoine), homme de loi, A. 91, 83; N. II, 235; N. III, 237; J. Dis. III, 223; de P. VI, 328, 329, 332; J. D. VII, 346 n. 2, 370 n. 2; É. VII, 358.

COGNEL fils ainé, homme de loi, É. 90, 50.

COGNEL le jeune (Pierre-François), employé au district de Nancy, J. D. IV, 261, 346 n. 2; É. V, 285; É. VII, 349.

COLCHEN (Jean-Pierre), O. M. 92, 225.

COLINY le jeune (Jean-Joseph), capitaine de la garde nationale, N. 90, 37; É. 90, 44; N. 90, 81, 373; É. 91, 113; J. Dis. III, 223; N. III, 239; général; A. VI, 314; A. M. VI, 314; A. M. VII, 350, 360; É. VII, 352.

COLINY, de Malzéville, J. D. VII, 346 n. 2, 370 n. 2.

COLLAUD (Sylvestre), ex-général, É. VI, 319.

COLLE (Pierre-Clément), juge du trib. Sarrebourg, A. D. 92, 188, 193; D. D. II, 198, 199; N. II, 235; N. III, 237; J. Dis. II, 223; idem III, 223, 375, 376.

COLLENEL (Jean-Baptiste-Charles de), président au Parlement, N. 90, 37, 373; A. D. 90, 59; D. D. 90, 66.

COLLENOT (Jacques-Michel). A. M. IV, 276; A. M. V, 286, 301.

COLLEY (Charles), cultivateur à Haraucourt, A. Dis. 90, 68; A. Dis. 91, 138; D. Dis. 91, 139; D. Dis. 92, 213; idem II, 219.

COLLIÈRE (Louis), cultivateur de Varangéville, A. D. 90, 59; D. D. 91, 138; A. D. 92, 187, 191; D. D. 93, 193; D. D. III, 204, 205; Prés., 208.

COLLIN (Claude-François), capitaine, N. 90, 36, 373, 374; É. 90, 44; É. 91, 113; É. V, 297; A. M. VI, 314, 360; A. VI, 330 (démissionnaire); É. VII, 359.

COLLOMBEL (Pierre), maire de Pont-à-Mousson, suppléant à la Convention 175; D. D. 92, 185; démissionnaire, 190; A. D. 92, 191; député aux Anciens VI, 343, 346.

COLLOT (Pierre), laboureur et officier municipal à Essey, É. 90, 54; É. 91, 122.

CONDÉ, v. THOMAS.

CORDIER (Pierre), adm. dis. Toul, D. D. III, 203.

CORIOLIS (Jean-Baptiste-Elzéar), fabricant de tabac, C. M. VIII, 362.

COSSON, marchand, D. D. II, 197, 199; O. M. II, 235; N. III, 237.

COSTER (Joseph-François), de Maxéville, professeur à l'École centrale de la Meurthe, É. V, 300; H. J. V, 306; adjoint VIII, 361.

COURTOIS (Joseph), directeur des postes à Saint-Nicolas, 216.

COURVOISIER, curé à Buissoncourt, 126.

CRAMPEL (Jean-Augustin), marchand de modes, R. C. 89, 8; T. de C. 92, 215; O. M. III, 239; J. de P. III, 240, 243, 244; N. IV, 240; J. de P. IV, 268; idem VI, 314; É. VI, 316.

*

Rollin, substitut des enquêtes du palais, subs. proc. Nancy 90, 35; J. D. 90, 75

Rollin (Charles-François), vicaire de l'évêché de Strasbourg, curé de Saint-Nicolas, de Nancy, 125; N. 91, 144; É. 92, 160.

Rollin l'aîné (Jean), avocat au Parlement, R. C. 89, 15 et n.; O. M. 90, 36, 373, 374.

Rollin fils (Nicolas), notaire, ex-président du district de Vézelise, D. D. 92, 185, 192 n.; D. D. 93, 194, 195; D. D. 93, 195, 197.

Rollin (Nicolas-Brice), ancien procureur au bailliage, O. M. 91, 143; subs. proc. Nancy, 92, 153; D. Dis. 92, 213, 218; D. D. 93, 195, 197; greffier de la municipalité, 239, 275, 301.

Rollin (Pierre-Ignace), homme de loi, É. V, 291; J. D. V, 307, 346 n. 2; É. VII, 354.

Roncourt, rentier, A. 91, 86; 92, É. 162.

Rousseau aîné, A. Dis. II, 218; idem III, 221; A. M. VI, 314; A. M. VII, 350, 360; C. M. VIII, 361.

Saladin (Charles-Antoine), avocat, O. M. 90, 36, 62, 373, 374; A. Dis. III, 220; vice-prés., 221; A. D. III, 207, 221 n. 2; E. III, 249; A. D. IV, 208, 259; Prés. 263, 264; Prés. V, 309; É. VII, 355; subs. commissaire Dir. exéc. près tribunal; VIII, 370 n.

Saladin (Jean-Baptiste-Michel), Corps législatif S. an IV, 258.

Salle (Jean-Baptiste), médecin à Vézelise, ex-constituant, A. D. 91, 135; D. D. 91, 137; député à la Convention, 170, 191.

Salle (Jean-Denis), professeur à Pont-Mousson, D. D. III, 202, 203, 204, 205; A. D. IV, 263; démissionnaire, 264; J. D. VII, 346 n. 2.

Saucerotte (François-Xavier), cultivateur à Varangéville, A. Dis. 91, 139; A. Dis. 92, 213; D. Dis. II, 219; sa destitution. 219, 376, 377.

Saulnier (Louis-Jean-Jacques), marchand, N. 90, 82.

Saulnier (Pierre-Dieudonné Louis), J. Dis. 92, 215; N. 93, 234; A. D. 93, 196, 198 n.; A. Dis. II, 218; Prés., 218; D. D. III, 207, 208; J. Dis.

III, 223; commissaire Direct. exécutif près adminis. départ. IV, 263; id. près adminis. municipale IV, 275; É. V, 293, 301; A. M. VI, 302; Prés. 302; démissionnaire. 302; É. VI, 313; A. D. VI, 345, 347; commissaire Dir. exéc. près adminis. départ. VI, 347; É. VII, 356.

Sauveur, de Vic, D. D. II, 200.

Schneider, de Dieuze, D. D. II. 199.

Schouller (Élie), professeur de droit à l'Université de Nancy, É. 90, 52; B. de C. 90, 83; J. de P. III, 243; idem IV, 269; idem VI, 324.

Scolti, cultivateur à Saint-Georges, près Blàmont, A. D. 93, 196.

Sellière (Florentin), négociant, É. VII, 356.

Serrières, agent national de Malzéville, A. Dis. III, 220.

Sibien (Nicolas), agent de change, O. M. 92, 225; proc. syn. Nancy 93, 233; N. III, 239; A. IV, 269; A. M. IV, 275; A. VI, 320; A. M. VII, 350, 360; C. M. VIII, 361, 362.

Simon (Nicolas), agent de Villers, É. V, 300; É. VII, 364.

Simon, commis au départ., D. Dis. II, 220; employé à l'enregistrement, 221.

Simon, greffier du B. de C. III, 223.

Simonet (Simon), de Malzéville, E. III, 251.

Silvestre (Charles), secrétaire de Pont-Saint-Vincent, A. Dis. 92, 214.

Sirejean (Jean-Baptiste), avocat du Roi, J. Dis. 90, 75; J. de P. III, 249; A. IV, 271; É. V, 294; J. D. V, 308, 346 n. 2, 370 n. 2.

Sonnini (Charles-Nicolas-Sigisbert), juge de paix à Varangéville, suppléant à la Législative, 133; J. Dis. 92, 214, 222; D. D. 93, 195, 197; D. D. II, 201, 202.

Soyer (Hubert), chandelier, A. 92, 378; A. III, 241.

Suard (François), pâtissier, A. III, 241.

Suisse (Gorgon), huilier, A. 91, 86, 378; É. 92, 102; N. 92, 226; O. M. 93, 227; A. III, 241; A. IV, 269; A. VI, 319.

Suisse (Sébastien-Dieudonné), vicaire, puis curé de Vandœuvre, 127.

Tannier (Benoît), trésorier de la ville 89, 1.

TABLE DES MATIÈRES

B. — Régime de la Constitution de l'an III.

Nancy, imprimerie Berger-Levrault

www.ingramcontent.com/pod-product-compliance
Lightning Source LLC
Chambersburg PA
CBHW071955270326
41928CB00009B/1450